东方文库

顾培东 著

当代中国司法研究

商务印书馆
创于1897
The Commercial Press

目　录

第三编 司法生态

第四编　司法判例

自　序

一

本书汇聚了最近 10 余年我对当代中国司法若干问题的研究与思考,集中体现了我作为学术研究者、司法活动参与者以及司法产品消费者对于当代中国司法的诸种认知与感受,也概略地呈现了我对正处于改革与调整过程之中而尚未完全定型的中国司法制度(体制、机制)及其运行状态的期望与愿景。概括地说,书中内容是我对当代中国司法之社会见解的一种学术化表达,而贯穿其中的则是我对当代中国司法实践逻辑与内在机理的探寻与理解。

二

在我国既有的法学学科谱系中,司法并不是一个独立的门类,而是一个较为宽泛的研究领域。受研究者学科归属以及与之相关的研究旨趣和知识背景的影响,当下我国并没有一个常规性的司法研究队伍。尽管不断有司法研究成果推出,但大多出自法理学、诉讼法学者的"客串"。随着后法典时代法治的重心由立法向司法转移,各部门法学的研究与司法的研究联系也日益紧密,而以司法为专门研究对象并以此研究为"常业"的学者仍属少数。正因如此,当我回溯这10 多年的研究历程及其文字烙印时,也需要梳理这些年集中于当代中国司法研究的缘由，借此可以重新审视在研究过程中问题意识产生的原因。

研究对象的选择，特别是问题意识的形成，与研究者的知识偏好及知识储备相关。没有特定的知识就不可能发现相关问题，更不可能产生特定的问题意识。因此，我对司法的研究兴趣首先还是缘自民事诉讼法学这一"专业籍贯"。"专业籍贯"如同学者的知识基因，往往主导着学者一生的研究旨趣，决定着学者的研究视野；无论学者的研究经历如何变化，其研究对象、内容以至于研究思维和方法等，都很难摆脱"专业籍贯"或隐或现的影响。虽然我在研究生阶段并不十分专心于民诉法学，研究生毕业后也没有再触碰过纯粹意义上的民诉法学主题，但研习民诉法学毕竟是我学术研究生涯的起点，特别是在研习过程中较多地受到诉讼或司法知识及理论的熏陶。所以，诉讼、司法仍然是形塑我之知识结构、体现我之研究专长以及激发我之研究兴趣的领域。即便在某一时期受现实需求或临时兴致影响，研究主题有所偏移，但兜兜转转还是会回到这个领域之中。20世纪80年代末，我曾一度因工作需要中断了与法学的联系，改做经济体制改革理论研究，而当后来这方面研究因时势变化难以为继时，我便本能地想到了"诉讼"。因之，我抛开当时与"诉讼"完全无涉的本职工作，自我隔绝了一个多月，写出了《社会冲突与诉讼机制》。在这本书中，我希望融汇并穿透既有的诉讼理论和知识，以一个中国学者的思维，从本源上理解和思考诉讼这一现象，解析诉讼的基本要素，刻画诉讼的应有样态，描述我对诉讼这一现象的认知与构想。同样，在2008年再一次受聘于学校担任教职后，我并没有把自己锁固在法学的某一学科之上，而是在司法这一相对宽泛的领域中确定了自己的研究归属。从这些年研究的情况看，对司法的研究不仅可以接续我此前对民诉，特别是诉讼一般原理的理解与思考，更重要的是，司法研究对知识广泛性的需求可以促使我进一步拓展自己的知识领域，延展自己的思维空间。

　　研究司法的另一缘由,是我与司法实践一直保持着长期、近距离的接触。套用一个时髦的表述,我对司法的研究很大程度上出自"身体化知识",亦即个人的直接感受与体验。自 1993 年起,我即创办并经营、管理着一家律师事务所。尽管在近 20 年中我已不直接出庭参加诉讼,但仍时常与律师分析、讨论案件,听取律师介绍诉讼过程中遇到的各种情况,甚至乐意帮助律师修改或撰写重要法律文书。此外,我还经常受邀参加各级司法机关有关司法发展与改革的一些专门问题的讨论。也就是说,在这近 30 年的时间中,我一直保持着司法实务参与者的身份。这一身份,一方面能够使我的研究和思考同司法的发展与改革保持着大致相同的节律——这些年我所选择的研究主题,大多出自我对司法现实的观察与提炼;另一方面,又能使我对司法现状、司法运作过程具有更为真切、具体的了解,从而对问题的分析以及提出的建议相对贴近实际,不致虚空缥缈、不着边际。不仅如此,在了解并参与具体司法实践的过程中,自然会形成一些包含着个人情感的认知,这也使我有可能站在参与者或消费者的角度上思考司法应是怎样或应当何为,由此形成的一些观点或结论能够为司法的发展与改革提供一种外部视角。还应提到的是,管理律师事务所的经历还为我对法院改革,尤其是法院管理层面改革的研究有所启示——在我看来,法院与律师事务所面临的问题都是如何处理好案件,二者之间具有很大的共通性。这种启示成为我思考和讨论法院改革(特别是司法责任制)的一种立场,并体现在相关研究之中。

　　当然,从事司法研究的最主要动因还产生于我对当代中国司法发展阶段的认知与判断。无论主流话语对我国司法发展阶段如何表述,我坚持认为:当下这一时期,是中国特色司法制度基本定型的阶段;中国司法改革的主要任务就是完成这一制度(包括体制、机制等)的基本定型。中华人民共和国成立逾 70 年,中国特色司法制度既有定型之必要,亦有定型之可能。毫无疑问,形塑这一制度的因素是极其复杂的,既有几十年来所积累的经验与基础,又有西方司法理论、制度及实践所提供的借鉴和参照;既有主导性政治力量依据中国政治结构,特别是国家治理所提出的要求,又有各社会阶层基于不同利益立场而产生的对司法的期待与愿景;既有绵续数千年中国传统法律文化的影响,更有当代中国经济快速发展以及社会转型的复杂需求或多种制约。不仅如此,对每一因素以及各因素与司法之间的关系的理解与认知,不同层面、不同主体亦差异甚殊。反映于实践层面,在司法改革的主题下,无论是顶层设计还是基层创新,都具有不同程度的探索性。近些年,顶层设计逐步落地后,更多强调的是"综合配套",这种"综合配套"实际上不仅是对原初顶层设计的一种完善,也或多或少包含着对原初设计中某些偏失的矫正,由此足见中国特色司法制度定型过程的复杂性。置身于这样的过程中,我与诸多学者一样,既有表达对中国特色司法制度理想期冀的强烈愿望,也必然有与不同主张、不同观点展开讨论甚至争辩的内在动机。很多情况下,不是为撰写某篇论文而寻找主题,而恰恰是对某个现实问题的看法持久地充盈于思维之中,形成了难以抑制、不吐不快的表达欲望。而通过文本形态所表达的我对中国特色司法制度的愿景以及对司法某一方面问题的见解,则是个人在杂糅或消化了前述复杂因素后所形成的结论与主张。尽管自知这种表达的声音极其微弱,不能期待其对决策或实践会有多大的实际影响,但仍不挫思考与表达的执着以及对所表达结论与主张的自信。

专业背景所形成的知识偏好、律师业务与司法实践的密切接触以及对身处时代(研究需求)的理解,这几方面大致可以说明或解释我这些年研究司法的动因。然而,或许是这些因素对我的影响过于浓重,在现实生活中,我并未把司法研究当成一种案牍之劳的学术活动,而更像是经历一段与司法相知相伴的生活过程。关注司法、接触司法、思考司法、体验司法、描摹司法构成了我的一种生活状态。无论是冥思之苦还是写作之累,抑或是畅抒己见之快以及受到某种认同之喜,都在我自己所建构的意义体系中间或显现或又转瞬消解,有关司法的这些文字只是这一过程所留下的斑驳痕迹。

三

如何研究司法？每个学者都可能有不同的方式与方法。我对司法的研究也有自己的某些守持。这种守持，多少形成了个人研究的一些特色。

首先，是理论资源的选择。虽然研究对象是当代中国司法，但我所参考的理论资源却主要是域外的相关文献，更确切地说，是西方学者有关司法的一些著述。一方面，这是因为西方国家毕竟经历了更长久的现代意义上的司法实践，相应的理论研究涉及的问题更为广泛，很多问题在我国司法发展与运行中可能同样会出现或已经出现但尚未在理论上被揭示。阅读这些文献，有助于拓展我对中国司法认知的视野。另一方面，西方司法理论的研究深度、研究视角和研究方法能够为我们提升司法研究的水准提供较大助益。撇开意识形态差异不论（其实在很多具体问题的研究上，意识形态因素的影响并不明显，即便有，也很容易识别和区分），仅就研究深度而言，很多西方文献的理论思维层次，尚是我这一代国内学人难以企及的，其认识和分析问题的维度也常常超越我们的想象——例如庞德（Roscoe Pound）关于司法在社会控制（国家治理）系统中作用的理论，霍姆斯（Oliver Wendell Holmes）、卡多佐（Benjamin N. Cardozo）关于司法与社会经验及社会生活契合的论述，波斯纳（Richard A. Posner）对于美国司法的描述以及对美国司法实践中各种现象的分析，达玛什卡（Mirjan R. Damaška）关于不同国家司法类型的划分以及对不同类型司法特质的揭示，卡佩莱蒂（Mauro Cappelletti）有关当代司法所面临的挑战及回应的研究，马丁·夏皮罗（Martin Shapiro）对司法与政治关系的解析，棚赖孝雄、田中成明等人对司法与其他社会纠纷解决方式关系的讨论,等等。其他一些实用主义法学、社会法学以及现实主义法学、批判法学代表人物有关司法的大量著述,也能够为我们的研究提供有益参考。阅读这些文献,或多或少都能拉近我们在理论研究的深度和广度上与西方的距离。

更为重要的是,大量阅读域外的这些司法理论文献,有助于更好地辨识形式主义法治理论所推崇的以"司法独立"为核心的司法模式,增强对这种模式虚幻性的认知。事实上,国内法学学者对司法的认知(无论是否研究司法)都不同程度受到了西方司法理论资源的影响,而在对待西方司法理论资源的态度、知识汲取偏好乃至司法观的形成方面,呈现出两种差异甚大的情形。一种是基于对形式主义法治的崇尚,偏向于接受西方启蒙思想家的法治及司法理论,从而把以"司法独立"为核心的司法模式视为司法建构与发展的理想目标,把形式主义法治理论为司法所刻画的一系列要素视为具有原教旨意义的经典理论,而对于西方学者大量的有关司法运作实际情况的分析,有关司法与政治、司法与社会关系的揭示等理论,则采取选择性忽略的态度。另一种情形,则是倾向于接触和吸收前面所提到的这些西方学者的理论,从这些理论中了解西方司法的真实状态,理性、客观地看待"司法独立"等西方司法原则的意义及其实践形态,同时,通过这些理论,深化对司法这一社会实践或社会现象的理解,并从中获得思考和研究中国司法发展与改革的多重启示。对这两种情形,我更愿意将其视为接受西方司法理论资源的不同阶段或不同过程,因为我自己就曾有过由前者向后者转变的经历。我个人的感受是,越是更多地接融西方的司法理论著述,就越不会简单化、概念化地接受某种被崇奉为具有普遍意义的司法模式,更不会把对司法的认知停留在形式主义法治理论所确定的某些教条之上,而对中国司法问题的思考也会趋于深化。

其次,是研究进路。在当代中国司法研究中,我所遵循的是现象学进路。诚实地说,我在最初着手研究司法时,并没有明确的研究

"进路"方面的考量,仅是依照自己的理解或根据自己的条件去思考一些问题。在接触了卡佩莱蒂的相关著述以及对胡塞尔等人的现象学理论有了一定了解后,我才领悟到这种研究方式大致可被归为现象学进路,由此也逐步强化了运用这种进路的意识。也就是说,我对现象学研究进路的运用,经历了一个由"本能"到"自觉"的过程。

　　遵循现象学进路,最主要是在司法研究的过程中不从某种既有的理论前见出发,不把某种理论作为认知和评断司法制度及实践的既定真理,而是以司法运行的现象、事实作为直接观察的对象,从这些现象或事实中提炼研究的主题,并以这些现象和事实作为分析的依据,进而得出能够还原为现象和事实或者与现象和事实相契合的结论。一个浅显的例证是,学界在分析和论证法官的地位及功能时,"法官"往往被当成一个抽象的符号,如同"祖国""母亲""故乡"等概念一样,在这个符号中蕴含了"公正无私""聪明睿智"等诸多美好预设。而依据现象学进路,法官应当是一个真实的存在,具体到现实中的"张法官""李法官",他们既有七情六欲,又可能有各种疏失。用符号化的"法官"作为分析和论证理据,由此得出的结论势必谬之甚远。不仅如此,即便是用西方法治国家(尤其是英美法系国家)法官的真实情况作为讨论中国法官相关问题的背景和前提,同样会失之乖误,因为不同的政治、经济、文化以及历史条件所造就的法官的地位或素质等也会有很大差异。只有从我国法官队伍的实际状况(现象、事实)出发,才可能保证分析结论的恰当性。遵循现象学研究进路还需要本质化地看待问题:一方面,从问题的原点出发,明确所面临以及所欲解决的是什么问题;另一方面,明确各种作为和举措所欲达致的目标。从问题的原点出发,就是不仅要知晓我们所面临的问题,而且必须保证相关问题是真实的问题。对目标的追求,则是要知晓终极目标是什么,既要避免把过程、手段、方式作为目标,也要避免把某类主体的局部利益作为司法整体的目标。比如,改革初期,法院的"行政化"被视为法院运行中的主要问题之一,因而"去行政化"

成为法院改革的重要取向。然而,从现象或事实角度看,法院日常审判中的真正弊端并不是用"行政化"就可以简单概括的,而在于各主体的职责不清、审判运行秩序紊乱。更重要的是,法院是具有明确政治属性的机关,且一般都具有一定的规模,司法产品又需要在一个控制体系下形成,这些都决定了法院运行必须保持一定的科层制和"行政化",法院(Court)不可能仅仅是法官原子化聚集的"院子"(court)。所谓"去行政化"所要解决的只是法官(合议庭)与院庭长之间裁判审批或审核制度的改变。这表明,在此问题上的原点并没有找准,"去行政化"是在认知偏差基础上所产生的命题。又比如,在改革中出现的某些"创新"以及围绕某些"创新"所设定的指标,虽然从司法内在视角看能够导致某种成效的提高,但这种"成效"并不一定能够成为司法消费者的红利。本质化地看待司法,司法的终极目标必须是司法产品的质效契合人民群众(尤其是司法消费者)公平正义的感受,且有利于国家有效治理的实现,而不是法院自身设定的某种或某些指标的满足。

再次,是研究的价值取向。毫不讳言,贯穿于我司法研究中的价值取向或价值立场是实用主义。实用主义与形式主义是近现代法治理论中具有一定对立性的两大思潮。而在中国,与实用主义法治理念相对立的,更主要是以形式主义法治为核心的理想主义法治理念,因为形式主义法治理论所刻画的法治模式在一定程度上已经被理解为法治的理想模式。这两种思潮在我国司法(不仅仅限于司法)研究中体现为学者们不同的价值取向。总体而言,多数学者所秉持的是理想主义的取向或立场,扮演着理想司法(法治)模式的倡导者、护卫者、推进者以及现实的批评者的角色。

我之所以趋向于从实用主义立场出发研究当代中国司法,原因有三点:其一,基于中国国情的特异性,不可能系统地袭用域外的某种司法理论来完成中国司法的建构,更不可能照搬域外的某种实践模式,而需要从中国的实际情况出发,以实用为标准或依据,选择性地吸收域外的经验与理论,同时创造自身的相关制度与理论。所谓司法制度的"中国特色",并非刻意强调并塑造的与域外的某些差异,而是因应"实用"的要求所必然形成的某些特征。在建构和形塑中国司法的过程中,"实用"是最基本甚至是根本性的目标和要求,相应地,对当代中国司法的研究也必须遵循实用主义的立场。其二,当代中国是同质化程度较低的社会,地域、阶层以及其他诸方面都呈现较大差异,这对于以统一性为基本特性的司法来说无疑是重要挑战。缓释和纾解这种差异性与司法统一性之间的紧张关系的重要原则和方式,就是"实用"——在面对差异性和统一性无法兼容或同时满足的情况下,"实用"成为选择或变通的基本依据。因此,对司法各方面问题的考量、对司法运行中各种行为的分析与判断,必须秉持实用主义的取向和立场。其三,司法理论研究有一个重要特征,就是研究中往往使用"公平""正义"等高阶概念作为论证依据,然而借助这些高阶概念往往并不能获得对某项司法举措恰当性的具体识别。特别是司法举措(司法运行方式)的社会效果往往并不直观或量化地呈现,具有一定的潜隐性,司法举措与社会效果之间的因果链也不是十分明显,且司法举措在社会层面有较大的容错空间(也可以说是容忍程度)。这有可能使研究者天马行空,在"公平""正义"等"大词"的掩饰下任意发挥,凭空想象而不受实践的检验,且如同索维尔(Thomas Sowell)所说,知识分子"最终是不对外部世界负责的"①。正因如此,在司法研究中要避免不切实际的空谈高论,也需要守持实用主义的价值取向和立场,以保证自己的研究贴近于司法运行的实际,同时努力在高阶的价值概念与具体的司法运行之间建立可感知的联系与过渡,降低高阶概念的识别维度。

　　复次,是对司法实务的姿态。这里所说的"司法实务",既指司法实践,又指司法实务者。对司法实务的姿态,是司法研究中必须把握

---

① 〔美〕托马斯·索维尔:《知识分子与社会》,张亚月、梁光国译,中信出版社 2013 年版,第 11 页。

的另一个重要基点。由于职业立场及生态的差异,法学学者与司法实务之间的隔膜甚至互鄙,在各国尤其是英美法系国家都不同程度地存在。对此,波斯纳等人有过具体的描述和揭示。在我国,这种现象虽然不明显,但不少学者的著述中傲视或鄙薄实务的姿态仍然依稀可见。这种姿态的形成,一方面,与我国法治理论与知识的传播经历相关——在法治恢复、建设的相当长的时期内,学者担负着司法知识介绍、法律原理阐述以及法律条文释义等启蒙的使命,这种启蒙者的角色使法学人或多或少获得了一种居高临下的优越感;另一方面,如前所述,法学人往往怀有理想法治主义的情结,这种情结又势必会体现为对现实的批判或批评的态度,而当某些批判或批评因失之于虚妄而为实务界所冷对或漠视时,又进一步强化了一些学者在"焦大不懂林妹妹""夏虫不可以语冰"逻辑上所形成的孤傲。

我对司法实务的姿态既有审视又有仰视,且从研究过程来看,更多的是仰视。在我看来,我国法治发展到今天,特别是司法自身经过较长时期的探索和积累,在对中国司法运行规律、特征等的认知方面,法学人已失去了相对优势;较之于法学人,实务界不仅更熟悉和了解司法,而且更懂得中国需要什么样的司法,更清楚在中国特定社会条件下会有怎样的司法。法学人的主要作为在于把握实务界的真实感受,汇聚实务界的认知并予以揭示和提炼,据此系统化、明晰化地描述中国司法的实然状态和应有图景。即便是对司法实践中存在问题或不良现象的批评,也应具体探究其成因,提出有可操作性的改进或完善的意见,甚至应予以一定的"同情式理解"——因为司法的运作也受制于司法自身所无力宽释的多重制约与掣肘。更容易让我对司法实务产生仰视情结的是,我所接触(包括通过文章接触)的不少司法机关的业务专家,他们都具有良好的法学教育背景,且在各级司法机关中担任一定的领导职务,不仅对司法职业有深厚的情感,对中国司法事业的发展抱有特殊的情怀与责任,同时对中国特色司法有着独立而不乏深刻的见解,并尽可能将这些见解践行于自身职责的行使过程之中,不断地、局部性地推进着中国司法的改善。在与他们的交流讨论(尤其是小范围的交流讨论)中,既能够感悟到他们对中国司法的全面性思考,又能够看到在某些具体问题上洞若观火的智慧。正因如此,笔者在进行有关司法主题的写作时,总是把他们作为潜在的阅读对象,期望我的相关观点和主张能够反映他们的愿望与感受,我的文字能够引起他们的共鸣。这些年,每形成一篇论文,我都会将初稿分送他们征求意见,并据此作出相应修改;至于文章中的观点和主张能否为学界所认同,我反倒不会特别在意,当然也不抱太大希望。

最后,从研究方法看。如果说把当下法学研究方法粗略二分为法教义学方法和社科法学方法的话,我显然会选择或应大致归属于后者。这不仅是因为前面所提到的现象学研究进路更需要、更适合或本身就是一种社科法学方法,还因为我对法教义学方法(尤其是从德国法学借移过来的法教义学)比较生疏,不具有运用此种方法的能力。顺便提及,当下法学界两种不同方法的主张者之所以各执一端,除了不同的理论偏好外,再就是各自对另一种方法的相关知识的缺乏,且不愿意(或者不屑于)以更大功夫去了解和掌握这些知识,因而把自己在某一方面知识占有上的劣势迁转为对这方面知识的贬损,通过矮化另一种方法来掩饰自己在运用此种方法能力上的欠缺,从而在一定程度上影响了两种方法可能的融通或互补。

运用社科法学方法,集中体现于把司法及其运作中的各种现象置放在当代中国经济、政治、文化以及社会背景之中,分析司法与这些因素的联系,借此形成相关的判断或结论。在此过程中,自然会运用到法哲学、政治学、经济学、社会学以至伦理学、宗教学等多种社会科学的一些原理。尤其是司法改革、司法与外部社会关系等方面的研究,很多判断结论是无法通过法条及法条释义得出的,既有的法律原理(特别是被教条化了的形式主义法治的司法理论)亦不能为相关研究提供恰当的知识支撑。在我看来,运用社科法学方法的研究,其实也是一种经验性研究。一方面,各类社会科学本身就是相关领域经验的系统化、理性化提炼,其原理是经验的结晶,"一个命题如果不能从经验的角度予以证明,则这个命题就毫无意义"①。另一方面,在这种研究过程中,研究者往往带着在社会科学理论中形成的知识感觉去观察各种司法现象,然后借助于这些理论中的分析视角及方法,理解、论证或解释与经验性感知相吻合的某些判断与结论。如果依据某种理论所得出的结论并不能在经验层面上得到印证,则研究者不应被认为是正确地运用了社科法学方法。由此,我不认同那种把社会科学理论中的某一范式简单套用在司法问题上然后得出某种结论的研究方法,也不认同运用某些繁复的理论所证明的与普遍性经验相悖离的结论,亦不认同用某些数据去证明一些普通常识(无须论证即已明白)的所谓"实证研究"。不仅如此,我主张,如果不是以变更与完善某一法律制度为研究主题,社科法学的研究不应忽略或超越既有的法律规范,也不应违悖各部门法学的基本原理和原则。社科法学的主要功能在于弥补法律规范的空缺,为规范运用的选择提供指引,或者揭示并论证规范的应有意涵。社科法学研究所形成的结论通常应当能够回归到法教义学所阐释的原则与原理之中,只是基于社科法学方法的论证更为丰满,更具有现实感,更贴近人们的社会经验。所以,我在运用社科法学方法进行思考和研究的过程中,力求不脱离法律基本原理和原则、基本法律规范及其释义的羁束。

四

如前所述,司法是一个宏大而宽泛的研究主题或领域,这些年我对司法的研究并不是在一个明确的计划指导下进行的,亦没有对当

---

① 於兴中:《社会理论与法学研究》,高鸿钧、於兴中主编:《清华法治论衡》(第12辑),清华大学出版社2009年版,第3页。

代中国司法作全面性、系统化研究的学术抱负,而通常是对某些现象的观察形成了一定的认识或者在与实务界交流中受到某种启发,进而萌生了一定的"问题意识",并将"问题"转化为具体的研究主题。但这种研究毕竟持续了10多年,且我所关注的问题与当代中国司法发展与改革的进程基本吻合,因而这些零散的研究也大体覆盖了当代中国司法的主要方面。

(一) 关于司法理念

对司法理念的研究,主要涉及司法共识、司法公正及能动司法三个方面。

司法共识所探讨的实质是司法观问题。如果全社会没有共同的司法观,就不可能形成有广泛社会基础的中国特色的司法制度;而我对司法共识的思考是从法治共识入手的。司法共识是法治共识的组成部分和重要内涵。我认为,当代中国法治推进中的一个重要障碍,在于全社会法治共识的缺乏,主要体现在理想主义法治与实用主义法治之间的分歧上。我把理想主义法治分为朴素的理想主义、偏执的理想主义及理性的理想主义,把实用主义法治分为朴素的实用主义、放纵的实用主义及理性的实用主义。这些不同类型各自都有自己所理解的"法治"或法治主张。影响法治共识形成的最突出的问题,在于偏执的理想主义与放纵的实用主义之间的尖锐对立。法治共识的形成必须消除这种对立,在理性的理想主义与理性的实用主义之间建立一种合理的张力和平衡。为此,我主张通过法治的再启蒙,消除法治知识传播和交流中的智识屏障,强化全社会对于法治基本知识或法治本相的了解,在"什么是法治"以及"什么是中国应有的法治"这一基本问题上形成共识。唯有如此,我国法治建设才能有可靠的理念基础。

司法公正是法学理论中久盛不衰的研究主题。我认为,研究司法公正的前提是确立对司法公正的评价和认知标准,对司法是否公正的结论建立于对何谓"司法公正"的回答。对于司法公正的标准,学界常用的分析维度是形式公正与实质公正、程序公正与实体公正等,我在研究中选择了不同的视角。从现象学进路出发,我把司法公正的认知和评价标准分为逻辑化标准与经验性标准、个案评价标准与总体评价标准、专业性评价标准与社会性评价标准。综合运用这些不同标准,才能对司法公正作出恰当的评价。我同时认为,我国司法公正方面存在的问题及成因并不局限于司法本身,而是内嵌于政治、经济、社会乃至文化的深层结构之中,尤其与司法在政治结构中的地位相关,与司法与社会的相融度不够理想、社会对司法过于理想化的期待相关。因此,应着眼于从社会整体的相关方面入手,结合司法改革的推进,探索提升司法公正的现实路径。

能动司法最初由我国实务界提出,一经提出即充满争议。持否定意见者的理由有两点:一是把我国能动司法与美国司法能动主义相提并论,认为我国不具备司法能动主义施行的基础;二是忌怕因"能动"而毁损法律实施的严肃性。我在研究中分析了我国能动司法与美国司法能动主义的区别和联系。即便在美国,司法能动主义亦有多种不同理解。我国的能动司法与美国实用主义法学所主张的司法能动主义具有较高程度的吻合性,而与违宪审查权意旨中的司法能动主义相去甚远,故不应把后者作为否定我国实行能动司法的理由。对于我国能动司法问题,我认为:一方面,我国法域过大、国情复杂、规范资源缺失,司法与社会融合的要求很高,因而对能动司法有着突出的需求;另一方面,社会成员的规则意识较为淡漠,司法受制于多种社会势力的影响,法官素质尚不理想,在贯彻能动司法理念的过程中又很容易出现各种偏差。可以说,我国是最需要能动司法又最难于实施能动司法的国家。因此,我国在倡行能动司法的同时,必须把能动司法限定于相应的范围和一定的方式,并有相应的保障机制。

（二）关于司法改革

最近 10 余年是我国司法改革的重要时期,司法改革也当然地成为了我这一时期的研究主题,伴随着改革的不断推进,陆续形成了一些研究成果,这些成果大体反映了我对司法改革尤其是法院改革的基本看法。

1. 改革的背景与导向

前面提到,肇始于 20 世纪末并延续至当下的这场司法改革,实际上是在完成中国特色社会主义司法制度(体制、机制)的基本定型。而在"中国特色社会主义司法制度"这一命题下,可以也可能有多种多样的改革内容。基于对改革背景的不同认识,亦可能形成不同的改革向度,其中最主要有两种情况或类型:一种是以提升中国司法制度现代化水平为背景的"理想导向型改革";另一种则是以解决司法现实问题为背景的"问题导向型改革"。这二者有其一致性,但也有重要差异。从现象上看,改革似乎是从解决一些现实问题出发的,亦即选择的是问题导向型改革。然而,从判断何谓问题的依据以及解决问题的方式和路径看,改革实际上是在某种理想导向下展开的。一方面,某些所谓问题是在理想型司法模式观照下而成为"问题"的。另一方面,解决问题的某些方式与路径(也就是改革的具体内容)也仍然是对标某种理想型司法模式的要素而设计和提出的,如法官独立行使审判权、法官员额制、上级法院法官从下级法院选任、从律师中选任法官与检察官、法院和检察院人财物统管等等;所有这些措施,背后或多或少都有理想型司法模式以及法治发达国家具体实践的影子,至少是源自法治发达国家实践的某种启示。我认为,在我国司法基础建设尚不够完善的条件下,理想型导向的改革对于提升我国司法现代化水准的确有其积极意义,但以此为导向的改革很有可能不同程度地脱离中国的实际。从近些年的实践看,这些措施的具体落实都遇到了诸多难以逾越的障碍。诸如法官放权后失却监督,少数入额法官办案能力低弱,法官依层级选任制度不利于人才培养与流动,从律师中选任法官与检察官制度形同虚设,人财物统管不得不暂缓施行等等,都显示了这种改革导向的缺失。所以,我始终坚持认为,司法改革必须坚持问题导向,围绕现实中存在的问题进行相应改革;同时,这些问题必须是真实的问题。

2. 改革的方式与目标

在改革的方式与目标问题上,很多学者认为,司法中所存在的问题主要是未能遵循"司法客观规律",因此,改革的方式与目标在于回归或依照"司法客观规律"。然而,所谓"司法客观规律",其实仍然是被包装为"客观规律"的某些教条。比如,"法官独立行使审判权"被认为是最主要的"客观规律",其逻辑是:司法权是判断权,而唯有亲审法官才有判断权,故应"让审理者裁判,由裁判者负责"。但事实上,司法权并非仅仅是判断权,卡佩莱蒂就曾把"司法裁判权仅仅具有认知性质"的观点或主张称为一种"神话或故事"。[①] 同时,"判断"的基础在于全面了解案情,而全面了解案情的也并非主持或参与庭审一种方式。再者,在我国现有体制下,裁判者(如果仅仅理解为法官或合议庭)也负不了裁判所载负的政治、社会以及其他责任。我当然能够理解,提出这些主张的意图在于排除对裁判的不恰当干预,但这些主张被提升到"客观规律"的地位进而被教条化后,却排挤了法院内其他资源对法官或合议庭审判予以支持与帮助的可能空间。

总体上,我不赞成把某种手段或方式绝对化并当成改革目标来追求。我认为,司法改革与经济改革有着共同的特征。经济改革的

---

① 卡佩莱蒂写道:"司法程序还常常构成一种神话和故事的权威游戏的舞台,比如有关司法裁判权仅仅具有认知性质的神话或故事。"〔意〕卡佩莱蒂:《比较法视野中的司法程序》,徐昕、王奕译,清华大学出版社 2005 年版,"自序",第 13 页。

目标是通过改革不合理、不恰当的生产方式而解放生产力,司法改革也是通过改革制约司法能力发挥的制度及机制,全面提升司法能力,更具体地说,就是提升司法产品的产出量和产出水平,一言以蔽之,即产出能力。检验司法(产品产出)能力是否提升的标准又在于司法产品的"消费者"(当事人)以及广大人民群众的满意度和认可度。什么样的措施能够提升司法能力就是好的、正确的改革措施,一切脱离司法能力提升目标而采取的所谓"创新"或"改革",说穿了就是瞎折腾。

3. 法院本位与法官本位

西方国家,尤其是英美法系国家,大体上实行的是法官本位制,亦即法院整个裁判活动以法官为主体或中心。在我国司法改革中,很多学者也持这样的主张。我对裁判权向法官或合议庭下移是赞同的,但认为我国法院应建构和运行的模式不应是法官本位,而是法院本位。一方面是因为,在我国,不应把司法裁判主体理解为法官或合议庭,而应理解为法院,形成裁判结果的是法院整体的合力以及审判资源的整体运用,同时也只有法院整体才能对裁判承担相应的责任;另一方面,法官在我国政治及社会结构中并不具有独立的身份地位,其社会性人格是内蕴于法院之中的,任何法官的职业行为都只能是法院行为的具体体现。

在司法改革中,明确法院本位具有重要现实意义。首先,有利于从总体上把握法院内部结构以及各主体关系,防止因原子化地看待法官而导致法院建构出现偏差。其次,有利于强化法院各部门、各主体一体化运作的意识,有利于统一、整体化地运用审判资源应对不同案件处理的需求,保证审判资源的运用与案件处理的需求具有适配性,尤其避免因职责分工所带来的"各扫门前雪"的推诿甚至掣肘。当然,最重要的还是进一步明确我国法院的基本属性与特征,准确把握我国法院运作的规律,使对我国法院的认知回归到法院运作的真实状态,为各项改革措施的设计与实施设定必要前提。

4. 审判权与审判监督权

审判权与监督权是法院内部两类最基本的权力,也是法院改革中最需要,同时是最难处理的一对权力关系。本轮改革的重心是将审判权更多地委诸法官或合议庭,减少院庭长对裁判的决断或影响(取消院庭长审核、审批制度或方式)。这一改革方向无疑是正确的。事实上,在本轮改革之前,成都市中级人民法院即实质性地进行过法院内部的"两权"(审判权与审判监督权)改革,我受邀参加过改革方案设计、具体制度的制定以及改革方案实施过程中各种问题的讨论。基于这段经历,在本轮改革初始,我在参与各种研讨的过程中即提出,向法官、合议庭放权与健全监督机制必须同步进行,仅仅强调放权而不考虑监督机制的配套势必会带来审判水平下降以及法官的道德风险。为此,我不赞成取消审判庭设置(取消的理由据说是为了避免庭长对法官审判的"干预")的方案,不赞成那种为抬升法官地位而贬损院庭长功能、把院庭长视为"审判行政化"代表与象征的观点与认知,当然更不赞成取消审委会以及将裁判决定权完全交给法官或合议庭。这些观点都明确体现在相关研究之中。

前述这些观点不仅在当时,即便是现今仍然不为学界多数所认同,但不能否认,近几年来,审判权的监督问题不断受到决策层及实务界的强调与重视。如果说本轮改革最初几年的侧重点在于向法官与合议庭放权的话,那么,最近几年"综合配套"的主要内涵则是强化对审判权的监督。迄今为止,"两权"融合仍然是实践中未能得到很好解决的问题,"法官、合议庭独立行权"与"全程、全员、全面监督"之间的紧张关系始终存在。我在相关研究中,既对如何把监督有机地楔入审判运行过程中(而不仅仅针对几类案件)进行过探讨,同时也表达了对监督措施不当则可能导致"旧体制复归"的担忧。

对司法改革的这些认识和主张是有一定内在联系且能够自洽

的。概括起来说就是：我国司法改革应针对司法体制、机制以及运作中的现实问题而设计方案并具体实施，而不应依循某种"理想模式"；改革的目标在于提升司法能力，满足人民群众及国家治理对于司法产品、司法功能的需求。就法院而言，法院应基于整体本位恰当配置并充分运用好整体司法资源，而保持整体本位的核心又在于处理好审判权与审判监督权之间的关系，推动二者的恰当融合。

（三）关于司法生态

司法生态是我这些年司法研究中所关注的另一个重要面向。在近几十年中，屡屡发生一些不同主体以不同方式贬损、侮辱司法组织，殴打甚至杀害司法人员的事件。至于各种社会势力基于不同动机、依据各种条件、通过各种手段干扰或影响司法机关司法活动的情况，则更具有一定的普遍性。由此引起我思考同时也是我试图向社会提出的问题是：当社会各方向司法提出各种要求时，是否也应该审视一下司法处于一种什么样的生态之中？更进一步说，改善司法生态，社会各方又应有什么样的作为？我对司法生态的研究涉及三个主题：

一是司法生态的基本要素及影响。我把司法生态定义为司法生存与运作所处的环境、条件及氛围。对司法生态的研究就是把对司法具有直接联系的外部因素视为一种自变量，从司法与这些要素的联系中分析其对司法的实际影响。构成司法生态的要素包括政治生态、社会生态及职业生态，每一种要素都有影响司法的具体方式、手段和途径。我认为，改善我国司法生态要解决三个基础性问题：其一，主导性政治力量如何切实保障司法机关的司法权依法独立行使；其二，全社会应当形成和确立怎样的司法观，换句话说，社会应当怎样看待司法，对司法的合理期待应是什么；其三，司法机关及其成员如何体认和践履自己的政治和社会角色，特别是司法如何找准自己在政治和社会结构中的定位。

二是传媒对司法的监督。这一研究中的"传媒"尚不包括自媒体。我认为,传媒与司法之间具有天然的联系,二者之间始终存在着相互评价的制度性结构与普遍实践。正因如此,虽然传媒具有对司法进行监督的功能,但"监督"只是传媒追求自身利益的副产品,其监督的范围(关注点)、立场、方式及效能具有相应的特征。保持传媒监督的恰当性和有效性需要一定的社会前提,并且要消除某些现实制约,通过良好的制度设计,保持传媒与司法之间合理张力的形成。

三是自媒体对司法个案的监督。这一研究以围绕"许霆盗窃案"的网络讨论为实例,对自媒体看待和影响司法的立场、视角、方式及后果进行分析。我把社会公众对于司法个案处置的主流性、主导性意见称为"公众判意"(找不出更恰当的语词概括)。公众判意不仅体现了公众对司法个案处置的评价与期待,更蕴含着复杂的社会愿望与社会诉求。表达"判意"是社会公众参与政治过程、参与社会管理、对司法进行监督的一种形式。在本项研究中,我对公众判意的特性及其形成的社会条件进行了具体分析。以此为基础,一方面肯定公众判意的一定的合理性,另一方面又指出其可能存在的偏失,主张赋予公众判意以恰当的地位,尤其是在司法与这种社会监督之间形成良性互动。许霆案已过去多年,并逐步为人们所淡忘,但热点司法案件仍然时有发生,自媒体对这类案件的关注度、影响力也有增无减。因此,"公众判意"这一概念虽未被普遍接受,但有关"公众判意"的分析与探讨仍然不失其意义。

(四)关于司法判例

法学界对我国引入判例制度的研究由来已久。最近 10 余年来对判例的研究主要集中于指导性案例制度及其运用中的一些问题,尤其侧重于在"同案同判"或"类案同判"原则或目标下案例运用的具体方式方法。此外,结合案例研究部门法的具体规则,运用案例对司法活动或司法行为进行分析等,也日益成为法学研究的热点。引发我对司法判例关注与研究的是这些年诉讼活动中律师、法官等主体对判例的自发性运用。因此,我研究的重心在于从宏观上把握判例在我国成文法体制下的功能定位及其实现方式。我对判例研究的主要观点可归结为以下几方面:

第一,判例运用在我国成文法体制下具有突出需求。虽然成文法国家都不同程度地需要运用判例,但基于我国法域过大、规范资源缺失、司法水平不均衡以及法教义学不够成熟等因素,较之其他成文法国家,我国对判例的运用具有更突出的需求。判例运用不仅会在很大程度上改变司法运行方式,而且对提升我国司法水平、推进法治进程乃至对社会生活都具有难以估量的重要意义。

第二,不同法源属性判例的功能定位。判例可分为三类,应依其法源属性相应地确定其功能。作为约束性法源的指导性案例,其功能并不简单在于提供某些裁判规则,而更主要的是完善司法规范体系,在法律法规、立法解释、司法解释、司法文件这几类司法规范中,发挥补缺、释明、协调以及促进规范间相互转换的作用;作为引导性法源的示范性案例,其功能是运用"标杆原理",通过遴选的示范性案例推动法律的统一适用;作为智识性法源的一般性判例,其功能主要是通过泛在的判例的流动和传播,促进司法经验和智慧的共享。这种判例类型划分及功能定位,大致勾勒出我国成文法体制下判例运用的图景与秩序。

第三,我国判例运用应重在"效用"而不是"效力"。作为成文法国家,不可能把"遵循先例"作为法律适用的原则,因此,我国判例运用的重心并不在于对判例效力的寻求,对判例运用的需求也绝不仅仅是判例中裁判规则的约束或参考,而更主要是吸收和借鉴判例中所蕴含的司法理念、司法经验、司法智慧、司法方式乃至司法技巧等因素。这些因素的借鉴对于推动不同级别、不同地区以及不同法官司法水平的提升具有重要意义。因此,我国判例运用应重在其效用而不应局限于其效力。

第四,判例运用既要重视其建构性也应重视其自发性。以指导性案例制度为基础,最高人民法院相继推出了一系列案例运用制度,体现了判例在我国的建构性运用。然而,从实际情况看,各诉讼主体乃至其他社会主体在诉讼或日常生活中对判例的自发性运用或许是我国判例运用的主体部分。各主体追求在诉讼活动或其他社会事务中利益最大化,成为判例自然运用的重要趋动力。如何利用好这只"看不见的手",促进建构性运用与自发性恰当融合,是我国判例运用制度建设的重大现实主题。

五

10余年对当代中国司法的研究中,我最深的感受仍然是对一个浅显常识的理解:司法作为国家政治建构的产物和一种社会存在,其基本特性决定于特定国家的具体条件以及国家治理的要求。简单地说,有什么样的国家,就有什么样的司法;特定国家的社会条件,决定着该国司法的实践逻辑及内在机理。对当代中国司法的认知,固然不可依据达玛什卡对国家与司法类型的划分而"对号入座",但达玛什卡有关国家与司法之间"面孔"具有一致性或对应性的结论则无疑是符合实际的。因此,对司法的研究以及研究中的司法必定是"地方化"的。由此所引出的思考是:当代中国法学应否、能否摆脱形式主义法治理论所刻画的司法模式的影响,而根据当代中国司法的实然状态及应然要求形成系统化的司法理论?或者说,应否、能否依据自己的理解,运用自己的学术话语讲述当代中国司法自己的故事?在这些年的研究过程中,这种思考时隐时现,在某些主题的研究中,我还曾尝试运用另一种叙事逻辑诠释我自己所理解的司法,试图为观察当代中国司法提供一种新的认识框架,但这种宏大的理论使命,显然应属于一代甚至几代中国法学人的担当。于我个人而言,最大的理论意图也只是希望自己的研究能够为践履这一使命作出些许个人的贡献。不过,如果说历史是残存于经历者记忆或记述中的某种镜像,那么,我仍然奢望我的这些研究和思考,特别是主题相对集中的这些文字能够为更多的人提供有关当代中国司法的一种识别和观照,而不独是我个人的社会感知与社会见解。

10余年司法研究的过程中,我一直都非常感动于从基层法院到最高人民法院的相关领导、法官对我的研究的支持。在此我无法一一列出姓名,但脑海中清晰地印刻着他们的形象。他们对司法现实的认知和判断给了我诸多启示,对研究的建议给了我最实在的指点,对我一些主张的认同则进一步坚定了我的研究自信,成为我研究中的重要激励。此外,这10余年中,我的几届博士生在不同时期相继伴随了我的研究过程。李鑫、刘磊、李振贤从读博到毕业后从教至今,一直参与我对相关主题的研究,从实务调研到资料收集,从观点讨论到文字切磋,我的研究与他们的学习及研究过程完全相融。在这种教与学、师与生的关系中,我们彼此受益,共享收获,在"内卷"的大环境下营造了一种别样的生存空间,用我们自己的方式享受着在小生态中"躺平"的舒适。没有他们,我这一段研究生涯也难以想象。

当下,中国司法的发展与改革仍处于快速推进的区间。虽然受年龄及身体状况所限,我在此领域的研究已很难有更长时段的延续,但我还将对司法发展与改革的现实保持关注和思考。这不仅是基于学人"吾思故吾在"的执念,更是因为,我对自己有关当代中国司法的某些观点与主张能够为实践所印证,有着深深的期待。

顾培东

二〇二二年六月于成都寓所

第一编

司法共识、司法理念

第一章　法治共识与司法共识

　　法治共识是司法共识的基础,司法共识亦是法治共识的重要内涵。因此,研究当代中国司法需要从分析法治共识入手。

　　站在中国法治建设恢复40余年的路口,无论是回溯既往历程,还是审视当下现实,不难看到的是,在影响和制约我国法治建设的诸多问题中,全社会对于法治的共识度不高或者说社会成员法治共识的缺乏,或许是最值得重视的。这里所说的法治共识的缺乏,显然不是指在"中国要不要实行法治"问题上的认识和主张不一致,而是对于"什么是法治"以及与此直接相关的"什么是中国应当实行的法治""中国如何实现法治"这样一些基本问题,全社会缺少必要的共识。围绕法治的这些基本问题,在意识形态领域、学术研究层面以及社会公众的主张与见解中,都存在着较为明显的分歧。这种分歧不仅发生于不同社会阶层或群体之间,也存在于同一阶层或群体的不同成员之中,甚至还出现于同一主体在不同时期、不同场合或者在扮演不同社会角色、以不同身份出场时的认知和表达之中。从近些年人们对待某些公共政策的立场和态度、对国家法治或司法现状的认识和评价,特别是对一些极端性社会事件的公共表达及社会情绪中①,能够明确地感受到这种分歧的存在。并且,从实际情况看,这种分歧具有进一步扩大的趋势。

　　毫无疑问,法治共识的缺乏不仅会影响和制约中国法治建设的进程,同时也影响对中国法治现实的客观评价,进而还会实际影响全

---

① 近些年,社会各方围绕一些热点案件以及某些法治事件所形成的讨论和争议,实质上正是不同主体之间不同法治观念或主张的表达。

社会对中国能否实现法治的信心。从更广泛的视野看,法治问题上的这些分歧既是当代中国社会意识形态或社会主张多元化的结果或表征,同时,基于法治在当代中国的特殊地位,这种分歧的存在,对整体社会共识的提升也会形成较大的影响。① 因此,如何减少或缓释社会成员在法治基本问题上的分歧与对立,推动全社会法治共识的形成,事实上已成为我国法治建设的重大现实任务。② 本章拟梳理并揭示法治基本问题上分歧的主线,分析其间的实质性分歧及其原因,以此为基础,尝试提出通过法治再启蒙推动我国法治共识形成的理论构想。

一、两种法治观念:理想主义法治与实用主义法治

尽管我国不同社会主体对于法治基本问题的认识、见解或主张林林总总,但就其分歧而言,大体上可归结为理想主义法治与实用主义法治(也可以名之为"法治理想主义"与"法治实用主义")这两种不同法治观念的差异或对立。在法治基本问题上的分歧,大致都是在这两种法治观念基础上展开的。

(一) 法治意识形态中的普遍性分歧

理想主义法治与实用主义法治,这两种法治观念的差异或对立

---

① 当代中国社会共识问题已经引起学术界的广泛重视,政治学、伦理学、社会学界都从不同角度对社会共识的形成问题进行了探讨。参见樊浩:《中国社会价值共识的意识形态期待》,《中国社会科学》2014 年第 7 期;周显信、叶方兴:《政治共识:一种政治社会学的分析视角》,《马克思主义与现实》2012 年第 3 期;童世骏:《关于"重叠共识"的"重叠共识"》,《中国社会科学》2008 年第 6 期;王文东:《当代中国发展语境中的正义共识研究》,人民出版社 2010 年版。
② 美国著名社会学家李普塞特(Seymour Martin Lipset)认为:"所有的复杂性社会都是以内部高度的紧张和冲突为特征的,所以达成共识的制度和价值观对这些社会的生存来说是必要的条件。"〔美〕西摩·马丁·李普塞特:《共识与冲突》,张华青等译,上海人民出版社2011 年版,第 1 页。

并不独存于当代中国社会,实际上它是近现代以来各国法治意识形态中带有一定普遍性的分歧。在法治理论领域,二者既体现为不同理论流派的法治主张、偏好和取向,也体现为不同学者对法治历史过程及现实状态的认知视角和分析框架。

英国学者西恩·科勒(Sean Coyle)把现代国家法治理论或法治思潮归结为"实证主义"和"理想主义"两大对立的类别。西恩·科勒认为,"实证主义和理想主义可以被看作对传统思想理论化和严整化的尝试"[①],"实证主义和理想主义以不同的方式描述了由大量规则构成的法律秩序"[②]。"实证主义和理想主义,无论被怎样标签和分类,不仅代表两种对立的理论传统,而且是现代政体面对的真实政治选择。"[③]西恩·科勒强调:"实证主义和理想主义不是对社会制度的对立分析,而是对法治观念的对立解读。理想主义倾向于认为,依法治理是对政府干涉普通公民道德生活权力的一系列限制。实证主义通常将法律看作追求和实现集体目标的工具。"[④]需要注意的是,西恩·科勒所使用的"实证主义"概念,与奥斯丁(John Austin)、凯尔森(Hans Kelsen)等人所创立的分析实证主义有重要区别。西恩·科勒所注重的是法治的工具性特征和规则的治理功能,因此,将这种"实证主义"理解为一种实用主义并无不妥。美国学者塔玛纳哈(Brian Z. Tamanaha)把美国法治意识形态的分歧概括为"法律工具主义"与"法治理想主义"的对立。塔玛纳哈认为:"在深层的美国法律文化中,存在着两种具有张力的核心观念;法律是一种工具,法律是一种法治理想。尽管二者长期以来在张力状态中一直共存,但有

---

① 〔英〕西恩·科勒:《实证主义、理想主义和法治》,张丽清译,载张丽清编译:《法治的是与非——当代西方关于法治基础理论的论争》,中国政法大学出版社 2015 年版,第 2 页。
② 〔英〕西恩·科勒:《实证主义、理想主义和法治》,张丽清译,载张丽清编译:《法治的是与非——当代西方关于法治基础理论的论争》,中国政法大学出版社 2015 年版,第 2 页。
③ 〔英〕西恩·科勒:《实证主义、理想主义和法治》,张丽清译,载张丽清编译:《法治的是与非——当代西方关于法治基础理论的论争》,中国政法大学出版社 2015 年版,第 4 页。
④ 〔英〕西恩·科勒:《实证主义、理想主义和法治》,张丽清译,载张丽清编译:《法治的是与非——当代西方关于法治基础理论的论争》,中国政法大学出版社 2015 年版,第 42 页。

迹象表明,工具主义法律观正在对法治理想法律观形成巨大挑战。"①罗伯特·S.萨默斯(Robert S. Summers)进一步认为,美国法律的深层理念及法律文化是实用主义、社会法学以及现实主义法学所共同汇集的"实用工具主义",而与之相对立或并存的则是自然法学派、分析实证主义以及历史法学派等西方传统经典法治理论或思想,②后者则通常被认为是西方法治理想形态的共同理论渊源。与此相类似,托马斯·格雷(Thomas Gray)从形式主义与实用主义对立的视角看待美国法治意识形态的分歧。③ 在托马斯·格雷看来,以兰德尔(Christopher C. Langdell)的主张为核心的形式主义代表了"19、20世纪美国法律思想中的古典正统",这种"古典正统"把法律视为与几何学等同的"法律科学",认为并相信法律可以像欧几里德定理那样得到严谨运用。这种形式主义实际上是一种理想主义色彩极为浓厚的法治意识,而与之对立的则是以霍姆斯为代表的法律实用主义,这种实用主义实际主导着现代美国的法治思潮。

前面提到的这些学者虽然在概括和表述法治意识形态二元对立时使用的概念有所不同,但就不同概念的实际内涵与意蕴而言,大致可以与理想主义法治和实用主义法治分别对应,或者说可以将其粗略地区分为理想主义法治观与实用主义法治观。在此意义上,理想主义法治与实用主义法治代表着近现代以来两大不同的法治思潮或法治观念,而二者之间的分歧与对立则显示着近现代法治发展的内

---

① 〔美〕塔玛纳哈:《法律工具主义与法治的张力》,田桂花等译,载张丽清编译:《法治的是与非——当代西方关于法治基础理论的论争》,中国政法大学出版社2015年版,第43页。塔玛纳哈并不否定工具主义的作用,但对工具主义对法治的危害保持着警惕,主张应在一定的环境或场合下,为工具主义设置必要的边界和限制条件。参见塔玛纳哈:《法律工具主义:对法治的危害》,陈虎等译,北京大学出版社2016年版,导论部分。

② 参见〔美〕罗伯特·S.萨默斯:《美国实用工具主义法学》,柯华庆译,中国法制出版社2010年版,第2—9页。

③ 参见〔美〕托马斯·格雷:《美国法的形式主义与实用主义》,田雷等译,法律出版社2014年版,第36页、第4章"霍姆斯与法律实用主义"。

在张力。

实际上,理想主义法治与实用主义法治这两种法治观之所以成为法治意识形态领域的普遍性分歧,更直接的原因产生于法治本身的理想性与工具性(或实用性)的双重特质。作为一种社会理想,人们对法治总是倾注丰沛的理想化期待,法治主义者往往都具有鲜明的理想情怀;而作为一种社会治理的实用工具或方式,法治又必须具备明确的实用功能,任何法治实践的行为者在面临具体问题时,都很难避免采取实用主义的态度。

过去的几十年中,特别是近些年来,我国法学界也有不少学者做过对我国法治意识形态进行类型性分析的探索,在此基础上揭示不同法治意识形态类型之间的分歧,并且有学者已经从法治共识的角度看待消弭这种分歧的现实意义。[①] 然而,迄今为止的研究和讨论大多借用形式法治与实质法治这对法理学中的范畴,以此作为对我国法治类型及法治意识形态分歧进行分析的视角。[②] 高鸿钧等人认为,形式法治与实质法治在我国都具有实际影响,而基于对"实质正义"的追求和秉持,应当把实质法治作为我国法治的主要选择。[③] 与此不同,陈金钊、黄文艺等人则主张,从我国历史传统和现实境况出发,形式法治更应成为我国法治的选择,形式法治的意义应当被正确理解,并应得到更高程度的肯定。[④] 江必新在认同形式法治与实质法治都是我国法治面临的实际选项的同时,提出了确立一种"经由形式正义

---

① 参见陈金钊:《法治共识形成的难题——对当代中国"法治思潮"的观察》,《法学论坛》2014 年第 3 期。

② 季卫东虽然未从意识形态分歧的角度进行分析,但他希图构建"某种具有政府、市场、社会三元结构的国家观"作为"未来中国的法律意识形态"。而我认为,"三元结构"是包括中国在内的现代国家的一种客观现实,即便其作为一种国家观,也代替不了法律意识形态本身,因而也不能成为消弭法治意识形态分歧的基础。参见季卫东:《论法律意识形态》,《中国社会科学》2015 年第 11 期。

③ "在我们的思虑中,从根本上更倾向于采纳'实质法治'概念。"高鸿钧等:《法治:理念与制度》,中国政法大学出版社 2002 年版,第 182 页。

④ 参见陈金钊:《对形式法治的辩护与坚守》,《哈尔滨工业大学学报》(社会科学版)2013年第 2 期;黄文艺:《为形式法治辩护》,《政法论坛》2008 年第 1 期。

的实质法治观"的主张,意图在形式法治与实质法治中寻求一种妥协,消弭二者之间的冲突。① 强世功为建构其"政党法治国"的理论体系,对法治类型进行了重新划分,并把中国法治秩序的现实状况描述为"在旧法治与新法治之间钟摆",而强世功视野中的"新法治"与"旧法治",在实践层面上的重要表现形态依然是形式法治与实质法治。在他看来,"中国法治发展呈现出新、旧法治两种理念互相交织的图景。形式法治和实质法治……这两种法治始终处于钟摆运动状态,形成了中国法治发展中的内在张力"②。强世功主张用"政党法治国"的建构来整合包括形式法治与实质法治在内的各种矛盾和冲突。

毫无疑问,形式法治与实质法治作为法治理论中的一种分类,不失为分析我国法治意识形态的一个有意义的视角或框架,但我认为,相比之下,理想主义法治与实用主义法治更能够准确而全面地概括我国法治意识形态的类型,尤其是更能恰切地反映当下我国社会中法治意识形态上的实际分歧。理由如下:(1)形式法治与实质法治是在纯学术意义上提炼出的概念,其含义需要借助相应知识谱系才能够理解,③因而无论作为一种分析角度,还是作为一种法治思维定式,它往往只能通行于学术界。与之不同的是,理想主义法治与实用主义法治虽然也有确定的理论和知识背景,但它们是一对描述性概念,其字面的直白性更容易为社会各方所理解,其理论及知识意涵与社会公众的直觉或经验具有很高程度的吻合,从而更能准确地揭示和反映不同层次的社会成员对法治的观念或主张。(2)形式法治与实质法治这两个概念在传播和运用过程中,其内涵不断出现变异,尤

---

① 参见江必新:《严格依法办事:经由形式正义的实质法治观》,《法学研究》2013 年第 6 期。

② 强世功:《从行政法治国到政党法治国——党法和国法关系的法理学思考》,《中国法律评论》2016 年第 3 期。

③ 参见〔英〕保罗·克雷格:《形式法治与实质法治的分析框架》,王东楠译,载姜明安主编:《行政法论丛》(第 13 卷),法律出版社 2011 年版。

其是不同主张者为证明其主张的正确性和合理性,或为了避免异见者的攻讦,对二者的含义进行了各式各样的包装或取舍,①在很多语境中已丧失了二者原有的意蕴,模糊了二者之间的界限,从而也在很大程度上失却了彼此守持或舍弃的真实意义。相比之下,理想主义法治与实用主义法治之间差异性识别的参照较为明显,即使在最质朴的意义上理解,也能够认知二者之间的差异与分歧所在。(3)更为重要的是,理想主义法治与实用主义法治具有广泛的覆盖面,能够涵盖当下我国法治意识形态中包括形式法治与实质法治在内的各种歧见与冲突,诸如普适论与国情论、特色论②;引进移植论与本土资源论③;法治主要功能的限权(力)论与国家治理论④;能动(司法)论与(司法)克制论;唯法律效果论与综合效果(法律效果、社会效果、政治效果)统一论⑤;乃至法教义学与社科法学⑥;等等。所有这些,都能够分别从理想主义法治观与实用主义法治观的分歧与对立中找到它们的源头或归宿。至于形式法治与实质法治,就其各自的渊源及取向来看,前者与理想主义法治观密切相联,后者则为实用主义法治观所包纳。基于前述三点,无论从学术研究的要求看,还是从对中国法治意识形态或法治思潮真实状况的尊重出发,都应当把关注的焦点集中在理想主义法治观与实用主义法治观这一分歧的主线上。

---

① 比如,一般认为,形式法治不太关心法治的价值。"价值无涉"既是形式法治的特征,也是形式法治广受批评之处。但黄文艺在"为形式法治辩护"时,则依据富勒(Lon L. Fuller)、罗尔斯(John Bordley Rawls)等人的理论认为,形式法治并非与价值无涉,而是内含着对价值的考量与追求。参见黄文艺:《为形式法治辩护》,《政法论坛》2008 年第 1 期。

② 参见张志铭、于浩:《共和国法治认识的逻辑展开》,《法学研究》2013 年第 3 期。

③ 相关观点参见苏力:《法治及其本土资源》,北京大学出版社 2015 年版;凌斌:《中国法学时局图》,北京大学出版社 2014 年版,第 5—10 页。

④ 参见张文显:《法治与国家治理现代化》,《中国法学》2014 年第 4 期。

⑤ 相关观点参见陈卫东:《司法机关依法独立行使职权研究》,《中国法学》2014 年第 2 期。

⑥ 相关观点参见谢海定:《法学研究进路的分化与合作——基于社科法学与法教义学的考察》,《法商研究》2014 年第 5 期;宋旭光:《面对社科法学挑战的法教义学——西方经验与中国问题》,《环球法律评论》2015 年第 6 期;孙少石:《知识生产的另一种可能——对社科法学的述评》,《交大法学》2016 年第 1 期。

（二）理想主义法治观及其在我国的现实基础

理想主义法治观的含义主要是在亚里士多德（Aristotle）有关法治的经典命题，亦即"法的统治"和"良法之治"基础上展开的；①由"法的统治"和"良法之治"所推演的法治的一系列应然要素及应有状态，成为理想主义法治观基本认知。主要包括：（1）社会行为和社会关系由法律加以规定或调整，法律为人们的社会行为和社会关系提供全面的依据；法律与宗教、道德共同构成完密的社会规范体系。（2）法律是具有普遍性、明确性、强制性且内在逻辑统一、严密完整的规范体系，因此，法律实施过程就如同"自动售货机"一样，一边输入事实及法律，一边输出判决。（3）法律体现着正义、平等、民主、自由、秩序、效率、安全等人类社会所希求的一切价值、福利等善品；法律的实施意味着这些善品都能得到满足或实现。（4）独立的司法机关及体系承载着法律实施的职责，司法机关及司法人员独立于各种社会势力，尤其独立于政治力量，司法行为不受任何其他势力的影响与干预。与此同时，精英化、地位崇高、待遇优渥且公正无私、聪明睿智的法官群体，独立执掌并行使司法权。（5）各种社会纠纷，包括政治争议都能够通过司法得到解决，司法成为社会纠纷的主要的和最终的解决渠道与手段，司法是公正的最后防线。（6）政府权力得到严格限制，政府行为必须有明确的法律依据；社会成员自觉服从法律，尊重法律权威，尤其是尊重司法权威。概括地说，理想主义法治观是关于法治的一幅理想图景，它汇聚了人们对于法治的诸多美好想象与期待，因而从本质上看，它更主要体现的是人们在法治问题上的一种智识建构。

---

① "法治应包含两层含义：已成立的法律获得普遍的服从，而大家所服从的法律又应该本身是制定得良好的法律。"〔古希腊〕亚里士多德：《政治学》，吴寿彭译，商务印书馆1965年版，第199页。

　　理想主义法治观念在我国的生成和弥散,具有特定的历史原因及广泛的社会基础。首先,法治是作为一种社会理想而符号化地进入我国社会成员思维和心理层面的。在经历了长期"人治"历史过程的中国社会,人们很自然地把法治看成是一种绝对的善品,把改变国家、民族乃至个人命运的希望寄托在法治这样一种全新的社会实践之中,从而在"法治"这个符号中充填了各种美好的想象,诉诸"人治"状态下未能实现的各种社会愿望和期冀。这就使人们在观念层面上所理解的法治不能不具有浓厚的理想化、虚幻化甚至是神话的色彩,理想主义法治也借此获得了广泛的社会基础。其次,同其他新兴法治国家一样,我国的主导性政治力量在推动国家向法治化转型、完成法治化基本建构的动员中,往往也自觉或不自觉地美化法治的社会效用,突出宣扬法治的积极意义。其结果,一方面,使"法治"成为主流意识形态中一个意义被固化了的口号,对法治这一复杂社会实践的探索和追求被简化为对"法治"这一口号的崇尚与信任;另一方面,又使得社会成员把这些理想的实现理解为主导性政治力量向全社会作出的可信赖的政治承诺,从而又进一步滋育了全社会对于法治的理想化思维。再次,在我国法治初创(或恢复建设的初始)阶段,法治的启蒙仍然主要依托于学术理论界对法治知识的介绍和传播。而从实际情况看,我国学术理论界在进行这种介绍和传播时,自身亦处于启蒙状态,对法治的认知同样失之肤浅。这不仅使介绍和传播的内容十分粗略,无力更多地涉及法治的复杂层面,更重要的是,由知识精英作为主要构成的学术理论界,较之普通公众具有更突出的理想主义情结,[①]从而更偏向于从理想化角度对法治知识进行筛选和过滤,并依此向全社会进行介绍和传播。从另一个角度看,在法治知识渊源方面,从古希腊、古罗马经由中世纪到近代所形成的自然

---

① 相关研究参见〔法〕雷蒙·阿隆:《知识分子的鸦片》,吕一民、顾杭译,译林出版社 2012 年版,第 3、4 章;毛丹:《理想主义的改塑与结构》,《上海社会科学院学术季刊》1996 年第 3 期。

法学、理性主义、科学主义对于法治的解说,从来都是法治启蒙所运用的天然材料;至于现代社会中法治所呈现的复杂性,特别是后现代社会中法治实践所产生的变异以及对此的理论认知,在法治初创阶段不仅很难进入法学理论界的视野,更难以为社会公众普遍接受。有关法治知识(或理论)传播中的失真以及社会成员间在法治问题上的智识屏障,本章后面还将进一步分析,这里要指出的仅是,理想主义法治在法治初创阶段,更容易成为法学理论界向社会作出的知识推荐。最后,近几十年来,西方社会对我国的深刻影响也是理想主义法治观在我国得以生成和深入的重要因素。一方面,在西方势力主导的"全球化"过程中,经过以美国为首的西方国家以及一些国际组织"包装"而向包括中国在内的新兴法治国家输出的"法治",通常正是理想主义法治的这些内容或要素;①"华盛顿共识"中有关法治—司法共识即是以理想主义法治模式作为共识之基础的。② 尽管如前所述,美国在国内主要奉行的是实用主义法治思维或路线,但基于其作为"法治样板国"③以及全球法治普遍价值"传教士"④的角色自认和自许的需要,其主流意识形态的宣传,特别是在对外进行法治意识形态输出过程中,推崇的仍然是理想主义法治。⑤ 另一方面,在当代中国公共语境中常被提及的美国等西方法治国家,同时又是经济发

① 美国学者楚贝克和加兰特概括了西方向发展中国家推荐和输出的"自由主义法治模式",其核心特征和主要内容与本章前面提到的理想主义法治观的特征及内容大体相同。不仅如此,他们还认为:"输出工具主义的法律观是颇为危险的。当国家被专制群体虏获时,主要作为工具意义上的法律便不能够起到约束作用。由于缺乏自身的价值或目标,法律会变成掌控国家的人玩弄的工具。"参见〔美〕塔玛哈:《法律与发展研究的经验教训》,郭晓明译,载《厦门大学法律评论》第 27 辑,厦门大学出版社 2016 年版。

② 相关研究参见高鸿钧等编:《法律全球化:中国与世界》,清华大学出版社 2014 年版;高鸿钧:《全球视野的比较法与法律文化》,清华大学出版社 2015 年版;〔德〕托依布纳:《魔阵·剥削·异化——托依布纳法律社会学文集》,泮伟江等译,清华大学出版社 2012 年版,第 1 编"法律全球化"。

③ 参见〔美〕络德睦:《法律东方主义》,魏磊杰译,中国政法大学出版社 2016 年版,第 9 页。

④ 参见高鸿钧:《美国法的全球化:典型例证与法理反思》,《中国法学》2011 年第 1 期。

⑤ 相关研究参见〔美〕乌戈·马太·劳拉·纳德:《西方的掠夺——当法治非法时》,苟海莹译,社会科学文献出版社 2012 年版;〔葡〕博温托·迪·苏萨·桑托斯:《迈向新的法律常识——法律、全球化和解放》,刘坤轮、叶传星译,中国人民大学出版社 2009 年版。

达、自由开放度较高的国家,这使得理想主义法治与"经济发达"以及"自由开放"之间似乎自然地形成一种彼此互证,二者之间线型因果逻辑深深地锁定在很多中国人的认知之中。① 由此带来的影响是,人们对物质富足和个人自由的追求不可避免地衍化为对理想主义法治的向往和欣赏,这又进一步强化了理想主义法治观在中国的现实基础。

(三)实用主义法治观及其在我国的现实基础

有关实用主义法治的学说渊源,不同学者对其有不同的解释,②但学者对实用主义法治基本内涵的认知基本相同。基于对霍姆斯理论的追随,托马斯·格雷把实用主义法律的要义归结为两点:"第一,法律是由实践构成的——语境化的、嵌入性的,植根于共享的期待内;第二,法律是工具性的,一种实现社会所欲求之目标的手段,可加以调整的服务目标。"③罗伯特·S.萨默斯对实用工具主义作了更全面的解析,认为实用主义法治的含义及特征主要是:(1)法律本质上是一种工具。"法律规则和其他形式的法律本质上是被人们设计出来的经世济用的工具,既非官方运用权力依据自然法制定的一般规范,也非带有历史特征的社会现象。"④"法律在本质上仅仅是一种实

① 冯玉军认为:"当今世界出现的全球化进程,是以经济全球化为基础和核心的。在很多人看来,全球化似乎就是指经济全球化、世界经济一体化,这或许与经济全球化是当今全球化进程中最为突出的特征有关。"从这个角度看,把法治发展水平与经济发达程度联系起来有一定的客观性和必然性。参见冯玉军:《全球化中东亚法治:理论与实践》,中国人民大学出版社 2013 年版,第 104—105 页。

② 波斯纳对实用主义理论渊源的解释与托马斯·格雷的解释有所不同,前者主要从功利主义哲学解释实用主义,而后者从历史法学及分析—功利主义解释实用主义。分别参见〔美〕波斯纳:《超越法律》,苏力译,北京大学出版社 2016 年版,第 19 章;〔美〕托马斯·格雷:《美国法的形式主义与实用主义》,田雷等译,法律出版社 2014 年版,第 2—3 页。

③ 〔美〕托马斯·格雷:《美国法的形式主义与实用主义》,田雷等译,法律出版社 2014 年版,第 2 页。

④ 〔美〕罗伯特·S.萨默斯:《美国实用工具主义法学》,柯华庆译,中国法制出版社 2010 年版,第 3、49 页。

现目标的工具,这可能是实用工具主义最具特色的思想理念。"①
(2)法律的内在生命是经验,而不是逻辑,也不是诸如规则、权利、义务等概念或术语,亦不是抽象的"正义"或"善"等理念或价值。"在基本方法上,实用主义是经验性的,反形式化的。"(3)高度重视法律的目的性,主张"法律作为社会工具,其存在是为了服务于目的","所有法律形式本质上均是服务于目标(goals)的工具。当然,法律实用主义理论中的目标不是单一的,而是结构性的"。"人们需要区分不同的目标层次,并在手段目标体系中进行升序排列,处于最低层次的目标(在法律中通常会明确指出)要服从于较高层次的目标(在法律中通常不会明确指出)。"②(4)注重法律的可预测性和对社会行为的引导和激励效应。实用主义基于对法律目的性(法律实施效果)的重视,强调法律必须具有明确的可预测性,这种可预测性不只产生于法律条文的具体规定,而更重要在于法律条文在法院裁判中如何被使用,长期和大量的司法实践才是社会对法律规则的识别和预测的依据。与此相应,法律的可预测性能够为人们的社会行为提供正确的引导和激励,使法律的规范效力从个案延伸至全社会。
(5)关注法律适用的具体情境。实用主义认为,在法律分析中,"比统一概念和术语更为重要的是事实、情境、效果"③。霍姆斯主张:"如果要接近真实和保持正确,则必须摆脱纯粹语词的思维,或者至少要不断把我们的语言翻译为其所依托的具体情境。"④情境是法律能够具体、恰当地适用,并能够更好地实现法律目的的客观基础。强

---

① 〔美〕罗伯特·S.萨默斯:《美国实用工具主义法学》,柯华庆译,中国法制出版社 2010 年版,第 2 页。

② 〔美〕罗伯特·S.萨默斯:《美国实用工具主义法学》,柯华庆译,中国法制出版社 2010 年版,第 54 页。

③ Oliver Wendell Holmes, Jr., "Law in Science and Science in Law", *Harvard Law Review*, 10(1897),457,466,转引自〔美〕罗伯特·S.萨默斯:《美国实用工具主义法学》,柯华庆译, 中国法制出版社 2010 年版,第 145 页。

④ Oliver Wendell Holmes, Jr., "Law in Science and Science in Law", *Harvard Law Review*, 10(1897),457,466,转引自〔美〕罗伯特·S.萨默斯:《美国实用工具主义法学》,柯华庆译, 中国法制出版社 2010 年版,第 145 页。

调不同情境下对法律的灵活适用,较为集中地彰显和体现了实用主义法治观务实化的态度、对法律工具特性的秉持以及能动地追求法律实施效果的精神。

显然易见,与理想主义法治观不同,实用主义法治观并不是用某些预设的要素、原则、条件或状态作为法治或实践法治的标志或标准,也不把法治看成一种抽象的社会理想或价值而期待人们去信奉或信仰。实用主义法治观以功利主义为其哲学依据,从有效地解决具体情境中的实际问题,使法律服从或服务于法律所应当承载或达至的社会使命或目标出发,工具化地看待法律的性质和功能。

一般认为,实用主义法治观在西方的兴起,与现代西方社会发展的复杂性密切相关。① 在以科学主义思维整合社会并依照类似几何推导的方式程式化地适用法律的尝试失败后,面对日趋变化的社会状态、日益复杂的社会关系,以及与此相联系的日渐突出的法律刚性与社会情境多样性的冲突,实用主义不能不成为西方国家的重要选择。

实用主义法治观在我国的兴起与西方国家有着相同的原因,同处于当代社会背景之中,社会发展所共同面临的复杂性迫使我国在法治建设的总体思维和具体实践中采取实用主义的立场和取向。然而,更需要揭明的是,我国社会的一些特殊因素,进一步放大了实用主义法治在我国的需求,深化了实用主义法治在我国的现实基础。第一,正如强世功所分析的,在我国,法律的实际运作是在执政党政策的指导下进行的。② 也就是说,政治权力无论是在法治的创立和推进上,还是在法治的具体实践中,都具有重要的主导或影响作用。在

① 参见〔美〕波斯纳:《波斯纳法官司法反思录》,苏力译,北京大学出版社 2014 年版,第 3 章"复杂性的挑战";〔美〕波斯纳:《超越法律》,苏力译,北京大学出版社 2016 年版,第 19 章。

② 参见强世功:《从行政法治国到政党法治国——党法和国法关系的法理学思考》,《中国法律评论》2016 年第 3 期。

这样的格局下,虽然政治行为需要受到法律的约束,但法治毕竟是在政治的整体框架以及现实政治生态中存在和实行的,政治的时空限度及其现实性决定了主导性政治力量在法治问题上必然采取实用主义的立场和态度;唯有如此,才能把法治的功能和作用与主导性政治力量的政治目标统一起来,同时也才能把法治与其他政治方式和手段结合起来。第二,尽管我国学术界对法律的本质与功能有诸多解释,但主流意识形态所主张或认同的法律观仍然是马克思、恩格斯及列宁的"意志说"和"工具说",亦即法律是统治阶级意志的体现,是统治阶级实现其统治的工具。[①]"意志"是"工具"的基础和依据,"工具"则是"意志"的具体实现方式。这种"意志说""工具说"与霍姆斯等人的实用主义法治观虽然出自不同的论证基点与逻辑,但二者对法律工具性特征的揭示与描述则殊途同归。所以,与理想主义法治相比,实用主义法治在我国主流意识形态中具有更为明确的正当性。第三,我国法治既没有西方传统分权体制及制度背景,也不是在资本主义经济条件下实行的,西方法治理论中有关"分权是法治的重要前提"以及"法治与资本主义具有天然联系"等结论不仅在我国受到根本挑战,而且主导性政治力量对这些"西方经验"或"西方定律"保持着本能的警惕。如何在这样特定的政治、经济等社会条件下走出一条自己的法治道路,其间必定包含着很大的探索性。[②] 不仅需要面对中国实际问题而务实地创新,也必须以实用主义的态度对待域外的制度与实践,对之进行恰当的选择与取舍。因此,我国在法治建设的路径选择上也势必会奉行实用主义的立场。第四,与其他一些国家法治发展的历史过程相比,中国法治建设无疑是"超越式"的,亦即需

---

① 　相关研究参见吴建敏:《实践法学:对马克思思想的新阐发》,河北人民出版社 2009 年版;公丕祥、龚廷泰编:《马克思主义法律思想通史》,南京师范大学出版社 2014 年版;邱昭继:《法律的不确定性与法治——从比较法哲学的角度看》,中国政法大学出版社 2013 年版,第 186—195 页,"马克思主义法学的批判"。

② 　参见顾培东:《中国法治的自主型进路》,《法学研究》2010 年第 1 期;凌斌:《法治的中国道路》,北京大学出版社 2013 年版,第 24—26 页。

要在短短的几十年中,走完其他国家数百年甚至更长时间走过的路程。这种"超越式"发展固然有一定的被迫性,也是一种积极性事实,但"超越式"发展所带来的"历时性与共时性"之间的矛盾则构成中国法治建设中的重大难题。一方面,中国的法治所要解决的社会问题是一些国家在长期历史过程中逐步解决的问题,后者不仅有长期的法治制度和经验的积累,同时面临的社会问题也是历时性地出现的;而当代中国法治所面对的社会问题,既有现代属性,又有不同程度的前现代或后现代色彩,各类问题共时性地成为法治所要解决的对象。在此情况下,用以"规则化治理"为基本手段的法治去面对这些具有不同时代特征的社会问题,其间的挑战是不言而喻的。另一方面,法治自身的发展也有其客观上的阶段性。诺内特(P. Nonet)、塞尔兹尼克(P. Selznick)认为,法治可分为压制型法、自治型法和回应型法三个类型,①这三个类型同时也可以说是法治发展由低至高逐步递嬗的三个历史阶段。依此观点,我国在刚刚完成压制型法律体系的构造而自治型法尚很不成熟的情况下,面临的却是大量回应型法所要解决的问题,需要构建回应型法的体系、结构及机制,使得这种超越本身也构成了法治建设的一种困境。由"超越式"发展所带来的这两方面挑战都迫使我国法治无法仿效或追求某种既有的或理想的法治模式,而必须从国家治理的实际需求出发,在法治建设或具体实践中贯彻实用主义精神,从追求实用性效果出发去应对"历时性与共时性"矛盾所引发的各种问题。第五,众所周知,我国是单一制国家,采用的是全国统一适用的法律体系。而近几十年来,地区、阶层以及群体之间在经济、文化等方面的发展差异甚大,社会分化很严重,同质化程度很低,加之转型期社会生活中的各种变异既快且大,各类社会矛盾亦十分突出,这些因素对法律的制定和实施都带来很大困难,特别是执法和司法过

---

① 〔美〕诺内特、塞尔兹尼克:《转变中的法律与社会:迈向回应型法》,张志铭译,中国政法大学出版社 2004 年版,第2—4 章。

程中需要考量多种后果,权衡多种利弊,综合分析法律实施的具体
情境以及不同情境中法律实施可能产生的不同效果。前些年,最
高人民法院提出"能动司法"的司法理念①,引起了多方面的争议②,
但无法否认的事实是,以"能动"为重要特征的实用主义执法、司法方
式已成为当下中国社会中执法和司法过程中的常态现象。这又从另
一个侧面说明了当代中国社会对实用主义法治观的现实需求。第
六,不能不提到的是,实用主义法治观在我国得以盛行还与另外两个
因素密切相关:其一,我国是具有长期"人治"传统的社会。客观地
说,"人治"方式及"人治"思维与实用主义法治之间是有一定的相通
之处的,③或者说,"人治"方式和思维与实用主义法治观之间的隔膜
其实很薄。因此,对"人治"的依恋很容易体现为对实用主义法治观
的接受,至少"人治"的方式和思维所形成的惯性客观上会提高实用
主义法治观在我国社会的接受度。其二,我国同时又是高度重视人
脉关系的人情社会,以各种人脉关系为纽结,以人际情缘为介质的社
会活动与交往能够在很大程度上消解规则的约束力,柔化规则的刚
性。④ 这样的社会基础也在很大程度上契合于实用主义法治的思维
或行为方式,或者说,实用主义法治观更容易在这种社会环境中得到
推崇并被利用。

---

① 王胜俊:《坚持能动司法,切实服务大局》,2009 年 8 月 28 日在江苏省高级人民法院调研
座谈会上的讲话。

② 相关研究参见吴英姿:《司法的限度:在司法能动与司法克制之间》,《法学研究》2009 年
第 5 期;李清伟:《司法克制抑或司法能动——兼论公共政策导向下的中国司法能动》,《法
商研究》2012 年第 3 期;姚莉:《当代中国语境下的"能动司法"界说》,《法商研究》2011 年第
1 期;公丕祥:《当代中国能动司法的意义分析》,《江苏社会科学》2010 年第 5 期。

③ 有关我国"人治"传统的研究参见温克勤:《说"人治"》,《道德与文明》2002 年第 2 期;
田广清、周维强:《论中国人治传统的经济根源》,《社会科学战线》2003 年第 4 期;明延强、林
存光:《人治主义,抑或人本主义?——儒家政治思想观念的一个分疏》,《政治学研究》2007
年第 1 期。

④ 有关"人情社会"与"法治社会"关系的研究可参见王洁:《从"人情社会"到"法治社
会"》,《人民论坛》2015 年第 32 期;张秀琴等:《人情社会与理性社会》,《理论月刊》2009 年
第 6 期;陈刚:《法治社会与人情社会》,《社会科学》2002 年第 11 期。

二、两种法治观的各自分类及实质性分歧

作为两种不同取向的法治观念,理想主义法治观与实用主义法治观在内涵上既有一定的重叠,又必定有其重要分歧。然而,"理想主义法治观"或"实用主义法治观"仍然只是笼统的概念,在各自范畴中又有不同的类别,只有通过对这些类别的进一步解析,才能更清晰地凸现二者之间的实质性分歧。

(一) 理想主义法治观的分类

理想主义法治观可以分为朴素的理想主义法治观、偏执的理想主义法治观以及理性的理想主义法治观三类。

朴素的理想主义法治观主要产生于社会成员对法治这一社会理想或公共善品的良好愿望。这种法治观虽然包含对"法治"这一现象或社会实践的某些确定性认知,但这种认知是极为粗略的。首先,它是一种简单化的法治思维,认为法治只是一个固定的、简约化的制度体系及运行模式,或者是一种确定的程式化的社会治理方式。法治一旦实行,这些制度体系、运行模式或方式就会产生预期效应。因此,只存在要不要实行法治的选择,而不存在如何实行法治的问题,至少后者不是最重要的问题。在此思维下,法治实际建构及运作过程的复杂性很少被虑及。其次,它往往是一种"纯善性"法治思维。基于对法治理想的信任,这种法治观认为法治在任何情况下所带来的只会是利益和实惠,因而一方面为法治设定较高的"致善"期待,另一方面则忽略在法治条件下主体所应受到的约束和所应承担的责任。再次,它是一种"全能型"法治思维,认为法治能够解决社会生活中的各种问题(即使不是全部问题)。因此,一方面,它把解决社会生

活中各种问题的希望寄托于法律手段的运用,遇有任何新的问题出现,就要求立法,遇有任何矛盾和冲突,就呼吁司法。另一方面,它把社会生活中一切负面性问题都归结于法律或法律手段运用的缺失,"法治不健全"往往成为某类群体对社会生活中一切负面性问题的最终归因和最简略的批评。这一朴素的理想主义法治观主要存在于低层级社会成员之中,他们远离法治的决策中心,甚至远离执法或司法的具体过程,主要是作为法治实施环境中的一种存在。然而,并不能因此而忽略这一群体对法治运行的实际作用。他们对国家法治的走向以及法治的现实问题,特别是重大法治事件,不仅保持着自己所特有的认识和态度,而且保持着在不同范围内进行议论和评价的愿望与能力,并最有可能借助自媒体而形成公共表达,由此对社会各方形成不同程度的影响。

偏执的理想主义法治观的重要特征在于以"原旨主义"①的态度和立场,坚持或崇奉在西方经验基础上形成的法治模式,并依此作为判断我国法治是非成败的标准与依据。与此相应,这种法治观主张各国在法治价值、原理、制度、程序,甚至技术方面的普遍性(实际上坚持的是西方某些理论、经验及实践在中国的适用性),同时贬低甚至反对在法治问题上对中国特色及国情的强调。基于这样的观念,偏执的理想主义法治的主张者在现实中扮演的主要是批评或批判者的角色。一方面,他们常常把自己放置在正统或正宗法治的倡导者、维护者的制高点上,俯视并批评中国法治的诸般现实;另一方面,他们又以理想主义法治代言人的身份自居,把被代表者的主张与诉求表达到极端的地步,并以其"知识威权"为这些主张和诉求提供"智

---

① 原旨主义是美国宪法解释的一种理论,"主张解释宪法时要依据制宪者的原初意图或者宪法文本的原初含义"。参见侯学宾:《美国宪法解释中的原旨主义——一种学术史的考察》,《法制与社会发展》2008 年第 5 期。拉里·克雷默指出:"并不存在实用的原旨主义,因为原旨主义的定义就是不实用的,法律实用主义主义与原旨主义有冲突。"〔美〕拉里·克雷默:《"原旨主义与实用主义"谈论小组》,载〔美〕斯蒂芬·卡拉布雷西编:《美国宪法的原旨主义》,李松锋译,当代中国出版社 2014 年版,第 110 页。

识"支撑。偏执的理想主义法治观的主张者主要出自知识精英阶层，这种法治观念的形成，除了受社会理想及知识汲取偏向的影响外，又与他们对知识分子道德传统以及人文主义批判立场的体认或自许密切相关。客观上说，中国作为法治初创国家在实践中存在的一些非理性现象，也为这种批判留下了较多的空间，从而扩大了这种法治观的社会影响。此外，在普通社会成员中，也不乏偏执型理想主义法治观的持有者，他们的偏执主要根源于盲目推崇被美化了的西方法治模式，而这种推崇又多少出于对西方生活的仰慕；另外，对自身所处现实境况的不满，也可能会成为孕育并支持这种偏执的重要因素。

理性的理想主义法治观对法治的复杂性以及各国法治实践的多样性具有较为清晰的理解和认知，但在对中国法治基本问题的主张上，则有着特定的偏好。在法治道路的选择上，持这种法治观的人并不认同照搬西方意识形态所推崇的法治模式，而更倾向于广泛吸收西方法治的文化与经验，提升中国法治与西方主流国家法治的相融性，为彼此认同以及国际交流合作提供更好的基础。在法治的功能上，认同法治在现代国家中的治理功能，但更重视法治对于政府权力的限制和制约功能，强调以权利制约权力以及以权力制约权力，特别是对"人治"思维和"人治"方式的复萌抱有高度的警惕。在实质正义与形式正义的选择上，虽然不排斥对实质正义的追求，但更偏向于对形式正义的维护，强调程序的重要性，主张维护形式正义是维护实质正义的前提，信奉"只有正确的程序才会有正确的实体结果"这一逻辑。在社会规则的作用上，承认多种规则在规范社会生活中的作用，但更突出强调法律手段的作用，尤其强调司法在解决社会纠纷中的作用，并且主张更多地运用裁判而不是调解方式处理具体案件。在司法发展方面，重视正规化、程序化、职业化、专业化建设；独立的司法、精良的职业队伍、程序化的运作是其对司法运行的想象与追求。理性的理想主义法治也主要存在于知识精英阶层，甚至可以说，在知识精英阶层，更多的是这种法治观的主张者或持有者。这个群体在法治建设的角色担当中,既扮演批评或批判者的角色,但同时也扮演倡导者、域外法治文化的传播者以及重大法治决策阐释者的角色。

(二) 实用主义法治观的分类

实用主义法治观亦可分为朴素的实用主义、放纵的实用主义以及理性的实用主义三个类别。①

朴素的实用主义法治观主要体现为以一般性经验和普遍良知为基础或依据,以追求具体行为的实际效果为目标,功利化地看待或对待法律的立场和态度。首先,朴素的实用主义法治观对法律的认同很大程度上取决于其在社会生活中形成的一般性经验和普遍良知,也就是说,只有当法律或依据法律所作出的判断、形成的处置方式契合于这种经验与良知时,才会得到其认同和尊重。相应地,某些基于法律内在原理而产生的技术性要求或原则,如"一事不再理""诉讼时效导致程序性失权""两审终结""自然事实不能简单等同于法律事实"以及"疑罪从无"等等,则往往难以为朴素的实用主义法治观所接受。其次,朴素的实用主义法治观注意对效果的追求,因而对程序、过程、手段的合法性缺少应有的重视,甚至会认为,只要目的正确、效果显著,程序、过程及手段即便不完全符合法律规定,亦可原宥或忽略。对所谓"良性违法"②的认同和接受,是这种法治观的一个最显著特征。朴素的实用主义法治观主要存在于基层社会管理者,甚至包括一些基层行政执法或司法者之中。一方面,在基层社会治理过程中,相关行政管理以及执法或司法行为较为粗糙,时效要求较

---

① 波斯纳将法律实用主义区分为"短视的实用主义"和"理智的实用主义"。参见〔美〕波斯纳:《法官如何思考》,苏力译,北京大学出版社 2009 年版,第 45 页。
② 对"良性违法"的研究参见陈甦:《构建法治引领和规范改革的新常态》,《法学研究》2014 年第 6 期;勒相木、王海燕:《改革与法治"二律背反"及其消解方式》,《贵州社会科学》2014 年第 2 期。

高,对形式或程序的重视程度则相应较低;另一方面,基层社会管理所处的环境对程序等法律技术上瑕疵的辨识能力不高或敏感度不强,从而使某些违反程序的行为或不合法的手段获得了一定的存在空间。当然,除了这一群体外,朴素的实用主义法治观在普通社会成员中亦有较大的影响,很多人在实际面临涉法问题时,采取的往往正是这种实用主义的态度。

放纵的实用主义法治观是一种为达到某种"正确"目标或实现某种"正当"目的而淡漠法律甚至超越法律规定(不只是程序性规定)的主张和态度。放纵的实用主义法治观与"人治"观的共同之处在于对规则的漠视,不同之处仅在于,前者往往不会公然、直接地挑战法律的规定,而更多是通过规避、曲解或错误适用法律等方式消解法律的约束力。因此,从本质上说,放纵的实用主义法治观是"人治"思维和方式在当下"法治"大环境或气候下的一种延续,是"人治"的一种现实形态。与"人治"相同,放纵的实用主义法治观往往也是以某种权力作为支撑的,权力不仅为这种"放纵"提供了心理基础,同时也为其得以"放纵"提供了现实条件。因此,放纵的实用主义法治观主要存在于具有一定位势的权力者群体,尤其是主政一方事务的党政要员中。由于"人治"传统的深刻影响,加之党政权力与司法权、执法权之间合理的权力格局尚未实际形成,政治民主生态亦不够完善,以及在"维稳"及"反腐"压力较大、经济发展矛盾较为突出的背景下,放纵的实用主义法治观在当下中国社会中的实际影响尚不能被低估。特别是这种法治观往往直接与权力相结合,因而,一方面,其影响不仅会停留在观念意识层面,更容易借助权力的运行而体现为具体实践;另一方面,权力者的这些意识和行为也会对其他社会成员的法治认知及其对法治的信心产生重要影响。

理性的实用主义法治观虽然也以明确的功利观看待法律的工具性质,追求法律在具体情境中的实际效果,但这种法治观以承认法律规则,包括程序性规则的约束力为基本前提;也就是说,在法律框架内追求法律行为的实际效果,是理性的实用主义法治观的最重要特征。但毫无疑问,理性的实用主义法治观也有其确定的偏向:在实体与程序的关系中,这种法治观更偏重于对实体的关注;相应地,在实质正义与形式正义之间,这种法治观也偏向于对实质正义的重视;在法律适用方面,理性的实用主义法治观不简单关注法律适用的准确性,更重视法律适用的适当性,而这种适当性很大程度上依据对法律适用的综合效果的考量;在思维方式上,理性的实用主义法治观对待任何问题,不是以某种先在的理想模式为追求目标,而始终立足于找准现实问题和解决现实问题,围绕问题的有效解决而思考法律的运用;与之相应,在处理问题的方式上,理性的实用主义法治观更注重各种利益关系的平衡。由于当代中国社会的复杂性及与之相应的社会生活中现象与事实的多样性,又基于社会转型及社会改革所引起的社会情势的急剧变化,立法与社会生活脱节或不相适应的情况较为常见,因而理性的实用主义法治观对"良性违法"保持着审慎的宽容。在对特定的"良性违法"行为的社会接受度、理解度具有确定预期的前提下,这种法治观能够包容"良性违法"行为的存在与发生。理性实用主义法治观的主要群体是从事具体实践的执法、司法人员以及其他不同层级的社会管理者。对法律规则及其约束力的了解和尊重、长期工作实践积累的社会经验以及直接面临解决具体问题的实际压力,共同成为这种法治观生成及践行的基本缘由。不仅如此,由于这种法治观将务实的精神贯彻于法治实践的具体过程中,因而相对于其他法治意识或观念,更容易获得广泛的社会认同。

(三) 理想主义法治观与实用主义法治观的实质分歧

从前面的分析中不难看出,理想主义法治观与实用主义法治观作为当代中国两大主流法治意识形态,其实是有一定重叠共识或共识基础的。这不仅在于二者都是基于或围绕在中国实行法治而形成的观念或意识,在推动当代中国法治化的基本目标上,二者的愿望是一致的。更重要的是,理性的理想主义法治观与理性的实用主义法治观二者之间虽然各有偏好和取向,但彼此重合或相容度较高,不仅如此,二者之间能够形成合理的张力,在彼此的作用下矫正法治现实中的各种偏差,从而有利于法治事业的健康推进。与此相近,朴素的理想主义法治观与朴素的实用主义法治观也有很大的相容空间。从现实看,由于两种法治观念都与社会成员的直接感受与基本良知相关,因而两种法治观之间相互转化的可能性较大,甚至同一主体常常在面临不同境况时(特别是在与己无关或自涉其中这两种境况下),徘徊或跳跃在朴素的理想主义法治观与朴素的实用主义法治观二者之间。在此意义上,朴素的理想主义法治观与朴素的实用主义法治观的分歧和对立也是有限的。

显而易见,理想主义法治观与实用主义法治观的实质分歧在于偏执的理想主义法治观与放纵的实用主义法治观之间的尖锐对立。这种对立可以从三个层面加以审视:其一,偏执的理想主义法治观与放纵的实用主义法治观二者之间没有任何共容之处。偏执的理想主义法治观所信奉的一整套法治主张,是放纵的实用主义法治观无论如何都不能接受的;而放纵的实用主义法治观对待法律的立场和态度,也正是偏执的理想主义殊死抗争和无情批判的对象。其二,更为重要的是,正是由于偏执的理想主义法治观与放纵的实用主义法治观的存在,加剧了理想主义法治观与实用主义法治观之间的分歧与对立。一方面,偏执的理想主义法治观把某种法治模式以及法治的某些原则或形式张扬到极端的地步,不仅严重脱离中国国情,难以为我国基本政治制度和主流意识形态接纳,同时也与实用主义法治观主张者们的实践性认知及基本生活经验相悖,从而降低了这一群体对理想主义法治观的认同度和接受度;另一方面,放纵的实用主义法治观对法律规则的淡漠甚至无视,很容易唤起人们对"人治"的痛楚记忆,损伤社会成员对法治的信心,同时,也为理想主义法治观的守持者们提供了批判的对象与理由,加大了这一群体对实用主义法治观的排拒与警惕。其三,还应看到的是,偏执的理想主义法治观与放纵的实用主义法治观对理想主义法治观与实用主义法治观这两大阵营的内部结构也产生着重要影响。偏执的理想主义法治观由于其过于虚空化以及一贯采取否定现实的批判性立场,从而强化了实用主义法治观阵营对实用主义法治的偏向化守持,特别是增加了朴素的实用主义法治观群体对放纵的实用主义的容忍,并进而使一部分朴素的实用主义者转变为放纵的实用主义的支持者。与此类似,放纵的实用主义法治观因为其对法律规则的轻蔑而刺激了部分朴素的理想主义法治主张者走向偏执,并逐步成为偏执的理想主义法治观的信奉者或拥戴者,增强了偏执的理想主义法治观的力量。所有这一切,都不言而喻地加大了理想主义法治观与实用主义法治观在全社会的分歧与对立。

三、法治知识传播与交流中的智识屏障

理想主义法治观、实用主义法治观以及它们当中的各个类型,其实质都是对法治这一现象的不同认知和理解。这种认知和理解与主体自身的多种因素相关,如政治倾向、社会地位、利益立场、生活经历、思维方式、职业状况、环境影响等等。就此意义来说,虽然社会成员个体对法治的认知和理解会随着某些因素的变化而改变,但就社会整体而言,只要社会结构不发生太大变化,个体的这些因素差异化地存在,法治的共识就难以真正形成。然而,在此所要揭示的是,现实中能够穿透所有这些因素而影响不同主体对法治认知和理解的一个重要方面却往往被人们忽视,这就是人们对于具有一定客观性的法治这一现象的本相或者有关法治的基本知识的了解与掌握。换句话说,社会成员的法治观与他们对法治的基本知识或法治本相的实

际了解具有很大的相关性。根据罗尔斯的"重叠共识"理论[1]，持有不同观点或立场的人们，仍然可以以合理的态度或方式去探寻"视域融合"。因此，即便政治倾向、社会地位等诸种因素会影响不同主体在法治问题上的偏好与取向，但如果全社会对法治基本知识或法治的本相有相对全面而真实的了解，那么全社会法治共识的基础也会大大增强。[2]

揭示这一问题的实践背景在于本书前面提到的一个事实：在过去几十年中，我国法治知识传播与交流中存在着一定的偏失，在不同程度上遮蔽或扭曲了法治这一现象的本相，影响了全社会对法治全面而真实的了解。而造成这种结果的原因，在于法治知识在我国的传播中、法治共识的形成中存在着多个层次的智识屏障。

第一，西方法治国家与我国社会之间的屏障。尽管有信息高度发达、西方文献大量传播到我国等便利条件，但迄今为止，我国社会对西方法治理论及法治实践的了解仍然可以说是粗浅的。一方面，由于意识形态领域内渗透与反渗透的角力始终存在，在反渗透的过程中，作为被否弃对象的西方法治往往被标签化、简单化地抽象为"宪制""三权分立""多党轮流执政""司法独立"等几个干瘪的概念，而西方法治丰富的实践形态并未能在这种语境得到全景化的呈现；另一方面，法学理论界（尤其是法治恢复建设的早期）在介绍西方法治时主要依据的也是被西方国家意识形态化了的西方法治的经典理论，这种理论不仅淡化了法治的复杂状态以及法治现象的多样性，更主要的是未能充分反映法治在当代社会中的重要变化和发展，尤其是未能系统地展示当代西方国家中社会发展与法治实践之间的互

---

[1] 参见〔美〕罗尔斯：《作为公平的正义——正义新论》，姚大志译，上海三联书店 2002 年版，第 55 页；〔美〕罗尔斯：《政治自由主义》，万俊人译，译林出版社 2000 年版，第 141—142 页。

[2] 南非学者基普等人认为："如果人们不过多地关注于某一特定价值的文化根源，而是该价值意图表达或实现什么，那么调谐不同的价值是有可能的。"参见〔南非〕海伦·基普、罗布·米奇利：《ubuntu-botho 在塑造共识的南非法律文化中渐显作用》，载〔荷兰〕鲁因斯马、〔意〕奈尔肯编：《法律文化之追寻》，明辉、李霞译，清华大学出版社 2011 年版。

动关系。这也意味着在当代中国社会很多人所认知的西方法治——无论其持批判、否弃的立场,还是持欣赏、向往的态度——往往是不真实或不全面的。

第二,新兴法治国家(或后起法治国家)与我国社会之间的屏障。或许与人们在潜意识中把美、英等西方国家作为法治的"正面样板"或"负面参照"相关,我们对域外法治的关注通常都主要局限在这些国家之上,而新兴法治国家在法治化道路中的实践以及在此基础上提炼的一些理论与知识则很少进入我们的视野,由此又形成了这些国家与我国社会之间的智识屏障。然而,无论是基于战后民族国家独立运动,还是东欧社会主义阵营的解体,抑或一些国家强权专制的瓦解,近几十年来,绝大多数发展中国家都开启了法治化的进程。新兴法治国家在法治化道路过程中不仅提供了经验或教训,而且也贡献了不少理论与知识(尽管很大部分产生于西方学者的总结和提炼)。① 这些理论与知识对于同属于发展中国家、后起法治国家的我国来说,具有很重要的启示意义。尤其是如何在全球化趋势中自主地推进本国的法治进程,如何处理域外制度与本土经验之间的关系,如何在非西方式民主体制下实行法治等等,很多国家的经历能够拓展我们对法治的认知,深化我们对法治的理解,至少可以打破我们对某种确定的法治模式的想象。遗憾的是,由于关注焦点的偏失,很大程度上我们在法治认知中失去了这些可贵的知识资源的参照,也失去了对多元化法治样态的了解。

第三,国内法学理论界与其他社会主体之间的屏障。在法治初

---

① 参见〔意〕简玛利亚·阿雅尼、魏磊杰编:《转型时期的法律变革与法律文化——后苏联国家法律移植的审视》,魏磊杰、彭小龙译,清华大学出版社 2011 年版;〔葡〕博温托·迪·苏萨·桑托斯:《迈向新的法律常识——法律、全球化和解放》,刘坤轮、叶传星译,中国人民大学出版社 2009 年版;〔美〕艾德加多·巴斯卡哥利亚、威廉·赖特利夫:《发展中国家的法与经济学》,赵世勇、罗德明译,法律出版社 2006 年版;〔美〕塞德曼:《发展进程中的国家与法律——第三世界问题的解决和制度变革》,冯玉军、俞飞译,法律出版社 2006 年版;〔美〕P. 艾伯·邦茨·辛普森:《第三世界的法律与发展》,洪范翻译小组译,法律出版社 2006 年版。

创国家中,法学理论界无疑是法治知识的主要传播者,我国法学理论工作者也实际担当了这样的角色。但是,一方面,如前所述,我国法学理论界有关法治知识的启蒙与其他社会群体实际上同处于一个时点上,由其传导的法治知识难免粗略。近几十年来,尽管法学理论界对法治的认知在不断深化,但这种进步更主要体现在学术理论界内部的学术交流中,并未以恰当的方式与社会各个层面进行必要的沟通,法学理论界对法治的认知仍然属于法学知识精英的一种"私属",未能转化为社会公众的普遍性常识。另一方面,法学理论界在摆脱苏联国家与法理论的影响后,接受的法治理论和知识主要是西方法治的经典理论,此后虽然也逐步接触当代西方各种理论流派的主张和观点,但西方法治的经典理论已经牢固地根植于很多法学人的思维之中,成为一种确定化的知识见解,并在不同场合下直接或间接地向社会传递,由此释放的仍然是西方法治经典理论中的一些讯息或精神。

第四,社会管理层与普通社会成员之间的屏障。这一层屏障不仅仅产生于两个社会群体掌握法治知识的能力的差异,更主要产生于二者对法治知识汲取的不同偏向。无论宣传口径怎样,社会管理者更愿意强调法治是一种社会治理工具,是维护社会秩序,特别是维护社会稳定与安定的主要手段。在社会管理者的愿望和偏好中,法治的主要意蕴是社会公众能够自觉地服从法治之下的社会管理,以形成社会管理者希望看到的某种社会秩序。而处于被管理者地位的普通社会成员(尽管在主流意识形态的叙说中,他们也是参与社会管理的主体,但在现实中,他们更主要的身份是社会管理的对象),他们对法治的理想化期待是能够限制和规范社会管理者的行为,法治成为"治官限权(力)"的利器,并希望在一切可能的情况下,法治都能够成为他们对抗社会管理者某些于己不利之行为的手段,维护其自身的权益。这种对法治功能的不同需求或取向同样构成了二者之间在法治智识上的屏障。

第五,法学理论界内部的智识屏障。虽然法学理论界面对的法治知识资源以及汲取这些资源的条件与能力几乎是相同的,但由于不同学者在学术偏好或社会主张等方面存在差异,各自对法治知识的了解和掌握并不完全一致,因而在法学理论界内部同样存在着一种无形的智识屏障。即便在与法治理论最为亲近的法理学界(也包括部分宪法学、行政法学、法律思想史以及司法理论研究者),也能清晰地看到这种屏障以及与此互为因果的内部分化。首先,近几十年来,一部分在法理学界具有重要地位的学者,依据"学而优则仕"的逻辑,先后进入权力阶层。由于在权力结构中获得了相当的地位,因而无论他们对法治的真实认识以及"入仕"前的学术观点怎样,其现实身份与地位决定了他们对法治的阐释必然与主流意识形态的宣传保持完全一致。他们在法治问题上的公共表达与其说是一种学术研究,毋宁说是一种对公共宣传的强化,其话语立场及内容已很难被置入学术场域中进行讨论与交流。虽然这部分学者对于中国法治现实而言或许是不可或缺的,但他们与其他学者在知识汲取和利用方面的分界已然十分明显。其次,一部分学者执着地守持着他们的"法治梦想",毫不妥协地维护着他们心目中法治的"纯洁性",而他们念兹在兹的"法治",其实仍主要是西方经典法治理论所勾画的法治图景。这部分学者虽然也知晓和接触法律实用主义、现实主义、社会法学派、法律经济学以及批判法学派等与经典法治理论所不同的理论与知识,但一方面,他们并不认为这些理论和知识已经(或可能会)成为法治理论的主流,另一方面,他们更警惕这些理论和知识会成为"法治"在中国发生异变的理论支撑,因而有意或无意地排拒这些理论与知识。面对法治现实,他们既是建构者,也是批评者,但无论是建构还是批评,他们都是在主流意识形态设定的可能空间内,顽强地维护着他们对法治的那种认知。最后,还有一部分学者,主要是中青年学者,他们更愿意关注和重视当代西方各国法治变化的趋势,同时关注并接受以实用主义为代表的新兴(相对于古典或经典)法治理论与知识。不仅如此,他们还广泛地运用这些理论与知识分析中国法治现实中的某些现象,在推动本土法治经验的理论论证和检验方面体现着自己的努力。然而,或许与这部分学者的资历较浅及学术权威不足有关,他们对中国法治现实的研究往往带有一定的碎片化特征,缺少对中国法治问题的系统分析和整体把握;同时,他们的声音在法学界也仍然较为微弱,其认同程度尚待提高。法学界的这种分化实际上也是对法治知识整体性的一种分割,其进一步的后果便是全社会很难从法治基本知识的主要传播者——法学理论界得到关于法治的真实而全面的讯息。

正是由于前述几个层次智识屏障的存在,造成了当代中国社会对法治知识或法治本相的了解或掌握的偏误,并进而使各主体之间在一定程度上失却了法治共识形成所必需的知识基础。

四、法治的再启蒙

前面的分析表明,我国恢复法治建设 40 多年后的今天,全社会对于法治的基本知识和法治本相的了解仍然是不够真实、准确、全面的。[①] 因此,在法治问题上,仍然需要在全社会各个层面进行一次全面的再启蒙。之所以是"再启蒙",是因为 20 世纪 70 年代末 80 年代初,面临"法治"与"人治"的选择时,我们已经经历了一次启蒙,[②]而再启蒙则是对法治认识的进一步深化。再启蒙的内容似应侧重于下述诸方面:

① 近些年,我国法理学界不少学者对"法治"的一些问题进行审视和研究,其中体现学者们对恢复法治本相的关切,较有代表性的成果有张志铭、于浩:《共和国法治认识的逻辑展开》,《法学研究》2013 年第 3 期;胡水君:《中国法治的人文道路》,《法学研究》2012 年第 3 期;汪习根:《论法治中国的科学含义》,《中国法学》2014 年第 2 期。
② 相关情况参见尤俊毅、舒中晴:《"人治与法治"的大讨论》,载郭道晖等主编:《中国当代法学争鸣实录》,湖南人民出版社 1998 年版;沈国明:《"人治"与"法治"》,载上海市社会科学联合会编:《社会科学争鸣大系·政治学·法学卷》,上海人民出版社 1991 年版,第 234 页;本书编辑组:《法治与人治问题讨论集》,社会科学文献出版社 2003 年版。

（一）"法治"意涵的非统一性

迄今为止，"法治"一词并没有恰切的、为世人所普遍接受的定义。相关国际组织或会议曾为统一"法治"的含义作出过诸多努力①，但最终并未能达至"天下一统"的效果。有西方学者曾极端地描述这一现象：如同有"一千个人，就有一千个哈姆莱特"一样，有多少人，就有多少种法治。② 法治意涵的多义性并不意味着"法治"虚无缥缈，没有其基本的内在规定性，而仅仅是表明，一方面，不同的人、不同的国家或其他主体对法治会有不同的理解和认知；另一方面，在一定的前提下，不同国家的法治可以有其不同的实践内涵。因此，在不能够用恰切的语言去揭示或描述"什么是法治"而又必须对此作出回答的情况下，或许只能用一种迂回的方式，亦即从法治这一人类文明现象或现代国家治理方式与特定国家的具体联系中，描述性地把握在特定国家中的法治"是什么"。依此方式来定义当代中国法治，相应的表述似应是：中国特色社会主义法治是当代中国依据中国社会的现实条件和现实处境，并立基于社会发展的要求和国家的历史命运，从有效实现国家或社会治理的要求出发，而对法治这一人类文明现象及现代国家治理方式的独特理解和认知以及独特的探索

---

① 如 1959 年在印度召开的"国际法学家会议"上通过的《德里宣言》。该《宣言》确认了法治为一个"能动的概念"，它"不仅被用来保障和促进公民个人的民事的和政治的权利，而且要创造社会的、经济的、教育的和文化的条件，使个人的合法愿望和尊严能够在这样的条件下实现"。参见殷啸虎：《论"积极法治"及其现实意义》，见 http://law. eastday. com/epub-lish/gb/paper148/15/class014800001/hwz666857. html，最后访问日期：2012 年 3 月 31 日。联合国对法治的定义则是："对联合国而言，法治概念指的是这样一个治理原则：所有人、机构和实体，无论属于公营部门还是私营部门，包括国家本身，都对公开发布、平等实施和独立裁断，并与国际人权规范和标准保持一致的法律负责。这个概念还要求采取措施来保证遵守以下原则：法律至高无上、法律面前人人平等、对法律负责、公正适用法律、权力分立、参与性决策、法律上的可靠性、避免任意性以及程序和法律透明。"参见 *Report of the Secretary-General：The Rule of Law and Transitional Justice in Conflict and Post-conflict Societies*（2004）。
② 有关法治的多样性，塔玛纳哈指出，"全世界依赖法治的各国公民，很少有人精确地阐释法治的含义"，"有多少人在捍卫法治，几乎就有多少法治观"。〔美〕塔玛纳哈：《论法治——历史、政治和理论》，李桂林译，武汉大学出版社 2010 年版，第 45 页。

与实践。需要说明的是,这一定义中的法治既是"情境化"的(以体现"中国特色"),但同时也并非"存在即合理",所思所做即"法治"。它包含有"依据中国社会的现实条件与处境"(客观依据)、"有效实现国家或社会的治理"(现实目标)以及"法治作为人类文明现象及现代国家治理方式"(基本参照)这三个维度的考量。这三个维度是当代中国法治保持其合理性的重要定准。所以,在法治再启蒙中,既要让全社会了解"法治"一词意涵的非统一性,又要使全社会对"什么是中国特色社会主义法治"在概念层面上有较为一致的认知。

(二) 法治形态的多样性

与法治意涵的非统一性相联系,法治形态也必然具有多样性。近现代各国法治实践既有相通、相同的一面,也有相异的一面,由古至今,不存在一个"正宗""正统"或标准化的法治模式。这也意味着不同意识形态、政治制度以及经济文化发展水平的国家都可以选择法治作为国家或社会治理的方式;法治的实行并不必然以某种特定的意识形态、政治建构或经济文化发展水平为前提。不仅如此,这些社会条件的差异正是不同国家在法治实践中创新并进而形成不同法治形态的客观基础。在此方面,不仅英、美这些法治发达国家的历史经历已经显示了较为明确的结论①,更重要的是,很多新兴法治国家也提供了诸多有益经验。特别应看到的是,在非西方式民主政体下实行法治已经成为法治在现代或当代发展过程中面临的重大现实主题和重要实践。② 因此,要通过法治再启蒙,一方面消除只有西方民主分权制度的政治建构才能实行法治或才更有利于实行法治的偏

---

① 如英国和美国的法治模式就存在着明显的差异。参见〔美〕波斯纳:《英国和美国的法律及法学理论》,郝倩译,北京大学出版社 2010 年版。
② 参见〔美〕巴里·海格:《法治:决策者概念指南》,曼斯菲尔德太平洋事务中心译,中国政法大学出版社 2005 年版,第 2 章"非西方法律传统和法治"。

见;另一方面也看到在中国特定社会条件下探索法治道路的艰巨性和复杂性,把全社会思考的重心引向探索如何在中国特定社会条件下实行法治,创造并形成一种新的法治形态,借此丰富人类法治的实践内涵。

(三) 法治的内在规定性

虽然"法治"一词没有统一的定义,但并不表明法治没有其内在的规定性。从亚里士多德到戴雪(Albert V. Dicey),以及富勒、菲尼斯(John Finnis)、罗尔斯、所罗姆(Solom)、拉兹(Joseph Raz)、哈特(H. L. A. Hart)、纽曼(Franz Neumann)等当代西方学者都力图通过列举一些因素、原则或标准等作为法治的"基本特征"或"必备构成",以维护法治的内在规定性,并使"法治"一词在公共交流中保持其语义的基本相通性和识别度。[1] 我国学者也在此方面有过一些探索。[2] 但遗憾的是,各学者为维持其学说或流派的自洽性而形成的偏向又实际破坏了在此方面的共识基础。在我看来,对法治内在规定性的认识,不仅要超越理论学说和流派的偏向,同时还要考虑特定国家的具体情况。不同政治建构下,法治的内在规定性也会有所不同。因此,我认为,从我国现实出发,我国法治的内在规定性至少应包含这样三点[3]:一是在国家和社会主要领域和主要社会关系及社会活动中,保持法律的基本规范和调节作用。尽管我国具有法律以外

---

[1]　相关研究参见〔美〕弗雷德里克·肖尔:《依规则游戏:对法律与生活中规则裁判的哲学考察》,黄伟文译,中国政法大学出版社 2015 年版,第 191—198 页。

[2]　夏勇提出了"法治的十大规诫":有普遍的法律、法律为公众知晓、法律可预期、法律明确、法律无内在矛盾、法律可循、法律稳定、法律高于政府、司法权威、司法公正。参见夏勇:《法治是什么?——渊源、规诫与价值》,《中国社会科学》1999 年第 4 期。

[3]　我提出的这三点与梁治平的主张大体相同,梁治平认为:"法治包含以下基本内容:一、法律'具有稳定性、连续性和极大的权威'。二、国家政治、经济、文化和社会生活必须'有法可依'。三、法律一经制定,就要严格地实施和执行。四、司法机关必须保持'应有的独立性','忠实于法律'。"梁治平:《法律何为——梁治平自选集》,广西师范大学出版社 2013 年版,第 394 页。

的丰富的规范资源,如政策及道德习俗等非正式制度,但法律的主导地位应不断强化,同时,在规范位序上,不能把其他规范置于法律之上。二是社会成员应严格遵循法律,尤其是权力者应带头依法行事。无论出于什么样的目的、理由,也无论在什么情况下,不能规避、违反和公然对抗生效的法律。依此要求,所谓"良性违法"亦不应得到承认或默许。三是保持并维护司法机关在具体司法事务中的自主权和自决能力。任何人都无权在具体司法事务上对司法机关发号施令,自觉维护司法权威并以司法权威为核心构建全社会的权威体系。这三点可以说是在当代中国实行法治的底线,舍此底线,就没有资格谈论法治。所以,法治再启蒙最重要的任务就在于强化社会成员尤其是权力者的规则意识,把遵循法律规则作为践行法治的最基本的要求。

(四) 法治功能的局限性

法治作为人类的一项社会实践,其功能具有一定的局限性。这种局限性主要体现于几方面:其一,在任何社会中,法律都不足以为社会提供充分、恰当的规范资源。立法行为是极为复杂的创造性活动,受立法者认知水平、社会经验积累、语言叙述和概括能力以及立法过程中各主体利益博弈和立法程序等多种因素的影响和限制,相对于社会活动的规范以及社会关系调整的需求来说,立法始终是欠缺的。[1] 其二,某些社会生活领域并不适合法律手段的运用。一方面,法律的强制性要求并不能在这些领域得到实际执行或贯彻;另一方面,法律手段的运用所产生的成本与其效果并不匹配,或者法律手段的有限性致使其与所欲产生的效果不能有效对应。[2] 这两点都会

---

[1] 相关研究参见〔美〕罗伯特·S.萨默斯:《美国实用工具主义法学》,柯华庆译,中国法制出版社 2010 年版,第 12 章"法律的有限功效";〔日〕长谷部恭男:《法律是什么?——法哲学的思辨旅程》,郭怡青译,中国政法大学出版社 2015 年版,第 135—141 页。

[2] 参见〔美〕庞德:《通过法律的社会控制·法律的任务》,沈宗灵、董世忠译,商务印书馆 1984 年版,第 29—33、112—131 页。

导致人们放弃对法律手段的选择。① 其三,即使在法律适用的具体情境中,也会因某些因素而使法律实施变得困难。② 考默萨(Neil K. Komesar)重点揭示了在"人数众多""情况复杂"的条件下法律实施的困窘和变异,面对众多不相一致、彼此冲突且均有一定合法性的诉求,法律不可能使这些诉求都得到满足,这又使法治的功能被实际减缩。③ 在法治再启蒙过程中,恰当揭示法治功能的这些局限性,有助于消除对法治过度理想化甚至虚幻化的认识,引导全社会理性地看待法治的实际作用。

(五) 法治施行的复杂性

从技术层面说,法治施行的复杂性主要根源于法治其实是充满内在悖论的社会实践或社会现象。不仅法治所欲维护的各种价值之间存在着某种程度的冲突,如自由与秩序、安全,平等与自由,公平与效率等等在某些具体的场域中往往不可兼容并存,④而且法律的基本特性之间也具有一定的排异性,如法律适用的普遍性与实质正义的个殊性、法律的强制性与化解矛盾所需要的妥协性、法律的稳定性与法律因应社会情势变化的适应性,以及法律适用中个案的公正性与由此产生的对社会行为的引导性,等等。对当代中国来说,问题还不仅仅在于法治这些固有的悖论或矛盾,而在于这些悖论或矛盾的内

---

① 参见〔美〕罗伯特·C.埃里克森:《无需法律的秩序:相邻者如何解决纠纷》,苏力译,中国政法大学出版社2016年版,第299页;〔美〕波斯纳:《法律与社会规范》,沈明译,中国政法大学出版社2004年版,第5—6页。

② "想要面对现代法律中正义消失的威胁,就要认识到技术时代的现代法律的可能性与局限性,在技术时代里,一切都处于有待利用的状态,以促进或发展社会的价值和目标。"〔美〕玛丽安·康斯特布尔:《正义的沉默——现代法律的局限与可能性》,曲广娣译,北京大学出版社2011年版,第211页。

③ 参见〔美〕考默萨:《法律的限度:法治、权利的供给与需求》,申卫星、王琦译,商务印书馆2006年版,第8章"人数、复杂性与法治"。

④ "法治不能确保共同善的每一个方面,有时候它甚至还不能保障共同善的实质。"〔英〕约翰·菲尼斯:《自然法与自然权利》,董娇娇等译,中国政法大学出版社2005年版,第219页。

在紧张与冲突在中国特定社会条件下变得更为突出。社会发展的不平衡、社会成员之间严重分化、社会诉求多样化、社会意识及文化观念多元化以及社会转型和变迁加剧等因素,使得法治的施行变得更为复杂。因此,增加社会各个层面对法治施行复杂性的了解,也是法治再启蒙的一项重要内容。

（六）法治发展的时代性

纵览人类法治文明发展的过程,法治在不同历史时期中经历了重大变化,在其发展过程中体现很强的时代性特征。必须看到,当代各国法治的现实状态,并不是亚里士多德时代"法的统治"与"良法之治"那样简单的箴言所能概括和描述的;与此同时,当代各国法治的主要功能,也不是如英国签署《自由大宪章》的时代那般,被用作新兴资产阶级对抗和限制王权的手段与工具;不仅如此,法治的运作亦不是17、18世纪科学主义主导下机械结构式的程式化过程。法治发展的这种时代特征表明,西方法治历史上的经典命题以及重要经验并不能成为当代中国法治的教谕或摹本,西方法治启蒙的一整套知识也很难充当中国法治启蒙的理性工具,有效解决中国法治的启蒙问题。在法治的再启蒙中,我们更应把关注的焦点集中在包括新兴法治国家在内的各国法治发展或运行的现实状态,注重法治在现代国家和社会治理中的实际功能与经验,至少不应使我们对法治的认知仅仅建立在陈旧的知识体系以及远逝的历史实践之上。

（七）法治对人的依赖性

在经验或常识中,法治对人的依赖性并不成其为问题,但由于长期以来"法治就是法的统治"这个经典命题成为很多人对法治的基本信念,由此给人们认知法治带来了某种迷思。在"法治就是法的统治"的命题下,人的作用往往被遮蔽了,法治被简单化地理解为一个程式化"照章行事"的过程,似乎只要完成了法律的制定,法治的一切便可实现。在法治再启蒙中强调法治对人的依赖性,其现实意义在于:一方面,必须认识到,法治是通过人的具体实践活动而实现的,因此,在高扬的法治大旗下,人仍然是法治实践中的核心要素。法治化的水平、法治的进程乃至是否真正实行法治,都取决于人。只有作为主体的人具有正确的法治意识,才可能实现国家的法治化。反之,如果仍然以"人治"思维和方式对待和处理各种事务,无论法治大旗举得多高,法治也不可能真正实现。另一方面,即便有完备精细的法律规定,在法律实施中同样需要人的能动作用,没有这种能动作用,法治亦难免会成为空泛的口号或者脱离社会发展的实际要求。正因为如此,在法治再启蒙中,要在"人治"与法治对人的依赖性之间作出正确鉴别,既不能把"法治"看成是可以排斥人的因素的客观化过程,也要警惕基于法治对人的依赖性而使法治衍化成不同形式的"人治"的危险。

毫无疑问,前述几个方面都是法治理论中最基本的常识。当然,也正因为其属于常识范畴,才会在"启蒙"或"再启蒙"的意义上被提出。然而,之所以需要通过再启蒙而强化对这些常识的认知,一方面是因为,从全社会看,这些常识的普及程度尚不广泛,很多人对法治本相的认知尚不全面;另一方面,尽管这些常识为一些人所了解,但并没有真正融入其对法治的整体思考之中,又因受个体取向或偏好等因素的影响,他们往往撷取这些常识中的某些部分,而未能综合其各个方面并借以修正或调校自身的取向与偏好。因此,通过法治再启蒙而重申这些常识的作用在于,把理想主义法治观与实用主义法治观建立在对这些常识的共同认同和认知之上,使之成为不同主体法治意识形态的"最大公约数",从而扩大两种法治观的重叠面,①缓

---

① 依据罗尔斯的"重叠共识"理论,即便观点不同,不同主体也应从各自角色出发或通过采纳彼此视角而支持共同的规范。参见童世骏:《有关"重叠共识"的"重叠共识"》,《中国社会科学》2008 年第 6 期。

释或减少两种法治观之间的内在紧张与冲突,推动全社会法治共识
的形成与提升。更具体地说,通过再启蒙,矫正和抑制偏执的理想主
义法治观,遏止和抵制放纵的实用主义法治观,引导提升朴素的理想
主义法治观与朴素的实用主义法治观向理性转化,保持理性的理想
主义法治观与理性的实用主义法治观在我国法治进程中的合理
张力。

五、法治再启蒙中法学理论界的作为

法学理论是以法治为主要研究对象的理论门类。因此,不言而
喻,法学理论界是法治再启蒙的主要力量,在再启蒙中也担负着重要
的责任与使命。

从现实情况看,我国法学理论界,特别是法理学界,在推动我国
法治初始启蒙(以撰写并出版各种版本的法学教材或译介西方法学
的论著为主要内容或标志[①])后,处于较长时期的彷徨与困惑之中。
这种彷徨与困惑,一方面是因为,面对西方传统法学理论及知识谱
系,中国法学尚不具有对其进行突破或创新的能力;另一方面,面对
中国法治现实,很多法学人既难以选择参与的姿态与方式,又缺少系
统和全面把握并提出真知灼见的功夫与本领。[②] 事实上,法学理论界
的这种彷徨与困惑同样与本书探讨的法治观念的分歧密切相关,正
是这种分歧加大了学者之间的分化,同时又增加了法学理论界与实
务界及其他社会层面之间的疏离。因此,法治再启蒙不仅为法学理
论界设定了共同的任务与使命,而且也为中国法学理论的发展提供

---

① 高鸿钧指出:“据初步统计,国内法理学教材超过百部,从而形成‘百部共存’的繁荣局
面。然而令人遗憾的是,除了屈指可数的专著性教材,几乎所有教材千部一腔。”高鸿钧:
《法理学:法律的多棱镜》,载《心寄治邦:法理学论集》,清华大学出版社 2015 年版。
② 有关我国法学研究的发展历程可参见陈甦主编:《当代中国法学研究(1949—2009)》,中
国社会科学出版社 2009 年版。

了重要的契机。在此过程中,法学理论界的应有作为或担当似应是:

首先,法学理论界自身应通过对前述法治基本知识或法治的客观本相的认同而达成一定程度的共识。法学理论界的共识不仅是全社会法治共识的重要组成部分,而且对推动全社会法治共识的形成具有重要影响。虽然在法学理论层面形成"统一"的法治主张既不可能,亦无必要,但无论如何,在法学理论语境中,认知和讨论法治的知识背景应当有一定共通性;同时,探讨交流和沟通的渠道应当是畅通的。① 在此方面,尤其重要的是,法学人应审视并勇于放弃基于某种狭隘的现实功利的考量而形成的偏颇执念,或基于某些陈旧理论和知识而形成的前见。从社会角色分工看,法学人应偏重于对理性的理想主义法治观的守持。这是因为,在实用主义事实上成为我国法治实践主要取向的情况下,法学人应更多地保持对理性的理想主义法治观的坚守,借以矫正实用主义法治观可能产生的偏差,尤其应避免成为放纵的实用主义法治观的附庸。

其次,应在学术理论语汇与主流意识形态宣传话语之间寻求一种普通社会公众能够理解和接受的话语表达方式。一方面,法学理论研究者需要诚恳、诚实地把法治常识及法治本相真实而全面地传播给社会各个层面;另一方面,应构造一种社会公众依其直觉和经验即能理解的法治知识传播语境,力求把法治的基本知识转化为社会公众的一般性思维。②

再次,应充分利用并进一步拓展法治理论的传播途径与方式。法治再启蒙的途径与方式绝不应仅限于法学教科书或各种讲堂。为此,应积极寻求法学理论界与公众交流的有效接口。当下,一种可行的路径是,借助相关公共政策的出台以及一些热点事件,利用网络平

---

① 尽管现实中有各种各样的论坛或学术研究成果发表的平台,但法理学界在法治基本问题上往往是各持己论,并没有真正、卓有成效的对话、沟通和交流。

② 阿蒂亚(P. S. Atiyah)主张学术界应"通过拒绝自身方法和定位的过分学术化来表明其所具有的实用主义力量"。〔英〕P. S. 阿蒂亚:《英国法中的实用主义与理论》,刘承韪、刘毅译,清华大学出版社2008年版,第69页。

台,法学学者通过平实且专业化的解析,以及平等的沟通讨论,向社会提供一种理性地看待相关问题的视角和方法,释放恰当的法治讯息,潜移默化地引导和推动全社会正确法治观的形成,特别是不能让某些偏激的观点固化为社会各方对法学界主张的刻板印象,防止对社会形成更大的误导。

最后,在法治再启蒙中探索中国法治理论体系文本化的构建。客观地说,迄今为止,除了以西方文本体系为基础或主要参照的法理学教材外,我国法学界尚未推出一本能够系统描述中国法治实然运作状态并全面阐释中国法治运作机理的理论著述。法治再启蒙的过程同时也是法学理论界对法治这一现象重新审视的过程,这一过程必然会促进贴近或融入对中国法治现实的进一步思考。因此,以法治再启蒙为契机,有可能动员和集中法学理论界的主要研究资源,探索中国法治理论体系的文本化的构建,进而为中国法治理论体系的真正形成奠定基础。在此意义上说,法治再启蒙也能够为中国法治理论的建设和升华提供重要杠杆。

第二章　司法公正

　　司法公正从来都是法学理论中的基本论题和现代各国法治实践的重要追求。然而，司法公正之所以在当下中国社会受到各个层面的普遍关注，则有着更为复杂的原因。其一，社会各方对司法公正的强烈呼求，显而易见包含着对司法现状的某种不满。这些年，无论是司法对某些个案的处理，还是司法在解决社会纠纷、建构和维护新型社会秩序方面的总体能力与作用，抑或司法队伍自身的状况，都不完全符合社会各方对于司法的想象和期待，人们急切地希望通过推进司法公正，革除司法现状中的种种弊端。其二，中国特色司法制度仍然处于形塑过程之中，尤其是以构建和完善司法权运行机制为重点的司法改革正在全面启动，在此过程中，如何从中国具体国情出发保证司法公正并不断提升司法公正的水平，无疑是形塑中国特色司法制度以及相关改革和探索的焦点与核心。这意味着，解决当下司法领域中现实问题的要求与塑造长久司法制度和机制的目标正共时性地交集在"司法公正"这一主题之上，从而进一步突出了司法公正的现实意义。其三，我国新一轮政治体制改革正逐步推开，基于我国司法权与政治结构中其他各种权力的高度相关性，政治体制改革所欲建构的合理政治秩序以及良好的政治生态把司法公正问题摆到了十分突出的地位。与此相应，保障司法公正前提性地成为各种权力关系调整和改善的目标及内容，进而成为政治体制改革的一个重要向度。这也增加了社会各方对司法公正的关切。其四，改革开放几十年来，中国社会各类矛盾较为集中地体现于社会的公平公正问题上，利益关系调整失当、发展机遇不平等、资源分享不公，以及其他各种利益分配的不均衡,已成为最突出的社会问题,从而也使公平公正成为当代中国最具普遍性的社会诉求。在此背景下,不仅司法自身的公正性受到广泛的社会关注,同时司法还被迫承载了社会成员对于矫正社会发展失衡和利益分配格局偏差的期待。在人们以司法为对象的呼求中,蕴含和集聚着对执政者以至全社会公平公正的强烈愿望,这又使"司法公正"的社会号召力被进一步放大(当然同时也会增加司法公正实现的难度和复杂性)。前述几点表明,在当下中国社会中,司法公正问题不仅在司法全局工作中具有特定意义,而且其影响远远超出了司法自身或司法领域,成为具有浓厚时代特征的政治问题和社会问题。

近些年,司法公正也一直是我国法学界热议的论题。[1] 出于对法治理想的执着,法学人似乎对司法公正的价值和意义有更为强烈的感受,也更为急迫地希望改变司法领域中的某些现实。然而,在有关司法公正的理论讨论中,不少法学人倾向于从源自西方的传统法治理论资源中寻找某些逻辑化的范式或结论,以此作为分析当代中国司法问题的理据以及匡正或切割中国社会事实的基准,这不仅使得对司法公正方面存在的问题及其原因的分析失之表面化甚至情绪化,缺少应有的理论解释力和说服力,同时也使相关建议与主张显得

① 相关研究参见何家弘:《司法公正论》,《中国法学》1999 年第 2 期;徐益初:《论司法公正与司法人员》,《中国法学》1999 年第 4 期;张骐:《通过法律推理实现司法公正——司法改革的又一条思路》,《法学研究》1999 年第 5 期;谢佑平、万毅:《论司法改革与司法公正》,《中国法学》2002 年第 5 期;姚莉:《司法公正要素分析》,《法学研究》2003 年第 5 期;甘雯:《关于司法公正的几个基本问题》,《中国法学》1999 年第 5 期;卞建林:《媒体监督与司法公正》,《政法论坛》2000 年第 6 期;王晨:《司法公正的内涵及其实现路径选择》,《中国法学》2013 年第 3 期;李少平:《法官职业精神:司法公正的灵魂和根基》,《法律适用》2013 年第 1 期;姚莉、杨帆:《法官的自治、自律与司法公正》,《法学评论》1999 年第 4 期;周友苏:《构建和谐社会中的司法公正问题研究》,《社会科学研究》2006 年第 3 期;公丕祥、刘敏:《论司法公正的价值蕴含及制度保障》,《法商研究》1999 年第 5 期;叶青:《检察机关在保障司法公正中的地位和作用》,《政治与法律》2006 年第 4 期;谢鹏程:《关于从制度上保证司法公正的几个问题》,《政治与法律》1999 年第 3 期;高其才、肖建国、胡玉鸿:《司法公正观念源流略论》,《清华大学学报》(哲学社会科学版)2003 年第 2 期;陈忠林:《司法民主是司法公正的根本保证》,《法学杂志》2010 年第 5 期;王晨:《司法公正的内涵及其实现》,知识产权出版社 2013 年版;章武生等:《司法公正的路径选择:从体制到程序》,中国法制出版社 2010 年版。

过于简单和片面,难以契合司法的实际运作,缺少必要的建设性和实践性。① 总体上,法学理论在此领域的贡献度与司法公正这一主题的重大现实意义尚不够匹配。因此,对当代中国司法的研究,司法公正是绕不开的话题。

一、司法公正的认知和评价标准

对司法公正的讨论,始终绕不开司法公正的认知和评价标准这一前提性问题。尽管如西谚所云,公正或正义像"普罗米修斯的脸,变幻不定"②,不同时代、不同地域以及不同主体对司法公正都可能有不同的理解和认识,但这并未影响人们对司法公正的一般内涵进行探讨的信心以及意义,尤其不能否认同一社会中多数成员对司法公正存在着大致趋同的隐性共识的事实或可能。理论者的责任和任务则在于,审慎而深入地分析特定社会中影响司法公正共识形成的因素,揭示这种隐性共识的主要内涵,以此推动共识在更大范围内扩展,并为司法自身的改善和发展提供正确的引导。

(一) 影响我国社会对司法公正认知的现实因素

这首先与当代中国社会变迁以及由此带来的社会成员利益、理念及价值观多元化的时代背景相关,社会成员对司法公正的认知也受制于多种现实因素的影响,其中最主要的有这样几个方面:一是传统法治理论资源的潜在权威性。改革开放以后,源自西方国家的传

---

① 在不少著述中,人们不难看到这样简单化的"公式":问题——"司法不公";原因——"司法不独立";出路或结论——"司法独立"。

② 〔美〕博登海默:《法理学:法律哲学与法律方法》,邓正来译,中国政法大学出版社 1999 年版,第 252 页。

统法治理论资源经由不同方式传入我国社会,并在经历了人们理想化取向的筛选后,深刻地影响了人们对现代法治形态的基本认知,塑就了人们对法治社会中公正司法的一般想象,并由此使传统法治理论资源在当代中国社会获得了某种潜在权威性,①这些理论中的某些结论也很自然地成为不少人理解和评说中国社会中司法公正问题的主要依据。然而,西方法治理论对司法公正的一般性结论并未能成为统一我国社会对司法公正认知的基础。这不仅是因为我国主导性政治力量及主流意识形态在与西方势力"渗透"与"反渗透"的较量中始终保持着对西方某些理论的警惕和反制,更重要的是,依赖于特定政治制度和经济、文化等社会条件而证成的西方法治理论并不能为具有不同国情的中国社会提供有关司法公正的具体且正确的识别。因此,实际情况是,西方法治理论与我国法治的自主意识形态在博弈中各自保持着不同程度的影响,但法治意识形态上的这种分歧无疑是影响我国社会司法公正共识形成的重要因素(如前章所详述)。二是不同阶层社会成员社会地位的差异。毫无疑问,不同阶层社会成员的社会感受因社会地位的不同而彼此相异,因而阶层的社会地位差异对司法公正的认知也会有重要影响。② 虽然这种现象在任何社会中都普遍存在,但在当代中国社会则显得更为突出。原因在于,改革开放几十年来,我国社会阶层分化之快、程度之大,超过了以往任何时期。更为重要的是,这种分化过程中存在着无法避讳的不公正或不公平的事实,甚至可以说,这种分化在一定程度上正是发展机遇和利益分配不够公平公正的结果。这一事实不仅引发了社会成员在社会公平公正问题上的很大不满,同时也扭曲了一部分社会

---

① 支振锋揭示了西方法治话语在中国由"鬼话"变为"童话",进而成为"神话"的过程。参见支振锋:《西方话语与中国法理——法学研究中的鬼话、童话与神话》,《法律科学》2013年第6期。

② 有关不同社会阶层对法治、司法等产生不同认识的内在机理的分析可参见〔美〕格伦斯基:《社会分层》(第2版),王俊译,华夏出版社2005年版;〔美〕哈罗德· R. 克博:《社会分层与不平等:历史、比较、全球视角下的阶级冲突》,蒋超等译,上海人民出版社2012年版;李强:《社会分层十讲》(第2版),社会科学文献出版社2011年版。

成员的公平公正观,由此进一步加大了全社会对司法公正共识形成的难度。较为典型的例证是,每当热点司法案件出现时,往往首先被人们贴上阶层识别的标签,进而被人为地置入前见性的阶层对抗结构①中,使得有关个案司法公正的评价脱离了客观的分析和理性的讨论,堕入对相关主体阶层归属的简单判别之中。三是社会变革时期社会成员观念的多元化。在任何重大社会变革时期,社会成员的观念都会呈现多元化的特征,这种多元化不仅阻碍着社会共识的形成,而且往往还具有消解甚至颠覆主流价值观的作用。社会成员观念的多元化,一方面是变革时期思想解放及文化开放的结果,但另一方面也归因于变革时期怀疑主义或相对主义的盛行。庞德在分析人类法律秩序形成过程时曾认为,在社会激烈动荡和变革过程中往往会滋生具有普遍性的怀疑主义或伊壁鸠鲁主义式的社会思潮。② 当代中国社会固然不宜与庞德所分析的特定时代相提并论,但在经历社会重大变革以及由此而滋生怀疑主义或相对主义社会思潮这一点上是颇为相似的。不能否认的事实是,在当下的中国社会中,任何一种社会认识或见解,都可能会受到另一种或多种不同声音直接或间接的否定或反诘。这种现象反映在司法问题上,主要集中于社会成员对司法公正的多种不同认识与结论。怀疑主义或相对主义情绪的弥漫,降低了社会成员在司法公正认知取向上的通约性,因而,无论是对司法个案处理结果的看法,还是对司法总体状况的评价,往往都很难取得充分的社会共识。

影响我国社会对司法公正认知或共识形成的因素当然不只是前述三个方面,但这三个方面无疑是最为重要的。这三个方面已足以表明,在当代中国,建立对司法公正的普遍性社会共识是较为困难的事情。揭示这些影响因素,当然不意味着因此而放弃促成这种共识形成与扩大的努力,我们的目的仍在于推动社会各方更清晰地认识

---

① 如"贫与富""官与民""强势与弱势"等。
② 参见〔美〕庞德:《通过法律的社会控制》,沈宗灵译,商务印书馆 2010 年版,第 22 页。

我国司法所处的社会环境与条件,促进司法更加恰当地选择追求公正的努力方向以及公正的具体实现方式,同时也提示人们,在认知和评价司法公信力的过程中,应当全面地考量这些因素的实际影响,从而使相关结论更趋于客观与合理。

(二) 司法公正认知和评价标准的多维性

对司法公正的认知与评价,除了前面所说的这些社会性因素的影响外,还需要注意到认知与评价标准的多维性,这种多维性产生于认知与评价的不同方式或不同角度。[1] 较具普遍性的认知和评价标准有这样几个对应的方面:

其一,逻辑化标准与经验性标准。所谓"逻辑化标准"主要是从司法实践活动中抽象出公正司法的一般性特征和要件,借以作为司法公正的评价依据,如审判独立、法官中立、程序合法、司法廉洁等等,当司法活动满足这些特征或要件时,就被认定是公正的,反之,则被认为失之公正。[2] 显然,逻辑化标准力图超越社会成员的主观差异而寻求一种可观测的有关司法公正的客观性尺度,其机理在于从司法活动的过程、方式反向推导司法公正的结果。在逻辑化标准指引下,人们追求司法公正的努力集中体现于创造这些特征或要件,亦即用对手段的追求代替对目标的追求。逻辑化标准的合理性在于:一

---

[1] 相关研究可参见张军:《司法公正的标准与理性的认识、追求》,《人民司法》2001 年第 3 期;李晓春:《司法公正的标准探析》,《长白学刊》2004 年第 6 期;贺志明、杨秀军:《司法公正的伦理维度》,《广西社会科学》2007 年第 3 期;马蓉蓉:《论诉讼公正的标准、内容及其实现》,《甘肃政法学院学报》1999 年第 2 期。

[2] 参见王铁玲、陆而启:《论审判独立的公正与效率价值》,《新疆大学学报》(哲学社会科学版)2001 年第 4 期;陆尔启:《论审判独立的公正价值及其实现》,《政法论丛》2000 年第 1 期;邓汉德:《审判独立与司法公正关系论》,《理论与改革》2008 年第 4 期;韩红俊:《法官言论与公正审判》,《法律适用》2011 年第 5 期;何家弘:《"文书审"与司法公正观》,《中国人民大学学报》2003 年第 1 期;周永坤:《提升司法公正的路径选择——以正当程序和司法良知的关系为切入点》,《苏州大学学报》(哲学社会科学版)2012 年第 5 期;吕世伦、贺晓荣:《论程序正义在司法公正中的地位和价值》,《法学家》1998 年第 1 期。

方面,诸如审判独立、法官中立这些特征或要件,确实能够在一定程度上保证司法的公正性;另一方面,这些特征或要件本身即体现着司法形式上的公正或过程的公正,借助于这些特征或要件,司法也能够在一定程度上向社会昭示或证明其公正性。然而,逻辑化标准的这种合理性是相对和有限的,就司法这种复杂的社会实践而言,方式、手段、过程与结果之间的因果联系具有很大的不确定性;同时,形式上的公正也不是司法公正的全部,甚至不是司法公正的主要部分。因此,尽管逻辑化标准为"形式法治"①主张者广泛推崇和倡导,甚至常常成为一些学者对司法公正的经典性描述,但并不能成为司法公正充分合理的识别和判断依据。与逻辑化标准相对应的是经验性标准。所谓"经验性标准",是指社会成员依据其基本的理性与良知而形成的对司法公正的一般要求以及对司法公正性的基本评价。经验性标准更强调社会成员对司法公正性的经验性感受和主观评价。②因此,经验性标准虽然也重视司法过程以及司法活动的方式与手段的公正性,但更为重视司法结果的公正性。毫无疑问,经验性标准不是依据个别社会成员的主观认知,而是多数社会成员的普遍感受,其实质是大多数社会成员的公平正义观念。由于经验性标准潜隐在社会成员的意识之中,因而其内涵通常并没有明确的文本表述,或者本身就不适于文本概括和描述,与传统学说中自然法具有的那种"只可意会,不可言传"的特性多少有些相似。甚至在很多情况下,社会成员表达出来的意见或诉求与其实际持有的对司法公正的一般性认知也不尽一致。正是由于经验性标准具有这种模糊性和潜隐性,因此,经验性标准对司法的导引作用往往不仅取决于司法机关及其成员对外部社会的重视,还有赖于他们对社

① "形式法治"与"实质法治"相对。有关"形式法治"与"实质法治"的讨论,参见高鸿钧等:《法治:理念与制度》,中国政法大学出版社 2002 年版,第 7 章。
② "经验性标准"源自社会公众的实践,相关研究可参见胡俊卿:《实践标准和经验标准》,《学术月刊》1990 年第 11 期;陈锡喜:《全面把握实践标准的实质——谈实践标准与经验标准》,《毛泽东邓小平理论研究》1989 年第 6 期。

会公众普遍性感受的辨识与理解。

其二,个案评价标准与司法总体状况评价标准。对司法公正的评价始终存在个案评价与司法总体状况评价两个层面。虽然司法总体状况评价依赖于个案评价的累积,但二者的认识角度和关注点则有很大的差异。"个案评价标准"的关注点集中在个案事实与法律适用之间的关系以及与此密切相关的裁判结果上,因此,个案评价标准始终脱离不了个案的具体事实。在法学理论及司法实践中,已经形成了一套相对成熟的个案评价标准,亦即事实认定清楚,证据确凿充分,适用法律恰当,严格遵循程序。① 近年来,个案评价标准中通常又会增加对"社会效果良好"的考量,但这里所说的"社会效果"仍然是个案处理结果产生的社会影响。符合这样一些标准,个案司法就被认为是公正的;更恰切地说,满足这些方面,就没有理由认为个案的司法是不公正的。"司法总体状况评价标准"通常关注两个方面:一是司法对社会需求的适应性,既包括司法解决社会纠纷的实际能力,又包括司法在建构并维护社会秩序、推动社会进步方面的实际效果。满足这样的需求,司法的公正性就容易得到普遍性的认可。显然,这种评价着眼于司法与社会的联系,把司法置于整个社会运行和发展过程之中加以考量,具有明确的社会功利性。二是司法自身的修为与自律,主要是司法机关及其成员的社会姿态、作风、廉洁度等等。尽管这些因素与司法裁判的公正性之间事实上并没有必然性联系,但在司法自身修为与自律得不到社会肯定的情况下,司法公正性也不会被承认。还应看到的是,司法自身修为与自律通常不会成为整体性问题,但由于司法本质上是一种道德承诺很高、社会对之道德期待也很高的职业,因而某些具有一定普遍性的现象,特别是司法机关或司法人员严重突破法律或公众道德底线的某些实例,会影响到全

---

① 从个案出发对司法公正进行研究的实例可参见汪世荣、刘全娥:《黄克功杀人案与陕甘宁边区的司法公正》,《政法论坛》2007 年第 3 期;吕萍:《司法公正的标准——从佘祥林案看我国的刑事司法现状》,《铁道警官高等专科学校学报》2007 年第 1 期。

社会对于司法修为或自律状况的总体评价。前述两个方面综合地构成了社会对司法总体状况的一般性认识,并成为对司法总体是否公正的评价标准。

其三,专业性评价标准与社会化评价标准。这两个标准也可以不尽严谨地表述为法律人对司法公正的认知评判标准与非专业的普通大众对司法公正的认知评判标准,其体现的是两类社会主体对司法公正的不同认识角度和认知取向。[①] "专业性评价标准"坚持从法条的要求出发,以司法活动或司法行为是否符合法条的要求作为判断司法公正与否的依据;符合法条要求,包括在法律所允许的自由裁量范围与幅度内作出的司法裁判,都会被认为是公正的。从理论上说,专业性评价标准不需要更多地顾及裁判的社会后果与影响,其理由或逻辑是:社会性因素已经包括在法条之中,遵循了法条即满足了社会性需求;如果没有违反法条的要求,即使是疏于对社会影响的考虑,也不应认为存在司法不公的问题。"社会化评价标准"与前述"经验性标准"较为接近,产生于普罗大众的基本生活经验等社会智识,其中既包含了对法律一般原理和原则的尊重,也包含对常情、常理、常识的考虑。[②] 相比之下,社会性评价标准更注重案件处理结果以及司法行为与事理、情理的契合,而对法理与事理、情理之间的冲突,尤其对诸如"程序性失权""无罪推定""疑罪从无"以及"谁主张事实谁举证"等法律的技术性要求,则缺少必要的理解和宽容。这也是在一些热点案件中司法机关与社会公众存在某些分歧的重要原因。

毫无疑问,前述几个彼此对应的标准之间存在着不同程度的交叉。专业性评价标准、个案评价标准往往是逻辑化的标准,而司法总

---

① 也有学者将"专业性评价标准"称为"法律标准",相关研究可参见周帼:《论司法公正的法律标准与社会标准之共生》,《求索》2010 年第 8 期。

② 相关研究可参见戴乾涨:《契合与冲突:社会效果司法标准之于司法公正——一个关于法律至上司法理念的话题》,《法律适用》2005 年第 5 期。

体状况评价标准则主要出自经验性评价,并且,经验性标准也与社会化标准更为接近。尽管如此,进行这样的梳理,特别是注意到不同评价标准的认知角度及关注重点的差异,对于更为全面、清晰地理解在司法公正的认知和评价方面的复杂性无疑是必要的。①

(三) 小　结

前述分析表明,当代中国存在着诸多影响有关司法公正的社会共识充分形成的现实因素;同时,对司法公正的不同认知角度和方式,客观上也使得对司法公正的认知和评价很难趋于一致。因此,在建构或揭示司法公正认知与评价标准方面,应当有更大的开放性。这种开放性一方面体现在,不仅仅从司法专业技术角度对司法活动和司法过程的规范性提出要求,更要从司法的社会功能出发,以司法对社会需求的适应与满足为基本向度而设定司法公正的要求,以司法的社会贡献佐证司法的公正性。正如英国法学家布赖恩·辛普森(A. W. Brian Simpson)所说:"理想的公正执法要求深入事实本质,而非流于形式和程序。依法实现正义需要律师——特别是法官——审慎正直地执法,并且要注意法律的目的。"②另一方面,"开放性"又体现在,司法应在更大程度上契合人民群众对于公平正义的普遍性感受。当然,这丝毫不排斥在司法语境中运用专业性、逻辑化的标准对于司法的公正性进行测度与评价,只是在这种测度与评价过程中,同时要审视司法的社会作用和影响,并且要把人民群众的公平正义观作为司法行为的重要测度与评价依据。

---

① 通常学术理论界对司法公正标准的分类集中于程序公正与实体公正。但我认为,这种分类过于宽泛,且对这种分类讨论的成果已经很多,故本章没有涉及这一分类。
② 〔英〕布赖恩·辛普森:《法学的邀请》,范双飞译,北京大学出版社2014年版,第39页。

二、司法公正方面存在的主要问题

自 20 世纪 70 年代末我国司法制度恢复以来,司法的发展以及司法在推进改革开放、维护社会公平正义方面的积极作用与贡献是有目共睹的。因此,对我国司法的公正性,总体上应当予以肯定。但是,如前所述,我国在司法公正方面仍然存在着不少突出问题,司法公正的状况不完全符合社会各方的期待,甚至司法公信力还会阶段性地出现一定程度的下降,这也是不争的客观事实。然而,基于前面论及的对司法公正的认知与评价基点及方式的差异,当下社会各方对我国司法公正方面存在的问题及原因的认识也不尽相同,本章拟尝试对这些问题及原因作出一些归纳和分析。需要指出的是,就在司法公正方面存在的问题而言,现象与原因之间的界线并不十分明晰,很多情况既可以说是司法不公的现象,也同样可以认为是造成司法不公的原因,反之亦然,二者互为因果。因此,本节与下一节的内容可以理解为对同一问题的不同侧面的论述。

我国在司法公正方面存在的问题主要集中于下述三个方面:

第一,司法受制于多种社会势力的不当影响,由此固化和放大了社会分化的消极后果,并进一步导致了司法自主与司法自律的双重弱化。

近几十年来,随着法律对社会生活过程覆盖面的日益扩大,司法对社会生活的影响也越来越深刻,特别是随着司法在配置资源、界分社会主体成本收益关系方面作用的不断增大,各种社会势力争夺司法资源或以多种方式影响司法,以谋求利己裁判的情况也愈趋突出。毫不夸张地说,司法过程事实上已成为各种社会势力角力甚至搏杀的疆场。概括地看,影响司法的社会势力主要有四个方面:一是政治权力的作用。有关政治权力对司法的影响,人们往往简单地归因或归责于"地方保护主义"①。然而现实中,地方保护主义固然是政治权力对司法施加影响的动因之一,但远非全部原因,更主要还在于,少数地方党政权力者法治观念淡薄,缺少对司法权独立行使的基本尊重,把自己的权力恣意地凌驾于司法权之上,对司法活动横加干预,甚至对具体案件的裁判方式提出明确要求,从而使司法权的行使受制于地方党政主要领导个人的意志;另一个突出的现象是:某些权力者受不当利益驱使或人情关系所托,借用各种理由或名义,对司法机关作批示、打招呼,要求司法机关对某些当事人的利益给予特殊保护。有些批示内容虽然貌似公正,并无明确偏向,如"依法处理""妥善处理"等等,但在"潜规则"下所蕴含的意向却十分明显。这种情况在地方司法生态中,具有一定的普遍性。二是物质利益的诱惑。由于司法结果直接影响当事人的成本与收益,特别是在民商事案件中,诉讼的成本与收益可以直接量化计算,因此,很多当事人把诉讼活动当成一种市场交易行为,不仅在聘请律师等诉讼活动方面作大量投入,同时也力图通过物质利益诱导司法人员,促使诉讼结果更趋近自己的诉求,由此形成司法中的"权钱交易"或"司法寻租"现象。需要指出的是,在物质利益影响方面,并非所有使用物质手段诱惑司法人员的当事人所谋求的都是不当利益,其中不乏希望用金钱换取合法诉求得到满足的情况,但由此对司法环境、社会公正或司法公信力的损伤却是不容低估的。与此类似,某些司法人员对"富有"当事人的偏袒保护也并非因为受到当事人直接的利益诱惑,但在物质利益受到高度追捧与尊崇的社会氛围中,富有者具有的"社会势场"容易使某些司法人员心理上的天平向其倾斜。三是人情关系的影响。一方面,众所周知,我国社会高度重视人脉关系,亲属、朋友、同学、同

① 相关研究可参见马怀德:《地方保护主义的成因和解决之道》,《政法论坛》2003年第6期;唐忠民:《防止和克服审判和执行中地方保护主义的两点建议》,《河北法学》2003年第4期;詹顺初:《坚决纠正地方保护主义捍卫法律的统一和尊严——关于地方保护主义的调查》,《法学评论》1999年第1期;张千帆:《司法地方保护主义的防治机制》,《华东政法大学学报》2012年第6期。

乡、同事、战友、上下级、熟人等各种纽带编织成了细密的人际网络，在此网络上所生成的人际情缘则成为当代中国人生存与生活的一种常规动力与依托；另一方面，中国社会又是规则意识普遍较为淡漠的社会，把人情高置于规则之上，成为很多人的生活信念或行为取向。毫无疑问，置身于这种社会环境之中的司法人员不能不受到这种环境的影响，各种人情关系总会以多种方式渗透到司法过程之中，从而使得司法人员的司法活动常常不得不在遵循规则与因应人情之间进行平衡与选择，于此，司法的公正性势必难以得到保证。四是社会舆论的压力。近些年，由于网络自媒体的快速发展以及社会对司法关注的增加，社会舆论对司法的压力也在不断加大，司法常常处于社会舆论的风口浪尖之上，稍有不慎，就会成为舆论围攻的对象。[①] 应该说，社会舆论对司法的影响有其积极的一面，但由于本书前面提到的阶层或群体对司法行为认知及立场上的差异，加之某些网络"大 V"在舆论形成过程中不恰当地推波助澜，使得社会舆论对于某些司法个案或对司法总体状况的认知与评价往往偏离理性轨道；而这些罩着"民意"光环的舆论无疑会对司法机关造成很大的压力，并且在某些情况下扭曲司法行为。[②] 社会舆论的这种压力，实质上是我国深层社会矛盾在司法过程中的体现与展示，是司法中的"案后之案"，因此，在相关社会矛盾短期内难以消除的情况下，社会舆论的这种压力也不会尽然消失。

由于前述几个因素的影响，司法矫正社会发展失衡及社会分配不公的功能不仅未能得到很好发挥，在一定程度上还使社会分化的消极后果得以固化甚至扩大。一方面，强势社会群体或阶层在司法

[①] 较为典型的实例是，原最高人民法院某领导依据疑罪从无的原则，提出"宁可错放，不可错杀"的主张，受到网络舆论的集体围攻。又如，原云南省高级人民法院副院长田成有在为李昌奎一案原审判决辩护时曾表示将李昌奎案办成"标杆案件"，受到网民的普遍非议，田成有也被网民们谑称为"田标杆"。

[②] 相关研究可参见本书第十章的相关论述，以及顾培东：《公众判意的法理解析——对许霆案的延伸思考》，《中国法学》2008 年第 4 期。

活动中往往具有更强的主导作用或影响,其利益诉求更容易得到司法的保护或满足;另一方面,弱势社会群体或阶层的非理性情绪也难以在司法过程中得到抑制或克服,甚至还被进一步激化。近些年出现的一些热点司法案件,不少正是因为司法中存在着这种偏失才成为"热点"的。特别需要指出的是,有些热点案件①虽然在社会广泛关注下得到了较为公平公正的解决,但留给社会的却是"不同群体或阶层在司法中受到不公平对待"以及"司法不能自觉地维护正义"的刻板印象;有些案件的处理结果被不少人看成是"平民的胜利",其中所隐喻的实际上是一种极不健康、非良性的社会认识与社会经验。

还应看到,在多种社会势力的影响下,司法的自主性不言而喻地会受到一定的损伤,自主性的弱化又自然会动摇司法自律的信心,而自律的松懈又恰恰为自主性进一步被侵蚀创造了条件。如此恶性循环,导致了中国司法自主与自律双重弱化的局面。

第二,司法在一定程度上疏离社会,未能有效地构建和维护新型社会秩序,亦与人民群众对公平正义的普遍期待存在一定差距。

庞德在分析 20 世纪初法律的社会功能时曾指出:"全世界的法律现在正处于一种困难的情况下,这种困难说明了 30 年来对于各种法律制度和法律正义进行的许多公开的攻击,人们对法律不满意并且愿意尝试一下不要法律的治理,因为他们感到法律一直没有合法地运行。特别在应付许多新问题和力图保障一个正在变化的经济秩序中许多新产生的迫切利益方面,法律不符合人们对它的期望。这种情况产生于公认的理想对今天法院受理的各种冲突的和重叠的利益不能提供满意的调整。"②借用庞德的这段论述来描述当下中国司法的境况,仍然在一定程度上是贴切的。虽然,如前文所述,我国司法在一定程度上受制于外部社会势力影响,但在另一个方面,司法与社会疏离,应有的社会功能未能很好发挥的情况亦较为突出。这意

① 如许霆案、邓玉娇案、刘涌案、李昌奎案等。
② 〔美〕庞德:《通过法律的社会控制》,沈宗灵译,商务印书馆 2010 年版,第 9 页。

味着司法与社会的应有距离未能合理地保持,而应有的融合则未能得到很好地体现,由此也成为司法的公正性不被充分认可的重要原因。

首先,司法适应日益复杂且快速变化的社会的努力与能力尚显不足。以色列前最高法院院长巴拉克(Aharon Barak)认为,司法的重要功能在于弥补立法和社会之间的缝隙,在社会变革期间尤其如此。[①] 应该说,巴拉克的这一观点反映了当代各国司法的共同经验。然而,面对复杂而多变的社会情势以及不无粗疏的立法,我国司法尚未能充分地体现其"填补缝隙"的作用。一方面,日常司法工作中,司法人员普遍缺少这方面的明确意识,其司法经验也不足以支撑相关的实践;另一方面,对于社会生活中出现的新型纠纷,司法的反应往往不够及时和敏捷,一些纠纷由于缺少明确的法律规范而长时间被排拒在司法大门之外或在司法程序中被久拖不决。同时,不少司法解释对事实背景的认知较为简单,缺少对各种社会情况及其变化的适应性和包容性,难以成为合理地处理相关问题的依据。其次,司法对社会生活的事理与情理缺少应有的尊重,导致司法行为或司法裁决偏离实际社会生活的机理与逻辑,"司法不解社会之风情",成为具有一定普遍性的社会抱怨。不少司法人员由于不重视或不了解实体经济关系以及其他社会交往的常识与经验,机械地看待案件事实,并把追求法理上的自洽性作为司法的唯一目标,故而,尽管从法律角度看,某些案件的处理或许并不违反法律的规定(在自由裁量权较大的情况下,对很多案件,甚至用完全不同的两种或两种以上的方式处理都能找到相应的法律依据),但实际上,这种处理方式明显失于公平公正,既不符合社会公众的一般性认知,也不利于纠纷的解决,更不利于相关社会关系的修复与维系。再次,司法程序正规化、技术化、专业化提升的进程与部分社会成员参与诉讼的实际能力相脱节。随

---

① 参见〔以〕巴拉克:《民主国家的法官》,毕洪海译,法律出版社 2011 年版,第 15 页。

着我国司法在"现代化"的轨道上不断发展,司法程序正规化、技术化以及专业化的程度也日益提升。迄今为止,法院依"普通程序"规定而进行的诉讼活动已经成为一种专业性、技术性很强的社会实践,除非是律师或具备一定法律专业水准的当事人,其他人已难以从容自如地参与其中。而在另一方面,相当多的社会成员既不具备参与诉讼所必须的法律知识和诉讼经验,又无力承担聘请律师的费用,对于他们来说,参与诉讼无疑是极为艰难的事情或需要极为昂贵的付出。这种状况不仅难以做到社会成员公平地享有司法资源,也不能保证社会成员有效地利用司法资源。从司法角度看待这一现象,问题的症结自然不在于司法程序正规化、技术化、专业化的提升(这种提升应当被看作司法发展不可避免的趋势),而在于这种提升过程中忽略了因应中国社会现实的相关配套与补救,如简易程序在基层司法中的广泛适用、司法释明责任的强化、对诉讼当事人必要的诉讼指导以及诉讼援助的全面加强等等。最后,也是最为突出的是,司法在维护诚信方面存在着较大的缺失。主要体现在:(1)司法在成本与收益的配置上不利于诚信的维护。维护诚信的成本很高,而失信行为往往不承担惩罚的成本,并且还能从诉讼中获益。一个最简单的事实是,由于律师费转移支付制度(由败诉方承担律师费)长期得不到司法的承认,[①]因此,即便债权在诉讼中能够全额实现,债权人仍然需要损失律师费,尚不包括当事人差旅、误工等费用。又比如,司法通常按照人民银行公布的银行同期贷款利率保护一般债权的利息损失,但事实上,社会融资(包括银行贷款)成本远远高于名义上的基准利率。因此,除非有明确的惩罚性约定,赖账失信者通常都是诉讼中的受益者。(2)司法偏重于对当事人民事行为形式完善性的关注,而

---

① 　在实践中,虽然司法并不明确排除对胜诉方律师费的保护,但举证要求很高。法院通常要求当事人出具律师费支付凭证,而这与普遍实行风险代理方式的律师业的实际情况完全不符。法院不保护律师费的主要理由在于律师费的高低不容易掌握,但事实上,这一问题完全可以通过制定统一的保护标准加以解决。

常常忽略对当事人真实意思的探究和尊重。① 总体上看,司法对社会交往的复杂性以及社会成员民事交往普遍比较粗疏这一现实认知不足,出于对裁判"合法性"(尤其是不被改判、发回重审或再审)的考虑,司法人员往往更偏向于对民事行为进行形式上审查,并据此而作出裁判,这就为一些当事人利用对方民事行为的瑕疵而牟取不当利益或规避应有责任提供了机会。有些违约失信者甚至利用自己民事行为上的缺陷而否定民事行为的有效性,以套取市场变化所产生的利益或规避相应的合同责任,而这种不诚信的行为往往也能得到司法的支持。(3)司法对诉讼中的欺诈或其他不诚信行为缺乏应有的制裁力度。近些年,虚构案件、证据造假、证人伪证以及规避管辖、恶意拖延诉讼、滥用诉讼保全等程序手段的情况日益突出。面对这些情况,司法显示的更多是无奈或漠视。虽然立法设定了对违反诉讼规定行为的强制措施,甚至将某些行为规定为犯罪,但实践中,法院却很少运用这些措施,更鲜有将构成犯罪的行为移交刑事处理的情况。② 这在一定程度上助长了诉讼中欺诈或其他不诚信现象的蔓延。前述几个方面,归结起来即是:司法尚未能发挥其应有的社会功能,在构建和维护时代所需要的社会秩序方面,司法尚存在较多的欠缺和疏失;同时,许多案件的处理由于脱离了社会现实,有悖于人民群众的普遍认知,从而使人民群众难以从中感受到司法的公平公正。

第三,司法素质和能力不够理想,司法队伍的修为不符合社会各方对于法治社会中司法应有形象的想象与期许。

首先,为社会普遍诟病的"司法腐败"现象不可谓不严重。近几十年来,社会各方对我国司法腐败状况的认知和估计一直存在一定的分歧,但无法回避的事实是,司法过程中确实存在着各种"权钱交

---

① 相关研究可参见顾培东:《论我国民事权利司法保护的疏失》,《法学研究》2002 年第6 期。

② 在此方面有限的一些案例,大多是针对律师的;而在针对律师的某些案件中,或多或少可归因于司法机关对律师正当执业行为的不满。

易""权权交易""权情交易"乃至"权色交易"的情况,在某些地方司法机关中,这些情况还有一定的普遍性。尤其令人注目的是,在前些年查处的腐败案件中,竟然有数位二级大法官涉入其中,少数法院的执行机构也成为贪腐行为的重灾区,案件频发,牵连甚广。这种涉案人员职位之高、数量之众、某些案件情节之恶劣的现实,很难不引发人们对于司法腐败严重程度更大、更多的想象。其次,司法武断、司法专横等"衙门作风"和现象不同程度的存在。主要表现在:一是部分司法人员对待当事人(包括其他诉讼参与人)态度傲慢,把法律赋予其的特殊地位作为桀骜自大、傲视一切的资本,与当事人之间不能进行人格平等基础上的相互交流,以至于很多当事人(包括律师)在与司法人员的交往过程中,常常有不可言状的屈辱之感。二是在诉讼活动中不能给予当事人充分的表达机会,裁判文书中对裁判理由缺少应有的说理和解析,甚至连当事人的某些主张或辩解理由也因为与裁判主旨不尽相符而被任意略去,不少裁判文书的字里行间投射出一种武断与霸道。三是对当事人在诉讼中的处境缺少必要的理解和关切,同时对当事人参与诉讼也缺少必要的帮助与指导,在一些程序性措施和行为选择中,往往忽略当事人的正当诉求与主张,不考虑这些措施和行为(包括应作为而不作为)对当事人生产经营或生活的影响,也不顾及司法行为对于当事人各方的实际效果,以致于在不少案件中,当事人因司法行为的失当而受到的伤害和损失远远超过实体纠纷本身的负面影响。近些年,普通群众"打不起官司"已成为一个社会性问题,并引起了决策层的关注,然而,"打不起官司"并非完全是因为普通群众无力支付诉讼的经济成本,更主要是少数司法人员的傲慢与自大、诉讼过程的曲折与繁复以及诉讼结果过大的不确定性使很多人视诉讼为危途,不愿或无力面对这样的场景和现实。再次,诉讼周期过长以及由此带来的诉讼成本耗费过高。就司法或诉讼而言,效率是公正的重要尺度,亦即"迟来的公正不是真正的公正"。也正因如此,案件长期积压、诉讼周期过长亦成为我国在司法公正方面存在的突出问题之一。客观地说,我国多数案件的审理周期并不是很长,不仅如此,近些年各级司法机关都把集中清理积案以及常态性诉讼周期的控制作为重要的工作任务和考核目标,因此,在此方面的问题主要集中于部分案件久拖不决,而久拖不决的原因又在于:一是司法机关内部对案件处理的争议较大,或者外部社会的压力太大,致使案件长期不能形成处理结论。这其中既有案件本身事实认定或法律适用较为困难的原因,但更多的往往是受到权力或利益关系的不当影响。二是部分法院过度强调调(解)撤(诉)率的提高,审判人员不得不通过拖延诉讼的方式迫使权利人作出某种退让或妥协,"以时间换空间",从而导致诉讼周期人为拉长。不仅如此,不少法官为规避审限制约,还要求当事人主动配合其申请调解或要求延长审限。三是司法机关内部的时限、期间的控制及考核,与案件的实际诉讼周期并不一致。一方面,对于当事人来说,只有当裁判完全执行完毕,权利全面实现,诉讼过程才告终结,而法院通常都把案件审理完结、裁判作出作为诉讼终结的节点;另一方面,即便就审判终结而言,法院通常以裁判文书的签发作为诉讼终结的考核时点,而对当事人来说,只有当各方当事人收到裁判文书后,才意味着相应审级诉讼活动的终结,两个时间节点之间可能会有很长的相隔。再有,法院对案件(及案卷)在不同审级之间的传递过程没有期限性规定,也不计入诉讼期限,但有时案卷转移或上诉费缴纳的核查往往需要花费数月甚至更长的时间。对于鉴定等中止诉讼期限的事由,法院既怠于去控制相关行为的时间,也缺少控制这类行为时间的有效手段,由此也导致部分案件的诉讼被长期拖延。总体上说,法院内部统计和考核的结案周期与诉讼的实际周期相差甚大,法院程序的"高效率"并不是当事人得到的真正实惠,"公正"的姗姗来迟,仍然是当下具有一定普遍性的社会现实。

三、影响司法公正的现实原因分析

对于影响司法公正的原因,社会上较为流行的说法是"司法腐败",而理论界则更多的认为是"司法不独立"。显然,这两种认识都失于简单和片面。事实上,影响司法公正的现实原因是多方面且极为复杂的,可以说,我国在司法公正方面存在的问题是当代中国社会发展过程中多种局限和流弊交织的结果。

第一,司法与其他政治权力在社会治理实践层面的边界不够清晰。

如何处理司法和其他政治权力在社会治理过程中的一体化与司法机关依法独立行使司法权之间的关系,始终是我国司法实践乃至政治实践中的难题。一方面,司法作为社会治理的重要手段,必须与其他政治权力保持密切配合,共同构造一体化的社会治理体系并有效地进行社会治理。不仅如此,我国理论及制度上都不承认西方"三权分立"意义上的"司法独立",更加强调党对司法的领导,强调司法对社会发展大局的服从和服务,因而司法与其他政治权力的联系和交集更加紧密。另一方面,司法作为一种特殊的社会实践,司法机关行使司法权的过程又必须保持一定的独立性。我国《宪法》把司法机关独立行使司法权确立为一项重要的制度,明确规定司法机关在行使司法权的过程中不受任何单位或个人的干预。正确处理这两方面关系,不仅需要高度的政治智慧,更有赖于长时期的探索以及相应制度、机制的构建,这就很难避免在实践层面上出现某些偏差。现实中,既存在政治权力(主要是地方权力机构领导者)在各种因素的作用下超出其职责范围而介入具体的司法过程,不恰当地干预或干扰司法活动的情况,也存在司法机关及其成员忽略社会发展大局的要求,忽略个案司法行为与社会治理总体目标的联系,从而使司法活动及司法裁判悖离社会实际需求和人民群众普遍认知的现象。这两种情况或现象，都会使司法活动偏离公正的轨道。

第二，提交司法解决的社会纠纷事实上已超出了司法的现实承受能力的范围。

近几十年来，提交司法解决的社会纠纷的数量一直呈大幅度增加的态势，据最高人民法院和最高人民检察院的统计，各级人民法院受理及审结的民、刑及行政案件在近几十年中增长了数十倍。案件受理数量的大幅增长使得司法面临的任务客观上超出了司法自身的现实能力。不少沿海地区或中心城市的基层及中级法院一线法官平均年审理案件达到 200 件以上，少数基层法院法官年审结案件更是在 300 件左右。①

司法机关受理案件数量的大幅增加与司法力量的相对不足，对司法公正的影响是必然的。首先，最直接的影响是，案件的增加与司法力量增长之间的失衡势必会延长个案司法的周期，降低司法处置案件的总体效率。其次，司法人员人均办案量不断增加，长期超负荷工作，在很大程度上会影响案件办理的质量，影响司法行为的方式，尤其影响程序性行为的选择，并且会影响司法人员对待诉讼参与人的作风与态度。更应看到，近些年，随着社会转型的加快以及经济和科技发展的加速，提交司法解决的社会纠纷也日益复杂。一方面，诉诸司法的社会纠纷往往蕴含着社会转型中的深层次矛盾，在个别主体之间纷争的背后常常潜隐着阶层间、群体间的对抗与冲突，司法手段很难平息这些对抗与冲突；另一方面，新型经济交往中产生的纠纷，以及在信息技术等高科技作用下社会生活中产生的纠纷，其复杂性也远异于之前。与兄弟阋墙、邻里不睦等传统纠纷相比，这些纠纷的处理无论在事实认知方面，还是在规则选择方面，抑或在推动和引导当事人妥协和解方面，都有无可比拟的难度。大量面对这些纠纷，

---

① 2003 年，深圳法院法官人均办案 140 件，到 2010 年，深圳法官人均办案已达 235 件。数据来源：《法官不再是官》，《人民日报》2014 年 4 月 10 日。

不仅难以保证司法的客观水准,更难以保证社会各方对司法公正性都能给予肯定评价。

第三,司法机关内部司法权运行秩序紊乱。

我国在制度上明确司法权由法院或检察院行使,但法院或检察院则是由具体的内部多个层级、多个主体构成的,并且司法行为实际上也是由不同层级的不同主体具体实施的,这就产生司法产品如何在司法机关内部生成或者说司法裁判(司法决定及司法意见)在司法机关内部究竟由谁说了算的问题。[①] 目前,很多人认为司法权行使中的主要问题是"行政化",亦即裁判经历层层审批,形成"审"与"判"脱节。但我认为,"行政化"固然是当下我国司法中一个重要弊端,却并不是根本性弊端,同时,"行政化"这样的概括也不完全符合各级或各地司法机关的全部现实,真正的问题仍然在于司法权运行秩序的紊乱。以法院为例,首先,除了一些明确规定由审委会讨论决定的案件外,在具体案件中究竟谁是裁判的最终决定者并不确定,既可能在合议庭或独任法官层面直接决定,也可能在副庭长、庭长、副院长、院长以至审委会的任一个层级中决定。其次,与之相应,法院内各主体是否参与某一具体案件的处理,也不确定。合议庭或独任法官既可以规避上级的监督而自行决定裁判,也可以将案件处理上交给领导,推诿裁判的责任;同样,院庭长既可以放任合议庭或独任法官对案件审理作出裁判,也可以具体介入案件处理过程,甚至将裁判决定权收归自己。实际决定各主体是否参与案件处理或参与程度的因素不是制度性规定,而更主要的是相关主体的利益动机、习惯与偏好。最后,院庭长既可以用明示的方式直接要求合议庭或独任法官作出某种方式的处理,也可以以默示的方式表达自己的某种主张或意见,并且谁都不需要对裁判承担具体责任。总体上看,裁判生成过程中的

---

① 对此问题,我曾有过专文讨论,参见顾培东:《人民法院内部审判运行机制的构建》,《法学研究》2011 年第 4 期,以及《再论人民法院审判权运行机制构建》,《中国法学》2014 年第 5 期。

随机性甚至随意性过大,这种状况不仅难以保证公正司法的实现,而且还为司法人员滥用权力或运用司法权进行不当交易提供了机会。因此,可以肯定地说,司法权运行秩序的紊乱是影响司法自身公正的主要因素。

第四,公正司法所必需的规则资源匮乏。

司法是否公正,与立法有直接关系;立法中存在的一切问题都会在司法过程中体现出来,并影响到司法公正的实现。因此,当下我国司法公正方面存在的问题,在一定程度上也源于立法不够完善。时至今日,尽管我国法律体系已经形成,但由于这一体系是在较短时间中形成的,因而在"有聊胜于无""宜粗不宜细"的指导思想的影响下,立法的经验基础并不充分,立法的粗疏势所难免。一方面,某些法律条文规定的法律后果尺度过大,由此为司法留下过大的自由裁量空间,增加了司法的随意性,实践中很多"同案不同判"的情况与此密切相关;另一方面,某些立法对社会情势变化的涵盖力较差,难以适应或适用于不断变化的社会事实,形成要么有法不依,要么依法则不公正的尴尬状态。更为重要的是,法律修改的进程,特别是对法律的解释工作远远落后于司法实践的需要。在法律修改及立法解释工作不能满足司法实践需要的情况下,最高司法机关的司法解释以及具有指导作用的规定、纪要、通知、批复、领导讲话以及案例等不得不大量推出。这虽然在一定程度上弥补了立法环节的某些缺失,但由此带来了相应的问题。首先,一些司法解释已超出了司法的权限,具有不少创制性内容,甚至有些已突破了立法的规定。其次,各种具有实际指导效果和作用的规范和文件的效力关系混乱,且不乏内容上的彼此冲突与龃龉。最后,由于司法解释等规范出台往往较为仓促,不仅考虑的情境不够充分,对事实背景的包容性较差,而且不少解释的条文表述语焉不详,令人费解,以至对司法解释常常需要作进一步解释,而出自最高司法机关不同部门或人员的不同解读又会带来新的理解上的歧义。总之,高质量的规则资源的匮乏,也对公正司法的实现产生了不小的负面影响。

第五,合理的司法人员遴选机制及有效的激励和约束机制未能形成。

先从司法人员的遴选机制来看。首先,司法职业在社会地位、工作条件以及物质待遇等方面尚不具有明显的优势。对于优秀法律人才来说,公务员或律师或许是对他们更具诱惑力的职业选择,这就使司法职业对优秀法律人才的吸收受到一定的局限。在近些年的司法改革中,法院系统曾有过从学者和律师中招选法官的尝试,但不仅参选者寥寥无几,而且也很少有优秀的学者和律师为之动心,致使这一举措不久便无疾而终。① 更为残酷的现实是,司法机关与律师行业之间人才逆向流动的现象在近几十年中从未中断过,且有愈演愈烈的态势。尽管找不到准确的统计数据,但从一些法院的情况看,近些年,每年法官改行做律师的人数都在 3% —5% ,②在法官资源相对稀缺的中西部地区以及基层法院,法官流失现象更为严重。其次,由于我国各层级法院法官的任职经历与条件没有明确的区别性要求,不同层级法院的法官在地位与待遇等方面也没有太大的差别,③因此,我国虽已形成上级法院从下级法院遴选优秀法官的制度,但受制于住房、配偶随迁、子女入学等现实因素的阻却,实际上难以具体推行。这使得不同审级法官的资历、经验、水平等与审级的差异性要求不一致或不相匹配,上级法院法官的资历、经验、水平很可能低于下级法院的法官,而这种情况无疑会在一定程度上削弱上级法院审级监督把关的功能。再从司法人员的激励和约束机制看。与各国的普遍情况相比,我国司法人员的职业激励明显偏弱,这不仅体现于法官的物

---

① 最高人民法院在 2014 年又启动了从学者和律师中招收法官的措施,但在法官职业地位、职业保障以及待遇等没有根本改变的条件下,对这一举措的实际效果很难付以太高的期待。

② 近几年,根据最高人民法院的相关规定,配偶或其他近亲属从事律师职业的法官应从审判岗位改转其他非审判岗位,这也导致不少法官离开审判一线。如果计入这个因素,法官流失的比例更高。

③ 不仅如此,有些地区下级法院法官的待遇还优于上级法院法官,如省会城市中级法院法官的待遇普遍优于同省高级法院的法官。

质待遇较之其他公务人员优势并不明显,更主要在职业保障和社会尊重程度等方面,法官职业也无特别优裕之处。不仅如此,由于法官的职级与公务员的职级序列直接对应,这一方面使得中级以及基层法院的法官的职级上升空间十分有限;另一方面,谋求职务提升、不愿终身做职业法官则成为各级法院法官的基本取向,而在职务岗位极为有限、"僧多粥少"的情况下,多数法官的职业前景显得比较渺茫。近些年,理论界和实务部门都呼吁在中国培养西方国家(尤其英美法系国家)法官的那种"职业尊荣感"。[①] 然而,一方面,在我国崇尚平等、谦抑而鄙夷特权的社会氛围中,主流意识形态和社会公众的观念都不偏向于对某种职业的特殊社会地位给予承认,法官和其他公务员一样,都是"人民公仆";另一方面,在我国既有的司法体制与制度下,裁判以机构名义作出,裁判理由冠以"本院认为",这也决定了法官个体在社会中并不具有很强的识别性,除了极少数由各级司法机关刻意推选的"典型"人物外,法官并不能通过自己的司法行为而获得社会的普遍认知和尊崇。在激励性资源十分匮乏的情况下,近些年各级司法机关不得不推出各种约束性措施,尤其是运用各种量化指标对司法人员的行为及业绩进行考核,以强化对司法人员的约束和鞭策。但现实中,这些约束性措施的效果也不断趋于弱化。这不仅是因为在约束过程中规避监督的方式较多以及监督成本过高,更主要是不少司法人员已不太在乎约束性措施的责任后果,尤其已不太关注考评结果(通常只是批评教育,最多是调离审判岗位或离开法院,而这恰恰是一部分司法人员乐意接受的),"约束疲劳"已成为各级司法机关中普遍存在的现象。毫无疑问,在司法人员缺少有

---

① 相关研究可参见江必新:《以科学发展观为指导,牢固树立社会主义司法理念》,《人民司法》2006 年第 4 期;钱锋:《法官职业保障与独立审判》,《法律适用》2005 年第 1 期;周玉华:《论法官良知的培育和维系》,《人民司法》2011 年第 3 期;钱锋:《司法廉洁制度的创新完善与路径选择》,《法律适用》2012 年第 2 期;陈立如、张钰炜:《法官非物质利益保障的价值基础与制度建构——以法官角色伦理为视角》,《北京政法职业学院学报》2012 年第 3 期;李霞等:《基层法官职业风险、组织支持对组织承诺的影响作用研究》,《西安交通大学学报》(社会科学版)2013 年第 1 期。

效激励与约束的条件下,司法的公正性势必难以得到保证。

第六,政风以及社会风气中的负面因素对司法的不良影响。

尽管司法承载着惩恶扬善、激浊扬清、维护社会正义的使命,但司法对外部社会的影响和作用并不是单向度的,在司法影响外部社会的同时,外部社会对司法也具有不言而喻的影响。因此,这些年政风以及社会风气中的某些负面因素也不同程度地影响着司法领域,司法公正方面存在的问题,与此具有密切的相关性。一方面,如前所述,政风以及社会风气中的负面因素渗透在争夺司法资源的过程中,往往容易扭曲司法行为,使司法裁判偏离公正的要求;另一方面,在党风、政风以及社会风气不甚理想的情况下,司法人员也难以做到独善其身。特别是司法职业具有个体权力大、行为评价标准不够确定(自由裁量空间大)、不当利益诱惑力强等特点,因而外部社会的不良风气对司法人员公正司法的意志力总是构成很大的挑战。在此意义上说,司法公正中存在的问题,实际上是政风以及社会风气中的负面因素与司法自身缺陷的综合性结果。

四、推进司法公正的主导思路与现实路径

近几十年来,各司法机关围绕司法公正水平的提升进行了多方面的探索。[①] 中共中央《关于全面推进依法治国若干重大问题的决定》(以下称《决定》)从解决我国司法现实中存在的突出问题以及塑造中国特色司法制度的要求出发,以司法改革为主要手段和重要契机,对保证公正司法、提高司法公信力提出了一系列举措。应该说,在强化和推进司法公正的主导思路及现实路径方面,有关方面已形成了较为广泛的共识。

---

① 较有代表性的是最高人民法院《关于切实践行司法为民、大力加强司法公正、不断提高司法公信力的若干意见》。

　　第一,从原则和制度层面界定司法与外部政治权力之间的关系,切实保证司法权依法独立行使。在当代中国,实现司法公正无法绕开司法权与外部政治权力的关系问题,亦即司法权能否依法独立行使的问题。由于司法权能否依法独立行使牵涉或决定于外部政治权力与司法机关两个方面,因此,《决定》着眼于从这两个方面入手,加强对司法权独立行使的保障。首先,强化对外部政治权力的自律与限制。一是明确党政机关和领导干部不得干预司法活动、插手具体案件的处理,并建立相应的记录、通报和责任追究制度。由此使插手和干预具体司法活动成为党政组织及领导干部的一种政治禁忌。二是明确党政机关和领导干部不得要求司法机关做违反法定职责、有碍司法公正的事情。这一条旨在防止党政机关及领导干部在地方社会治理实践中不恰当地要求司法机关承担与其职责不符的任务或实施偏离法律规定的行为。三是明确党政机关及其领导干部干预司法机关办案行为的后果,从党纪政纪处分直至追究刑事责任。四是要求行政机关正确面对行政诉讼。行政诉讼是司法机关与地方政府、行政机关直接发生交集的活动,从而也是实践中司法权独立行使易受挑战的薄弱环节。因此,《决定》对行政机关出庭应诉、支持法院受理以及尊重法院行使职权及法院权威、服从生效裁定和决定都提出了明确要求。这几项措施,都有很强的针对性。其次,提升司法机关抵御和排除外部干扰的能力。在此方面,除了明确规定司法机关不得执行党政机关和领导干部违法干预司法活动的要求外,还在体制和制度层面确定了一系列改革措施:一是改革司法机关人财物管理体制,实行司法机关人财物省级统筹管理,以减弱司法机关对地方党政组织的过度依赖;二是最高人民法院设立巡回法庭审理跨行政区域重大行政和民商事案件,同时探索设立跨行政区划的人民法院和人民检察院,以办理跨地区案件,削弱司法实践中“主客场”的影响;三是强化对案件提级审理、指定审理、移送管辖的适用,避免地方势力对案件审理的影响;四是司法机关内部人员不得违反规定干预其他人员正在办理的案件,建立司法机关内部人员过问案件的记录制度和责任追究制度;五是建立健全司法人员履行法定职责的保护机制,非因法定事由、非经法定程序,不得将法官、检察官调离、辞退或者作出降级、免职处分,为法官、检察官依法独立行使职权提供必要的保护。

就前述保证司法权依法独立行使的两个方面而言,外部政治权力的自律与限制始终是主导因素。如果外部政治权力的自律与限制不到位,司法机关抵御或排除外部干扰的能力也很难实际体现。然而,值得重视的是,《决定》中有关对外部政治权力的相关要求、措施既是为保证司法公正而提出的,也是重构当代中国政治生态、政治秩序的重要内容,是塑造合理的政治生态和政治秩序的实际努力。因此,如果把这些要求、措施放置在这样的背景下认识与考量,尤其是与依法执政、依法行政以及廉政反腐等中央新政的内容相联系,人们有理由对这些要求、措施的实效抱有信心。

第二,立足我国国情,坚持现代化、正规化、技术化、专业化与简便化、实效化、大众化并重的司法发展方向。

我国社会二元结构特征突出,社会成员之间经济、文化条件差异较大这一现实,决定了我国司法必须坚持现代化、正规化、技术化、专业化与简便化、实效化、大众化并重的发展方向,坚持"两条腿"走路方针。[①] 忽略任何一个方面,都可能使司法脱离我国社会的实际条件和主导性需求,进而影响司法的公正性。[②] 为此,要正确处理好司法审判所面临的一系列关系:一、遵循规则与能动司法的关系,坚持在规则范围内综合考量案件关涉的各种因素,能动地处理和解决各种纠纷和冲突,充分全面地体现规则的立法意旨。二、追求法律的严格实施与化解矛盾、实现案结事了的关系。既要追求矛盾的有效化解,

---

① 对此问题的详细论证,参见本书第八章的相关论述,以及顾培东:《人民法庭地位与功能的重构》,《法学研究》2014 年第 1 期。
② 司法的正规化、精英化与实效化、大众化结合的问题,不仅在我国存在,在美国等司法发达国家同样受到重视,参见蒋惠岭、黄斌编译:《美国联邦司法发展战略》,《人民法院报》2012 年 9 月 14 日。

解决当事人之间的冲突与纠纷,又要高度重视法律实施的严肃性,注重裁判对社会行为的引导和示范作用,彰显司法对于不同社会行为的立场和态度。三、裁判与调解的关系。在观念上消除对裁判与调解孰优孰劣的偏见,把裁判与调解平等地视为人民法院解决社会纠纷的常规方式;在实践中,坚持能调则调,当判则判,恰当地发挥两种司法方式在解决社会纠纷中的不同作用。四、规范化程序适用与简易便利诉讼方式的创新和运用的关系。一方面,应进一步规范诉讼活动,强化诉讼程序的基础性制度建设,细化诉讼流程,同时对于现代经济关系中产生的各种纠纷,坚持适用普通程序进行审理,发挥规范化庭审对于查明事实、辨明是非以及倡导规则的作用;另一方面,应不断创新和运用简易便利的诉讼方式,有效解决人民群众日常生活中发生的各类纠纷,同时充分发挥人民法庭以及诉讼服务中心的作用,减少不必要的诉讼环节,提高诉讼的便捷性,降低诉讼成本,真正做到让普通群众打得起、打得了官司。

第三,构建和完善司法权内部运行机制,确立司法内部权力运行的基本秩序。

如前所述,司法机关内部司法运行秩序紊乱是司法自身影响公正的主要因素。因此,构建和完善司法权内部运行机制,确立司法内部权力运行的基本秩序显得尤为必要。目前,构建司法权运行机制已被确定为新一轮司法改革的重点内容,但对这一改革的具体思路(就法院改革而言)仍然存在一定的分歧。一种思路以"去行政化"为取向,主张完全放权于独任法官及合议庭,实行独任法官及合议庭独立办案;另一种思路是在放权于独任法官及合议庭的同时,保留院庭长的部分审核把关权。应该说,放权或还权于独任法官或合议庭的总体方向是正确的,但基于目前法官队伍的素质、司法受到的各种社会势力的影响、司法面临的各种社会矛盾和纠纷的复杂性等多方面因素,必须在放权、还权的基础上,建立相应的指导帮助、监督制约以及协调管理机制。换句话说,改革的方向是放权、还权,但改革的重点、难点却是配套机制的构建。简单地实行放权、还权,理想化地主张法官独立审判,不仅不能解决司法存在的问题,而且会带来新的混乱,很难避免司法失控的后果。所以,在原则上要把握两点:一是在放权、还权的前提下,必须保持法院对个别司法行为的整体控制力,力求使"好的裁判能够顺利形成,不好的裁判出不了法院",亦即既要放得开,又要管得住;二是在放权、还权的前提下,必须保证法院审判资源合理、综合地运用,亦即既能使独任法官和合议庭的作用得到充分发挥,又能够使法院内其他各种审判资源得到全面调动和合理运用,适应解决纠纷的不同需要。在具体措施方面,首先,对法院的主体形态及结构进行必要的调整。一方面,确立独任法官或合议庭作为基本审判单元的主体地位;另一方面,设立专业法官会议等咨询议事组织,为独任法官或合议庭的审判提供必要的支持和指导。其次,重新界定院庭长的职能。院庭长除了编入合议庭直接对重大、疑难案件进行审理外,更主要是做好独任法官、合议庭与专业法官会议以及审委会(以下简称"两会")之间的协调和承接工作,及时把独任法官、合议庭的要求转达给"两会",并把"两会"的指导和监督意见转达给独任法官或合议庭。同时,院庭长是"两会"的启动者及主持者。通过这样的改革,把过去院庭长对于裁判的显性或隐性的决定权改为审判事务管理权,把院庭长个人的某些决定权或建议权改为集体("两会")的决定权或建议权。最后,对审判流程进行细化和再造。根据审判权运行的特点和新要求,依据程序法的基本规定,对法院内的审判流程进行细化和再造,将审判过程分解为若干节点,同时明确每一个节点的时序、期限以及各主体在每一个节点上权力和责任,借此进一步保证审判运行的秩序,并保证审判流程的顺畅。① 总之,通过一些列改革措施,逐步形成主体结构合

---

① 参见本书第七章的相关论述,以及顾培东:《人民法院内部审判运行机制的构建》,《法学研究》2011 年第 4 期;顾培东:《再论人民法院审判权运行机制构建》,《中国法学》2014 年第 5 期。

理、权力配置恰当、职能定位清楚,权力责任对应、监督制约到位、审判流程顺畅、具有中国特色的审判权运行机制。检察机关也应根据检务工作的特点,探索构建以主任检察官制度为主体的检察权行使责任制以及有利于检察多种职能恰当发挥的检察权运行机制。

第四,建立司法公开的常态机制,强化司法的社会监督,增强司法与社会的互动与互信。

全面加大司法公开与透明的力度,以公开促公平,已成为当下社会各方的共识。在司法公开问题上,应把握好四个关系:一是公开与例外的关系。在总体上坚持"以公开为原则,不公开为例外"的前提下,应当对不公开的"例外"范围作出明确界定,除法律规定不应公开的情况外,对涉及当事人(或嫌疑人)隐私、可能不恰当地影响当事人(或嫌疑人)社会声誉的内容,也应慎行公开。如果因前期公开已经不恰当地对当事人造成一定负面影响的,应相应公开最终处理结果,尽可能消除对当事人的不良影响。二是常规性公开与特别公开的关系。一方面,在司法过程的各个环节,明确公开的时间节点、公开的内容、公开的方式以及相应的负责人,形成常规性公开的制度和机制;另一方面,对于社会普遍关注的司法案件,应有特别公开的措施,恰当地把握这类案件公开的时间、内容以及方式,及时回应社会各方的关切,充分满足社会各方对这类案件及其处理过程了解的愿望和要求。三是向社会全面公开与对称性公开的关系。不应把司法公开简单理解为一律向社会公开。有些事项只需要在特定范围内公开,并且在特定范围内公开更能恰当地体现司法公开的积极意义。因此,应对向社会全面公开以及对向特定对象公开的事项、内容作出界定。一般说来,案件的一般信息以及体现诉讼结果的裁判文书应尽可能向社会全面公开,而有关诉讼过程的具体信息,其公开的对象应主要限定于诉讼参与人。四是司法公开与公开后的回应和互动的关系。要全面体现司法公开的意义,司法公开的工作就绝不应止步于公开行为本身。目前,各级司法机关更多关注司法公开行为,而对公开后的回应与互动则缺少应有的重视。为此,首先,在司法机关内应有专门的机构和人员负责收集、了解社会各方对于司法的意见与建议,无论是对于司法机关或司法行为的一般性评价,还是对个别性司法措施或个案裁判的意见,都应由专人进行归纳、分析、筛选,并反馈给司法机关内部相应的主体,使司法人员充分知晓来自社会各方的认识与意见,消除司法与社会评价之间的隔膜。其次,对于需要向社会或向特定对象回复的,应及时作出回复,保持司法与社会之间的互动。最后,应鼓励和引导法律人士特别是法学理论界及律师对公开的司法裁判进行解读与评判,努力使裁判的解读与评价成为法学研究的重点领域,充分发挥法学理论资源对于矫正司法偏差、推动司法水平提高、促进司法公正的作用。总体上说,公开固然重要,公开后的回应和互动更重要;如果在公开后,司法机关对于来自各方的正确意见置之不理,我行我素,那么,司法公开也会失去其应有的意义。

第五,加强司法与社会生活的融合,全面提升司法的社会效果。

司法能否与社会生活恰当融合,既影响社会各方对于司法社会功能的总体认识,也关系能否使人民群众在每一个司法案件中切实地感受到公平公正。促进司法与社会生活的融合应着眼于这样几个方面:首先,从认识上必须消除把依法独立行使司法权狭隘地理解为司法只依据法条而不考虑其他社会因素的偏见。重视外部社会的主导性要求、考量案件关涉的各种重要利益,这是现代各国司法审判的普遍实践和共同经验。卡多佐在论及司法时明确提出:"对各种社会利益及其相对重要性的分析,是律师和法官在解决自己的问题时必须利用的线索之一。"①把司法看作只关注法律而不考虑任何其他"法外因素"的活动,这既是对司法审判中"依法"要求的曲解,也与司法审判的基本实践不符。正如当代德国法社会

---

① 〔美〕卡多佐:《法律的生长》,刘培峰、刘骁军译,贵州人民出版社2003年版,第51页。

学家托马斯·莱塞尔(Thomas Raiser)所说:"一种把法律理解为永久性的无前提的'成文理性'(ratio scripta)的法学,或一种相信,至少在解释法律时可以抛开其伦理背景和政策背景的法学,在社会学批判的压力下,如今,已经离我们远去了。同样幻灭的,还有法官所沉迷的如下幻想:其职责所在,乃是无缘于伦理,也无缘于政策的法律技术,司法仅是'无权之权'。"①其次,司法应当保持对社会发展趋势、国家的中心任务以及现实生活中的突出矛盾的密切关注,自觉地把司法政策、司法方针、司法取向、司法在阶段性历史时期的工作中心和主要任务契合到社会对司法的要求之中,突出司法在社会治理结构和治理体系中的特殊作用,更为充分地体现司法的社会治理能力。再次,进一步注重案件处理的法律效果和社会效果的统一。任何案件的处理,都应全面考量法律、政治、社会各种因素,既要权衡纠纷如何在法律框架内得到化解,也要充分考虑个案处理可能带来的社会影响。最后,在司法活动中要尊重案件关涉的具体实践活动的逻辑和机理,尊重人民群众普遍认同的常情、常理、常识,既要把案件关涉的相关要素还原为"主体""法律关系""证据""因果联系"等法律概念或符号,并在司法语境和法律思维之中进行考量与评价,又要善于把可能作出的司法决定还原到现实生活之中,运用普通人的理性思维进行检验,确定其是否与实践逻辑和机理相契合,是否与常情、常理、常识相悖离,审慎地作出各种司法决定。为此,司法人员应加强对社会实践知识的了解和社会生活经验的积累,尤其要加强对金融、房地产、电子商务等现代经济专业知识的熟悉和了解。同时,除了知识产权案件可通过设立专门审判机构审理外,各级法院还应根据不同情况设立专门化的合议庭,相对固定地审理某些特殊类型的案件,以保证审判人员的专业知识能够适应对案件事实充分了解的需求。

---

① 〔德〕托马斯·莱塞尔:《法社会学基本问题》,王亚飞译,法律出版社 2014 年版,第 233 页。

第三章　能动司法及其实践

如同波斯纳把实用主义司法作为理解美国司法进路的一把钥匙，[1]能动司法也是正确认识和理解我国司法乃至法治的一个重要视角，因为能动司法关系到司法及法治的一系列基本问题，按照沃尔夫（Christopher Wolfe）的说法即是"可以把对司法机关现代角色的讨论归结为一个赞成或反对'现代'司法权或者司法能动主义的问题"[2]。因此，有关能动司法的讨论无疑有助于解开人们在司法及法治问题上的千千之结。

一、能动司法与司法能动主义

对能动司法在学术层面上的讨论，无论是对能动司法持赞同、反对抑或折中的态度，无不呈现两个特点：一是从西方司法能动主义追溯我国能动司法的源头，有关能动司法的故事，总是从"马伯里诉麦迪逊案"讲起；在语词上，也往往是将"能动司法"与"司法能动主义"混同使用。二是讨论者通常根据各自对西方司法能动主义的认识和理解来评价中国的能动司法，并且往往截取西方司法能动主义的某一或某些特性与内容，比附中国的能动司法，进而

---

① 参见〔美〕波斯纳：《法官如何思考》，苏力译，法律出版社2009年版，第210—241页。
② 〔美〕沃尔夫：《司法能动主义：自由的保障还是安全的威胁》，黄金荣译，中国政法大学出版社2004年版，第15页。

得出相应的结论。① 这种状况使得讨论中各自的实际指陈常常发生错位,不仅阻碍了彼此间真实的交流和沟通,更影响对能动司法这一现象的认识和评价。为此,首先需要理清中国语境中的能动司法与西方司法能动主义究竟有什么样的联系及区别,进而揭明中国语境中的能动司法所指何物。

(一) 司法能动主义的多义性

在有关法律问题的讨论中,卡多佐曾提示人们注意"一条古老的法学格言说,危险潜伏于定义之中"②。"司法能动主义"的定义不清或许正是对能动司法的理解发生偏误的危险渊薮。在西方语境中,司法能动主义是一个多义性的概念,从而也是一个使用较为混乱的概念。③ 根据西方文献中司法能动主义的不同语义和语用,可将其大致归纳为三种:其一,违宪审查意义上的司法能动主义。这是指以"马伯里诉麦迪逊案"判决为实践标志,主张和坚持司法对于立法、行政等政治行为具有合宪性审查权力的司法意识形态。此种意义上的司法能动主义也是这一概念的最初版本。需要指出的是,尽管在此后的发展中,司法能动主义被充填了许多其他内容,但由于对司法违宪审查权的争议始终未曾停歇。或许因为违宪审查权极端化地体现着司法能动主义精神,因而直至今天,司法能动主义在许多场合下仍然被用于特指违宪审查的司法立场和态度,而很多对司法能动主义

① 如吴英姿:《司法的限度:在司法能动与司法克制之间》,《法学研究》2009 年第 5 期;张志铭:《中国司法的功能形态:能动司法还是积极司法》,《中国人民大学学报》2009 年第 6 期;王建国:《司法能动与纠纷解决》,《法律适用》2010 年第 2—3 期;刘书星:《对规则外能动司法的调查研究——以超越规则的执行为例》,《司法改革评论》,2007 年第 1 期。

② 〔美〕卡多佐:《演讲录·法律与文学》,董炯、彭冰译,中国法制出版社 2005 年版,第 22 页。

③ 正如美国法官弗兰克所说:"每个人都批判司法能动主义,然而它却是个不确定的概念。"参见 Randy E. Barnett, "Is the Rehnquist Court an 'Activist'? The Commerce Clause Cases", *U. Colo. L. Rev.*, Vol. 73(2002) , p. 1275. 转引自罗东川、丁广宇:《我国能动司法的理论与实践评述》,《法律适用》,2010 年第 2、3 期,"注[11]"。

的反对或批评针对的也正是违宪审查这一具体事实。① 其二,实用主义或现实主义意义上的司法能动主义。这主要是指由霍姆斯、卡多佐、庞德以及当代的波斯纳等人所倡导和主张的,以实用主义或现实主义为其哲学基础的司法能动主义。此种意义上的司法能动主义具有丰富的内蕴和多种实践形态(本章后面详述),但有四个较为明显的特征:(1)在司法的目的上,把社会目标的实现作为司法的根本追求,主张司法的一切活动都必须从属于社会目标的实现。(2)在司法的依据上,不把法条或先例当然地作为唯一的规范依据,而是充分考量案件关涉的多种价值、规则及利益,在各种价值、规则及利益中寻求平衡和妥协。(3)在司法的方式上,不是机械地拘泥于某些形式,而是灵便地适用各种方式和方法。(4)在司法的姿态上,法官不是完全被动、消极地面对各项系争事务,而是从有效处理案件出发,自为地实施相关裁判行为。其三,混合意义上的司法能动主义。鉴于前述两方面内容都必须定义于司法能动主义的概念之下,并且都共性化地体现着司法积极主动的主观状态,因而西方法律词典中司法能动主义的定义通常都糅杂了违宪审查和实用主义两个层面的意蕴,形成了兼容两个方面的混合意义上的司法能动主义,但不同的版本中保持着对这两个方面内容的不同强调。《美国法律词典》将司法能动主义定义为:"对美国司法制度中审判行为的一种见解。司法能动主义者认为上诉法院发挥着实质性和积极的政策导向作用,司法能动主义倡导法官接受新的政策,即便是那些与既定的法律规范和先例不一致的政策。……最重要的是主张法院适用自己的政策优先于那些立法机关和行政机关的政策。这最明显地表现在法院宣告一项政府行为因违宪而无效。司法能动主义还可以把法律规范延伸到为

---

① 我注意到,西方对司法能动主义的批评,有时并不是针对这种司法理念或方式,而是针对违宪审查权所指向的具体政治主张或公共政策,这多少有些"恨屋及乌""殃及池鱼"的意味。

政府行为确立特定的要件。"①这一定义蕴含着对违宪审查的偏重。《布莱克法律词典》对司法能动主义的定义则是："司法能动主义是指司法机关在审理具体案件的过程中,不因循先例或不遵从成文法的字面含义而进行司法解释的司法哲学及基于此哲学的行为,当司法机关发挥司法能动性时,它对法律解释的结果会更倾向于回应时下的社会现实和社会演进的发展趋势,而不是拘泥于现有成文法或先例以防止产生不合理的社会结果。因此司法能动主义意味着法院通过解释对法律进行创造和补充。"②显然,这一定义又突出了实用主义的司法精神。

从西方司法能动主义的多种语义和语用来看,当下中国语境中的能动司法主要与实用主义意义上的司法能动主义相重合,但由于司法制度上的差异,这二者之间的重合也是有一定限度的。因此,不注重这些区别,泛泛地把中国语境中的能动司法与西方司法能动主义相混同,势必不能真正把握能动司法的含义。

(二) 能动司法的对应:司法克制主义还是法条主义?

对能动司法认知和理解的另一个维度或视角是:能动司法对应的司法意识形态或理念,究竟是司法克制主义还是法条主义?

在西方文献中,通常都把司法克制(judicial restraint)视为司法能动主义的对应形态;反对司法能动主义的理论与主张一般被称为司法克制或司法克制主义。基于前面提到的能动司法与司法能动主义被混同使用的原因,我国学者对能动司法的讨论(无论是赞同还是质疑或反对)也往往涉及对能动司法与司法克制主义的比较,有些甚至还鲜明地把能动司法与司法克制当作我国非此即

---

① 〔美〕彼得·G.伦斯特洛姆编:《美国法律词典》,贺卫方等译,中国政法大学出版社 1998年版,第 340 页。

② Bryan A. Garner(eds.), *Black Law Dictionary*, 8th ed. West Publish Co., 2004, p. 862.

彼的选择。①

　　事实上,如同司法能动主义具有多种语义和语用一样,司法克制主义在西方语境中的含义同样是很不确定的。本原意义上的司法克制主义当然主要指对司法的违宪审查权的否定或反对,但这种语义后来又被进一步引申为司法在社会事务,尤其是政治事务上应严格守持自己的疆界,不主动关切或参与这些事务;在案件的处理中也无需顾及案件涉及的社会及政治因素。《韦伯斯特新世界法律词典》对司法克制所作的定义是:"案件应当尽可能以最狭窄的依据来裁判,而毋需解决不必要的问题,尤其是政治性或社会性争执的学说。"②还有文献对司法克制作了更为狭窄的理解,如《奥兰法律词典》的相关解释是:"与司法能动主义相对立,排斥法官个人观点,严格依循适用先例的司法裁判以及作出裁判的过程。"③国内学者一般都是根据自己的理解,甚至是根据论证和叙说自己观点与主张的需要来界定和使用司法克制或司法克制主义这一概念,但占主导地位的观点仍然是把法院或法官的"被动""消极"或"中立"表述为司法克制。④

　　不可否认,能动司法与司法克制在一定范围内或一定意义上存在着对应性关系,但二者之间并不完全对应。无论对司法克制作何

----

①　比如陈金钊:《法官司法缘何要奉行克制主义》,《扬州大学学报》(人文社会科学版)2008 年第 1 期;陈喜贵:《克制抑或能动——我国当下应当奉行什么样的司法哲学》,《内蒙古社会科学》(汉文版)2009 年第 2 期;杨建军:《"司法能动"在中国的展开》,《法律科学》2010 年第 1 期;李永成、余继田:《司法克制主义——中国语境下的司法意识形态探析》,《河北经贸大学学报》(综合版),2009 年第 4 期;吕明:《从"司法能动"到"司法克制"——略论近年来中国司法改革的方向之变》,《政治与法律》2009 年第 9 期。

②　该词条的原文为:"The doctrine that cases should be decided on the narrowest possible grounds, without resolving unnecessary issues, especially political or social controversies." *Webster's New World Law Dictionary*, Susan Ellis Wild(eds.), Wiley, Hoboken, 2006; Published simultaneously in Canada。

③　该词条原文为:"A judge's decision and decision-making that excludes the judge's personal views and relies strictly on precedent." Daniel Oran, J. D., *Oran's Dictionary of the Law*, 3rd ed., Mark Tosti, J. D. (Contributing Author), Thomson Learning, 2000。

④　参见张志铭:《中国司法的功能形态:能动司法还是积极司法》,《中国人民大学学报》2009 年第 6 期;陈金钊:《法官司法的克制主义姿态及其范围》,载陈金钊、谢晖编:《法律方法》第 7 卷,山东人民出版社 2008 年版。

种宽泛的解释,其内容也不能反向覆盖能动司法的全部内涵。这主要是因为,能动司法突出的是司法积极主动的主观状态,因而其实践形态既可以表现为积极的作为,也可以表现为自主性的不作为,能动司法的方式在不同社会条件下具有很大的创造性空间;而司法克制强调的是司法保守性的外部形式,其实践形态只能体现为刻意的不作为。基于司法活动本身的特性和要求,法院或法官在司法过程中除了针对某些特定事项外,没有进一步"克制"的可能。更值得注意的是,如果把法院或法官在司法过程中必要的被动(如民商事案件的不告不理)、中立(不偏袒于一方当事人)等特性表述为"司法克制",并以此反衬能动司法,由此可能产生的效果是人为制造和扩大能动司法与司法客观规律之间的矛盾,使能动司法披染某些"原罪"色彩。这不仅不利于理解能动司法的积极意义,也容易对能动司法的实践产生错误的引导。因此,把司法克制或司法克制主义理解为能动司法的对立面,或者从司法克制角度反视能动司法,无助于对能动司法形成客观的认识。

事实上,我国能动司法主要对应的是法条主义司法理念;能动司法在技术层面的重要功能是克服法条主义的根本缺陷。法条主义认为,法律的社会价值和社会目标已经包含在既定的法条之中,法院或法官只要严格依照法条行事,就能保证法律的社会价值和社会目标的实现。因此,法条主义把法官恪守法条规定(包括严格遵循先例)以维护法律的确定性作为司法的重要追求和评价司法行为的主要依据;同时,把司法活动确定为封闭、自洽的逻辑推理过程,"理想的法条主义决定是一个三段论的产品"[1]。与此相应,法条主义否定司法过程对社会现实关怀的正当性,拒绝对法条(或先例)合理性的审视,也排斥司法活动中对特殊情境以及个别性、差异性的考虑。法条主义的这些认识与主张正是能动主义所着力反对或否定的思维取向,

---

① 〔美〕波斯纳:《法官如何思考》,苏力译,北京大学出版社 2009 年版,第 38 页。

能动司法从目标追求到行为方式都是针对法条主义而确立的。在西方法哲学史上,崇尚能动主义的社会法学、现实主义及实用主义法学,与奉行法条主义的分析实证主义法学或规范法学,构成了近现代以来法哲学领域内根本对立、无法融合的两大阵营。无论是卡多佐对遵循先例原则绝对性的否定,还是霍姆斯对法律经验基础的强调,抑或庞德对法律任务和功能的阐释与解读,都显示出对法条主义的明确挑战和反叛。用波斯纳的话说,在过去的几十年间,法条主义"饱受法律现实主义和实用主义、'批派'(即批判法学的成员)、政治科学家、法律经济学家以及其他怀疑论者的摧残",因而"法条主义的王国已经衰落、苍老,今天,它主要限于常规案件,如今允许法官做的事很多"。① 在我国,能动司法理念在最基础层面上要解决的问题同样是克服法条主义思维形成的影响和局限。所以,法条主义才是我们恰当理解司法能动的意义与内涵的反向参照物。

(三) 中国能动司法是否需要与西方司法能动主义相区隔?

在能动司法的相关讨论中,还可以看到另一种见解:尽管不否认中国能动司法与西方司法能动主义之间的联系,但同时又认为二者之间具有"本质性区别"。② 事实上,最高人民法院使用"能动司法"这一提法,而不是人们业已习惯的"司法能动"或"司法能动主义",或许也包含着通过词序的颠倒或语词的变换来体现二者之间差异的意图。由此引出的问题是:中国能动司法是否需要刻意与西方司法

① 参见〔美〕波斯纳:《法官如何思考》,苏力译,法律出版社 2009 年版,第 1 页。
② 如罗东川、丁广宇认为:"我国的能动司法与美国的司法能动主义具有某些相似性,但我们必须注意到,无论在内涵上,在社会价值的把握上,还是在适用的主体、适用的范围、方式以及基本特征上,我国的能动司法与美国的司法能动主义有根本区别。"参见罗东川、丁广宇:《我国能动司法的理论与实践评述》,《法律适用》2010 年第 2、3 期。公丕祥也认为:"中国能动司法具有不同于西方国家司法能动主义的独特品格。"参见公丕祥:《能动司法:当代中国司法的基本取向》,2010 年 5 月 5 日在"人民法院能动司法论坛(盐城)"上的发言。

能动主义撇清关系？对此，比较恰当的认识是：第一，基于西方司法能动主义语义的复杂性，我国能动司法与西方司法能动主义的重合只在特定语义上成立，并且在范围上也有一定的区别。因此，简单地将中国能动司法与西方能动主义相混同，尤其是不加鉴别地用西方司法能动主义观照中国的能动司法，这显然是不恰当的。第二，中国能动司法与西方司法能动主义作为解决相同社会问题的司法理念或方式，又有许多相同或近似之处。就实用主义意义上的司法能动主义而言，我国的能动司法与其并不存在"本质上的区别"，至少应当把二者看作同质性的社会现象或社会行为。第三，无论最高人民法院提出"能动司法"时是否受到西方司法能动主义的知识性启示，我们都无法以虚无主义的态度漠视或割断这二者之间的联系。即便是主张二者间存在"本质性区别"的学者，也不得不把探源美国作为相关论文的开篇。[1] 这表明，中国能动司法与西方司法能动主义之间固然不存在制度上的传承，但也无法断然否定二者在知识上的缘脉关系。第四，卡多佐、霍姆斯以及庞德等司法能动主义的倡导者对司法运作的规律和特性有着深刻的认识，他们的很多见解对于加深我们对能动司法的理解，以至对我国相关制度的建构都具有一定的启示作用。第五，更为重要的是，司法能动已是当代各国司法的普遍性实践和主导性发展趋势，我国对能动司法道路的选择，正是对人类司法发展规律以及司法发展趋势的正确领悟和把握。在对待我国法治实践与外部制度和理论的关系上，我们确实没有必要牵强地对外部世界作攀附，但也不应试图通过自我封闭而建立某种自尊。把我国能动司法放置在世界法治语境中，不仅不会贬损我国司法制度自我创新的意义，同时还会增强我们对中国法治的信心（因为我们毕竟还行进在人类共同的法治道路上，尽管我们有自己的特色）。因此，在总体上，应当把中国能动司法看作世界法治语境中的司法能动主义在中国的特殊形态。

---

[1] 参见罗东川、丁广宇：《我国能动司法的理论与实践评述》，《法律适用》2010 年第 2、3 期。

二、实用主义意义上的司法能动的主要内蕴

如前所述，西方实用主义意义上的司法能动更加接近或切合于我们对能动司法的想象，那么，这种司法能动的主要内蕴或实践形态又是什么？这个问题并没有完整而集中的答案，它散见于相关思想家在不同主题下的阐释，但通过对这些阐释的系统梳理和归纳，我们仍然可以清晰地看到现实主义和实用主义法学家们所描绘的司法如何能动的图景。

第一，把司法活动及过程的目的直接设定于对外部社会目标的追求之上。

司法能动主义否弃法条主义有关法条已经涵括了公平、正义等社会价值和目标的预设，从司法运作的真实状况出发，回归并尊重司法运作的实践逻辑，把追求外部社会目标作为司法第一性的因素；相应地，把法律适用视为从属于追求这些社会目标的手段或方式。在能动主义理念中，司法不只是一个把法律适用于具体事实的程式化活动，更是实现其社会功能、追求社会整体利益的具体实践。正如达玛什卡所说："能动主义司法的最终目的在于将国家政策贯彻到法官审理的案件之中。"[①]与政治或其他社会活动一样，司法始终承载着推动社会进步、实现社会主流价值的重要使命。[②]与此同时，司法过程中不仅需要法院及法官对法条和法律适用技术的熟稔把握，更需要对特定社会中社会目标的深刻领悟和感知。不仅如此，司法能动主义视野中的社会目标往往并不是"自由""正义"这些抽象的政治

---

① 〔美〕达玛什卡：《司法和国家权力的多种面孔：比较视野中的法律程序》，郑戈译，中国政法大学出版社 2015 年版，第 130 页。

② 已为世人熟知的典型例子就是，美国司法，尤其是美国联邦最高法院的司法对于美国历次社会进步运动的积极参与和有效推动。

价值,而是"社会福利""公共善品""有效"①等具有很强的感验性、容易被明确认知(在某些场合下甚至可量化②)的社会效益,或者是一些更为具体的社会任务或社会倡议。

第二,明确肯定司法(机构)造法的正当性和可能性。③

依据司法能动主义的理解,司法与立法的界限仅是一种技术性设置或安排,因而这种界限并不是绝对的。④ 因为,其一,没有充足的理由可证明司法过程中创造的法律产品一定会逊于立法过程中形成的法条。正如考默萨所说:"要想明确法院以外的制度所制造的法律是否以及在何种程度上优于法院法,是一个非常难以判断的命题。"⑤其二,在缺少法条资源供给的情况下,法院或法官不能以没有法条依据为理由而拒绝解决提交给司法机关的具体案件。立法者缺位的地方,正是司法者施展其创造才能的空间。"司法过程的最高境界并不是发现法律,而是创造法律。"⑥其三,基于一般化的法条规则并不必然能为差异化的个案提供良好的解决方案这一现实,司法必须致力于在价值多元和利益多元的背景下对"一般"与"特殊"、"多数"与"少数"加以充分观照和审慎权衡,并通过司法立法固定处理特殊问题的方式。这不仅不是"不民主的"司法权僭越"民主的"立法

---

① 比如,卡多佐认为:"法律的终极原因是社会福利。"参见〔美〕卡多佐:《司法过程的性质》,苏力译,商务印书馆1999年版,第39页。

② 人们通常习惯于"定性研究"的诸多主题,比如权利、救济甚至更一般化的制度,其实都不仅可以通过量化的方式和理路予以研究,而且还将因这种量化研究带来极有价值的发现。对此,新制度经济学、法律经济分析的研究文献已极为丰富。甚至,更一般地讲,"法律、规则和习惯是制度(在我看来是如此)参与的成本(如交易成本、诉讼成本和说服成本)的函数"。〔美〕考默萨:《法律的限度:法治、权利的供给与需求》,申卫星、王琦译,商务印书馆2006年版,第31页。

③ 关于"司法造法"问题的更深入讨论,可参考〔美〕马丁·夏皮罗:《法院:比较法上和政治学上的分析》,张生、李彤译,中国政法大学出版社2005年版,第41—52页"作为造法者的法院"。

④ 而且,即便法官真诚地愿意弃绝扮演任何立法性的、政治性的角色,他们也做不到。参见〔美〕波斯纳:《法官如何思考》,苏力译,法律出版社2009年版,第340页。

⑤ 参见〔美〕考默萨:《法律的限度:法治、权利的供给与需求》,申卫星、王琦译,商务印书馆2006年版,第9页。

⑥ 参见〔美〕卡多佐:《司法过程的性质》,苏力译,商务印书馆1999年版,第105页。

权的"反多数难题",而恰恰是克服"多数人暴政"的明智举措。①

当然,在不同的体制下,司法立法的主体不尽相同。在以判例法为主体的国家中,司法立法直接体现为法官造法;而在成文法国家中,司法立法的主体则主要是法院,并且往往特指最高层级的法院。②从实际情况看,虽然基于权力分立的理论与原理,司法立法在一些国家中仍然是触及政治戒规的敏感话题,在正统话语中往往不被承认,而相应的功能更多通过"法律解释"等语词加以表达;同时,即便在美国这样的判例法国家中,有关法官的功能应当是发现法律、宣告法律、解释法律还是创造法律的讨论,仍然吸引着法学家们的理论兴趣——各流派的固有立场使法学家们在此问题上无法形成共识,但司法立法在事实上已广泛存在于不同国家的实践之中,发挥着弥补法条资源供给缺失的作用。

第三,允许法院或法官在某些特定情况下不受既定法条或先例的约束。

即使"有法可依",但当依照既定法条或先例不能有效地达到或实现司法希求的社会目标和社会效益时,司法能动主义亦允许法院或法官在裁判时不受其拘束。波斯纳认为:应把"依据先例(即人们所知的'遵循先例'学说)当作一个政策,而不是当作一种义务"③。因此,法官必须调整法律,使之"适用于一个已改变了的社会环境和政治环境"④。能动主义者把这一主张的正当性建立在三个基点之

---

① 关于司法(以及司法审查、法律解释)、立法与民主、自由间的复杂关系,可参考美国公法学家杰里·马肖的精彩论述。参见〔美〕杰里·马肖:《贪婪、混沌与治理——利用公共选择改良公法》,宋功德译,毕洪海校,商务印书馆 2009 年版,第 164—166 页。

② 不过需注意的是,这并不绝对。因为,即便在德国这样的典型的大陆法系成文法国家中,"法官造法也并非异物"。参见〔德〕汉斯·普维庭:《德国司法领域中的法官造法》,汪振林译,载陈刚编:《比较民事诉讼法》(2006 年卷),中国法制出版社 2007 年版。

③ 〔美〕波斯纳:《超越法律》,苏力译,中国政法大学出版社 2001 年版,第 5 页。可资例证的是,自 1810 年至 1997 年中期的 180 余年间,美国最高法院共计 413 次推翻了自己早先的判决。参见〔美〕亨利·J. 亚伯拉罕:《司法的过程:美国、英国和法国法院引介》(第 7 版),泮伟江等译,北京大学出版社 2009 年版,第 391 页。

④ 参见〔美〕波斯纳:《超越法律》,苏力译,中国政法大学出版社 2001 年版,第 461 页。

上:其一,对法律的社会目标和社会效益的追求,其意义和价值重于对法条或先例的形式化固守;其二,法条或先例中存在着依据社会目标和社会效益判断而不尽敷用的缺陷,如果径行适用,将有损于法律的社会功能;其三,不受法条或先例的约束,并不意味着对法律权威性的忽视,而是对法律根本价值或内在本质的深入探寻,是法律精神在更高层次上的实现,因而也是对法律权威的真正尊重。由于司法能动主义的这一主张对传统法治观念最具有挑战性,[1]从而也是能动主义备受争议的焦点,并由此成为司法能动主义最具识别性的特征。尽管如本书所显示的,司法能动主义的内蕴远非这一特征所能概括,但"不拘泥于法条或先例"或"超越法律"却往往成为司法能动主义留给人们的最深刻的印象。

第四,重视司法的决策功能,主张司法在社会生活尤其是国家的政治生活中扮演更为重要的角色。

能动主义者主张,一方面,应扩大和延伸司法对各种社会活动的影响层面,强化司法对各种社会行为的评价能力,加强司法对社会过程的深度干预;另一方面,通过司法活动实现国家的政治功能,特别是通过司法创新,形塑新的制度结构,促成社会的重大变革,推动社会整体的进步。美国宪法学者考克斯(Archibald Cox)即宣称:"最高法院的宪法判决经常形塑着我们国家的历史进程。"[2]然而,需要进一步说明的是,能动主义并不片面地强调司法活动的无限扩张,司法活动的增加"并不必然与更大程度上的能动主义相关"。[3] 在特定情况下,能动主义还明智地主张将某些符合司法处置的法定要件、本应由司法解决的问题交由政治过程或市场来解决。"当市场能担当

---

[1] "法条主义"全面体现了传统法治理论的一整套预设,其中之一即是所谓"规则至上"。而肯定法院或法官在必要时不受既定条文或先例的拘束,正好与传统法治理论"规则至上"的教条针锋相对。

[2] 〔美〕考克斯:《法院与宪法》,田雷译,北京大学出版社 2006 年版,第 1 页。

[3] 参见〔美〕考默萨:《法律的限度:法治、权利的供给与需求》,申卫星、王琦译,商务印书馆 2006 年版,第 170 页。

重任时,法院就把决策权(成本—收益分析)交给市场;当市场失灵时,法院就自己来判决资源配置的效率是否实现。"①有些著述把司法对自己权力范围内事务的某种让渡认定为与司法能动主义相对应的"司法克制""司法谦抑"或"司法消极",这实际上是对能动主义的一种片面理解。② 因为,此种意义上的"克制""谦抑"或"消极",主要产生于司法对自身能力和容量的一种考量和权衡,以及司法在与其他社会力量互动过程中进退自如、有所为亦有所不为的积极把握。因此,对司法能动主义的测度,不在于司法实际涉足范围的大小,而在于司法可能作为的空间及成效,在于司法自身的主体性、主动性以及自决性是否以及能否得到充分的体现。

第五,强调司法必须与社会发展变化保持同步,以应对社会的高度关切,并以各种可能运用的司法手段,回应社会在不断发展变化中形成的需要。

司法能动主义虽然不否定法律确定性的价值,但并不过度看重这种确定性。"确定性只是相对的、暂时的,只是沙滩上易被一浪高过一浪的潮汐抹去的痕迹"③,因而不应因守持法律的确定性而影响司法对社会情境的适应。在解决法律与外部社会变化这一矛盾(亦即法律确定性与适用性的矛盾)方面,无论是出于对立法过程复杂性、时滞性的理解,还是基于对司法责任的认知,抑或对司法自身能力的自信,能动主义者都不把希望完全寄托于立法,而是主张通过司法过程直接克服这种矛盾,"通过司法过程的固有力量,来恢复平衡"④,用在司

---

① 参见〔美〕考默萨:《法律的限度:法治、权利的供给与需求》,申卫星、王琦译,商务印书馆 2006 年版,第 14 页。
② 因为,能动主义司法既有"进取型"的也有"温和型"的进路,而"拒绝牺牲政府其他部门来抬高"自己的所谓"节制"或"自制"仍然是能动主义的司法而非法条主义的司法。参见〔美〕波斯纳:《法官如何思考》,苏力译,法律出版社 2009 年版,第 261—262 页。
③ 参见〔美〕卡多佐:《演讲录·法律与文学》,董炯、彭冰译,中国法制出版社 2005 年版,第 14 页。
④ 参见〔美〕卡多佐:《演讲录·法律与文学》,董炯、彭冰译,中国法制出版社 2005 年版,第 93 页。

法中形成的"活的法律"去应对鲜活灵动的外部世界。卡多佐曾颇富感情地表达自己的相关理念:"我将尽自己的绵薄之力,把那些悸动着、喧嚣着渴望得到表达的社会和经济力量引入法律。"①为此,他赞同这样一种方式:"解释成文法时,涉及当代的社会、经济关系时,必须依据其术语在当代的含义。"并且主张,在具体的司法活动中,将"某个法律关系的社会与经济目标作为讨论的起点",同时认为,"对法官而言,正确评价当事人之间的法律关系的经济与社会目标,这一职责要比某部法律所宣告的特定规则更具确切的指导意义"。② 正是通过在司法中赋予法律条文以时代含义,以及把具体的司法活动同社会及经济目标相联系,司法能动主义力图在法律与变幻不定的社会事实中搭建起一架不离不弃的浮桥,从而使法律与外部社会保持着动态性适应。

第六,主张在司法活动中超越单一的法律维度,综合、统筹、全面地分析和考量对象所关涉的各种因素,合理平衡各种诉求和利益关系,恰当解决各种规则及价值的冲突。

司法能动主义者认为,单一的法律维度难以对复杂的事实或现象作出合理和恰当的评价;鉴别是非或者权衡利弊也不能仅仅依凭法条或先例确定的标准。同时,司法的功能不在于简单地找寻和发现案件事实与法条或者先例的对应和相符之处,而在于追求和实现司法所承载的社会及经济目标。因此,在法律维度以外,政治规则、道德伦理、民间规戒、风俗习惯等都应作为司法决定的参考因素;③同

① 参见〔美〕卡多佐:《演讲录·法律与文学》,董炯、彭冰译,中国法制出版社 2005 年版,第54 页。

② 参见〔美〕卡多佐:《演讲录·法律与文学》,董炯、彭冰译,中国法制出版社 2005 年版,第49 页。

③ 对法律维度之外其他值得司法过程考量的因素,学者也常在法律的"非正式渊源"范畴下展开讨论。比如博登海默(Edgar Bodenheimer)将法律的"非正式渊源"区分为"正义标准、推理和思考事物本质的原则、衡平法、公共政策、道德信念、社会倾向和习惯法"。参见〔美〕博登海默:《法理学:法律哲学与法律方法》,邓正来译,中国政法大学出版社 2004 年版,第 430、457—500 页。

时,政治影响、经济利益、公众情感等各个方面也都应纳入司法考量的范围。司法过程"意味着评估和权衡,它也意味着考虑选择的实际的道德和结果;它还意味着不仅运用抽象逻辑的论证,而且运用经济学、政治学、伦理学、社会学及心理学论证"①。卡多佐认为:"法院犯的有些错误起源于对某个判决的经济和社会效果,或者对该判决所回应的经济和社会需求欠缺足够的知识。"②他主张法官应当像布兰代斯(Louis Brandeis)那样,使自己的判决"充满了反映时代影响、社会、商业以及政治当前的状况"③。庞德则进一步强调,"在任何时候在所有涉及法律秩序的妥协、调整与和解中",都应当"尽可能多地实现社会整体的利益……通过一个反复试错的过程来达到妥协与调整,以最少的牺牲换取最大程度的社会利益保障"。④ 总之,在能动主义的观念中,法条或先例不是司法审判的唯一依据,正确的司法决定也不可能产生于"法律、事实、结论"这样三段式逻辑推演的机械性过程之中。⑤

第七,主张赋予法院或法官在司法过程中更强的主导地位,尤其是赋予法官在实体及程序方面更大的自由裁量空间,突出法院或法

---

① 参见 Pekelis, "The Case for a Jurisprudence of Welfare", in *Law and Social Action*: *Selected Essays of Alexander H. Pekelis* 1, 8-15 (M. R. Konvitz ed. 1950)。转引自〔意〕卡佩莱蒂:《比较法视野中的司法程序》,徐昕、王奕译,清华大学出版社 2005 年版,第 13 页。
② 〔美〕卡多佐:《法律的成长》,董炯、彭冰译,中国法制出版社 2002 年版,第 65 页。
③ 参见〔美〕卡多佐:《法律的成长》,董炯、彭冰译,中国法制出版社 2002 年版,第 66 页。
④ Pound, "Jurisprudence", in *the History and Prospects of the Social Sciences*, by Harry Elmer Barnes and others, p. 472. 参见〔美〕卡多佐:《法律的成长》,董炯、彭冰译,中国法制出版社 2002 年版,第 124—125 页。
⑤ 对此,美国法学家伯顿(Steven J. Burton)曾有过精当的批评,指出:"有一种关于法治的见解常常被称为'法律形式主义',它坚持认为,法律推理应该仅仅依据客观事实、明确的规则以及逻辑去决定一切为法律所要求的具体行为。假如法律能如此运作,那么无论谁做判决,法律推理都会导向同样的结论。审判就不会因为人的个性的怪异而变化。法律和法律推理将足以使律师有信心去预测政府官员的行为。法官就可以无需判断力而去裁决案件。评论者就可以有信心地说,司法判决是依法作出的。""对许多法律判决的细致分析表明,它们是基于不确定的事实、模糊的法律规则或者不充分的逻辑作出的。因此,'真正的'判决根据并不清楚。对不同官员在类似情况下所作出的判决的比较可以发现,官员的个性、政治因素或各种偏见对判决的影响比法律要大。参见〔美〕伯顿:《法律和法律推理导论》,张志铭、解兴权译,中国政法大学出版社 1999 年版,第 3—4 页。

官对于案件最终解决的决定或影响作用。

司法能动主义认为,既然司法是实现社会目标和社会效益的一种活动或手段,那么,法院或法官就应当导引案件的最终解决朝着符合这种目标或功利的方向发展;进而在司法活动中,法院或法官应当具有足够的主导能力,把握司法活动的进程及其效果。在能动主义看来,无论是职权主义还是当事人主义、审问模式、抗辩模式,都应从属和决定于法院或法官对司法活动的实际控制;[①]法院或法官的中立性或在某些场合下的消极性只有在符合司法目的前提下才具有意义,这种"中立"或"消极"毋宁是法院或法官"能动"的另一种表现形式。马丁·夏皮罗指出:"描述司法行为的著作已经相当令人信服地表明许多法官不是完全处于'中立'地位的第三方,而是将值得注意的公共政策支持的利益加入三方结构中,他们寻求通过判决来达到这一目的。"[②]"虽然继续在三方结构中的争议解决者的这一伪装下履行职责,但是法院在运行的过程中很明显地将外部利益强加给当事人。"[③]美国学者摩西·拉斯基(Moses Lasky)在描述美国司法运作实际状况时也承认:"理性的阐述和中立的原则的概念仅仅是理论,同司法判决的现实没有关系。"[④]

除了前述诸方面外,司法能动主义的意蕴在事实上还有进一步扩充的可能。其原因或理由主要在于,一方面,对社会目标和社会效益的追求,客观上要求司法具有多方面的作为,并具有多样化的表现

---

① 尽管一般来说,职权主义、审问模式往往更契合于政治国家的能动取向,而当事人模式、抗辩模式往往更契合于政治国家的协调取向,但实用主义者认为,这二者并不是界分能动主义或者法条主义的依据。相关讨论参见〔美〕达玛什卡:《司法和国家权力的多种面孔:比较视野中的法律程序》,郑戈译,中国政法大学出版社2015年版,第4—9、19—22、103—105、137—140页。

② 参见〔美〕马丁·夏皮罗:《法院:比较法上和政治学上的分析》,张生、李彤译,中国政法大学出版社2005年版,第42页。

③ 参见〔美〕马丁·夏皮罗:《法院:比较法上和政治学上的分析》,张生、李彤译,中国政法大学出版社2005年版,第53页。

④ 参见〔美〕斯蒂芬·M.菲尔德曼:《从前现代主义到后现代主义的美国法律思想:一次思想航行》,李国庆译,中国政法大学出版社2005年版,第237页。

形态,要求司法者主动而灵活地运用卡多佐所说的"法律武库中的十八般兵器";而在另一方面,这样的追求也为司法超越一定的界限去实现自己的抱负提供了相应的正当性,增加了外部社会力量对司法相关行为的接受或宽容的可能。因此,对司法能动主义的蕴含或实践形态,尚有更大的空间留予人们作进一步想象和揣度。这也表明,对司法能动主义的理解不应当局限于某一方面内容或某种形态,尤其不应从司法能动的某一内容和形态去解读司法能动主义的基本特性,进而据此作出认同或反对司法能动主义的结论。

三、司法能动主义在西方兴起与践行的原因

长期浸淫于传统法治文明的西方社会,为什么会提出司法能动的问题? 换句话说,在法条主义理念已深入人心的社会环境中,司法能动何以被推崇和践行? 理清这些问题,有助于我们理解"司法为什么要能动"这样一个基本性问题。对于这样的问题,在有关司法能动的大量文献中,尤其是在现实主义和实用主义法学家的著述中已经作出了充分的解说。因此,对上述问题的回答,严格地说已不完全出自本书作者的思考,但笔者期望用自己浅俗的理解为对能动司法尚存疑虑的人们提供某种认识上的导引。

(一) 技术层面的原因:克服法律固有属性或特性所附随的缺失和局限

司法需要能动的理由和原因首先同法律固有属性或特性所引致的缺失和局限相关。规范性、普遍性以及稳定性是法律的固有属性或特性,是法律得以成为社会规范并发挥其功能的基本要素,是法律之治相对于其他社会治理手段的优势所在。然而,这些特性或者属

性在形成法律优势的同时,也为法律之治预设了天然的缺失与局限。法律的规范性为人们提供了一种明确但却始终有限的社会规则,而有限的法律规则永远无法涵盖千姿百态的社会生活,从而使法律不可能完全恰当地对应它意欲规制和评判的社会现象与社会事实;法律的普遍性在创造一种形式上的公正与平等的同时,却无法照顾到个别性主体、特殊情境,以及差异化的事实等场域下的公平正义诉求;法律的稳定性有助于为人们的社会行为建立确定的预期,但在另一方面却往往难以避免法律的内容滞后于社会的发展和变化。博登海默深刻地指出:"法律的这些缺陷,部分源于它所具有的守成取向。部分源于其形式结构固有的刚性因素,还有一部分则源于其控制功能相关的限度。"①因此,"法律不是最好之治,而不过是最不坏之治"的判断,也正是建基于对法律固有属性或特性所附随的缺失与局限的认知。②

法律固有属性或特性所附随的上述缺失与局限在法律实际运作中进一步展开并现实化,形成了司法实践常常遭遇的一系列窘境:(1)受传达法律规则的语言媒介所限,法律规定往往难免语义含混、歧义,容易引致司法中对规则的理解分歧;(2)法律规定之间呈现相互矛盾和冲突,适用时则难以作出恰切的选择;(3)法律规定不能覆盖和对应司法面临的社会事实,而法院又不能以此为由而拒绝对案件的审理和裁判;(4)法律规定与其他社会规则,包括伦理道德规范、政治原则、普遍性较强的风俗习惯存在一定的冲突时,单一化地遵循法律规定将(可能)损害法律的社会认同基础或者引发更多的社会问题;(5)法律规定落后于社会发展,以至于依照法律规定裁判将会对积极的社会行为产生不恰当的限制和制

---

① 参见〔美〕博登海默:《法理学:法律哲学与法律方法》,邓正来译,中国政法大学出版社2004年版,第419页。

② 有关法律局限性的认识,参见〔美〕博登海默:《法理学:法律哲学与法律方法》,邓正来译,中国政法大学出版社2004年版,第418—424页。

约,或者放任消极的社会行为危害社会的发展和进步;(6)法律规定依据(或预设)的事实背景与现实中个案事实存在较大差异,如果武断地将个案事实"涵摄"于预设事实之下,难免产生不可欲的裁判结论;(7)法律规定的适用,有赖于对案件中具体事实的认定,而在一些案件中,受证据有无、证据完备与否以及证明的能力和条件等因素限制,难以对个案事实作出明确的认定,从而难以兑现"以事实为根据"的裁判承诺;①(8)立法限定的处置方式极为有限,有限的处置方案难以对应于个案中的实际问题,从而难以针对性解决纠纷;(9)在案件涉及多个主体,各主体的利益诉求都有一定合理性或者合法性但各种诉求又不能兼容的情况下,法律往往不能提供确定且恰当的解决方式。②

　　在直接和质朴的意义上,司法能动或者能动主义正是因应着从技术或方法上解决这些矛盾和问题的要求而形成的。能动主义建立于这样几个相互关联的认识与判断:第一,作为司法依据的法律资源,尤其是法条能供给的法律资源,永远是短缺或不完备的。③第二,人类不应宿命化地对待法律的局限或者片面化地仰仗立法过程来克服这些局限;相反,人类应当并且能够通过司法过程的能动运作来补

---

① 但是,"法官必须消除纷争,尽管它不能消除(事实)怀疑",于是,司法借助"证明责任"这一装置来回避法条主义对"事实"真相的绝对依赖。参见〔德〕卡尔·恩吉施:《法律思维导论》,郑永流译,法律出版社 2004 年版;〔德〕罗森贝克:《证明责任论》,庄敬华译,中国法制出版社 2002 年版。

② 因为,标识传统法院模型的四个命题之一正是"'赢者通吃'的判决",而这一预设显然无法为两造都"部分有理"而非"一方全对,另一方全错"的情形提供恰当的处遇方案。详细讨论参见〔美〕马丁·夏皮罗:《法院:比较法上和政治学上的分析》,张生、李彤译,中国政法大学出版社 2005 年版,第 2、17—18 页。

③ 即便是在典型的法典化国家比如德国、法国,人们也早已认识到"法典在实践中的作用远没有它们在理论中所具有的包容性"。参见 Tunc, "It is Wise not to Take the Civil Code too Seriously", pp. 71−85, in *Essays in Memory of Professor F. H. Lawson*, Wallington and Merkin ed., 1986。"一部完美、全面而包容一切的法典理想越来越被大陆法律人视为一个不可能实现的乌托邦之梦。Csaba Varga, "Utpias of Rationality in the Development of the I-dea of Codification", in *Law and the Futureof Society*, Hutley et al. ed., A. R. S. P.,1977, pp. 27−41. 转引自〔英〕P. S. 阿蒂亚:《英国法中的实用主义与理论》,刘承韪、刘毅译,清华大学出版社 2008 年版,第 2 页。

救这些缺失。第三,司法的目的和功能不是显示现有法律规则的约束力,而是追求法律要实现的生活目标,而司法在这种追求中能够超越法律形式的局限,把社会目标直接导入具体案件的处理之中,并激活除法律规则之外的多种规范资源,从而消解法律缺失的影响。第四,司法过程并非"自动售货机"那样简单,法条主义对司法行为的程式化想象①并不符合司法的真实状态,司法实际上是充满创造性的高度智慧化的活动,因此,司法过程的这种特性也决定了法院或法官不可能面对法律的缺失而无所作为——即便法院或法官真诚地愿意遵循法条主义的教诲。第五,即使司法面临着前述诸多的矛盾和问题,但就总体而言,这些矛盾和问题并不是司法中的常态,②需要司法以特殊的思维和方式处理的仍然是个别性的现象。作为一种司法理念的"能动"是恒久和确定的,但体现在具体的司法方式上,能动并不是适用于所有案件的技术和方案,因此,能动主义并不构成对法律基本属性的实质性损害。毫无疑问,对能动主义的这些认识符合人类社会实践中的进取本性和思维取向,更体现出人类在法治进程中所作出的努力。

(二) 社会层面的原因:司法与政治的融合

在传统法治的理论建构中,司法是与政治相隔绝的封闭性活动。一方面,基于"三权分立"的原则,司法与立法、行政相互独立,因而司

---

① 法条主义对司法运作的程式化想象,突出地表现在对于法律推理的形式主义的理解;尽管没有一个现代法条主义者认为"法律推理,哪怕是'最好的'法律推理,具有像几何学那样的公理演绎结构",但是,他们却认为,"绝大多数法律问题,哪怕是非常困难、非常有争议的问题,都可以依据权威文本——无论是立法性法令(包括宪法)还是司法决定——通过推理得出明显正确的答案(而且,一定要发现这些答案),而不是有道理或合符情理答案;因此,也无须求助于社会科学的理论、数据、洞见或经验经验研究方法,无须求助于个人的或政治的价值:换言之,无须直面那必定是混乱如麻的事实世界和感觉世界"。参见〔美〕波斯纳:《超越法律》,苏力译,中国政法大学出版社2001年版,第24页。
② 参见〔美〕波斯纳:《法理学问题》,苏力译,中国政法大学出版社2002年版,第42、47页。

法无涉于立法及行政活动;另一方面,基于公正中立的要求,司法与政治也必须保持一定的隔绝。然而,司法的这种封闭性实际上只是出自一种理想性的假设,并不符合,从而也不能适应于社会运行的实际,更不符合政治生活的逻辑。

从司法能动主义的发源地美国的实践看,19世纪初违宪审查权的出现,并不能简单地用最高法院扩张自身权力的愿望来解释,从根本上说仍然缘自美国政治生活的实际需要,而这一权力的出现,明确地标示着司法与政治之间的间隔被打破,二者趋向于相互融合。20世纪30年代,这种融合在罗斯福新政的推动下获得了新的意义,并呈现出更加紧密的形态。面对日益复杂的工商业关系以及日益增加并激化的社会矛盾,特别是面对自由放任资本主义形成后最大的经济危机和大萧条,罗斯福(Franklin Delano Roosevelt)在强烈的国家主义意识下积极推行福利国家政策,由此触及了最高法院保守派的神经,进而保守派利用违宪审查权撤销了一些作为新政重要举措的反萧条法令。然而,保守派阻止新政的企图并未得逞,罗斯福在获得连任后即提出意欲改组最高法院的"法院填塞计划"(court-packing plan)。这一计划虽然并未实施,但足以促使最高法院重新审视自己的司法立场。此后的最高法院迅速改弦易辙,从对抗新政转向密切配合和支持新政法令的颁布与实施,并对新政发挥了重要的积极作用。二战后,美国司法能动主义在沃伦时期被发展到极致,而促进和推动这种发展的仍然是司法对种族歧视、言论自由、立法机关议席分配以及被告人宪法权利保护等政治生活的关注和干预。沃伦法院的成功也得缘于其准确地把握了美国政治发展的趋势,司法政策具有广泛的政治基础。① 后沃伦时代②的美国,通常被认为是温和的

---

① 有关沃伦法院通过司法能动主义运作推动美国社会发展的更多细节,可参考:〔美〕莫顿·J. 霍维茨:《沃伦法院对正义的追求》,信春鹰、张志铭译,中国政法大学出版社2003年版。
② 后沃伦时代的美国联邦法院大法官的代表人物先后主要是伯格(W. E. Burger)、伦奎斯特(William Hubbs Rehenquist)、奥康纳(O'Connor)、肯尼迪(Anthony Kennedy)等。

司法能动主义时代,因为这一时期最高法院已较少运用违宪审查权力,但实际情况则是能动主义采取了更为成熟的策略和方式:法院以及法官们将自己认同的政治理念贯彻到司法过程之中——他们在具体的个案裁判中不动声色地体现自己的政治主张和政治立场,并以此去影响社会政治生活。①

在美国司法能动主义的实践史中我们还可看到这样一种现象:当需要形塑(包括改革)某些重要社会制度建构,或确立某种新的社会理念时,司法能动主义主要体现为违宪审查权的运用。如前所述,罗斯福时代以及沃伦时代既是美国社会变革的重要时期,也是违宪审查权被充分运用的时期;而当社会处于平稳发展阶段时,司法能动主义则更多地体现出它的实用主义精神,司法的政治性通常潜隐在具体的审判技术之中,通过法院或法官对具体审判技术的运用,把主流意识形态和主导性政治力量的要求带入司法过程之中,并以"随风潜入夜,润物细无声"的方式在司法领域中得到实现。如果说前者显示着司法与政治之间融合的"栈道",那么,后者则是司法与政治相互沟通的"陈仓道",二者的实际作用都是维护美国的核心政治价值。故沃尔夫说:"司法审查的历史就是法院面对那个时代的中心政治问题,并且总结出自己对宪法、先例和某些自己的政治观点之间关系看法的历史。"②

事实上,司法与政治之间的融合以及由此而引起的司法能动主义的兴起,只是反映出司法向其政治本质的复归。现代各国的实践都越来越清楚地表明,司法始终只是一个政治装置,是实现政治目标的一个工具;法院始终是国家政治权力结构的组成部分,是民族—政治国家权力网格中的一个关键节点;司法固然有独立的行为标准与

① 关于美国最高法院的详细介绍,可参见:〔美〕伯纳德·施瓦茨:《美国最高法院史》,毕洪海译,中国政法大学出版社 2005 年版;〔美〕库特勒:《最高法院与宪法——美国宪法史上重要判例选读》,朱曾汶、林铮译,商务印书馆 2006 年版。

② 参见〔美〕沃尔夫:《司法能动主义:自由的保障还是安全的威胁》,黄金荣译,中国政法大学出版社 2004 年版,第 26 页。

活动方式,但并没有独立于统治之外的利益。正如美国政治学家波齐(Gianfranco Poggi)所说:"国家的每一个部分不仅仅作为一个独立的权力中心,而且也是国家的有机组成部分,使国家另一个整体在实现自己的目的方面具有更高的权能。"①批判法学派则更为极端地认为:"司法判决并非一个中立的过程,而是彻头彻尾的政治,法律不但是政治性的,而且它还是具有偏向性的政治。"②在此方面,一位美国法学家的表述也许更切合实际状况:"对于司法制度而言,法治的观念并不意味着法官作出判决不受政治的影响,也不意味着判决不具有政治意义或不对政治制度发生作用;不意味着法官超脱于价值体系和思想观念;也不意味着其判决是以盲目、机械的方式作出的。法官和公务员不是机器,他们是人,具有人的情感和思想;他们也有自己的好恶,有政见,有价值观。"③司法与政治的关系决定了司法活动以及司法过程必须从属和适应于社会政治统治的总体要求,在这种从属与适应中,司法必然是能动的。能动,既是司法与政治关系的重要稳定器,也是司法与政治关系保持恰当平衡的必要方式。美国的实践只不过更具说服力地向人们展示出:即便是在分权原则和理论构筑的壁垒之下,司法与政治之间仍然暗通款曲或明诉衷肠,而司法能动则是二者相融相通的桥梁或实现这种融通的基本方式。

(三) 法哲学层面的原因:对传统法治理论认识的深化

传统法治理论产生于以启蒙思想家为主导的理性自然法学对于法治社会的规划和勾勒。启蒙思想家们用自由、平等、公平、正义等

---

① 〔美〕贾恩弗朗哥·波齐:《国家:本质、发展与前景》,陈尧译,上海人民出版社 2007 年版,第 24 页。

② 参见〔美〕斯蒂芬·M.菲尔德曼:《从前现代主义到后现代主义的美国法律思想:一次思想航行》,李国庆译,中国政法大学出版社 2005 年版,第 241 页。

③ 〔美〕劳伦斯·M.弗里德曼:《法治、现代化和司法制度》,载宋冰编:《程序、正义与现代化:外国法学家在华演讲录》,中国政法大学出版社 1998 年版,第 124 页。

核心价值,法律面前人人平等的原则,"三权分立"的政治建构,司法独立以及忠实于法律信仰的职业化法官等元素,为人们勾画出一幅法治的理想图景。

传统法治理论类似于一种宗教,它启发人们对法治的向往,反映人们对世俗社会的普遍性愿望,并且也能够为法治实践提供方向性引导,但这种理论不是产生于经验性总结,更不包含对实践过程具体情境与条件的考虑,它不仅未能反映人类在此前的社会历史经验,更不能反映20世纪以来极为复杂、变化巨大的社会现实。因此,自传统法治理论提出后就不乏相应的反思与质疑。尤其是19世纪末以来,伴随着由马克斯·韦伯(Max Weber)所开启的西方思想界对人类社会及其建制的"祛魅化"①省思,法学理论形态的一个重要发展趋势就是对传统法治理论的审慎反思,在此过程中出现了四个重要变化:一是由对法律的概念化信仰转向对法律具体功能和作用的思考,如庞德对"法律的任务"的解读;②二是从对国家法治宏观建构的关注转向对法律实施过程,尤其是司法过程的实证分析,如卡多佐对司法过程的性质的思考;③三是从孤立、封闭地看待法律的运作转向把法律放置到社会整体运行之中,考量其作为一种社会现象的真实状态;四是从力图为人们提供评判社会现实的武器转向为社会提供建构性指导。总体而言,这种反思虽然未能导致批判法学派所断言的传统法治理论体系的颠覆和崩溃,④但确实启发了人们对传统法治理论保持应有的审慎。

在前述反思传统法治理论的过程中,三种不同的法哲学主张获得了不同的命运。首先是法条主义被扬弃。法条主义(也有些西方

---

① 参见〔德〕马克斯·韦伯:《宗教的经济伦理·儒教与道教》,王容芬译,广西师范大学出版社2008年版,尤其是"世界宗教的经济伦理——比较宗教社会学初探(导论)"部分。
② 参见〔美〕庞德:《法律的任务》,沈宗灵、董世忠译,商务印书馆1984年版。
③ 参见〔美〕卡多佐:《司法过程的性质》,苏力译,商务印书馆1999年版。
④ 有关批判法学对传统法治理论的批判,详细讨论可参考:〔美〕安德鲁·奥尔特曼:《批判法学——一个自由主义的批评》,信春鹰、杨晓锋译,中国政法大学出版社2009年版。

文献中表达为法律形式主义或法律程序理论)集中概括了传统法治理论对法治形态的描述,通常被认为是法治的外部形式,而法条主义赖以支撑的口号也是法治。① 因此,当传统法治理论不再被盲目信仰时,法条主义也随之被扬弃。即便是依然保持着对传统法治理论的敬重,主张"回归法律自身",将法官"与政治隔离开来",以追求法律的公共理性的学者,也不得不顾虑法条主义的缺陷,把司法的作用定位于"测度立法权威所确立的价值和现实生活之间的差距,从而找到弥补二者罅隙的方法"。② 真实地说,传统法治理论在近世所受到的质疑和挑战,并不是这一理论倡导和守持的正义、公平等价值,而恰恰正是法条主义显示出的机械刻板的法律思维和司法方式。其次是批判法学派虽然使传统法治理论遭受重创,但并未得到普遍的认同。以昂格尔(R. M. Unger)为代表的批判法学从揭示传统法治在社会现实中的矛盾与困境以及动摇传统法治的基石入手,从根本上否定了传统法治在后自由主义社会中存在的意义与现实性,并宣称传统法治在现代社会中业已解体或没落。③ 应该说,批判法学派的深刻分析无情地打碎了传统法治理论的神圣光环,为人们提供了对法治的一种新的认知。但由于"批派"并未系统地完成自己的理论建构,例如昂格尔的理论缺少必要的建设性,他为人们描述的"潜在的、活的法律",多少有些虚无缥缈,因而"批派"在西方法哲学中固然有其不可忽略的地位,但并未能得到广泛的认同。最后是实用主义、现实主义(在更大范围中还包括经验主义和功利主义)成为司法领域中具有主导地位的意识形态。形成这种结果的原因,一方面在于实用主义、现实主义更能够因应社会发展和变化的要求,同时也更能反映司法实践的具体要求,也贴切于司法这一极为具体的社会活动的基本品性;另一

---

① 参见〔美〕波斯纳:《法官如何思考》,苏力译,法律出版社 2009 年版,第 39 页。

② 参见〔美〕欧文·费斯:《如法所能》,师帅译,中国政法大学出版社 2008 年版,序言,第1 页。

③ 参见〔美〕R. M. 昂格尔:《现代社会中的法律》,吴玉章、周汉华译,中国政法大学出版社,第 180—225 页。

方面,实用主义、现实主义的倡导者霍姆斯、卡多佐、庞德等人直接掌握着司法权力或者在司法实务界具有重要地位和影响。近几十年来,虽然西方法哲学领域中仍然可以听到维护传统法治理论的呼声,但这大致可以理解为保持法治意识形态所必要的张力的具体努力,同时,也是学者们面对日益恶化的社会现实而对法治理想的一种追念或憧憬。就司法领域的实际状况而言,实用主义和现实主义以及体现这种哲学意识的能动主义已牢牢地扎根于司法实践之中。这也是能动主义司法成为当代司法发展主导性潮流和趋势的重要原因。

四、我国实行能动司法的现实理由及约束性因素

从克服法律固有属性所附随的缺失与局限来看,中国或许是最需要实行能动司法的国家。这是因为,法的固有属性所附随的缺失与局限以及体现于司法过程中的矛盾,在我国特殊的社会背景和社会条件下,都被一一放大了。首先,我国地域广阔而发展极不平衡,法律适用的对象、情境的差异甚大,法律的普遍性和统一性始终面临着各种差异性要求的挑战。① 其次,近几十年以至今后较长一段时间中,我国都处于社会转型以及社会快速发展时期,法律所对应的社会背景不断发生新的变化,从而使法律的实际生命周期显得十分短促,法律很难保持其应有的稳定。这两个因素在很大程度上加大了对能动司法的需求。相对而言,我国的立法资源更为短缺。这不仅是因为在复杂的社会环境和条件下我国立法工作的难度较大,同时客观上也存在着立法技术与经验不足、立法能力不强、立法决策机制不够

---

① 不能忽略的是,中国是世界上法域最大的国家。各国解决法域过大问题的基本方式是实行双重立法体制,亦即联邦及联邦成员均具有立法权,而我国则没有这样的可能。有关美国双重立法体制可参见宋冰编:《读本:美国与德国的司法制度及司法程序》,中国政法大学出版社 1998 年版,第 96—120 页。

健全等问题,这难免会导致立法空缺、立法粗疏、立法不尽适用等现象。而立法中的所有这些问题与缺陷,又都需要在司法层面中通过能动司法加以消化。然而,仅仅是前述这些因素,仍然不足以充分解说我国实行能动司法的现实理由与原因。能动司法理念的提出和施行,主要与下述几个方面密切相关:

第一,能动司法的提出是对我国司法发展方向的适度调校。

过去几十年中,我国法治是依沿着一条追仿型进路而行进的,在此过程中,我们依照传统法治理论所描绘的法治图景,并根据我们自身对西方法治社会的理解与想象,在我国各种现实条件的制约下,推进着法治的具体实践。这种法治进路体现在司法层面上则是对西方司法一些制度及形式的仿效,并由此成为我国司法的主导性发展方向。① 20 世纪 90 年代中期以后,在"司法现代化"和"司法改革"这两个主题下,这种状况变得更为突出,司法朝着这一方向发展的进程也进一步加快。在"还权于合议庭"表象后对司法独立性的强调,②抗辩式诉讼制度的引入,严格的证据规则的确立,对司法裁判的重视而对诉讼调解的相对弱化,为塑造司法权威而突出司法在社会纠纷解决中的核心地位,法袍、法槌这些仪式化、象征化器具的运用,以及胎死腹中的法官精英化路线等等,系统地体现着这样一种发展方向或思路。

客观地说,我国司法发展的这段经历是值得敬重的,因为它推动了我国司法基本架构的形成,完成了一个现代国家司法制度及其运行所必备的基本要素的设置。我们至少可以把这段经历看作我国司法发展难以逾越的过程和阶段。然而,以追仿西方司法模式为主导的发展方向或思路在中国特定的社会条件下又不可避免衍生出一系问题。首先,"还权于合议庭"的真实意图在于为法院与外部社会之间建立起一道"防火墙",以排除外部社会影响对司法审判的不当干

---

① 参见顾培东:《中国法治的自主型进路》,《法学研究》2010 年第 1 期。
② 根据《人民法院五年改革纲要》的要求,除合议庭主动提交院长提请审判委员会讨论的重大、疑难案件外,其余案件的裁判一律由合议庭决定和作出。

扰,通过合议庭独立行使裁判权以实现审判(法院)在我国政治条件限制下的相对独立。但问题是,"还权于合议庭"的结果并未能排除外部社会力量对审判过程的不当影响,当合议庭处于裁判决断者地位时,同样面临着各种外部社会势力的包围。更重要的是,割断司法与社会联系的思路未必是对审判独立的正确理解,因为这一思路同时也会损伤司法对社会功能的承载。其次,抗辩式诉讼制度的引入以及严格证据规则的确立固然在很大程度上体现了诉讼活动的特性,也为审判行为提供了一定的规范,但在我国当事人诉讼能力(包括购买律师法律服务的能力)普遍较弱,且主体间差异甚大的情况下,抗辩式诉讼制度和严格证据规则所产生的实际效果在许多情况下背离了制度设计的初衷,形式上的公平带来的是实际上的更不公平。最后,强化裁判而弱化调解,以及突出司法作用而相对淡化其他纠纷解决手段的取向,同样在一定程度上脱离了我国社会现实,与解决社会矛盾纠纷的实际要求不尽相符。这种状况恰如美国学者达玛什卡对中国读者所提示的那样:"到本土经验以外寻找新的启迪的过程中,承担着改革重任的各国法律家们总是很容易为一些他国的制度设计所吸引,因为这些制度可能体现着较为健全的原则或者表现出良好的意图。但是,匆忙将这些制度纳入本国法律体系之中的做法可能容易导致不尽人意的结果。""改革的成败主要取决于新规则与某一特定国家的司法管理模式所根植于其中的文化和制度背景的兼容性。"[1]能动司法正是在这样的背景下,针对这样一些问题而提出的。能动司法的提出,虽然并不意味着否定先前的具体实践,更不否定业已形成的基本制度,但的确正视了这种实践存在的偏失,尤其是警惕于这种实践在进一步发展中走向极端,防止司法在更大程度上脱离中国的社会现实。因此,能动司法的提出,实际上体现着对前些年我国司法发展方向的适度调校。

---

[1]　参见〔美〕达玛什卡:《司法和国家权力的多种面孔:比较视野中的法律程序》,郑戈译,中国政法大学出版社 2015 年版,第 2 页。

　　第二,能动司法的提出是对强化国家核心控制力的积极配合。

　　进入21世纪后,我国政治发展的一个重要态势就是国家核心控制力趋于强化。国内社会发展不平衡所形成的阶层间、群体间社会矛盾和冲突的日益增多并不断激化,重大自然灾害频繁发生以及重大传染病疫不断出现,国际环境错综复杂并日趋紧张等各种因素,都从不同方面促使国家核心控制力的进一步加强。通过提升对全社会成员和社会组织的动员能力,提升对社会发展和社会运行的把控能力,国家得以应对国内外这种复杂的局面。

　　与罗斯福新政时期所体现的实践逻辑相同,国家核心控制力强化的趋向相应产生出司法能动的需求。能动司法与国家核心控制力强化之间的因应关系①主要体现在两个方面:一方面,国家核心控制力的强化在很大程度上体现于主导性政治力量对司法影响力的增强。尽管受制于司法的具体特性,主导性政治力量对司法的影响方式与在其他领域有所不同,但就实质而言,国家的核心控制力的增强无疑包含着主导性政治力量对司法实际驾驭能力的提高。与此相联的另一方面是,国家的核心控制力的强化又在很大程度上通过司法的作用加以体现,通过具体的司法行为把主导性政治力量的要求贯彻在实际社会生活之中。所谓"为大局服务",也正是集中体现着最高人民法院以能动的司法方式积极配合国家核心控制力强化的政治情怀与姿态。

　　第三,能动司法的提出也是对主流意识形态社会倡导的具体和应。

　　近些年来,我国主流意识形态逐步超越政党意识范畴而趋近于人民大众的普遍性社会理想和诉求,并且更加切合于社会公众的生存和生活感验。反映人与社会关系、人与自然关系理想的话语,成为主流意识形态的主要社会倡导。能动司法的提出也与这种变化密切

---

① 　达玛什卡对国家权力与司法能动的关系有具体分析,可参见〔美〕达玛什卡:《司法和国家权力的多种面孔:比较视野中的法律程序》,郑戈译,中国政法大学出版社2015年版,第5章,第219—269页。

相关,并且体现着对这些社会倡导的具体和应。

司法的表象是处理社会矛盾和纠纷,制裁违法犯罪,但实质上是调整和调节人与社会以及人与自然的关系,尤其是在人与社会、人与自然的关系中建立起恰当的规则。当调整和调节这些关系以及在建立相应规则过程中需要体现人本精神和理念时,司法的目标和方式便不能不产生一定的变化。具体表现在:司法的作用从对案件是非作出评判延伸至使当事人之间的冲突和矛盾真正消除(以达至和谐);司法的重心从对个案事实的重视进一步深入对所涉当事人以及由此而受到影响的其他社会成员的生存和生活状态的关注(以体现人文关怀);司法的依据从单一法律维度的考量扩展至对多重规则、多种价值的综合性权衡(以契合科学发展)。这些变化反映在具体司法活动中便是调解方式的广泛适用、恢复性司法的提出、宽严相济原则的明确实施以及对司法行为社会效果的充分强调。而所有这些,都可以概括在能动司法这一主题之中,都是能动司法的实践形态。

第四,能动司法的提出是缓解我国社会基础性社会矛盾、应对我国社会纠纷的必要措施。

当下我国司法所面临的社会纠纷具有一个重要特性,这就是社会纠纷中往往蕴含着基础性社会矛盾。所谓"基础性社会矛盾"①,是指反映我国阶层及群体间主要对抗,对我国社会发展和社会稳定具有深层次影响的社会矛盾,如城乡矛盾、贫富矛盾、干群矛盾、民族矛盾等等。这些矛盾的形成与我国社会转型期间发展失衡、公共政策失当,特别是利益分配不公等具有重要联系。现实中,交付给司法的案件,相当一部分是基础性社会矛盾所衍生出的社会纠纷。与其他社会纠纷不同,这些纠纷具有这样几个特点:一是纠纷(或案件)虽然直接发生于个别主体或存在于个别主体之间,但纠纷中潜含着某

---

① 我国过去对社会矛盾的分类主要为"人民内部矛盾和敌我矛盾",但我认为,在"敌、我"两大显性阵营已经消失,并且在法治背景下解决矛盾的方式趋于同一的情况下,这种分类的意义不再突出,而更有意义的分类则是"基础性社会矛盾和非基础性社会矛盾"。

个或某些群体及阶层间的对抗,处理不当自然很容易引发群体性的社会冲突;二是纠纷虽然直接指向的是某个具体的当事人,但往往暗含着对社会管理者,尤其是对相关党政组织的不满;三是纠纷的诉求虽然多数不涉及政治内容,但或多或少带有一定的政治色彩,尤其是在进一步激化后,最终往往会体现出很强的政治属性;四是这些纠纷与其他衍生于基础性社会矛盾的纠纷具有同源性,因而很容易借助于某一具体纠纷而叠加和聚合。

毫无疑问,以常规性思维和方式很难恰当地应对和处理前述这类纠纷,尤其是机械地适用法条、简单化对案件作出评判,不仅不能消除具体的纠纷,而且还可能引致更大、更严重的社会冲突,进一步扩大和激化基础性社会矛盾。能动司法的提出也是希望为这些"非常规性纠纷"的妥善、有效解决提供一种理念和思路。在这种理念和思路引导下,司法中既需要加强对纠纷的深度识别,从纠纷的表象背后探求蕴含于其中的对抗的实质,把握纠纷诉求之后潜隐的各种利益冲突,在兼顾和平衡各种因素后形成解决纠纷的具体方式。在此意义上说,能动司法是因应我国社会纠纷的特点,有效解决我国现实社会纠纷的必由之路。

第五,能动司法的提出也是对各种社会批评与非议的恰当回应。

毋庸讳言,这些年我国司法一直面临着来自社会各方的批评与非议。无论这些批评和非议基于什么样的理由和原因,也无论这些理由和原因在多大程度上成立,能动司法的提出,都是对这些批评与非议一种积极和恰当的回应。首先,前已述及,能动司法提出的一个重要背景就是对前些年我国司法方向的适度调校,能动司法的提出,不仅从理念和指导思想上把司法与中国社会发展的现实要求,尤其是有效解决社会矛盾纠纷的要求密切联系起来,而且在具体司法方式、司法措施上也更切贴近于社会现实,贴近社会公众的要求,一定程度上改善了人民群众的司法生态。而这些努力自然会在很大程度上能够平息相关批评与非议。其次,能动司法也是最高人民法院用法治语言对各种回应社会的举措的准确概括。能动司法的提出,即便不能算作最高人民法院就其施行的司法政策而对社会,尤其是向法学界作出的合理解释,但客观上能够消除一部分人对司法乃至法治的忧虑,至少使实务界与学术界找到了对话的共同主题,从而把政治色彩浓烈的司法路线、司法方针和司法主张还原到法治语境中加以讨论和评说。当然,在是否应当实行能动司法的问题上,仍然会有各种不同的主张,因而相应的非议也不可能由此而消失,但这已是司法能动抑或司法能动主义在各国实践中的普遍性遭际,可以看成是法治文化的一种常态现象。

前述分析大体可以表明,能动司法在中国的提出,具有很强的现实理由和依据。然而,这些理由与依据的存在并不能避免和消除在中国社会条件下奉行能动司法所可能面临的特殊困难,尤其是难以避免能动司法实施中可能出现的偏差。或许可以这样认为,如果说中国是最需要实行能动司法的社会,那么,中国同样也是最难以实行能动司法,或者在能动司法的实行中最容易出现偏失的国度。客观地看,能动司法理念在我国的实施面临着这样几个约束性因素:

第一,对传统法治理念的守持排拒着对能动司法的接受。

20 世纪 70 年代末我国开启重建法治进程以来,基本上是在西方传统法治理念的导引下行进的,传统法治理念所勾画的法治图景成为人们理想中的法治模式,而法条主义所形成的相关原则构成人们对法治的基本、概略性的认知。(事实上,即便在美国也存在这样的情况:"普通老百姓一般可能把法官的工作想象得比实际上要机械得多。普通老百姓信奉他们所理解的法治观念。"①) 作为我国法治基本纲领和口号的"有法可依、有法必依、执法必严、违法必究",正体现着人们从法条主义角度对法治内涵和形态的朴素理解。因此,当以否定和扬弃法条主义为主旨的能动司法被确立为我国司法的基本

---

① 参见宋冰编:《程序、正义与现代化:外国法学家在华演讲录》,中国政法大学出版社 1998 年版,第 124—125 页。

理念与方式时,难免会对人们的法治理想,对司法的期待形成较大的冲击。换句话说,人们对传统法治理念的守持,在一定程度上排拒着对能动司法的接受;而要消除这种认识上的障碍,不仅需要进一步深化全社会对现代法治发展的规律和特性的认识,更有待于能动司法以其积极且稳定的实践成效向社会作出广泛的证明。

第二,规则意识的普遍淡薄可能会扭曲能动司法的应有轨迹。

尽管人们依照传统法治理论保持着对法治理想状态的想象,但我国事实上并未经历过传统法治文化的长期熏陶,法治亦未成为社会公众的普遍、深刻的社会信仰;同时,尽管人们把法条主义视为法治的主要内容,但信守法条的规则意识却普遍淡薄。这些看起来是一个难以解释的悖论,但却是我们置身于其中的社会真实。在规则意识普遍淡薄,不拿规则当规则,或者规则可以不当规则、"一切皆有可能"的社会环境中,如果没有恰当的把控,特别是如果不建立起相应的制约和保障机制,能动司法的运行轨迹就很容易出现偏差。从小的方面说,可能影响司法审判的质量;从大的方面说,则可能进一步滋长全社会对规则的漠视,进而引发人治因素局部或阶段性的复萌。这意味着在我国能动司法的相关制度设计中,必须采取更为审慎的态度,特别是司法过程中所释放的信息,应有助于人们对规则约束力和强制性的认识。

第三,司法队伍素质在一定程度上制约着能动司法的效能。

能动司法的具体实施依赖于法院或法官主观作用的充分、正确发挥,无论是对司法社会目标的理解,还是对具体司法方式的选择,都在很大程度上取决于法院或法官的主观状态。因此,能动司法无疑意味着法院或法官在司法中自由斟酌空间的加大。在西方法治社会中,能动司法所需要的这种自由斟酌权的加大,是建立在高素质法官队伍的形成以及维系法官队伍良好素质的系统化制度体系较为健全这一前提之上的。相比之下,我国司法队伍的素质尚不够理想;维系和保障司法队伍素质的制度与体系也尚待完善,这对能动司法效能的有效、正确发挥会形成一定程度的制约。在实践层面上,一方面,法官对政治目标以及社会发展的总体趋与要求往往缺少宏观上的把握能力,不仅如此,对社会生活的实际理解和感受也较为肤浅,尤其是对具体审判所涉及的相关社会实践常常缺乏基本的了解;另一方面,对法律原则、法律理念以及法律知识的系统掌握和娴熟运用也难以达至能动司法所需求的基本水准。更为重要的是,随着司法对社会生活影响的逐步增强,各种社会势力利用各种手段,争夺司法资源,谋求利己裁判的情况也日趋突出。强大的外部诱惑与司法内在激励的严重不足,形成了司法职业生态的巨大的反差,使得法官职业成为多种意义上的"高危职业"。在此情况下,很难给予法官较大的自由裁酌空间,这也决定了对法官层面上的能动必须设定必要的限制,否则,能动司法很容易为司法权的滥用提供口实。

第四,我国司法与政治的密切联系加大了能动司法中对社会目标识别的难度。

从我国制度建构以及社会运行的实际状况来看,我国司法与政治之间的关系十分紧密,司法机关与其他政治组织之间始终保持着密切的联系。这种状况对能动司法中对社会目标的识别也会形成一定的影响。如前所述,能动司法的核心在于通过司法过程实现社会目标,或者说围绕社会目标的实现而实施司法活动。在我国,社会目标通常只是一些抽象的社会倡导,而操作过程中往往体现为由各级党政组织(理论上代表着社会)所提出的具体要求,因此,在司法与政治关系十分紧密,并且司法机关具有明显依从性的情况下,如何在各级党政组织(特别是由党政组织负责人)提出的要求之中识别出那些是司法应当追求的社会目标,则成为能动司法的实践难题。① 更直接

---

① 达玛什卡指出,在能动型国家中,始终存在着政党组织的"一般性指示与具体指示之间的区别——一种在理论上容易作出而在实践中很难把握的区别"。参见〔美〕达玛什卡:《司法和国家权力的多种面孔:比较视野中的法律程序》,郑戈译,中国政法大学出版社 2015 年版,第 257—258 页。

地说,在"为大局服务、为人民司法"的主题下,如何确定哪些是司法应当服务的"大局",同时又怎样判别哪些是司法所应当追求的"人民"的利益,这对于具体的司法机关以及具体的司法活动来说,都是无法回避、必须直面却又难以把握的问题。在这些基本问题上,如果没有明确且恰当的认识,既容易因司法自身的偏误而不能很好体现能动司法的效果,更可能因外部不当影响而使司法行为失范,从而背离能动司法的初衷。

客观地揭示能动司法在我国现实条件下的诸多约束性因素,丝毫不意味着对能动司法意义的否定。也就是说,这种约束性因素的存在不应遏止我国奉行能动司法的步伐。正如卡佩莱蒂在分析司法独立与司法的政治责任的关系时所说:"真正的问题并非内在矛盾的存在抑或不存在。此种矛盾当然存在。但真正而非想象的问题,再一次仍然是在现实世界中尽可能调和相互冲突的原则。因为现实世界并不纯粹,也不是绝对的'非此即彼'。它是冲突与对立的共存。""理性的分析不可能包纳一种谴责现存矛盾的徒劳尝试","将矛盾淹没于预期不确定的某种虚幻景象之中。相反,它应当包括将现实理解为不可避免地相互矛盾,由那些冲突和斗争所构成,并实际上在其中享受生活"。① 各方面情况表明,在传统法治理论已显示出明显局限的情况下,中国不可能再屈从于传统法治理论所确立的法条主义戒规;在社会发展日益复杂化的今天,中国也不可能再等待全社会规则化训练完结后再施行能动性司法;同时,我们也没有理由把能动司法的进程寄望于司法队伍素质在短期内的迅速提升;自然,更不应因社会目标识别的困难而放弃在能动司法问题上的努力。所有的一切留给我们的结论应当是:以积极同时却又审慎的态度去思考和对待中国特定社会条件下的能动司法。

---

① 参见〔意〕卡佩莱蒂:《比较法视野中的司法程序》,徐昕、王奕译,清华大学出版社2005年版,第15—16页。

五、我国能动司法的主要内容及保障机制

中国能动司法的具体内容及表现形态究竟应当是什么？提供给我们认知这一问题的主要参照来自三个方面：一是最高人民法院的相关要求，最集中的是最高人民法院提出的能动司法的"三个显著特征"；二是各地和各级法院根据自己对能动司法的理解而形成的制度以及相关的实践，最具代表性的是江苏省高院的"六个机制"的制度建构；①三是学者们对于能动司法应然及实然状态的描述。事实上，能动司法的应有内容及表现形态无法通过某一份具体的文件或者某一项甚至某几项具体的制度加以表达和规定。最高人民法院出题、各级法院实践探索、学者们提供解说和评价，依然是解答这一问题不可超越的方式。但值得强调的是，在此方面需要摆脱两种不恰当的偏向：一是把西方司法能动主义的理论及实践当作中国能动司法的应然状态或无需证明的示范；二是把基于质朴的政治愿望和亲民热情而超越常规，甚至违反基本司法规则和规律的做法视为能动司法的具体举措。

结合前一部分提到的能动司法提出的背景与原因以及有关约束因素，中国能动司法的内容主要体现为这样四个方面：

（一）把追求社会目标的实现作为司法的基本导向

这是能动司法最根本也是最富有实质性的内容。能动司法的功能，一方面，旨在从宏观上调校司法在中国政治结构中的定位，把司

---

① 亦即政策考量机制、利益平衡机制、司法技术运用机制、多元纠纷解决机制、诉讼指导机制、便民诉讼机制。参见江苏省高级法院司法改革办公室：《能动司法制度构建初探》，《法律适用》2010 年第 2、3 期。

法活动自觉地融入社会全局的运行之中,通过司法所特有的功能和作用的发挥,推动社会的发展与进步;另一方面,在实际运作层面上,引导和启示法院及司法人员超越单一的法律思维以及对案件简单化认知的视野局限,关注社会总体目标的要求,关注社会发展与变化的趋势,关注我国社会现实矛盾和纠纷的复杂性,关注民生、民情和民意的总体状态,特别是注重司法行为的社会影响和社会效果,把个别化的司法行为与司法活动放置到社会目标的实现以及社会发展的大背景下予以认识和考虑,亦即在司法过程中确立并践行所谓“大局观”。从根本上说,能动司法所体现的乃是这样一种明确的意识、这样一种思维方式以及这样一种理性自觉。相形之下,体现司法能动性的具体技术性的方式和方法倒显得并不重要,因为在这样的意识和理念的支配下,能够促成并保证法院或法官对具体方式和方法作出正确选择。相反,如果没有这样一种根本性的理念和导向,司法过程中即便运用了某些或某种通常被认为体现了能动司法的技术、方式或方法,也不一定能够真正体现出能动司法的实际精神。这也表明,能动司法不应被理解为一种特殊情境下的司法权宜之计或者处理特殊案件的个别性方法;更不应把能动司法的适用范围限定于“没有重大政治、经济、制度和公共政策寓意的案件中”[1](在我看来,这恰恰是最需要体现能动司法的场合)。作为一种司法理念,能动司法应贯穿并贯彻于各种司法行为和司法活动的全部过程。唯有如此,才能体现能动司法的真正意义。

(二) 以多元社会规则、多重社会价值作为司法的考量依据

我国能动司法并不要求法官创造法律或超越法条的规定,但同

---

① 　参见苏力:《关于能动司法》,《法律适用》2010 年第 2、3 期。

时亦不主张把法律作为唯一的司法依据,而是强调以多元社会规则、多重社会价值作为司法的考量依据。

能动司法的这一意蕴以我国两个基本社会现实为依据:一是我国社会规则体系的复杂性。虽然法律已成为我国当下的主要社会规范,依法治国也被明确为我国的治国方略,但在事实上,与法律规范同时对社会运行产生重要影响的还有强大的政治力量以及广泛的民间势力。我国社会规则体系也是由法律规范、政治规则以及民间伦理和习俗这三个主要支干共同构成的。不仅如此,就某些特殊的社会活动和社会行为来说,法律未必是最有实际影响力甚至未必是最恰当的规范。在社会生活实际受制于这样复杂的规则体系的状况下,司法无法唯法是尊而罔顾其他,因为司法终究是社会生活的延续,社会生活所依据的逻辑和规则也必定应成为司法中所应当考量的因素。也就是说,社会规则体系的复杂性要求司法过程必须包含对多种规则的考量。二是我国社会矛盾的复杂性。如前所述,基于我国社会转型以及转型中的政策失当、利益失衡等因素,我国社会矛盾呈现出高度复杂的状态。这种复杂性往往还不仅在于对抗与冲突的尖锐,更主要还在于,在许多场合下,对抗与冲突的各方都能从不同的角度、依据不同的理由找到自己诉求的正当化理据,从而形成蕴含于诉求背后的法律、政治、道德、民俗等不同价值或规则之间的冲突。这种状况又进一步凸显了司法对多种规则、多重价值权衡与考量的必要性。这些年,充斥于最高人民法院各种司法文件中的"既要……又要……"这样的平衡化句式,实际上正是体现了这样一种精神。虽然,对于需要作出具体决定的司法行为来说,"鱼,我所欲也;熊掌,亦我所欲也"的"双赢"结局往往难以形成,但即便如此,能动司法的这种倡导和提示仍然是具有实际意义的,至少可以避免法院或法官"一根筋"地片面和偏颇地去处理这些复杂的社会矛盾和纠纷。

（三）把调解作为处理社会纠纷的常规性司法方式

司法能动主义在中国的实践形态最富有特色之处就是调解手段的广泛运用。换个角度说，中国的法院调解制度和实践丰富了司法能动主义的内涵。有关调解的作用与意义，已有大量的论证与解说，无须赘述。在此特别强调的是，无论从现今还是从长远看，必须把法院调解理解为一种常规性的司法制度和司法方式。作出这种强调的背景在于，在不少人的认知中，调解仍然是一种不入司法正统的"旁门左道"或者中国式的"奇技淫巧"。这种认知产生于两种偏误。其一，法条主义的思维塑造了对司法程式的想象：纠纷＝案件；案件处理＝司法手段；司法手段＝裁判；裁判＝纠纷解决。几乎所有的经典法学理论，尤其是司法理论也都是以这种固定的程式为叙述前提并在这样的程式中展开的。依照这一程式，自然找不到调解在司法中的位置，调解的司法属性也必然得不到承认。毫无疑问，这样的程式一旦放置到具体社会实践中，每一个环节都经不起实践的检验，每一个"等于"都无法成立，而司法功能的实际发挥无法脱离对调解的运用。其二，调解就是"不依法"，或者调解可以"不依法"。据我所知，在公开的文献中，明确提出这一观点的是苏力教授。苏力教授提出，"在可以调解了结纠纷的条件下，如果还强调依法，其实就是不想让调解成功"，"要想促进调解的发展，就必须适度摆脱法条的约束，放松对调解的'依法'要求"。① 从苏力的文义中可以理解出，调解之所以可以不依法是因为：在实体上，调解意味着"周瑜打黄盖"（苏力用语），法官若依法行事则不能允许"周瑜打黄盖"；在程序上，调解又存在着法官"涉嫌违反不得私下接触当事人的规则"②以及"超出审限"等问题。我认为，这些认识完全出自苏力教授对"依法"的片面

---

① 苏力：《关于能动司法与大调解》，《中国法学》2010 年第 1 期。
② 苏力：《关于能动司法与大调解》，《中国法学》2010 年第 1 期。

理解。首先,当事人处分是民事诉讼中的重要原则,这种处分,既包括实体上的处分也包括程序上的处分。依照这种法定原则,法官不仅可以允许并应努力促成"周瑜打黄盖"的结果,甚至不能干预"周瑜打黄盖"这种现象;同时,当事人也可以在包括审判期限在内的程序问题上有一定的决定权。① 其次,苏力曲解了调解中法官基于策略和技巧的需要而分别(并非"私下")对当事人施以劝说这一方式,将其混同于违反公正廉洁规则而"私下接触当事人"的行为。更需要指出的是,如果认同调解"可以不依法"这一判断,不仅容易引起实践中的混乱,②同时也会进一步加大社会各方对调解在认识上的偏见。而这与苏力一贯支持和倡导调解的立场势必南辕北辙。

此外,强调把调解理解为一种常规性的司法方式的理由还在于,本章前面提到的立法的固有缺陷以及司法实践中普遍存在的矛盾都可以通过调解方式在很大程度上得到解决。如果放置到人类法治进步,尤其是司法制度演进的过程中来认识,调解或许是"把法律的刚性与灵活性完美结合于一起"的一个有效途径与方式,从而也是人类司法制度完善的必由之路。

(四) 把便民、利民作为司法运行中应当考虑的重要因素

能动司法的另一项主要内容便是在司法运行中对便民、利民因素的重视。尽管体现着便民、利民精神的简化诉讼程序、降低诉讼成本、提高司法效率,已成为当代各国司法发展的总体趋势,但中国能动司法主题下的便民、利民有着更深层次也更为现实的意义。首先,

---

① 其实,在苏力教授《关于能动司法与大调解》一文中,已经注意到调解与契约自由和意思自治的联系,但笔者不能理解的是,苏力教授为什么仍然会得出调解可以不依法、依法则不能有效调解的结论。

② 不可否认,实践中确实存在着不依法调解的问题,但这恰恰是需要着力解决的偏失。

司法中的便民、利民承载着体现党和政府亲民、恤民、为民形象的功能。基于我国政审合一的历史传统,也基于当代司法与政治的密切关系,社会公众习惯于把司法机关与党和政府视为同一体,司法行为往往被当作党和政府行为的组成部分。在此境况下,"党代表着人民的根本利益""人民政府爱人民、人民政府为人民"等原则或理念不能不体现为司法中对便民、利民的重视和强调。相反,"板着脸孔"或"高高在上"的司法则会有损于党和政府的形象。尽管这种状况多少缘自人们对司法与政治关系的误读,但政治意识形态对于司法便民、利民的影响确实是无法忽视的真实。其次,就普遍情况而言,迄今为止,我国社会公众对于司法以及诉讼活动的了解依然较为肤浅,司法过程中很多程式和技术仍然是绝大多数人所陌生的知识或不曾有过的经验。因此,要保证社会公众在涉诉时对诉讼活动有恰当的参与,司法过程中也必须具备一些行之有效的便民、利民措施。最后,与我国经济欠发达,尤其是低收入阶层占绝大多数的实际情况相适应,司法也不应成为昂贵的消费。因此,司法便民、利民的另一层意义也在于降低司法门槛,包括通过降低司法的技术性而减少公众对律师法律服务的实际需求,以便在更大程度上保证公众对司法这一"公共产品"的有效使用。

毫无疑问,能动司法主旨下的便民、利民会在一定程度上淡化或消解司法的程式化,同时也会对诸如法院或法官"消极""中立"以及"法不容情"之类的观念形成一定的冲击。但这绝不意味着对司法活动的程序价值的颠覆。一方面,便民、利民措施本身即应当通过特定的司法规则加以确定,以使得这些措施获得程序性意义和制度性保障,减少施行中的随意性;另一方面,便民、利民精神应尽可能在既有的制度空间中通过灵活使用司法技术手段加以体现,如强化法官释明权的行使,增加法院或法官职权行为的适用,审慎地处理当事人程序性失权的情形,给予当事人必要的指导和引导等。总之,能动司法中的便民、利民应当显现出对司法规律和特性的应有尊重。

从前述我国能动司法的主要内容看,与西方司法能动主义相比,我国能动司法既有一定的创新性(如强调调解的常规化运用以及便民、利民),也有较大的保留(如不承认法官造法,也不倡导超越法律规定)。这不仅是考虑了不同法系及司法制度之间的差异,更是对中国具体国情的尊重。

然而,即便如此,由于"能动"在概念上给了司法行为无限可能的空间,因而能动司法理念的具体贯彻仍然需要相应的保障机制。不能否认的是,西方司法能动主义的正确实施是以司法独立性较强、全社会规则意识较为明确、法官职业化制度十分成熟为基本条件的。而无论是当下还是长远,中国社会都未必能满足这样的条件。目前学术界或者实务界对能动司法持不赞成态度的主张,多数并不否认能动司法的积极意义,只是认为中国不具备西方这些条件从而不能保证"能动"不被异化为"盲动"或"乱动"。① 我们固然无法认同这些认识以及由此推出的结论,但能动司法的贯彻需要建立相应的保障机制,这却是不应回避的问题。对丁这种保障机制的建立,应着眼于以下三个层次。

1. 宏观上,建立良性而有序的司法与政治的互动机制

基于本章前面的分析,中国能动司法要解决的核心问题仍然是司法与政治的关系问题,其主旨在于使司法更紧密地贴近于政治全局的要求,更深入地融入我国政治实践中,努力实现主导性政治力量所确定的社会目标。因此,在司法对政治现实保持着丰沛的热情和激情的情况下,应当把握好一些基本性原则,以防止可能出现的偏失。一是正确理解司法所服务的"大局",树立正确的大局观。更直白地说,不能把地方党政组织基于地方保护的愿望而提出的要求,理

---

① 有关美国司法能动成功的经验,以及中国因为守法传统尚未形成、法律职业化尚未建立,故而不能施行能动司法的讨论,可参见杨建军:《"司法能动"在中国的展开》,《法律科学》2010 年第 1 期。

解为司法必须服务甚至是服从的"大局",更不能把地方党政领导人追求个人利益而提出的要求也与"大局"相联系。二是规范党政组织与司法联系的渠道和方式。司法对社会目标的追求与落实,更主要应依靠司法机关自身对政治路线、方针和政策的领悟,而不是借助或依赖于党政组织领导的"批示"和"指示"。党政组织与司法机关的联系,应当在制度框架中依照相应的程序进行;制度及程序缺失的,应当逐步完善。二者之间的交往必须有明确的规则。三是即便对于某些影响到地方社会发展或稳定与安定的司法问题,也应由司法机关在法律规定的范围内通过法律技术的灵活使用加以解决,而不能明显违反基本的法律原则。实践中,很多此类情况的处理,问题并不在于法律上没有解决之道,而在于某些地方党政组织缺少应有的法律意识,司法机关也未能正确地理解并恰当地运用相关法律。总体上说,在司法与政治之间,应逐步建立起良性而有序的互动机制;这一机制的建立,也是能动司法正确施行的首要保障。

2. 中观上,建立恰当而有效的最高司法机关的指导机制

我国能动司法实施的效果,很大程度上将决定于最高人民法院对下级法院的指导机制能否有效和恰当建立。这首先是因为,最高人民法院更贴近中央,因而对主导性政治力量的要求、对社会发展的大局有更为恰切的理解。通过最高人民法院传导主导性政治力量的要求,可以增强地方法院对"大局"的识别能力,尤其是可以减少地方法院在这种识别中的偏误。其次,我国司法体制与联邦制国家有着显著的区别,我国最高人民法院的司法政策及司法意见等可以穿透法院的层级限制而直接辐射到基层法院,最高人民法院对于全国各级法院的司法活动都保持着重要的影响力。在此格局下,一方面,最高人民法院自身的"能动"即在很大程度上体现我国能动司法的总体状况和水准;另一方面,最高人民法院也有条件为地方各级法院的"能动"提供指导和提出要求。最后,我国不承认法官造法,因而对立

法缺失的弥补主要依赖于最高人民法院的司法解释,甚至在某些情况下需要最高人民法院部分地承担立法性解释的责任。这表明,最高人民法院司法解释功能的发挥对于我国能动司法也具有重要的影响。

目前,在最高人民法院指导机制方面主要存在这样几个问题:一是主体混乱。最高人民法院内部各主体(包括个人或内部机构)都以各种不同的方式表达其相关的司法意见和主张,而基于最高人民法院的权威以及体制上的现实,这些意见和主张都会受到下级法院的重视,从而都会对地方司法产生影响。二是形式多种且效力关系不明。与主体混乱相应的问题是,最高人民法院对下级法院指导的形式既多亦杂,且效力关系不清。从领导讲话、批示到其他成员在不同场合下公开发表的意见,从最高人民法院正式文件到法官个人发表的文章,从司法解释、司法意见到公布的案例,其间不仅常常出现矛盾和差异,同时也存在着效力关系不明的问题,这种状况往往使得地方法院无所适从。二是司法解释或批复等对实体或程序有重要影响的文件,其质量不尽如人意,不仅在内容上往往失之片面,对可能涉及的问题缺少足够的考虑(更致命的是,司法解释通常还溯及既往),而且在文字上往往语义不清,以至于对司法解释仍需作进一步的解释。

鉴于这些问题的存在,最高人民法院应当认真而系统地审视司法指导方面涉及的相关问题,理顺关系,明确效力,建立必要的程序和制度,尽快形成恰当而有效的对下级法院司法活动的指导机制。[①]

3. 微观上,建立科学和合理的法院内部审判运行机制

如前所述,我国能动司法是在法官职业化条件不具备的情况下施行的,这就需要从法院整体功能有效发挥的角度,借助制度和机制

[①]　有学者对最高人民法院拟建立的案例指导制度提出批评,主张通过立法解释建议、立法型司法解释、重视"批复"型司法解释以及对于少数特殊类型的案件实行案例指导等方式,体现最高人民法院的指导作用。参见李仕春:《案例指导制度的另条思路》,《法学》2009 年第 6 期。

的作用弥补司法人员个体素质的缺失，提升能动的水平。由此必然涉及我国法院内部审判运行机制的建构问题。

我国法院内部审判运行失序和紊乱是长期以来未能得到有效解决的问题。这一问题缘于我国法院定案机制的复杂性。与其他国家司法制度不同，我国法院实行的"多主体、层级化、复合式"的定案机制。在同一审级中，法院多主体、各层级都可能对案件的实体裁判产生影响；同一案件往往受制于同一法院内的多重评价。而问题在于，法院内部各主体、各层级对于裁判决定的权力不清、职责不明，各主体参与裁判过程的方式不定，动机亦很复杂。这种状况必然带来审判运行的失序和紊乱。反映在权力关系上，便是审判权与审判管理权之间的关系没有厘清：要么是审判权被审判管理权替代和侵蚀，要么则是审判权完全不受制于审判管理权，而后者相应地被边缘化。

最近 10 余年来，我国历次司法改革虽然不同程度地触及这一现象，但由于其涉及如何理解我国司法的独立性以及我国司法权的行使方式等深层次问题，因而对此不仅认识上分歧较大，同时在实践上也几经反复。可以说，我国司法活动中出现的诸种弊端，很大程度上都与这一现象相关。为此，在能动司法的背景下，必须在系统总结我国法院及审判运行经验、恰当把握审判运行规律的前提下，理顺审判权与审判管理权之间的关系，建立起既顺畅运行又有监督制约，既便于发挥法院集体智慧又能提高审判效率的科学、合理的审判运行机制，从微观层面上解决司法主体的特性问题，使之与能动司法的要求相匹配。

第二编　司法改革

第四章　司法改革的宏观思考[*]

20 世纪末,司法改革作为一项政治决策在中国共产党文献中被正式提出。[①] 由此,司法改革成为中国社会制度变迁的又一个热点。本章依据笔者对中国司法实践的感悟和体认,并借鉴经济体制改革的一些经验,从宏观上对中国司法改革的几个基本问题进行探讨。

一、司法改革缘起的背景

中国司法改革是为顺应进入 20 世纪 90 年代后中国社会结构和社会运行方式的变化,回应新的社会要求而提出的。更具体地说,中国司法改革是为解决中国司法面临的深层的现实矛盾而启动的。因此,认识司法改革的主导任务,逻辑上必须以分析这些矛盾作为起点。

(一) 传统的社会治理方式和社会治理结构发生了重要变化,社会治理过程对司法的仰赖空前加重,而司法难以承载这样的社会使命

特定社会中社会治理方式和社会治理结构的变化可以通过对社

---

[*]　本章语境中的“司法改革”,系指中共十五大后各司法机关自发进行的改革探索,十八大后顶层设计的司法改革与之既有延续性,又有重要区别。本章代表了笔者在司法改革之初的基本认识。

[①]　见诸中共十五大报告《高举邓小平理论伟大旗帜,把建设有中国特色社会主义事业全面推向二十一世纪》。

会制度的一些基本要素的分析来加以说明。美国政治学家查尔斯·林德布洛姆(Charles E. Lindblem)把交换(市场)、权威(政府及法律、军队等)、说服(意识形态)作为社会制度的基本要素,并借此分析各种不同的社会统治类型。[①] 与此相近,美国著名经济学家道格拉斯 C.诺思(Douglass C. North)把国家(对应"权威")、产权(对应"交换")、意识形态(对应"说服")作为社会制度结构的基本要素,以此作为考察社会变迁的依据。[②] 假定这种分析框架具有一定的普遍性,那么,从中国社会中这些要素的现实状态不难看出 20 世纪 90 年代以来中国社会治理方式和治理结构的重大变化。

首先,进入 20 世纪 90 年代后,中国社会的所有制结构出现了较大的调整。这一调整的基本趋势和走向是非公有经济在全社会所有制结构中的比重逐步增加,而国有或集体经济的比重相对降低。这种变化在经济学上的意义无疑是积极的,但由此带来的另一方面结果是:国家用于社会控制的经济资源大大减少;国家与社会成员进行交换并促使其服从国家意志的经济条件有所减弱。其次,由于文化多元化趋势的形成,20 世纪 90 年代以后,主流意识形态对社会生活过程的影响也明显弱化,主流意识形态无论在覆盖社会生活的范围上,还是在对社会成员制约程度上都远异于先前。在此情况下,社会治理和社会控制的重心更主要转移到国家或权威的力量之上。

更进一步看,在国家或权威这一要素中,20 世纪 90 年代后,政党及政府治理社会的方式及力度也有了较大变化。这不仅是因为在市场经济体制下,诸多经济过程已脱离了政党及政府的直接控制,更主要是直接承载政党及政府指令、体现其权威的最基本单元——单位(unit)的功能发生了重大改变。单位作为一种经济组织的特性更

① 参见〔美〕查尔斯·林德布洛姆:《政治与市场:世界的政治—经济制度》,王逸舟译,三联书店上海分店 1994 年版,第 19 页及以下。
② 参见〔美〕道格拉斯·C.诺思:《经济史上的结构和变革》,厉以平译,商务印书馆 1992 年版,第 18 页及以下。

为突出,而接受政党或政府指令实施社会(对单位成员)控制的动机及能力都有很大减弱。这也表明,在国家或权威这一要素中,司法的作用愈显突出,社会治理过程对司法的仰赖空前加重。

社会治理过程对司法的倚重,这本来是法治社会的应然现象,但问题在于,中国司法的现实条件尚不足以保证其承载这样的社会使命。这一方面在于中国司法机关自身尚不具备解决各种社会矛盾和社会冲突的实力(直观上表现为需要处理的各种类型的案件超出了司法机关的负荷);另一方面更在于,司法在国家制度结构中(特别是在制度实践中)以及在全社会的权威体系中并不具备法治社会所具有的、与实施社会治理的实际要求相吻合的地位。换句话说,社会治理过程对司法的实际需求并未转化为制度上以及实践中对司法的必要尊重和推崇,这是司法面临的首要矛盾。

(二) 中国社会资源配置及经济运行方式已发生重要变化,市场经济的快速形成与发展要求司法创立并维护与之相应的经济秩序,而司法在这方面则显示出一定的滞后性

20 世纪 90 年代后,中国经济体制改革由市场取向转入全面建立市场经济体制。至 20 世纪 90 年代末,市场已成为资源配置的基本手段,经济运行中市场的主导地位也已大体形成。作为普遍性的实践与经验,市场经济必须在确定的制度框架中存在和发展;特定的制度是市场主体理性预期的重要依据。马克斯·韦伯曾揭示过国家"正式制度",即法律制度对于现代经济的必要性:"国家对经济来说,在纯粹概念上都是必要的。但是,尤其对一种现代形式的经济制度来说,没有具有特别特征的法的制度,自然无疑是行不通的。"[1]

---

[1] 〔德〕马克斯·韦伯:《经济与社会》,林荣远译,商务印书馆 1997 年版,第 374 页。

面对中国市场经济的快速形成与发展,司法机关虽然在姿态上的回应是积极的,但从总体上看,司法实践依然显示出一定的滞后性。这是因为:第一,相对经济现象而言,司法是次生的,居于第二位的。经济现象所产生的要求具体体现为法律制度乃至司法实践必然具有一定的时滞过程。同时,与经济过程相比,司法的变化也是缓慢的。第二,司法内在封闭性、保守性是司法的一般性特征。对法律规范的尊崇,对法律技术的自重通常成为司法机关及其成员的基本取向。司法机关及其成员习惯于从自身墨守的规范价值中寻求自我激赏,而外部的社会变化,尤其是经济现象的变化则较难引致司法的共鸣。第三,对于中国司法来说,市场经济是陌生的环境、陌生的对象。如果说经济领域中对如何建立市场经济体制尚需作较长时间的探索与尝试的话,[①]那么,在司法领域如何创立与市场经济相适应的法律秩序则是更为复杂的主题。一方面,即便立法工作以超常的速度进行,司法能够得到的规范资源仍不足以应对激剧变化的经济现实,而在社会层面看来,立法的任何缺陷或不足都是由司法直接加以承受的。[②] 另一方面,在司法实践中,更具体地说,在司法自由斟酌的空间和范围内,司法机关成员受知识和经验的局限,亦难以恰当地把握哪种司法行为对建立市场经济秩序是必要或有利的,从而难以恰当地把握处理实际问题的基点。第四,与前述相联系,在体制转换时期,司法需要在新旧体制的不同要求中作出权衡。在许多情况下,司法既要以宽容的态度对待旧体制所形成的现实,又要以超前的视野倡导和维护新体制所应有的规则。从理论上表述司法机关在此境况下的应有立场或许较为容易,但在实践中具体处置这种关系则极为困难。

----

① 经济学家茅于轼坦陈:"迄今为止,我们(指国内经济学界——引者)对于市场制度如何建立的知识还是非常有限。"见茅于轼:《新制度经济学名著译丛》,经济科学出版社 1999 年版,第 4 页。

② 社会层面所注重的往往不是立法的具体内容,而是由司法实践所体现出的对个案的评价和处置结果。

（三）在社会变革过程中,社会各阶层以及各个不同
的社会主体之间的利益矛盾和冲突错综复杂,
而这些矛盾和冲突被直接或间接提交给司法机
关,司法机关对矛盾诸方面的顾及使其在处理
这些矛盾和冲突过程中常常处于尴尬地位

社会变革在本质上是各阶层、各主体利益结构的调整,在这种调整中,不可能都获得"帕累托最优"或"帕累托次优"效应;①即便在获得这种效应的情况下,仍然存在着不同阶层、不同主体比较利益的优劣与多寡问题。这就决定了由社会变革引起的各阶层、各主体之间的利益矛盾和冲突的不可避免。在法律覆盖社会生活主要过程的情况下,这些利益矛盾和冲突都直接或间接地表现为应受或可受法律评价的法律事实。不仅如此,当这种矛盾和冲突发展到难以调和的境地时,矛盾或冲突主体也倾向于寻求司法解决。由此所形成的局面是:中国社会长期累积或由社会变革所引发的各种矛盾和冲突都直接或间接地交给了司法;司法直面着由社会变革引起的各种矛盾和冲突。

与之不相适应的是,在中国特定社会条件下,司法在处理社会变革中的矛盾和冲突时受制并顾及于多方面的压力,从而难以坚守自己应有的法律立场。首先,社会各阶层、各个不同社会主体在社会变革中所反映出的利益要求都具有一定的合理性;在这些利益要求的相互冲突中,各主体都能够从中国社会的政治原则和经济规则中不同程度地找到支撑自己利益主张的依据。特别是不同社会阶层和不同主体都有条件以其在意识形态上的某种优势,②借助于大众传媒的

---

① 在某项调整中,所有的主体都能获益,则为"帕累托最优";而在某项调整中,部分主体获益且其他主体的利益不受影响,则为"帕累托次优"。

② 例如国有资产的代表者张扬国有资产的神圣地位,以"国有资产不可流失"为由,强调司法对国有资产的特殊保护;民营企业主则张扬国家发展非公有经济的方针,主张司法应对民营经济予以特殊保护。此外,下岗工人、农民、科技人员、妇女、儿童等都有应对其给予特殊保护的政治理由。

渲染,对司法机关形成一定的压力,借此谋求司法对其利益的特别保护。在此情况下,司法所面临的任务与其说是法律规则的适用,毋宁说是在不同利益之间寻求平衡。在一些波及面较广、影响较大的群体性冲突的案件处理中,这种状况尤为突出。其次,在处理社会变革中的矛盾和冲突时,司法机关必须遵守的最主要的原则或刻意追求的最基本目标是维护社会的稳定与安定。在多数场合下,个案处理的法律后果与稳定、安定的原则或目标是一致的,但在另一些情况下,二者并不重合与一致。更具体地说,追求和维护稳定与安定的目标在某些个案中不可避免地会损伤公平或公正的法律原则。于此境况中,司法机关只能从“维护大局”“特事特办”这样一些理念中为自己的行为找到宽慰的基点。应该说,中国司法所面临的这种矛盾在任何社会条件下都会不同程度地存在。这种矛盾实际上是政治与法治之间内在矛盾的具体展示。不同的是,在中国特殊的社会背景下,司法更偏重于对政治要求的遵从。最后,社会变革中的利益矛盾和冲突,部分产生于地方政府与其他社会主体之间。在某些矛盾和冲突中,依照法律原则,政府应支付一定的成本。但基于地方政府财政普遍拮据的现实以及政府与司法之间的特殊关系,司法也不得不避开法律原则,或者牺牲相对主体的利益,或者将支付义务转嫁于具有实际承受能力的其他主体(如盈亏归属于中央财政的银行),以此谋求矛盾和冲突的解决,同时也避免地方政府对义务的承担。

(四) 中国司法的内生资源严重不足,同时又缺少足够而稳定的外部资源供给保障,司法机关自洽机制不能形成,由此不可避免地导致司法行为的偏差

中国现行司法体制下司法机关运作的全部资源,即人财物,基本来自司法体制以外。司法自身创造的唯一资源——诉讼费收入在制度上也不能(或不应)由司法机关自由支配。更主要的问题是,外部

资源的供给,既不充分,也不稳定。包括司法职位任免在内的外部资源供给的实际状态,相当程度上取决于同级其他权力机构所能够提供的实际条件,以及司法机关与同级其他权力机构之间的相互磋商。司法机关过度依赖外部资源供给,自洽机制不能形成,这是当前司法机关抱怨最多的现实。

司法机关资源供给的这种状态,所引发的负面效应主要体现在两个问题上:其一,司法地方化的色彩越来越浓。一方面,司法在个案处置中以其对地方利益的特殊保护而取悦于地方权力机构,从而谋求地方权力机构在司法机关资源供给上给予更大的宽容;另一方面,司法与地方权力机构之间长期的、过度的"亲和"也会使"为官一任、造福一方(仅仅是一方)"的传统政治伦理渗入司法理念之中,成为司法机关潜在的行为取向。毫无疑问,司法地方化对法治原则的损伤是很大的,尤其对统一的市场经济秩序的形成影响最为深刻。不仅如此,逻辑和经验都表明:没有统一的法治,就不可能有真正统一的政治。在政治统一已关乎民族命运的今天,司法地方化问题尤为值得警惕。其二,司法机关及其成员腐败现象的滋生。资源短缺历来是腐败现象滋生的诱因,这一判断同样适用于对中国司法现状的表述。近年来,无论是依据媒体所披露出的个案,还是依据在与司法机关及其成员的交往过程中所形成的感受,司法腐败现象严重已成为不争的事实。司法腐败的实质是司法机关及其成员以司法权换取某种物质或非物质利益。这既指滥用司法权获得这种利益,也指在正当行使司法权的情况下,利用职业地位的优势取得这种利益。以非正当方式谋求司法机关(或其成员)依法办事的现象正是源于后一种情况。客观地说,司法腐败现象还导源于其他一些因素,仅仅用资源短缺不足以说明更具普遍性的现实,但资源供给不足与司法腐败现象的联系是应当予以肯定的。

中国司法面临的前述诸种现实矛盾,最终、最直接、最集中地反映在一种事实或现象上,这就是:司法对于社会主体的权利保护不充分和不完善。这一判断不仅产生于经验性感受,同时也产生于学理性分析。按照公共选择理论,司法提供的是"公共产品"(public goods)。这种"公共产品"的内容是对社会成员正当权利的充分和完善保护,这既包括在司法框架中使社会成员的正当权利得到顺利行使和实现,也包括对侵害正当权利行为予以排除、制裁和打击。充分和完善保护社会成员的正当权利是司法机关应当追求的产出最大化目标。"公正"及"效率"等价值内含在这种追求之中。

从对中国司法面临的现实矛盾以及这些矛盾的实际影响的分析中,我们不难推导出中国司法改革的主导任务。简略地说,中国司法改革的主导任务在于:通过制度创新,消除或减缓司法面临的现实矛盾,提高司法机关"公共产品"的产出能力和产出效益,更有效、更充分、更完善地保护社会主体的正当权利,创造、完善并维护适应新的历史条件的政治、经济以及社会生活诸方面的法律秩序。这种表达或认识,与以制度创新、提高企业经济效益、丰富社会主体物质生活为主导任务的经济体制改革颇为契合。

二、司法改革的基本内容

进入 21 世纪后,司法机关依据自身最急切的需求,在现行法律框架允许的范围内,实施了一系列的改革措施。同时,对在深层次上涉及体制调整的问题,也提出了一些计划和设想。① 然而,对于总体上应如何把握中国司法改革的基本内容,这些改革探索并未能提供明晰的思路,相关的理论讨论也未能回答这样的追问。

中国司法改革的基本内容可以归略为:围绕更有效、更充分、更

---

① 这方面的成果集中体现于最高人民法院发布的《人民法院五年改革纲要》,即《一五纲要》。

完善地保护社会成员正当权利的要求,合理界定司法机关与其他相关主体的权力范围及相互关系,逐步形成现代化且富有中国特色的司法体制。这一内容的关键是重新配置司法以及与司法相关的各主体的权力。作出这种概括的理由是:(1)司法体制的核心是司法机关与其他相关机构之间的权力关系。恰当界定这种权力关系是创设合理的司法体制的关键所在。(2)根据法治国家政治建构的要求,中国社会中现实权力结构关系整体上面临着进一步的调整。在这种调整中,司法在政治建构中的定位具有基础性意义;而司法的定位正体现于界定司法与其他主体之间的权力关系。(3)中国司法所面临的矛盾和问题(至少是主要矛盾和主要问题)都同司法与其他主体权力边界不清,或权力关系不合理相关。重新合理配置权力是解决中国司法现实矛盾和主要问题的根本出路。

(一) 司法与执政党的权力关系

司法与执政党关系的总体原则已成为主流意识形态的重要内容。[①] 二者关系的实质是执政党在中国社会无可置疑的领导核心地位(这是被普遍认同的中国社会发展的主要经验)与理想化的法治国家中法律至上之间的相容性、协调性问题。在总的原则上,司法与执政党的关系是明确的。"依法治国"被确定为执政党的基本方针,这不仅是执政党对全体人民的社会理想的一种尊重,而且也是执政党

---

① 西方主流意识形态常常把司法描绘成不受政党任何影响的领域。然而事实上,即便在美国这样的法治国家中,政党对司法的影响也是深刻的。美国法官的任命通常都带有一定的党派背景。据统计,从克利夫兰(Cleveland)到卡特(Jimmy Carter)共 17 位总统中,有 13 位总统任命本党成员为联邦法官,本党成员的法官占他们任命的联邦法官总数的 90% 以上,其余 4 位所任命的本党成员占任命总数的 80% 以上。在依照选举程序而选举法官的情况下,法官的产生仍然有深刻的党派背景。美国学者曾揭露道:在"党派选举"的州,"法官是作为一个政党的成员或候选人而选出的";在"非党派选举"的州,"不管选举过程和政治如何,法官仍然可以带着一个政党所主张的社会准则来到司法机关"。不仅如此,控制或制约司法机关往往正是美国两党激烈竞争的目标。参见陈其人等:《美国两党制剖析》,商务印书馆 1984 年版,第 57 页。

在处理司法问题上所作出的一种政治承诺。但是,在具体运作层面上仍然需要讨论和解决一系列问题:(1)执政党如何在实施其政治领导过程中维护司法的应有权威,尊重司法自身的运作规律。(2)司法在具体实践中如何通过法律技术手段(尤其是不损伤法律基本原则)贯彻执政党对社会治理的基本要求,体现执政党对社会过程的调控与领导的愿望。(3)执政党通过什么样的形式对司法实施组织化的、制度化的、常规性的领导。(4)在执政党的总体方针、政策体现于各级党组织以及党的领导干部所实施的具体行为的情况下,司法如何既能做到贯彻党的方针、政策,同时又能辨识进而排拒个别党组织,特别是党的个别领导干部对司法行为的不当干预。相关制度设计的重心似应集中于两个基本方面:一方面,建立和巩固司法机关贯彻执政党的方针政策,强化主流意识形态对司法发挥影响力的常规渠道;另一方面,为司法机关排拒个别党组织,特别是个别党的领导干部的不当干预,维护法律基本原则(包括程序上的规则)提供必要的制度保障。

(二) 司法与立法机构(包括各级人大)的权力关系

立法机构(包括各级人大,下同)是司法机关外部联系最为密切的主体,相互间权力关系的内容也最为丰富,因而在司法改革中,司法与立法机构之间的权力关系也最值得审视。调整、完善或重构二者之间权力关系涉及的问题包括:(1)立法权是否由人大独享,司法机关(特别是最高审判机构)在一定范围内的立法权应否被承认。这一问题具体又包括两个方面:一是如何界定司法解释与立法及立法解释的各自范围及地位;二是司法判例可否作为法律渊源之一。(2)中国应否建立违宪审查制度,亦即司法(当然仅指特别司法审判机构)能否获得评价某些立法合宪性的权力。(3)是否需要完善现行司法人员的任免制度。更进一步说,司法机关自身任免司法人员的权限可否相对扩大；而应由人大任免的，在方式上（如人大任免同级司法机关人员）是否应作一定改进。（4）如何改善人大对司法机关的监督；人大对个案监督是否正当和必要；如果个案监督正当和必要，应如何设定个案监督的范围、方式以及程序。

在处理前述问题中较难把握的是，如何既能防止司法权力失控，遏制司法专横及司法腐败的滋生与蔓延，保证立法的有效实施，同时又能避免立法机构的权力过于扩张进而影响司法机关独立地行使自己的司法权，尤其是审判权。权力配置的畸重畸轻，都会带来运作上的重大偏失。在此方面需要考虑的一些实际情况是：（1）人大成员代表着由其社会身份所限定的某种特殊利益。同时，人大自身对其成员的各种不同要求的筛选、识别机制尚不够完善，因此不同成员对司法提出的要求可能不尽恰当。（2）人大对同级地方利益的偏重是不言而喻的，人大对司法的制约往往以地方利益为基点。在此背景下，对人大权力配置畸重容易导致司法地方保护主义甚至司法地方化的扩大。（3）由于司法的重要资源（人员任免）来自人大，同时，司法在体制内的主要评价来自人大（具体表现为一年一度的司法机关工作报告的通过以及不定期的对司法机关工作的评议），在司法与人大关系上，司法无疑处于弱势地位。这种格局下，如果不考虑监督与被监督、制约与被制约双方权力的相对平衡，司法权行使所必要的独立性将逐步失却，司法对人大（包括对其部分成员）要求的无原则迁就甚至曲意逢迎将不可避免。基于这样一些实际情况，人大对司法影响的强化应立足于完善和改进具体的监督与制约方式，提高监督与制约的实际水平；而在二者权力关系的配置中则应更多地考虑对司法独立地位的保护。

（三）司法与政府的权力关系

在现行体制下，司法与政府的权力关系集中体现在三个不同层面:一是在一定范围内,政府行政权力的行使受制于司法评价。二是司法机关的物质资源来自同级政府;政府的财政状况以及对司法机关的态度决定着同级司法机关物质供给的丰寡。三是司法是政府实现其经济社会发展以及社会治理的重要保障或重要手段,尽管从理论上说政府不能直接支配司法行为。

在第一个层面的关系中,需要研究的问题是,司法对政府行政权力评价范围的界定。从趋势上看,随着行政法治化水平的提高,司法对政府行政行为的评价范围,亦即适用行政诉讼的范围将会逐步扩大。特别是不少抽象行政行为应被纳入司法评价的范围,成为可诉诸行政诉讼的对象。这一问题表象上是行政诉讼的受案范围问题,但实质上涉及司法的地位。因此,相关范围的界定,尤其是这一范围扩大的进程应从属于政治体制改革的进程以及政治建构合理化的要求。

司法与政府权力关系的第二个层面,亦即政府权力决定司法机关的物质资源供给,是目前弊端较为集中的层面。形成这种格局的直接原因是"分灶吃饭"的财政体制,但深层看,在这种格局中仍带有"政审合一"的传统遗风。司法机关主观上不愿接受这一供给体制的原因在于:(1)地方政府的财政实力普遍不能满足司法机关物质资源的要求。即使在财政实力较强的地区,司法机关物质资源的供给也是在与其他行政机构的平衡中确定的。换句话说,对司法机关物质资源的供给缺少应有的特殊性考虑。(2)由于资源供给决定于地方财政收入的实际能力以及地方政府对司法机关的态度,因此,司法机关难以建立稳定的收入预期。(3)在"一府两院"的制度下,作为与政府地位平等的司法机关不愿在物质上受制于地方政府。当然,在此问题上,更主要的矛盾是,政府决定司法资源供给的合理性必须建立于对政府和司法的双重道德假设之上,亦即政府不因资源供给上的优势而谋求司法给予特殊保护,包括在行政诉讼中不谋求司法机关予以偏袒,并且不直接或间接干预司法审判;同时,司法亦不"为稻粮谋"而在处置涉及政府事务时失之公正,且能排拒政府的任何直接或间接的干预。显然,这两种道德假设无论在理论上和实践中都是难以成立的。

司法与政府权力关系的第三个层面在运作中的实际问题是,司法如何既能够配合地方政府有效地实施对本地的社会治理,同时又不至落入"地方保护主义"的俗套,从而丧失司法机关应有的公正性和独立性。实践上这种"度"是难以把握的,在此能够提出的建议是:在制度设计的取向上,应偏重于对司法权行使的独立性、统一性、规范性的考虑,在更高层面、更广阔的视野中认识和发挥司法对地方治理的作用。

(四)司法机关之间的权力关系

我国现行司法机关之间的权力关系是根据"相互独立、互相制约、互相配合"这一富有理想化色彩的原则而设定和构造的。不仅如此,意识形态或主导政治理念还赋予每一司法机关某种特别的优势;同时,每一司法机关也在不断张扬和强调这种优势以谋求社会对自身的重视,特别是谋求在司法机关之间权力格局中的特殊地位。在此境况下,体现司法机关权力关系的具体制度,往往只是特定的意识形态或政治理念的一种演绎,而无论是"独立",还是"制约",抑或"配合",尤其是"独立""制约"以及"配合"三者之间的协调,都未能很好地得到展示。

在重新配置司法机关权力的过程中,需要讨论的问题是:对各司法机关而言,究竟是先从意识形态上给予其定性评价,明确其地位,并依此界定权力,拟定制度,还是根据司法技术的一般性规律或规则,从提高司法效能这一总体目标出发,界定各自的权力范围,设计相互间的权力关系? 就一名学者的认识而言,笔者无疑倾向于后一种选择。

纯粹从司法技术角度看,现行司法机关权力配置中的突出矛盾集中在检察机关的权力界定上。具体说,检察机关集部分侦查以及控诉和法律监督权力为一体,这一格局事实上已经瓦解了相互独立、相互制约以及相互配合原则所要求的平衡。此外,更值得深思的是,赋予检察机关的法律监督权力(特别是扩张性解释检察机关的法律监督权力),对审判权这一司法终极权力的权威性的维护是否真正有利? 当然,这一问题的预设前提是对司法审判权在诸种司法权力中最高权威的认同。由此或许可以作出这样一种判断:中国司法机关之间权力重新配置的核心问题是重新审视检察机关的职能与功用;检讨并真正解决检察机关的职能与法治国家中司法技术的一般规则之间的协调性问题。

(五) 各司法机关内部的权力关系

司法机关内部权力关系涉及两个基本方面:其一,各级司法机关之间的权力关系;其二,在各司法机关内部,不同职级之间的权力关系。由于司法机关内部权力调整的制度性障碍较少,因而当前司法改革的实际措施主要集中于这一方面。

在司法机关内部权力的调整过程中,较为明确的取向是权力下放,亦即上级司法机关将部分权力下放给下级司法机关(包括权力行使的部分范围划给下级);[①]在司法机关中,上一职级将部分权力下放给下一职级。[②] 这一取向形成的主要理由和原因是:(1)司法行为的层次较多,会影响司法机关的整体效率;(2)社会各方对司法行为受到过多上级干预提出了不同程度的批评;(3)下放权力有助于明确和落实司法机关的内部责任;(4)法治国家的普遍实践是突出司法机关成员在作出司法行为时的作用。

应该说,支撑权力下放这一取向的现实理由是值得重视的。

---

① 如法院系统逐级扩大下级法院的管辖范围。
② 如法院系统强化合议庭和主审法官的权力。

但必须提到的是,在下放权力的过程中,似乎普遍忽视了对一些前提及背景的考虑。其中,尤其应当予以重视的因素是:(1)在司法地方化问题并未真正得到解决之前,下放权力可能会进一步强化司法地方化的负面效果。例如,下级法院管辖范围的扩大,事实上增加了下级法院实施地方保护主义的能力。(2)在司法机关成员素质尚不够理想且对司法机关成员责任约束机制尚未形成的条件下,下放权力可能会进一步降低司法行为的水平与质量。[①](3)即使在有限的意义上,也不能肯定下级司法机关、低职级司法内部组织或成员比其上级能够更好地行使司法权;同时也不能肯定简单的层次比复杂的层次更能保证司法行为的质量。经验与直接感受提供的结论或许恰恰相反。实际上,司法机关内部面临的主要问题在于激励和约束机制未能有效形成,而仅仅通过下放权力显然不足以解决这一问题。不仅如此,如果把下放权力作为一种激励性措施的话,那么,逻辑上应当先行考虑的是约束手段的形成与完善。在约束手段不充分的情况下下放权力,其效果有可能违背下放权力的初衷。

三、司法改革的约束性条件

中国司法改革的约束条件是指中国特定社会环境所派生出的对司法改革的推进形成实际影响的诸种因素。对这种约束条件的分析,不仅能够说明当前司法改革进程缓慢的深层缘由,更重要的是,有助于深化对中国司法改革复杂性的认识,同时也有益于选择和制定正确的改革策略。总体上看,中国司法改革的约束条件主要有以下几方面:

---

① 这方面的详细讨论,可参见李浩:《法官素质与民事诉讼模式的选择》,《法学研究》1998年第3期。

（一）现行法律的规制

中国司法改革是在立法体系已基本形成,法律覆盖面已较为广阔,司法体制的主要构架以及司法行为的主要过程已经由法律规定的情况下进行的。这一点,与经济体制改革显有不同。虽然经济体制改革也面临一些制度性约束,但这些制度主要是政策、规章,而不是法律。具体地看,现行司法体制的制度基础既有《人民法院组织法》《人民检察院组织法》《刑事诉讼法》《民事诉讼法》《行政诉讼法》等法律,更有作为根本大法的《宪法》。不仅如此,基于司法体制内在联系的要求,各个法律涉及司法体制的内容也彼此关联。在一些基本问题上,如果某一个法律的内容发生变化,其他法律也将相应发生变化。

现行法律的规制所形成的约束使司法改革处于这样一种窘境:要么系统地修改法律,实行真正意义上的"变法";要么只能在法律框架范围内进行局部性的调整。近年来,司法机关在倡导改革的同时,又不得不谨慎地把"在现行法律范围内进行改革"或"不违反现行法律规定进行改革"作为改革的一项原则。对这一原则的遵从,一方面可以理解为司法机关的一种政治态度;另一方面也是为了避免改革过程中无序、失控局面的出现。但是,完全以现行法律为基础,司法改革的全面、深层次推进是不可想象的。事实上,司法机关目前所提出的一些改革设想和方案,已属"红杏出墙",溢出了现行法律的规制范围。这些设想和方案的实施,无疑必须以修改法律为前提。否则,"违法改革"的现象不可避免。

现行法律规制对司法改革的真正约束还不在于修改法律所可能出现的程序上的难度,更重要在于,它使得"摸着石头过河"这一中国经济体制改革的"经典性"方式难以甚至无法适用于司法改革。因为从法制原则的基本要求看,任何局部性的"违法试验"都是不能被允许的,即便这种试验的主观倾向应得到充分肯定。这意味着中国司法改革在路径的选择上很难依赖于"由点到面"的积累效应,而需要在充分的理性探讨的基础上系统地进行制度设计,进而对相关法律作出修改。这种方式在操作层面上并非不可能,但其难度则是不言而喻的。

(二)意识形态的影响

意识形态的影响首先体现在:中国现行司法制度作为中国政治建构的重要组成部分,不仅其主要内容已上升为主流意识形态,而且其权威性、优越性也在意识形态中得到了肯定和支撑。对中国司法制度优越性的认同已成为政治组织和社会公众的一种政治理念。中国的主流意识形态通过对司法制度的褒扬使这一制度获得了广泛的社会拥戴。与此同时,司法制度本身也承载着社会各阶层、各主体的某种社会理想。在这种意识形态氛围中,司法体制或制度上所实施的改革或多或少将触及人们既往所形成的理念,而对这种理念的信守又会影响到改革的实际进程。一方面,人们虽然对司法实践中所反映的问题有广泛的共识,但对司法制度基本方面的信赖往往忽略或宽宥了这些问题的存在,这在一定程度上消解了司法改革的主观动因。另一方面,当司法体制或司法制度的主要内容上升为主流意识形态后,司法改革(即便是在技术层面上进行的改革)也必然会遇到观念性的障碍。如果说经济体制改革曾经历过逾越观念障碍的阵痛的话,那么司法改革也不可避免这种相同的遭际;而如果说经济领域中的观念比较容易在经济实践的验证中得到改变的话,那么在司法领域中所形成的一些观念则因司法行为效果的潜隐性(量上的不可测性)以及不同主体的感受上的差异而难以改变。

意识形态对司法改革的影响还体现于另一个层面。中国司法改革过程中不可避免需要借鉴方西方发达国家的实践。这不仅是因为西方发达国家在实行法治中的先起性,更主要还在于作为一种社会统治实践,司法体制或司法制度有其普遍性的规则和原则。在工具理性意义上,各国司法体制或司法制度彼此借鉴的可能性较大。然而,西方发达国家基于其政治统治的需求,也已将司法体制及制度上的基本内容意识形态化;司法体制及制度中具有普遍性、一般性的规则被西方国家主流意识形态认定为资本主义民主制度与生俱来且仅仅与资本主义民主制度相联系的制度设计。不仅如此,西方国家主流意识形态还将这些制度作为与社会主义阵营对垒的一种工具。改革开放以来,随着东西方文化阻隔的逐步消除,西方司法体制及制度的主要内容通过文化载体,甚而通过文艺传播途径在中国有了广泛的认知度。但是,作为一种政治制度的建构,中国社会的决策者以及社会公众对这些内容仍保有相当程度的警惕和戒备。在国际间政治斗争尚未停息、民族主义情结忽隐忽现于各种社会事件过程的今天,这种警惕和戒备无疑是必不可少的,但这种状态又或多或少会影响对西方司法制度的某些借鉴。

(三)权力调整中的位势失衡

如前所述,司法改革的基本内容在于合理化地重新界定和配置司法机关同其他权力机构之间的权力。在此过程中,虽然司法机关与其他不同主体之间权力关系调整的内容有所区别,但总体趋向上是适度扩大司法机关的权力,尤其是减少其他权力主体对司法机关实施司法行为过程的干预,以保持司法地位的相对独立。然而,依照现行制度及制度实践,司法机关所对应的权力主体主要是在政治构架中处于强势地位的主体,司法机关自身在权力关系调整中则处于一定的弱势。这就意味着需要扩张权力的机构缺少实现这种扩张的权力,而具有扩张权力能力的机构却需要相对减少权力。由此形成权力调整中的位势失衡。即便就司法机关彼此之间的权力调整而言,各司法机关都有抗衡其他机构权力扩张的条件或依据,同时也都不具备向其他司法机关延展其权力范围(尽管这种延展被认为是必要的)的能力和手段。

从各司法机关所提出的改革方案可以看出,司法机关所拟定的改革措施基本都遵循了两个规则:一是不涉及本机构与执政党、人大以及政府之间的权力调整;二是不涉及本机构与其他司法机关之间的权力调整。这表面上可以视为对改革的阶段性的尊重,但深层上还在于司法机关自身不具有提出这种调整要求的权力、地位(甚至勇气)。

在一般意义上,对相关权力主体的政治胸襟应有足够的估量,但是,在涉及具体权力配置的过程中,各主体的特定利益立场必然会衍生出扩张自身权力范围(而不是减缩权力范围)的本能倾向。[1] 自然,揭示这种政治过程的一般特征并不在于由此给司法改革作出悲观的结论,对此问题分析的全部意义在于,司法改革必须以各主体广泛共识的形成以及社会各方的广泛支持为前提,仅仅有司法机关的内在要求和积极性,或仅仅有司法机关自身的行为,是远远不够的。

(四) 改革成本的匮乏

司法改革不仅牵涉权力重新配置,而且也涉及利益关系的调整。无论是改革过程还是改革后所形成的新的利益格局,都需要支付一定的成本。这里要讨论的仅是狭义上、最直接的成本——司法机关及其成员在司法改革中的利益问题。

---

[1]　按照公共选择理论揭示的原理,政党以及其他机构都具有"经济人"的一般特征,即追求自身利益(权力)的最大化。布坎南(J. M. Buchanan, Jr.)指出:"既然政治和政治过程最终在交易范例中加以构造,那么简单的和直接的观察就可以使人们联想到,政治家和官僚是内在组成部分。这些人的行为同经济学家研究的其他人的行为没有任何不同。"参见〔美〕詹姆斯·M.布坎南:《自由、市场与国家:80年代的政治经济学》,平新乔等译,三联书店上海分店1989年版,第40页。

　　司法机关及其成员在司法改革中的利益需求反映于三个方面：其一，改革将很大程度上消除司法腐败，杜绝司法机关及其成员利用司法权力的行使谋取不当利益。这意味着司法机关成员的"灰色收益"甚至"黑色收益"将被取消或减少。由此进一步提出的是对正当渠道物质供给增加的要求。如果没有正当渠道物质供给作为补偿，对"灰色"乃至"黑色"收益的追求无疑会抵消司法改革的成果。其二，司法改革，特别是司法机关内部的改革将强化对司法机关成员个别责任的约束；与此同时，提高司法行为效率的要求也会增加司法人员的智力和体力耗费。与此对应，司法机关成员对包括物质待遇在内的利益需求也应增加。其三，司法改革的应有措施之一就是对司法人员（尤其是审判人员）"隆其地位""厚其薪酬"，因此，增加对司法机关成员物质供给本身也是司法改革的题中之义。除此之外，司法现代化无法脱离司法机关及其成员的装备以及其他物质条件的现代化。顺应现代化趋势的司法改革，也必须以相应的物质条件作为支撑，这也是司法改革成本支付的因素之一。

　　在经济体制改革中，改革成本最初是通过政府让利减税来解决的。随着企业改革的推进，改革的积极效应（反映为企业经济效益的提高）为企业自己支付改革成本提供了可能。总体上说，企业改革与改革成本支付二者能够形成一种积极的对应，由此形成良性循环。与此完全不同的是，司法改革本身并不能为司法机关直接带来任何物质利益。恰恰相反，从一定意义上看，这种改革还会导致司法机关物质利益的减少。这也是说，司法机关自身不具备支付改革成本的条件。当最高司法机关或司法机关的管理者们对司法人员提出种种责任要求的同时，却无法回应司法人员直接或间接提出的合理的利益要求。于此境况下，德化教育和"精神鼓励"是司法机关领导们唯一可用的激励手段。[1] 从实际情况看，作为司法机关物质供给主渠道

---

① 一些法院或检察院，对获得"主审法官"或"主诉检察官"资格的人员，给予象征性的物质待遇，如每月增加100—150元。这种措施进一步凸现了司法机关改革成本的匮乏。

的各级财政并非完全忽视司法机关这种境状;由财政增加对司法机关的物质投入,解决司法改革成本支付问题本应是顺理成章的事情。但这一方式的实施除了受制于财政实力的局限外,更主要还在于,从财政角度看,处于公务员序列之中的司法机关成员尚不具备"厚其薪酬"的特殊理由。司法机关成员的"特殊待遇"或许只有当"高薪养廉"规则在政府公务员中普遍实施后才有可能。

近年来,一些地方司法机关利用其职业优势,通过一些渠道从体制外获取一定的收益,以此在一定程度上提高司法人员的物质待遇,弥补司法人员在改革中相对利益的减失,如提高或截留诉讼费用于发放奖金等。较之个别司法人员利用司法权力谋取私利,这种做法在道德上的负面评价或许会少一些;同时,在体制性的矛盾未解决前,该做法甚至有一定的合理性。但严肃地看,这种做法与司法改革的追求是相悖的,即便作为权宜性措施,亦乏善可陈。不仅如此,相关司法机关的负责者也可能会为此付出沉痛代价。[1]

四、司法改革几个策略问题的讨论

基于前述诸种约束性条件,中国司法改革必须从中国社会制度变迁或制度创新的一般规律出发,把握好司法改革的策略,以便卓有成效地推动改革的进程。这里就几个策略性问题进行讨论。

(一) 关于司法改革的路径或时序

中国经济体制改革最初启动于基层,改革过程的主导作用也体现在农村基层单位和企业自身的作为。虽然,从宏观上看,农村基层

---

[1] 云南省高级法院前院长被革职正是例证之一。

单位和企业自身的改革与政府宏观管理的改革大体上是同步的,但从具体时序上看,这一改革是"由下而上"进行的。这一特点不仅反映在改革的整体过程中,也反映在改革的每一阶段上。目前进行的司法改革也有与经济体制改革相类似的情况:一方面,基层司法机关的改革较为活跃,至少改革的声势较大;另一方面,司法机关自身的主动性较强,而与此关涉的外部权力机构所采取的实质性措施却尚不清晰。然而,这种情况的存在并不意味着司法改革可以仿效经济体制改革"由下而上"的路径。这主要是因为:(1)在经济领域,作为基本经济主体的农户及企业在很大程度上可以不依赖政府的行为而运作(这种格局本身就是经济体制改革追求的效果)。与此相异的是,司法体系中的任何主体都不可能脱离外部权力关系而独立运行;司法改革的任务不在于简单地减弱司法机关与外部其他权力关系的联系,而在于改善和调整这些关系的内容。在此情况下,没有外部权力关系的相应调整,司法改革不可能有实质性进展。(2)经济体制改革的措施可以在局部地区、部分主体之中进行试验性推行。司法改革则不具备这种条件。司法的统一性以至法制的统一性是任何情况下都不能变通的原则。司法改革的进程可以是阶段性的,但改革措施的实行不可能是局部性的。"凤阳小岗村现象"不可能也不应当出现在司法改革之中。由此可以认为,尽管司法改革需要各级司法机关的积极性,尽管司法改革的着眼点也在司法机关本身,但司法改革的基本路径或时序应当是"由上而下",亦即从总体上设计和制定改革现行司法体制和司法制度的基本方案,并逐步推进与实施。

"由上而下"的司法改革路径或时序所派生出的要求是:(1)改革的主导者应当是与司法机关相关涉的其他权力机构,并且是最高权力机构。这不仅应体现于这些机构对司法改革的一般性倡导,而且应体现于这些机构的实际行为和步骤之中。(2)与此相应,必须对法治在中国社会治理中的地位、司法在整个政治建构中的地位作出符合中国国情的界定;尤其应将"依法治国"作为司法定位的基础,并以此进一步确定司法权与其他政治权力、司法机关与其他权力机构之间相互关系的应有内容。唯有如此,才能保证司法改革的总体方案符合中国社会治理及社会发展的实际要求。(3)在司法改革的总体方案形成过程中,相关的理论讨论以及经验分析是必不可少的。围绕司法改革所进行的讨论,不仅应超出法学理论研究范围,而且应有司法机关以至全社会各方的参与。

(二) 关于对西方制度及理论资源的态度

在有关中国实行法治及司法改革的讨论中,西方国家法律制度及西方国家法学家的理论被学者们大量引用。在法治处于初始状态、司法改革刚刚启步的特定背景下,在西方文化作为一种强势文化而存在的潮流中,这种现象有其必然甚至积极的一面。然而,需要指出的是,蕴含在这种讨论中的一些情绪化的倾向。首先,在所引用的理论资源中,西方启蒙思想家有关法治以及法律制度建构的理论受到特别重视,这些理论常常被学者们用于佐证和说明中国实行法治的社会意义以及中国实行法治(从而也延伸于司法制度)的应有状态。然而,事实上,西方启蒙思想家所描述的法治状态即便在西方国家也只是一种未曾实现的理想。西方批判法学派和现实主义法学派所揭示出的西方国家法治现实足以击穿这种虚构。其次,西方国家司法制度被潜在地理解为中国司法制度的目标模式;西方司法制度中的具体规则被或明或暗地认定为"校正"中国司法制度的"基准"。即使在不赞成完全以西方制度作为范本,而强调考虑中国具体国情的主张中,也提出走"相对合理主义"的路子,[1]其预设的前提仍然在于:西方的普遍实践是终极性的"合理",而基于中国国情的实践只是

---

① 参见龙宗智:《论司法改革中的相对合理主义》,《中国社会科学》1999年第2期。

"相对合理"。最后,在援用西方司法制度及其实践作为论证依据时,缺少对制度背景的具体分析,抽取了这些制度所依托的文化或物质内涵,偏执地张扬这些制度的积极效应;至少在引证这些制度的同时没有给予人们"南橘北枳"这样的必要警示。

对西方制度及理论资源的态度,不仅牵涉理论研究中的思维倾向以及这种研究的实践价值,更主要在于它关系到人们对于中国法制改革目标的期待以及改革措施的选择。因此,即使在纯粹文化讨论的意义上,我们也不能认同前面提到的一些倾向。在此问题上,必须建立的基本理念是:承认并坚持法治及司法制度的多样性。渊源于同样理论资源的以英、美为代表的普通法系和以法、德为代表的大陆法系在具体制度安排上的殊异,已经为此作出了最好的例证。深谙西方法治真谛的美国著名法学家劳伦斯·M.弗里德曼(Lawrence M. Friedman)的一段话或许值得中国学者们反复、认真品味:"理性和法治可以采用不同的形式。没有特定的法律推理模式、特定的法律制度安排或特定概念体系可以被确定为我们定义的法治所必不可少的东西。"①在承认法治及司法制度多样性的前提下,以中国社会的实际条件及中国社会治理和社会发展的实际要求为依据,探讨中国司法制度的具体建构,应当成为我们的应有选择。当然,这丝毫不意味着对西方司法制度乃至西方法学理论资源借鉴意义的否认。

(三) 关于德化教育、加强管理、完善程序与制度创新的关系

从目前司法机关提出的改革方案看,措施主要集中在:(1) 德化教育,亦即对司法机关成员进行思想品质方面的教育,以回应社会对

---

① 宋冰编:《程序、正义与现代化:外国法学家在华演讲录》,中国政法大学出版社 1998 年版,第117 页。

司法腐败现象的批评。(2)加强管理,亦即落实内部各机构及其成员在司法过程各个环节中的行为责任,强化责任约束,如建立主审法官或主诉、主办检察官制度。(3)完善程序,亦即从技术上完善司法程序,提高司法行为的总体水平。例如,最高人民法院明确把改革审判方式作为近期改革的重点。① 一方面,进一步强化公开审判等制度的实施;另一方面,在诉讼法确定的原则和程序框架中,吸收了国外司法实践中的一些技术性措施。

应该说,这些措施大体上覆盖了在现实条件下司法机关自身努力所能涉及的范围。各司法机关之间在实际举措上的差异,并不是对改革的信心或对于改革向前推进的态度不同,而是各自面临的约束条件不一。

毫无疑问,前述措施的积极意义是应当被充分肯定的,但根据本章前面对司法改革内容的分析,这些措施又远未能反映司法改革的主要方面。因为这些措施大体上还是在现行司法制度和现行司法体制下进行的,没有触及制度和体制本身。司法改革的真正展开还有赖于以司法体制变革为内容的制度创新。更需要看到的是,在制度创新与前述措施的关系中,制度创新具有本质性、基础性意义。如果没有制度创新作为前提,前述措施能够形成的积极效应不仅是有限的,而且是不能持久的。这一点,也进一步印证了前面所讨论的中国司法改革"由上而下"的路径和时序的合理性。

---

① 参见《人民法院五年改革纲要》,最高人民法院 1999 年发布。

第五章　人民法院的改革取向

对人民法院改革取向的思考和审视，缘自对司法责任制实行后法院审判实践中出现的一些现象的观察与关注。择其要者：其一，法院及法官一方面抱怨案多人少，不堪重负，另一方面却人为扩大案件总量。除了在统计口径上将当事人认知中的一场"诉讼"分解为法院审判考核中的若干个"案件"外，①更重要的是把本应或本可合并审理的案件分拆成多个案件审理。② 之所以出现这种追求"司法 GDP"的现象，主要是因为案件总量与法院编制、员额、经费挂钩，同时，办结案数也是衡量法院及法官个人审判业绩的主要依据。其二，法官在审判中满足于裁判形式上的合法，缺少对实质公平公正的追求。因为形式上的合法不会受到司法责任的追究，而追求实质公平公正反而意味着承担更大的责任风险。与此相联系，法官在审判中难以注重纠纷的实质性化解，案件处理趋于表面化，裁判结论不能终结当事人之间的实质性争议，更不能消弭冲突、化解纠纷，有些甚至还衍生或引发新的案件。其三，法官能动司法的激励减弱，而消极司法的取向日趋明显。这体现于不主动行使释明权，不主动调解或敷衍调解，通过发回重审回避矛盾，甚至无原则屈从当事人的威胁（如当事人以上访闹事相要挟）。其四，基于明确责任及考核的要求，法院内

---

① 当事人认知中的一场诉讼，通常可以衍生为法院统计口径中若干个案件。以民事案件为例，具有独立案号的即有民辖、民初、民终、民监、民申、民抗、民再、民撤、民催、司救民、执、执恢、执保、执异、执复、执监、执协等 10 多个类型。近些年，"法院案件大幅度上升"，既有诉讼量客观增加的原因，也与法院统计口径的某些改变相关。
② 一些法院要求当事人把符合普通共同诉讼条件的案件分拆为多个案件起诉，甚至要求当事人把必要共同诉讼的案件分拆后另案处理。最极端的例子，西部某省一基层法院将 1 宗在建工程的执行案分拆为 600 多个执行异议案件审理。

职责分工及流程愈趋细化,不仅强化了各主体"自扫门前雪"的意识,减弱了主体间在审判中互助的激励,更增加了诉讼过程的复杂性以及当事人参与诉讼的难度及成本。其五,各级法院以及法院内各主体之间互相推卸事务或责任。特别是院庭长与合议庭、法官之间的权力范围并未真正被界定清晰(事实上也很难截然分清),审判权与审判监督管理权之间始终未能找到恰当的交集方式,因而各主体对于审判中面临的问题相互推诿的现象有一定普遍性,其结果必然是不同程度地弱化人民法院审判资源整体运用的能力。

进一步看,前述现象造就了当下法院实践中的一种悖论:法院及其内部主体的行为在形式上越来越符合司法责任制所创设的某些标准和要求,而司法审判的社会成效,尤其是诉讼参与人的"消费体验"却并没有随之明显提升或改善,甚至在某些方面还有不同程度的倒退;至少法院的"改革红利"并未完全或实际地转化或体现为诉讼参与人的诉讼收益,从而也未能充分地转化和体现为司法的社会成效。也就是说,法院与其内部主体之间的利益(责任)分殊和法院与社会之间的功利分殊相叠加,放大了法院自身的改革收益与社会获得之间的疏离。

司法改革,广义上也是一种社会制度的变迁,但相对而言,这种制度变迁往往有较高的社会容错性。这主要是因为对制度变迁负向外部性的认知受制于不同主体的不同感受,[1]且由于缺少共同识别以及共识形成的社会基础,制度与效果之间的直接因果关系并不总是十分明显;[2]同时还在于,批评者(主要是属于小众群体的诉讼经历者)在这种确定的关系中处于弱势地位,无法对被赋予正当化意义的制度改革形成有效抗衡或抵制。因此,尽管前述现象已经形成了一

---

① 诉讼经历者与未经历者对司法的评价是不同的。参见周立民:《诉讼经历与城市居民的司法信任——以上海为例的调查分析》,《环球法律评论》2019 年第 3 期,第 104—119 页。
② 这一点与经济制度变迁明显不同。经济制度变迁的效果通常都会量化呈现,具有很强的可测度、可识别性。

定的负面社会效果,但相应偏差的矫正依然很大程度上取决于制度决策层的自我省察与调校。近年来,各级法院的决策层对此似乎已有明显认识,最高人民法院围绕司法效能的提高相继出台了一些政策或规范。① 然而,如果不从机理上厘清人民法院改革中的某些基源性问题,并据此对改革的取向进行必要的审视,不仅难以对前期改革作出恰当的评价,更难以真正缓解法院"自我完善"的改革与外部社会需求满足之间的张力。

本章试图揭明,以司法责任制为核心的改革,潜含着在内向视角导引下对标自定义、自准据的某种司法模式的取向,其直接目标可被概括为"让司法像司法"或"让司法更像司法"。这一改革取向在依法治国的战略背景下有其必然性及重要现实意义,但在新的历史阶段中,人民法院应自觉地回归于司法的实质使命,立足于司法的外部社会需求,着力于自身司法能力的建设与提升,满足和实现司法的社会功能,亦即在外向视角下明晰并确定人民法院改革的取向。

一、内向视角导引下的改革:"让司法像司法"

分析始于 20 世纪 90 年代并延续至今的法院改革,特别是更具系统性、全面性、深刻性的本轮改革,可以发现,改革内在地贯穿着一条主线,即依据以形式主义法治或法律自治原理为内核的司法模式而设计并实施各种改革方案与措施,以期实现"让司法像司法"或"让司法更像司法"。其间虽然始终保持着对政治意识形态原则的遵循以及对中国社会现实的考量,但在技术、方式层面,或落脚于具体措施时,依然受制于内向视角的导引,体现出满足这一司法模式基本形式要件的努力。

---

① 如构建案件繁简分流机制、建设智慧诉讼服务体系、完善审判监督管理机制、推进诉服中心建设等。

（一）形式主义法治意涵中的"司法"

现代司法的形态作为 19 世纪理性主义的产物,在形式法治主义理念下得以塑造并相对固化。形式主义法治理念下的"司法"具有这样一些基本特征:第一,法律是一个自治的系统,而司法则是法律自治中的一个核心环节,承载着法律自治的重要功能,并体现着法律自治的主要特色。正如博登海默描述的那样:"通过逐步建立一个专门机构和一个内部组织,通过创设一个特别的法律专家等级——这些专家以专门的训练和专门的知识为特征,并通过精心设计一种同质性的法律技术与方法,法律试图确保和维护其自身的自主性。"①亦如伯尔曼(Harold J. Berman)所说:"法律被认为具有它自己的特征,具有某种程度的相对自治。"②第二,司法是一个技术化、逻辑化,同时又理性化的运作过程。在马克斯·韦伯看来,司法就是运用形式逻辑将抽象的"法命题"适用于具体案件的过程,"法律上重要的事实特征借着逻辑推演而解明含义,并且以此而形成明确的、以相当抽象的规则之姿态出现的法律概念,然后被加以利用",③以至于司法被理解为一台"自动售货机",一边输入事实和法律,一边输出裁判。兰德尔的法律形式主义理论将法律规则适用于个案的事实情境,视同于几何学定理的运用那样具有形式性和规整性,认为"可以通过概念的有序化达到普遍的形式性,再由普遍的形式性达到完整性"④。第三,司法建诸一系列公设:司法具有接纳各种社会纠纷、处

① 〔美〕博登海默:《法理学:法律哲学与法律方法》,邓正来译,中国政法大学 2004 年版,第256 页。
② 〔美〕哈罗德·J. 伯尔曼:《法律与革命——西方法律传统的形成》,贺卫方等译,中国大百科全书出版社 1993 年版,第 9 页。
③ 〔德〕马克斯·韦伯:《韦伯作品集 IX:法律社会学》,康乐等译,广西师范大学出版社2005 年版,第 28 页。
④ 参见〔美〕托马斯·格雷:《美国法的形式主义与实用主义》,田雷等译,法律出版社 2014年版,第 45 页。

置各类社会冲突的能力(法院没有理由拒绝提交其处理的案件);司法具有可适用的充分且明晰可辩的规范依据(司法一定是有法可依的,依法断案是司法的核心);任何事实真相都可以在司法中得以恢复并加以认定(司法有相应的程序、技术作为手段和工具);法官聪明睿智且公正无私(典型者如德沃金[Ronald Myles Dworkin]所构设的赫拉克斯勒①);对任何争端都可以作出唯一且恰当的裁判(司法是公正的最后防线,司法具有终极决断力②);任何裁判都会被具体执行(司法以国家权威作为后盾)。第四,司法是由若干要件或属性构成的一个系统。这些要件或属性包括司法的独立性、中立性、被动性、公开性、权威性、司法过程的程序化、法官的精英化、法官职业的特殊保障等。③

19世纪末期,形式主义法治意涵中的司法连同法律自治理论不仅在实践上遭遇现代社会日益复杂的现象,特别是后现代思潮的挑战,同时在理论上也经受了实用主义法学、批判法学、种族批判法学以及激进女权主义法学不同程度的批判与否弃。④ 然而,形式主义法治意涵中的司法仍然深刻地影响着当代各国的法治现实。这一方面是因为其创设了现代司法的基本形态及基本理念,另一方面也在于,形式主义法治意涵中的司法往往更符合人们对司法的理想化执念,很容易获得广泛认同的社会基础。

更值得重视的是,在形式主义法治或法律自治理论的影响下,对法律或司法的认知及评价形成了一种以法律系统为本位、以法律职

---

① 参见〔美〕罗纳德·德沃金:《法律帝国》,李常青译,徐宗英校,中国大百科全书出版社1995年版,第279—315页。

② "在人们的理想谋划中,法院应成为实现公平正义的最终场所。"〔美〕马丁·夏皮罗:《法院:比较法上和政治学上的分析》,张生、李彤译,中国政法大学出版社2005年版,第7页。

③ 国内对司法要件或属性论述的文献,可参见王利明:《司法改革研究》,法律出版社2000年版,第83—159页;刘瑞华:《司法权的基本特征》,《现代法学》2003年第3期;樊学勇:《司法公正与法官精英化》,《法学家》2001年第3期。

④ 参见王孟林:《法律自治理论的流变:以现代性问题为中心的思想史考察》,法律出版社2012年版,第58—105页。

业共同体主体意识为基础、以法律人自我认同为依据的内向化的视角（日本学者田中成明谓之为"内在视点"①）。这一视角可从三个方面进行描述：首先，内向视角的预设背景及前提是，法律系统或司法系统本质上具有封闭性和自洽性，与其他社会系统相对隔离，其运行应当并可以不受其他社会系统的影响，托依布纳（Gunther Teubner）将其表述为"闭合的自创生系统"②。其次，对法律或司法的认知及评价依据法律及司法自我定义、自我设置的规范或理念，而不以外部标准或要求作为参照，并把自准据及自证作为维持法律自治的重要保障。最后，重视并强调法律或司法的特殊性，并运用专业化的语言、专业性思维以及专门的逻辑维系和强化这种特殊性。内向化视角不仅是法律人（尤其是法学人）所秉持的一种认知立场、一种思维方式、一种自觉意识以及强化法律自治以及法律专业智识垄断的一种手段，同时对法律或司法的改革、发展及实际运作产生重要影响。

（二）"让司法像司法"的改革

近几十年来，我国法院改革举措甚多，其中不乏一些具有中国特色的创举，但不能否认的是，各种改革措施的共同取向仍然是在内向视角导引下，对标于自定义、自准据的司法模式，以尽可能满足这一模式的形式要件为基本追求。虽然某些改革的动因及背景包含有问题导向因素，但一方面，所谓"问题"，往往是在内向视角下凸显或提炼出的问题；另一方面，即便是真实的问题，相应的改革措施往往又回归到司法模式要件化完善之上，只是在具体方式或内容上对实际情况有所顾及。

---

① 参见〔日〕田中成明：《现代社会与审判：民事诉讼的地位和作用》，郝振江译，北京大学出版社 2016 年版，第 46 页。
② 参见〔德〕托依布纳：《法律：一个自创生系统》，张骐译，北京大学出版社 2004 年版，第 9 页及以下。

从本轮改革的主要内容看,员额制以及法官遴选制度改革(遴选入额法官,上级法院从下级法院选任法官,从优秀学者、律师中选任法官)所要解决的是法官精英化问题;审判权力下移至独任法官、合议庭以及法院人员财物省级统管,旨在保持法院内外部审判权行使的独立性;法官薪酬及政治待遇的改善意在提升法官在政治结构和社会结构中的地位,提高法官的尊荣感与自律意识;明确法官审判责任以及责任追究方式旨在匹配于扩大了的法官审判权力,保持法官权责的一致性,同时约束法院内其他主体(主要是院庭长)更加审慎地介入法官的审判事务;法院内设机构改革的目标则在于消解法院内科层制结构,弱化审判权运行的行政化色彩。此外,审委会、法官专业委员会、院庭长等职能或职责的重新配置亦是在既有条件下让法院的职权配置格局更接近于内向视角下司法的基本要求。可以想见,如果这些改革措施逐一落实,我国法院无疑会朝着形式主义法治意蕴下的司法模式迈进一大步,从形态或形式上达致"让司法像司法"或"让司法更像司法"的效果。

在我国,内向视角下"让司法像司法"的改革有其必然性及相应的现实意义。首先,由于我国历史上缺少法治传统,法治化进程起步较晚,因而总体上处于"法化"(legalization)①不足或不充分的状态,这种状况催生了全面推进依法治国的政治目标。在这一进程中,司法被认为是法化的主要标志和表征,因此,司法改革的方向或目标就不能不是"让司法像司法",亦即通过更充分地接近或满足某些形式要件而使司法趋于"自我完善"。不仅如此,"司法现代化"②这一

---

① 法化程度在各国的情况不一样。美国、德国被认为是"法化"过剩的国家,从 20 世纪 70 年代后半期开始,美国、德国等国家为了解决"法化"过剩前提下的法体系和司法制度的局限性,开展了对"法化"和"非法化"(或"去法化",delegalization)的讨论;而在日本,有学者则认为日本是"法化"不足的国家,主张强化对司法的适用。参见〔日〕田中成明:《现代社会与审判:民事诉讼的地位和作用》,郝振江译,北京大学出版社 2016 年版,第 22—43 页。

② 有关"司法现代化"的讨论,参见夏锦文、方乐主编:《司法现代化》,法律出版社 2016 年版;宋英辉主编:《中国司法现代化研究》,知识产权出版社 2011 年版;章武生:《民事司法现代化的探索》,中国人民公安大学出版社 2005 年版。

命题在当下中国的基本理解以及现实形态或具体实践,也往往是对标于法治发达国家普遍奉行且与我国主流意识形态及政治制度不具有直接冲突的某些司法形式要件。其次,形式主义法治意蕴中的司法体现着人类对司法这一社会实践的一般规律和特征的认识,既包含了历史经验和智慧的提炼与凝聚,也寄寓着对司法理性化的期待与构想。当这种司法模式抽象为具体要件后,"要件—结果"的逻辑关系能够使形式化的追求在不同程度上转化为司法的具体成效。尽管"要件—结果"的逻辑关系尚取决于若干条件性因素,但一般而言,二者之间的因果链仍然是正向的。这既是形式主义法治对形式化要件保持信心的理由,也是其成为导引我国法院改革的认识基础与依据。最后,对我国司法现实中存在的各种问题,各有所识,归因不同,但最容易形成共识、最可能获得正当性的破解之道,在于完善司法的形式要件,"让司法像司法"。其间所潜含的预设或期待是,司法现实中存在的这些问题都根源于司法中悖异于形式主义法治意涵中"司法"的因素或现象,当通过改革剔除这些因素或现象、让司法回归"司法"后,现实中的问题便会迎刃而解。"尊重司法客观规律""让审理者裁判,由裁判者负责"以及"去行政化""去地方化"的倡导都是在这样的逻辑下提出的。①

(三)内向视角下改革的局限性

从我国法治发展的总体趋势看,尤其是从弥补我国"法化"不足的现实要求看,内向视角下的改革对于我国司法基础性建设的积极意义应当得到肯定,但其局限性同样也很明显。这不仅是因为,形式主义法治意涵中的司法模式本身具有浓厚的理想化甚至虚幻化色

---

① 倡导这方面主张的论述很多,其中较具代表性的可参见陈瑞华:《司法体制改革导论》,法律出版社 2018 年版,第 155—183 页;陈卫东:《司法机关依法独立行使职权研究》,《中国法学》2014 年第 2 期;陈卫东:《司法"去地方化":司法体制改革的逻辑、挑战及其应对》,《环球法律评论》2014 年第 1 期。

彩,更在于这种模式的固有缺陷在我国具体国情中被进一步放大。

　　首先,以法律自治为理论基石的司法模式与我国基本政治制度及体制的契合程度较低。我国政治制度及体制不是在分权理念基础上建构的,执政党统摄下的"统一"与"集中"更能体现制度及体制的特质。因此,无论就司法系统而言,还是在机构或人员层面上,法律的自治性并没有、也不可能显著地存在或呈现。正如布迪厄(Pierre Bourdieu)所揭示的那样:"这种自主性(指法律或司法的自主或自治——引者注)存在的必须条件是:要使一个相对独立于外在约束的司法体(judical corpus)得以出现的自主的社会世界(social universe)(例如,一个法律世界),同时这个自主的社会世界还可以通过其自己的具体运作逻辑生产和再生产出这个司法体。"①总体上看,我国司法具有鲜明的外趋性,亦即司法以满足外部的政治及社会需求为基本目标和价值取向,并致力于与政治以及其他社会系统高度融合。根据我们对最高人民法院网站近10年所公布的256份司法文件分析,以响应并实施主导性政治力量倡导,回应国家中心任务、社会治理及社会发展需求,服务民生大局为主题的各种政策性通知、意见、决定等,约占三分之一之多。② 与此相应,各地方法院也把司法审判实践融入地方治理一体化作为自身的努力方向。近几十年的法院实践中,我们所能看到的,一方面是保持和维护司法审判独立性的努力,另一方面则是对司法服从与服务社会大局的明确强调。这两方面贯彻于地方司法实践中,既体现为对"服从并服务大局"与"地方保护主义"之间界限的把握及目标的辨识,又体现于对地方治理要

──────────

① 〔法〕布迪厄:《法律的力量——迈向司法场域的社会学》,强世功译,《北大法律评论》(1999)第2卷第2辑。

② 最高人民法院网站公布的从2009年2月28日至今的司法文件共计256件(网站显示数据有257件,其中有一件重复)。参见最高人民法院网站:http://www.court.gov.cn/fabu-gengduo-17.html? page=13,最后访问日期:2019年10月4日。郭松的研究表明,司法文件具有契合于中国政治与司法结构环境的独特功能,可以成为考察中国司法与政治以及社会系统之间互动关系的一个切入点。参见郭松:《司法文件的中国特色与实践考察》,《环球法律评论》2018年第4期。

求与个案处理合法性二者之间的平衡。在此状况下,试图通过司法机关人财物省级统管、司法职业在公务员序列中单列以及司法专业化、职业化建设等一些措施,来实现司法机关及人员的某种"超脱"或"自治",其效果是极为有限的。

其次,内向视角使得改革由问题导向衍变为理想导向,从而减弱了改革的针对性以及解决实际问题的效果。尽管启动我国法院改革的主要理由之一在于革除法院体制、机制中某些现实弊端,但在改革目标的设定中,内向视角无形中提供了一个富有理想化色彩的司法模式以及建构这种模式的基本要素。由此带来的问题是,理想化模式不仅使改革措施与法院存在的真实问题并不贴切地对应,更为重要的是,还把一些理念绝对化,为法院制度及运行造就或设定了一系列貌似正确但脱离实际的要求或规诫。例如审判权只能由独任法官或合议庭行使(让"审理者裁判",且只有独任法官或合议庭才被认为是"审理者"),审委会只能讨论法律适用而不能讨论事实认定①(事实上,很多案件的事实认定与法律适用根本不可能完全分开,且死刑案件②讨论中很多均涉及事实认定),上级法院新增员额法官只能从下级法院遴选(既忽略了上下级法院法官之间流动的激励和约束因素③,又基本阻绝了高层级法院中法官助理成为本院员额法官的通道④),等等。当这些要求或规诫与具体实践相龃龉时,要么不得不通过多种方式进行变通,⑤要么忍受画地为牢、

---

① 《最高人民法院关于完善人民法院司法责任制的若干意见》(法发〔2015〕13号)第9条规定:"审判委员会只讨论涉及国家外交、安全和社会稳定的重大复杂案件,以及重大、疑难、复杂案件的法律适用问题。"《最高人民法院关于健全完善人民法院审判委员会工作机制的意见》(法发〔2019〕20号)仍明确强调审委会"讨论重大、疑难、复杂案件的法律适用"。

② 依规定,死刑案件必须由审委会讨论决定。

③ 这种激励和约束性因素很多,例如家庭成员(尤其是配偶)工作、子女就学、住房条件、消费水平、社会交往等因素,这些因素下级法官是否愿意到上级法院任职均会产生不同程度的影响。

④ 按现行规定,高层级法院法官助理必须到基层法院才能入额,并且原则上逐级入额后才能最终回到高级或最高人民法院,其过程十分漫长。

⑤ 如划出某些类型的案件,规定这些案件的处理应报专业法官会议或审委会,这实际上是对独任法官、合议庭独立行使裁判权的一种变通。

削足适履之后果,①要么则被实际弃置。②

再次,内向视角下的改革忽略了成就司法形式要件需要的实际背景与条件。一是对制度所赖以确立以及致效的条件顾及不够,如现实中我国法官队伍的素质以及法官所处的社会环境并不足以支撑审判权由法官独立行使;法官与学者及律师之间的职业位势以及由此位势而形成的逆向流动趋势也与从优秀学者、律师中选任法官的制度不符。③二是对各主体利益诉求缺少必要的关注。制度设计过程中往往更多考虑的是制度在形式上的合理性,而忽略了制度实施主体的利益取向以及受制度影响形成的利益格局的变化,尤其是主体间比较利益的变化,④"只见制度不见人"的改革很难达到制度设计的预期。三是对制度实施的监督难度及成本估计不足,尤其是对规避制度的现象缺少足够的考量以及相应的制约手段。由于内向视角下的改革对制度中的主体(尤其是法官)付诸较高的道德预设,因此,改革中虽然对制度实施的监督保持总体性及一般性的强调,但并没有足够的措施防止和避免制度实施中的规避和变异现象的发生,如前面提到的人为分拆案件以满足审判绩效的考核;又如,院庭长通过办理简单案件或挂名办案提高"亲自办案"数(这与规定院庭长"亲自办案"的初衷——发挥其办理重大、疑难、复杂案件的作用——大异其趣)⑤等

---

① 如院庭长即使知晓法官或合议庭某个案件的处理存在问题,也因受制于相关限制而放任不管。

② 如人财物省级统管实际上根本无法落实,成为"空运转"的制度。参见左卫民:《省级统管地方法院法官任用改革审思——基于实证考察的分析》,《法学研究》2015 年第 4 期。

③ 最近 10 多年来,离职法官中选择到律师事务所的占很大比例。参见李浩:《法官离职问题研究》,《法治现代化研究》2018 年第 3 期;张青:《基层法官流失的图景与逻辑:以 Y 省部分基层法院为例》,《清华法学》2018 年第 4 期;黄斌:《当前我国法官流失现象分析与对策建议》,《中国审判》2014 年第 3 期。

④ 有关利益变化对制度实施的影响,参见吴洪淇:《司法改革与法律职业激励环境的变化》,《中国法学》2019 年第 4 期;程金华:《中国司法改革的利益相关者——理论、实证与政策分析》,《北大法律评论》(2014)第 15 卷第 2 辑。

⑤ 龙宗智等人的研究表明院庭长办案并没有真正常态化,存在挂名办案、选择办案、作秀办案等现象。参见龙宗智、孙海龙、张琼:《落实院庭长办案制度》,《四川大学学报》(哲学社会科学版)2018 年第 4 期。

等。事实上,在法院复杂的运行机制以及案件审理这样一个主观性很强的实践过程中,任何主体在任何环节中都可以有不同程度的规避相关制度约束的动机和可能性,现实中的场景与内向视角下对司法的想象与期待往往差异甚大,由此不能不消解某些改革措施的现实基础,减损改革措施的实际成效。

最后,内向视角下的改革还在一定程度上催生了把过程当结果、把手段当目标、把形式当实质、把自利当利他的浅层次及偏颇化的改革思维,从而加大了法院审判运行与社会对于司法需求之间的疏离。特别是内向视角下改革的某些口号或原则被僵化地确立后,一些地方法院基于对"改革政绩"的追求,围绕这些口号或原则进行各种"创新",不顾实际效果而为改而改的情况时有发生。这种现象较为突出地反映在审判庭设置的改革中。有些法院将若干专业审判庭合并为一个"大部",改变审判庭作为法院中间层级的基本结构;[1]有些法院则将审判庭按审判团队拆分为多个"小庭",从而虚化审判庭的存在;有些法院则干脆取消审判庭。[2] 问题并不在于这些改革方式的多样性,而在于这些改革的初衷及理由并不是提高法院审判的组织化效能,而是因为审判庭被认为是法院科层制、行政化的核心化表征;弱化或取消审判庭是为了实现"去行政化",塑造"扁平化管理"结构,以增加法官独立性的"改革目标"。至于这种"去行政化"的方式以及"扁平化管理"结构能否真正带来审判能效的提高,[3]往往并未成为相关改革者深虑的问题。

---

[1]　为保留庭级领导职数,这些法院实际上并未取消庭长、副庭长设置,只是将称谓改为"部长""副部长"等。

[2]　参见雷钧主编:《黄陵模式——中国法官制度改革初探》,法律出版社 2013 年版;梁展欣:《深圳福田法院审判长制度改革》,载最高人民法院审判管理办公室等编:《审判管理研究与参考(第 2 辑)》,法律出版社 2014 年版,第 152—153 页;唐旭超:《规范与重构:基层法院民事审判庭设置的实证研究》,《法律适用》2017 年第 5 期。

[3]　苏力认为,法院内部的扁平化制度设计忽略了科层制发生的原理,很不现实。参见苏力:《司法改革的知识需求——波斯纳〈各行其是〉中文版译序》,《法治现代化研究》2017 年第 1 期,第 102—103 页。

二、对司法本原的认知与司法改革

前述分析与讨论进一步引发我们对司法这一现象或实践之本原或基源的思考。田中成明在分析日本国内对审判制度的认知时指出："对之理解与评价的模式或制度是诉诸法特有的自立的法治主义标准还是依据经济、政治、宗教及道德等还原主义标准,我国现代法状况在自我理解和评价上呈现出一幅复杂对立的图景。"①这段表述对我们的启示是,对司法的认知不仅需要(或不能仅限于)形式主义法治意涵中的认知标准或内向视角,更应运用还原主义立场下的本原化认知标准或外向视角,并在此基础上形成具有元理论意义的司法认知与理解体系,借以为司法改革提供原理引导或支撑。

(一) 还原主义立场下对司法本原的认知

作为一种认知立场或方法,还原主义(reductionism)"认为对复杂事物的理解可以通过将它分解为更为简单或者更为基础的各种组成要素来进行,如果这些个别的(或者部分的)要素能够得以理解,据此也能够理解原来复杂事物的整体性质或者状况"②。还原主义立场下对司法的认知可归结于下述三个判断或命题:

第一,司法是一种制度建构的产物,并且是政治制度建构的产物。这一判断或命题原本并不需要强调或论证,但由于形式主义法治以及法律自治理论对司法独立性、司法权威性乃至神圣性的过度

---

① 〔日〕田中成明:《现代社会与审判:民事诉讼的地位和作用》,郝振江译,北京大学出版社 2016 年版,第 7 页。
② 〔日〕田中成明:《现代社会与审判:民事诉讼的地位和作用》,郝振江译,北京大学出版社 2016 年版,第 7 页。

强调与渲染,造就了司法超凡脱俗,尤其是超越政治的虚幻意象,以至于人们常常忽略了特定国家中司法设置源自什么、司法权由谁所赋、设置司法的目的又是什么这样一些本原性问题。司法是政治制度建构的产物这一命题包含四个层次的含义:(1)司法是国家设定的一种政治装置,源自国家的政治建构,司法制度是政治制度的重要组成部分,司法部门"归根结底还是国家的一个'部门'"①,"普遍存在的模式是,审判是作为政权主体中的一部分来运行而不是作为一个独立的实体存在的"②。即便是拥有解释宪法含义之权力的美国联邦最高法院,其解释宪法的权力也是"在政治上构建出来的",尽管"司法机关可以声称它对宪法的解释是至高无上的,但是这种主张最终必须得到其他政治参与者的支持,他们就宪法制度应该如何运作会作出独立的决定"。③(2)国家设置司法并赋予司法权的目的在于实现国家的社会统治或社会治理,司法权的实施必须从属于国家统治或治理的要求。根据政治学者所揭示的原理,"国家的每一个部分不仅仅是作为一个独立的权力中心,而且也是国家的有机组成部分,使国家作为一个整体在实现自己的目的方面具有更高的权能"④。马丁·夏皮罗在对司法制度起源的分析中也指出,"统治阶层通过法院保持或者增加他们的合法性","在许多社会中法院的重要功能是一种具有特殊形式的社会控制,目的是为政权重新获取支持"。⑤

① 〔意〕卡佩莱蒂:《比较法视野中的司法程序》,徐昕、王奕译,清华大学出版社 2005 年版,第 22 页。
② 〔美〕马丁·夏皮罗:《法院:比较法上和政治学上的分析》,张生、李彤译,中国政法大学出版社 2005 年版,第 29 页。
③ 参见〔美〕基斯·威廷顿:《司法至上的政治基础:美国历史上的总统、最高法院及宪政领导权》,牛悦译,北京大学出版社 2010 年版,第 6、11 页。对"司法独立"赖以存在的政治基础的讨论,还可参见封丽霞:《政党与司法:关联与距离——对美国司法独立的另一种解读》,《中外法学》2005 年第 4 期;杜苏:《司法独立的黎明——法国古典司法体制诸问题研究》,《中外法学》2013 年第 1 期。
④ 〔美〕贾恩弗朗哥·波齐:《国家:本质、发展与前景》,陈尧译,上海人民出版社 2007 年版,第 24 页。
⑤ 〔美〕马丁·夏皮罗:《法院:比较法上和政治学上的分析》,张生、李彤译,中国政法大学出版社 2005 年版,第 33 页。关于从国家或社会治理的角度讨论司法的研究,还可参见于明:《司法治国:英国法庭的政治史(1154—1701)》,法律出版社 2015 年版。

（3）有什么样的政治制度、政治结构及政治运作方式就有什么样的司法制度、司法结构及司法运作方式。对于某一国家来说，"只有某些特定的司法形式才适合于某种特定的目的，所以，只有某些特定的司法形式才能在主流意识形态中获得正当性"①。（4）司法作为一种特殊社会实践所固有的某些特性，如独立性、中立性、被动性以及司法的某种自治性，也需要基于国家统治或治理的整体框架及原理而赋予其含义或予以解释。并且，如马克·范·胡克（Mark Van Hoecke）所说："如果法律真正地'自治'且产生了侵蚀经济系统、政治系统或主流道德系统的规则，那么它就不会长久存在。"②这些含义表明，在司法与政治的关系上，政治永远是第一性的，司法则是第二性的、派生的；政治始终是自变量，司法则是因变量。诚然，任何政治建构中都包含着对司法活动基本特质与特性的考虑，但这种考虑仍然以符合特定社会政治建构的要求为前提，并被限制在政治建构的总体框架之中。在此意义上，美国等西方国家对其司法独立的维护，与其说是对司法规律的尊重，莫若说是对其政治权力结构安排的顺应与服从。

第二，司法是一种公共产品。按照萨缪尔森（Paul A. Samuelson）的理论，公共产品（public goods）是主要由国家（政府）向社会成员提供的非竞争性、非排他性使用的产品。③强调司法的公共产品的属性，主要是为了突破法律自治理论构筑的某种思维樊篱。如前所述，在法律自治理论中，司法被设定为法律自治的一个核心环节，

---

① 〔美〕达玛什卡：《司法和国家权力的多种面孔：比较视野中的法律程序》，郑戈译，中国政法大学出版社 2015 年版，第 14 页。

② 〔比〕马克·范·胡克：《法律的沟通之维》，孙国东译，刘坤轮校，法律出版社 2008 年版，第 66 页。

③ See P. A. Samuelson，"The Pure Theory of Public Expenditure"，in *Review of Economics and Statistics*，1954，Vol. 36，No. 4，pp. 387-389. 萨缪尔森在《经济学》教科书的历次修订版本中对公共产品的界定有细微差别，不过公产共品的"非竞争性""非排他性"这两个属性已为绝大多数学者普遍接受。关于公共产品属性的讨论，参见朱鸿伟：《公共产品含义新探》，《中国行政管理》2011 年第 8 期；秦颖：《论公共产品的本质——简论公共产品理论的局限性》，《经济学家》2006 年第 3 期。

司法产品也往往被认为是法律职业共同体合力生成且自我认同的成果,对司法及司法产品的认知遵循着法律自治理论衍生出的一系列理念、原则及方式方法。然而,实在地看,司法并非法律人自给自足、自我欣赏与消费的对象,而纯粹是一种以外部社会成员为供给对象的公共产品,亦是公共服务法律体系的组成部分。公共产品这一属性对司法的内在规定性在于:一是司法以适应或满足社会需求为基本甚至是唯一的向度,社会需求是测度司法的最主要依据;二是司法应遵循平等供给、均衡供给、按需供给等公共产品供给的原则;三是供给侧自身的各种因素,尤其是约束性条件的变化(主要体现为司法改革与完善)应从有利于司法产品的产出能效出发,而不应因循或囿于自证、自洽的某种标准。

第三,对司法的评价应尊重"消费者体验"。与公共产品属性相适应,认知司法本原的另一维度在于"消费者体验"。这里所说的"消费者",是指运用司法并从司法中获益(是否获益与胜诉败诉无关)的主体,具体包括三个方面:一是国家。国家从司法中获得治理效能,获得国家治理所欲的秩序。二是社会。社会从司法中获得社会行为的具体规则,特别是获得对规则的具体认知。三是当事人。当事人从司法中获得正当权益的保护以及纠纷的公正高效处理。总体上说,对司法的评价应尊重这几方面"消费者"的体验与感受。毫无疑问,具体实践中,既存在着法律人专业评价与"消费者体验"不尽一致的情况,也存在不同类型"消费者"以及同一类型中不同主体认知与诉求的一定差异甚至冲突。但一方面,在此语境下的"消费者体验"是指不同主体认识的最大公约数,亦即"消费者"的普遍性感受;另一方面,还应看到,在法治化进程达致一定水平,阶层、群体撕裂现象不很突出的社会中,不同"消费者"的体验与感受是能够大体趋于一致的。需要提到的是,近些年,围绕司法及司法改革的考核与评价,我国法院内部以及法学界建立了多种考核与评价体系,"用什么考核法官或法院""用什么来评估司法"也成为实务界与理论界讨论的现实主题。在相关指标元素以及权重设置上,有些评估部分地考虑了"消费者"体验与感受,[1]但受内向视角改革的影响,在法院内部考核指标及权重的设计以及某些司法改革第三方评估(主要是学者牵头组织的评估)中,则较多地趋向于对形式化要件的偏重,[2]不仅难以形成恰当的评价结论,更重要是对法院及法院内各主体的行为形成了某些负面导向,使某些司法行为与"消费者"的需求渐行渐远,一定程度上加剧了法院运行及改革与"消费者"获得感的偏离。

(二) 司法基源性理论中的三个核心概念

依照还原主义立场下对司法的认知,司法基源性理论可以通过极为简单的逻辑得以叙述,而贯穿于其中的是三个彼此联系的核心概念,即司法需求、司法功能和司法能力。

司法需求是指特定国家或社会对于司法的实际需求。虽然司法是现代国家必不可少的基本装置,是国家机器的重要组成部分,但不同国家或社会基于其国家治理理念、方略及条件的差异,对司法的需求并不完全相同。这不仅体现于在司法、政治(政党及行政)、宗教、道德以及其他诸种治理手段中,不同国家或社会对司法具有不同的倚重,同时又体现于司法与其他各种手段的关系、司法在诸种手段中的地位也不尽一致,由此亦反映出对司法需求的差异。例如,在美国,根据分权原则及违宪审查制度,"几乎所有政治问题迟早都要变成司法问题"[3],由此便有了"布什诉戈尔案"[4]。英国最高法院裁决首相关闭议会的决

---

① 参见孙笑侠:《用什么来评估司法——司法评估"法理要素"简论暨问卷调查数据展示》,《中国法律评论》2019 年第 4 期。

② 参见朱景文:《人们如何评价司法?——法治评估中司法指标的分析》,《中国应用法学》2017 年第 1 期;钱弘道:《中国司法透明指数实验报告——以浙江省湖州市吴兴区法院为样本(2015)》,《中国应用法学》2017 年第 1 期;康兰平、钱弘道:《司法透明评估的大数据方法研究》,《浙江大学学报》(人文社会科学版)2018 年第 3 期。

③ 〔法〕托克维尔:《论美国的民主》(上卷),董果良译,商务印书馆 1988 年版,第 310 页。

④ 参见〔美〕杰弗里·图宾:《法庭上的巅峰对决:布什与戈尔总统大选之争》,葛峰译,上海三联书店 2017 年版。

定无效亦是相同的范例。① 这种采用司法途径解决政治问题或分歧的做法在我国或其他一些国家的政制下不可能发生,甚至不可想象,由之正反映出不同国家政治运作对司法的不同需求。不仅如此,在同一国家中,不同时期对司法需求也呈现出一定的阶段性差异,既反映于对不同时期司法重心、取向甚至方式的需求不同,以使之适应不同时期国家治理的阶段性任务,亦体现为对司法供给强度需求的差异。这种情况在达玛什卡所说的"政策实施型司法"的国家中尤为显著。②

司法功能是国家赋予司法的职责与使命。司法功能受制于两个边界:其一,国家对于司法的期待,或者前面所说的国家或社会对司法的实际需求;其二,司法作为特殊社会实践所具备的条件。从现有文献看,我国理论界对司法功能的研究较少,学者们对司法功能定义的表述以及对司法功能内涵的解析也存在较大分歧。较有代表性的类型有三种:一是较为笼统的表述,如打击犯罪、解决纠纷、维护秩序、保障权益等;二是依据学理化表述方式,把司法功能抽象为惩罚功能、调整功能、保障功能、服务功能以及教育功能;③三是主张从个案司法的审理、裁判、解决、影响及预期五个状态中,分别把握司法的具体功能。④ 这些类型的表述虽有实质意旨的某些分歧,但更主要是叙述角度的差异。就普遍情况而言,学者们对我国司法功能的认识蕴含着三种倾向:首先,不主张司法功能的泛化,不希望司法过多承载社会功能,以免造成"司法功能紊乱"。⑤ 其次,虽然不主张司法功

---

① 当地时间 2019 年 9 月 24 日,英国最高法院作出裁决,首相约翰逊让议会休会五周的行为违法。参见《脱欧局势再添悬念,英最高法院:首相关闭议会违法》,http://news.cnr.cn/gjxw/gnews/20190925/t20190925_524791755.shtml,最后访问日期:2019 年 9 月 25 日。
② 参见〔美〕达玛什卡:《司法和国家权力的多种面孔:比较视野中的法律程序》,郑戈译,中国政法大学出版社 2015 年版,第 191—234 页。
③ 参见谭世贵主编:《中国司法制度》,法律出版社 2005 年版,第 13—16 页。
④ 与五种状态相适应,孙笑侠将司法功能分解为八个方面,即辨别是非、释法补漏、维护权益、控权审规、定罪量刑、缓解社会矛盾、促进经济社会发展、引领社会风气。参见孙笑侠:《论司法多元功能的逻辑关系——兼论司法功能有限主义》,《清华法学》2016 年第 6 期。
⑤ 参见孙笑侠:《论司法多元功能的逻辑关系——兼论司法功能有限主义》,《清华法学》2016 年第 6 期。

能的过多承载,但同时也关注到了司法的间接社会影响,从而对司法功能作出基础功能、规范功能及治理功能,[①]或者政治功能、民主功能、法律功能,[②]以及司法功能的"震中"与"震波"[③]等各种分类。最后,主张司法功能向政治领域作适当延伸,特别是赋予或强化司法对行政(政治)权力限制的功能。[④] 毫无疑问,可以依司法功能的不同属性从不同角度予以理解和表述,同时对于特定国家的司法功能亦可基于不同理论立场或经验感知展开讨论,但把司法功能界定为国家赋予司法的职责与使命,更契合于对司法本原的认知,也更适于对不同类型司法功能的解说。

司法能力也是一个涵盖十分广泛、可以从多种意义予以解读的概念。概括地说,司法能力体现为司法通过产出司法产品,借此参与并实现国家治理的能力。对司法能力的具体内涵,本章后面将进一步解析,在此需要界定的是:首先,司法能力是国家能力的重要组成部分。[⑤] 美国政治学者米格代尔(Joel S. Migdal)认为,国家能力的重要方面是

---

① 参见胡玉桃、江国华:《论现代社会中的司法功能》,《云南大学学报》(法学版)2014 年第 3 期。

② 参见蒋银华:《论司法的功能体系及其优化》,《法学论坛》2017 年第 3 期。

③ 参见孙笑侠:《论司法多元功能的逻辑关系——兼论司法功能有限主义》,《清华法学》2016 年第 6 期。

④ 参见程竹汝:《司法改革与政治发展:当代中国司法结构及其社会政治功能研究》,中国社会科学出版社 2001 年版,第 252—260 页。

⑤ 早在 20 世纪 60 年代,美国学者亨廷顿(Samuel P. Huntington)就指出:"各国之间最重要的政治分野,不在于它们政府的形式,而在于政府的有效程度。"这样的论断涉及国家能力问题。参见〔美〕塞缪尔·亨廷顿:《变化社会中的政治秩序》,王冠华、刘为等译,沈宗美校,上海人民出版社 2008 年版,第 1 页。到 20 世纪 80 年代,随着国家主义学派兴起,国家能力成为重要的学术议题。国家主义学派的代表人物斯考切波(Theda Skocpol)将国家能力界定为是"国家实施政策的各种能力",并认为国家能力是与国家自主性同样重要的问题,而且国家自主性也要通过一定的国家能力来实现。参见〔美〕西达·斯考切波:《找回国家——当前研究的战略分析》,载〔美〕彼得·埃文斯、迪特里希·鲁施迈耶、西达·斯考切波编著:《找回国家》,方力维等译,生活·读书·新知三联书店 2009 年版,第 20 页。此后,美国学者福山(Francis Fukuyama)根据马克斯·韦伯的"国家"定义,把"国家能力"指涉为"政府在特定疆域里垄断暴力的能力"。参见〔美〕弗朗西斯·福山:《政治秩序与政治衰败:从工业革命到全球化民主》,毛俊杰译,广西师范大学出版社 2016 年版,第 2 页"导论"。我国政治学者王绍光将国家能力划分为专断性国家能力和基础性国家能力,其中基础性国家能力包括强制能力、汲取能力、濡化能力、国家认证能力、规管能力、统领能力、再分配能力、吸纳和整合能力。参见王绍光:《国家治理与基础性国家能力》,《华中科技大学学报》(社会科学版)2014 年第 3 期。

社会控制能力,这意味着"民众社会行为的自身意愿、其他社会组织所寻求的行为都符合国家规则的要求",而法院则是"把社会控制转移到国家手中的关键"。① 在我国意识形态语境中,司法能力亦被理解为执政党执政能力的重要体现。② 其次,司法能力既指司法系统的整体能力,又指某一司法机关的综合能力,也指司法成员的个体能力。最后,司法能力具体体现于司法机关高效、高质产出司法产品的能力,司法产品是司法能力的直接标示或结晶。

司法需求、司法功能、司法能力三者之间具有极为紧密的逻辑关系:司法需求决定司法功能,司法能力承载和实现司法功能,从而满足或实现司法需求;有什么样的司法需求就有什么样的司法功能,有什么样的司法功能亦需要有什么样的司法能力与之匹配,而有什么样的司法能力就能够在什么程度上实现司法功能、满足司法需求。特定社会中,由于司法需求具有较强的增长刚性,难以人为限缩;同时,司法功能主要取决于制度上的赋权与设责,一般来说也不存在实质性障碍,因而,实际决定特定社会中司法状态的根本性因素在于司法能力。进一步说,司法权威、司法公信力这些在司法领域中所着意追求的目标只有在司法能力充分提升、达致较高水准的前提下才可能形成或实现,并且也只有在助力于司法能力提升的角度上才具有实质性意义。由此可以看出,在三个核心概念中,最具现实意义、从而最具决定性的是司法能力。通过司法能力这一概念能够串接起司法理论中的多个方面;借助于司法能力这一视角能够透析出司法中的各种问题、多种现象;抓住司法能力提升才是真正牵住了司法改革与发展的"牛鼻子"。所以,完全有理由认为,司法能力既是司法理论中核心概念之核心,也是司法实践领域中关键之关键。

---

① 参见〔美〕乔尔·S.米格代尔:《强社会与弱国家:第三世界的国家社会关系及国家能力》,张长东等译,江苏人民出版社2009年版,第24页。
② 参见《最高人民法院关于增强司法能力、提高司法水平的若干意见》(法发〔2005〕4号)。

（三）司法改革的取向：司法能力的提升

于此，我们能够看到两种虽有联系但不尽相同的改革取向：一是以完善司法的各种形式要件为基本进路、"让司法像司法"的改革；二是以提高司法能力为中心任务与明确目标的改革。二者之间具有一定的联系，如"让司法像司法"的改革即暗含着提升司法能力的意旨，但二者也不尽相同：一方面，"让司法像司法"的改革在具体到实际措施的过程中，又难免自觉或不自觉地落入某种司法模式的窠臼，追求与此模式的"相似"，而这种"相似"因条件或环境的差异，并不必然导致司法能力的提升；另一方面，在追求形式要件完备的过程中，亦可能会因固执于某些僵化的原则或口号而偏离于改革的宗旨与初衷。因此，当下司法改革，特别是法院改革亟需延伸或调整到提升司法能力这一取向之上，实现从"让司法更像司法"到"让司法更能司法"的转变。这一结论可以从以下几个方面进一步予以论证：

第一，提升司法能力是具有终极性意义的改革目标。这种终极性意义体现于三个层面：其一，如前所说，相对于司法权威、司法公信力的形成与维护而言，司法能力的提升才是"消费者"真正需要的实惠，脱离司法能力的司法权威、司法公信力（姑且不论其能否形成）并不具有独立的"消费"价值，对"消费者"来说毫无意义；其二，司法独立性、中立性以及司法人员精英化、职业化等都是在有助于司法能力提升的意义上才能成立，这些特征在特定国度中的具体含义或形态也必须受制于司法能力提升的需求，并经受其检验；其三，司法能力虽然是司法的内在性要素，主要决定于司法自身，但其影响领域或对象却是外部社会，体现着国家设置司法的目的及其成效，是外部社会对司法认同的基础和依据，因此，以提升司法能力为改革目标契合于司法链条中终极环节的"消费者"的要求与期待。在此意义上，把提升司法能力作为司法改革的任务与目标，具有更强的引领性、更显著的务实性以及更明确的识别性。

第二,经济体制改革的机理为之提供了有益的启示及有力证明。经济体制改革(尤其是微观改革)的主要机理是:在基本不改变生产要素的前提下,通过改革不合理的生产关系,从而使生产力得以解放。从原理上说,司法改革与之并没有什么不同。司法改革也是通过改革不合理的制度、体制、程序、方式(伴之以某些理念的变化)等,提升司法能力。然而,经济改革的经验与启示中更值得我们重视的是,经济改革并没有遵循或追随某种特定的模式,尽管在微观基础重构中对域外现代企业制度有所借鉴,但具体改革措施及路径仍然坚持从实际情况出发,以是否解放并提高生产力为依据。所以,把握司法能力提升这一核心而不是依循某种模式,才是司法改革的正途主道。就此而言,邓小平同志的"黑猫白猫论"同样适用于对司法改革的指导——无论是顶层设计还是基层探索与创新。

第三,提升司法能力也是域外司法改革的普遍性实践与共同目标。从近几十年多个国家司法改革的情况看,各国都不约而同地将提升本国司法系统、司法机关的能力作为司法改革的最终目标。一项对法国、新加坡等 10 个国家司法改革情况的研究报告表明,这些国家的改革重在提高司法的效率,"提高司法处理复杂案件的能力",回应"司法机关受案能力不足"的问题。[①] 英国始于 20 世纪末的司法改革的核心在于"提高刑事和民事诉讼程序的效率","改变与现代化社会节奏不相适应的程序繁琐、效率低下、案件积压、久拖不决的状况",[②]并相应改变诉讼过程过多受制于当事人控制,造成诉讼拖延、忽略案件的成本与收益的诉讼文化。[③] 美国纽约州法院推行的

---

① 参见孙谦、郑成良主编:《司法改革报告——有关国家司法改革的理念与经验》,法律出版社 2002 年版,第 48 页。

② 参见刘立宪、谢鹏程主编:《海外司法改革的走向》,中国方正出版社 2000 年版,第 71 页。

③ 参见齐树洁:《接近正义:英国民事司法改革述评》,载张卫平主编:《司法改革论评》第 2 辑,中国法制出版社 2002 年版,第 378—415 页。

"接近正义运动"改革则是以低收入者的司法需求作为导向,将"确保低收入者平等利用司法作为最高和最优先的选择之一"①。中东欧国家在经历了20世纪末的政制变化后,一度曾把保障司法独立作为改革的目标,近10多年来,"虽然加强和保障司法独立的改革措施一直在持续,但在当前,以更强的司法能力来提高司法效率、方便民众诉讼在法院工作中似乎更为重要",由此而出现了"从保障司法独立到提高司法能力"这样一种"司法改革的重心转移"。② 诚然,不同国家面临的情况不同,司法改革的任务与内容也必定会有差异。总体上说,我国司法改革既面临着保障司法独立性等塑造和维持司法基本特性及基本建构的需求(这也是"让司法像司法"的改革具有一定合理性和必要性,从而需要对前期改革总体上予以肯定的理由),更面临着全面提升司法能力的现实任务,但仅考虑前者是不够的,并且前者只能以后者为依归。在此意义上说,中东欧国家司法改革的经历更值得我们借鉴。

三、司法能力含义解析

司法能力虽然是一个耳熟能详的概念,但其含义却有多种表达和解读,不仅国内司法文件以及学者的论述对其有不同的表述,而且从一些域外国家所列举的要素看,对这一概念的理解也各不相同。③

---

① 陈高:《接近正义:美国纽约州法院司法改革项目研究》,中国政法大学出版社2015年版,第77页。

② 参见〔匈〕露西·阿特金斯:《从保障司法独立到提高司法能力》,林娜编译,《人民法院报》2013年6月7日。

③ 2008年10月,英国司法研究委员会制定的《司法能力与法官素质之框架标准》(*Framework of Judicial Abilities and Qualities*)提出"司法能力"包括知识与技能、沟通与权威、决策与裁判、职业化与尊严、司法效率、领导与管理等六类能力,这六类能力又包含几十种素质或技能。参见英国司法研究委员会:《英国司法能力与法官素质之框架标准》,蒋惠岭译,《人民法院报》2015年2月13日。

综合国内文献来看,对司法能力含义的表述存在这样一些缺陷:一是较为笼统与空泛,难以具体识别;①二是划分能力内涵的逻辑根据不一致,把不同层次、不同类别的能力相提并论,有悖合理认知的规律;②三是把司法能力降维至多种具体的司法行为,把影响司法能力的因素认知为司法能力的内涵,③如此既难免挂一漏万,又不利于把握其核心意旨。

毫无疑问,司法能力需要"精确、清晰并符合逻辑的概念表达",而对司法能力内涵的揭示与解析则是"对现实的概念化"。④基于本章的中心意旨与语境,对司法能力含义的解析应遵循这样几个原则:一是依外向视角定义,司法能力的每一方面都能够直接施惠于"消费者",而不是仅体现司法内部的某种要求或规则;二是与司法需求及司法功能相对应,各种能力的累积能够全面覆盖司法需求及司法功能;三是对具体司法行为有明确的引导,能够被设定为每一个具体司法行为应追求的目标。因此,对司法能力含义的解析应以司法产品的产出及其外部效应作为基本逻辑根据,保持每一种能力独立的"消费"或"外部致效"意义,既避免因空泛而缺少识别度,又避免把影响司法能力的具体能力(如庭审驾驭能力等)直接理解为司法能力。据此,可将司法能力解析为下述八个方面:

---

① 例如,《最高人民法院关于增强司法能力、提高司法水平的若干意见》(法发〔2005〕4号)指出:"司法能力从根本上说,就是通过司法手段保障人权,为人民群众排忧解难、全心全意为人民服务的能力。"

② 例如,陈立斌将司法能力划分为法官个体的司法能力和法院整体的司法能力,其中法院整体的司法能力包括机制创新能力、资源整合能力、司法为民能力、舆论沟通能力、抗压纠错能力。参见陈立斌:《加强司法能力 提高司法公信力》,《人民司法》2013年第19期,第52—55页。在这样的划分中,司法为民能力与其他几种能力显然并不属于同一层次或类别。

③ 例如,将认定事实、驾驭庭审、调处矛盾和冲突、理解和适用法律、制作裁判文书、执行裁判、审判调研等具体司法行为中所需的能力视为司法能力,把法院的审判管理能力认知为司法能力。参见江必新:《论加强司法能力建设》,《法律适用》2005年第4期。

④ 於兴中:《法理学四十年》,《中国法律评论》2019年第2期。

（一）司法覆盖各类社会纠纷、受理各类案件的能力

这是司法最基础性的能力。它反映司法对社会生活诸领域及过程的参与程度，体现司法在诸种社会治理手段中的地位，特别是显示"司法最终解决"以及"司法作为正义最后防线"这样一种法治社会矛盾纠纷处理的基本格局。一般来说，法治社会并不要求或期待所有的社会矛盾纠纷都交由司法解决，多元纠纷解决机制的建立以及综合治理更适于我国的现实需求，但司法管辖范围的不断拓展、保持司法对更多类型纠纷的处置权力则是法治推进以及司法发展的必然趋势。为此，一方面，适时把新型社会关系，特别是新型经济交往所引发的新类型纠纷纳入司法的辖域之中；另一方面，随着依法行政的推进，行政行为司法审查的需求将进一步增大，司法对这类案件的受理能力也应随之提升。此外，受各种历史因素的制约，目前人民法院依然将某些行业、单位内的纠纷排除在立案范围以外，但是随着社会条件的变化，这些纠纷已无法在行业或单位内部得到有效解决，因而相关限制也应视情况适当放宽。总之，司法管辖的范围应能够对应或适应于社会矛盾纠纷的不同类型及其处置和解决的需求，保障社会矛盾纠纷在制度上以及实际上的可诉性。

（二）高效审理案件、快速处理纠纷的能力

近几十年来，我国各类社会纠纷不断增多，人民法院案件受理量也呈逐年上升趋势。从纠纷生成的原因以及我国社会发展的态势看，已没有理由把纠纷总量的上升看成阶段性现象，而应视为长时期存在的一种常态。另一方面，法院虽然在理论上具有无限的受案能力（法院不能以案件量饱和为由而拒绝受理案件），但实际上任何法院的受案能力都是有限的，一定量的审判资源往往只能承受一定量

的案件审理工作。不仅如此,与案件总量大幅度增加形成错配的是,人民法院因员额制的实行而减少了约9万名法官。[①] 尽管各级法院通过多种方式分解入额法官的部分审判事务,但主持或参与庭审这些需要入额法官亲历亲为的审判行为是无法替代的,由此使得人力资源供需矛盾成为人民法院运作中最为突出的矛盾。在法官及各类辅助人员长时期超负荷工作的情况下,案件大量积压、个案审执周期过长仍然成为各级法院的普遍现象。因此,高效审结案件、快速处理纠纷的能力是当下人民法院特别需要提升的能力。需要指出的是,这里强调的"高效",必须是当事人实际享受到的"高效",而不是法院统计与考核意义上的"高效"。因为法院统计与考核中的个案审执周期与当事人实际经历的诉讼周期并不一致,同时,法院管理口径中的"结案",也不等于当事人能够同时点获得诉讼结果;裁判文书送达缓迟、执行款划转的拖延等多方面因素,都会使当事人的诉讼周期被不恰当地拉长。所以,法院的"高效"还必须切实地转化为当事人的诉讼收益。

(三) 正确适用法律、公正解决纠纷的能力

毫无疑问,正确适用法律、公正解决纠纷应当是法院基本的司法能力。务实地说,抽象、一般性地强调正确适用法律、公正解决纠纷已经意义不大,当下现实中,这方面能力应体现为三个方面:一是保持法律的统一适用。目前,各级各地法院法律适用不统一的情况较为突出,事实和问题基本相同或高度类似的案件的裁判结果彼此相异甚至完全相反。这多少与裁判权下放至法官及合议庭、权力行使分散化,而审判庭或法院把握本庭或本院法律统一适用的能力降低具有一定关系。法律适用不统一或矛盾裁判的存

[①] 根据最高人民法院公布的数据,全国法院从211,990名法官中遴选产生了120,138名员额法官,入额比例仅为56.7%,减少的法官数量有四成多。参见张勤:《厘定员额制下的人案矛盾与法官助理职责》,《中国社会科学报》2019年7月17日。

在,必然内含着部分裁判法律适用不正确的问题,因此,减少进而消除法律适用不统一的问题是正确适用法律的首要前提。① 二是保持司法对社会事实的实践逻辑以及对常情、常识、常理的尊重,使裁判建立于扎实的社会实践基础之上,并且契合于社会公众朴素的公平正义观念。② 三是保持对实质公平正义的追求。在案多人少以及司法究责偏重于形式化行为的背景下,教条化地看待案件事实、僵化地理解并适用法律条文等机械司法的现象愈益突出,使得某些裁判虽然形式上具有法律依据,但与实质上的公平却相距甚远。因此,正确适用法律、公正解决纠纷又必须强调并保持司法对实质公平正义的追求。

(四) 实质性化解纠纷的能力

传统司法理论通常把司法过程界定为查明事实、适用法律,从而对案件是非作出判别并据以作出裁判的过程。然而,无论从国家治理还是从纠纷解决的实际要求看,仅仅对是非作出判别、据以作出裁判是远远不够的。从是非判别到纠纷化解,体现着司法不同功效,也体现着不同的司法能力。尽管不可能在每一个案件中都实现案结事了、诉终怨消,更不可能做到"胜败皆服",但大量实践表明,不同的司法行为及裁判方式对于纠纷实质性化解往往具有明显不同的效果。对司法能力这层含义的强调,不仅是基于对司法功能更高层次的期待,更主要是现实中存在着前面提到的消极司法、敷衍性司法、案件处理表面化等现象,只有矫正或消除这些现象,实质性化解纠纷的司法能力才能够得到充分展示。

---

① 最高人民法院 2019 年 10 月发布了《关于建立法律适用分歧解决机制的实施办法》(法发〔2019〕23 号),对于解决最高人民法院层面的法律适用统一问题应能起到较好作用,但高级法院以下的法律适用统一问题也需要有相应的措施。

② 最高人民法院第 7 次刑事审判工作会议明确要把"兼顾天理国法人情"作为正确适用法律的要求之一。参见《人民法院报》2019 年 10 月 19 日第 1 版相关报道。

（五）低成本、便利化地解决纠纷的能力

诉讼无疑需要以当事人及国家人财物等资源的一定耗费为代价。不仅如此，对当事人乃至法官来说，诉讼或审判过程也是身心痛苦的过程。因此，低成本、便利化地解决纠纷，减少诉讼各方在诉讼过程中的耗费，降低诉讼过程的辛劳度、痛苦度则成为司法过程中追求的一个目标，由此也使其成为司法能力的一个重要面相。诉讼的低成本、便利化当然主要体现为诉讼周期的减短，因为在经济学原理中，"一切节约都归结于时间的节约"。但也不尽然如此，如何让诉讼主体更便利有效地"接近司法"从而"接近正义"，涉及多方面因素，主要包括：（1）程序繁简的设置及运用。不同的程序对诉讼成本具有决定性影响。（2）诉讼程序专业化水准的提升。这种提升应与社会公众参与诉讼能力相适应。（3）法院内部职责的分解。过度分解不仅造成时间延误，还会增加当事人与审判人员对接的难度，每一个环节都可能成为当事人权益实现的关隘。（4）法院与当事人之间诉讼成本、风险的分配。某些诉讼行为（如诉讼保全①、证据调查或收集）在某些情况下涉及法院与当事人之间诉讼成本及风险的分配，而法院在这种分配中居于主导地位，合理分配则显得十分重要。还有，信息技术的恰当运用以及对诉讼能力较弱者提供必要的诉讼辅助等，都是低成本、便利化解决纠纷能力的体现。

（六）引导和推动多元纠纷解决机制的能力

司法机关是社会纠纷解决机制中的核心主体，同时也应是全

---

① 法律规定，法院可依职权实施诉讼保全，但在实践中，出于对风险的考虑，几乎没有法院会依职权实施诉讼保全。

社会多元纠纷解决机制的引导者和推动者,因此,司法能力亦应体现于司法在引导多元纠纷解决机制方面的能力。这种引导和推动能力主要有:一是有效配置全社会纠纷解决资源的能力。一方面,培植和扶持各类纠纷调解和协调机构,发挥各类社会权威在纠纷处理中的作用,减少纠纷的司法进入;另一方面,通过诉前协调,将诉至法院但可以由其他纠纷解决途径处理的纠纷,在尊重当事人意愿的前提下,引导至相应的机构处理。二是恰当运用诉非对接,强化诉非融合的能力。恰当运用诉非对接不应仅仅局限于司法对调解文书的确认,而更应强调并探索诉非之间的全面、有机结合,尤其是探索诉非两种手段在诉讼前后两个阶段交叉使用的方式,发挥其协同作用,如在调解程序中引入诉讼保全,通过诉讼保全保障权利人的合法利益,推动和促成调解的达成。三是对非讼纠纷解决方式的示范指导能力。在此方面,最为有效的方式是通过司法案例显示司法对各种问题或现象的司法立场,借此提供纠纷解决方案,并以司法的权威性为非讼解决方式提供"背书"性支撑。

(七) 彰显立法精神、正确引导社会行为的能力

司法裁判乃至其他非裁判性司法行为,都是对立法精神及立法意旨的彰显,是立法精神及立法要旨的情境化、具体化表达与展示。随着司法对社会生活过程影响力的增强,特别是随着司法过程公开、裁判文书上网工作的推进,社会公众对法律的了解和认知,将更多来自司法实例提供的示范,而不是依凭于对法律条文的学习与记忆,也就是说,社会成员更多是通过司法这一媒介了解立法精神及立法意旨的。在当下社会意识呈多元化、社会交往日益复杂、社会成员之间利益交叉与冲突增多、社会变化愈趋迅急的情势下,通过司法提供社会规则,正确引导社会行为的需

求更为迫切。因此,司法审判的实际作用,绝不只限于对某个纠纷或某宗案件作出处理,每一个裁判乃至于每一个司法行为都显示着一种社会规则。更重要的是,由于现实中很多复杂的社会行为或现象在法律条文中根本找不到相应的表达,甚至没有进入立法考量的范围,由此使得很多司法裁判实际上是在塑造某种社会规则。正因为如此,实践中,一个裁判可能决定或影响着一种社会生活或社会交往的方式、决定着一个行业或职业的命运,甚至决定着一个群体或阶层的整体利益。所以,彰显立法精神,为社会成员的社会行为提供明确的预期与依据,从而正确引导社会成员,把社会成员个别性的活动融合到国家整体秩序之中,既是当代中国社会治理重要的现实需求,从而也是司法能力中应当重点突出的内涵。

(八) 推动社会发展、促进社会文明进步的能力

这是最高层次的司法能力。它体现于三个方面:其一,通过最高司法机关的司法政策,适时地把社会发展的要求以及特定时期内国家的中心任务转化为司法取向及司法重点,使得这些要求及任务能够贯彻并体现在具体司法实践之中,显示和发挥司法在社会发展和国家治理全局中的特殊作用。其二,通过某些类型案件的审判,把社会发展、文明进步的理念及实践转化为明确的社会规范。如通过对私有财产保护案件的审判,彰显不同所有制的平等地位;通过对知识产权保护案件的审判,支持并推动社会创新;通过对环境污染案件的审判,培养全社会的环境保护意识;等等。其三,通过一些典型案件的审判,在社会争议较大、是非界限模糊的问题上,体现和反映社会公众的普遍性认知与愿望,借此把主流民意进一步转化为确定的社会共识,推动社会理念的进步。如四川

"孙伟铭醉驾案"①,把情节严重、造成重大后果的醉驾行为列为危害公共安全罪予以严惩,并推动了"酒驾入刑",对遏止酒驾这一不良社会行为产生了显著作用;昆山"于海明反杀案"②,合理放宽了正当防卫的尺度,对见义勇为、惩恶扬善形成了积极鼓励;内蒙"王力军玉米案"③,消除了农产品流通中不恰当的壁垒,为正当的农产品经营提供了宽松的环境;山东"于欢故意伤害案"④,恰当地处理了维护家庭伦理与暴力手段运用的冲突,平衡了社会公众情感与法律权威之间的关系(相反的例证则是南京"彭宇案"⑤,让"扶不扶"成为一种社会纠结,对助人为乐风尚形成了一定抑制)。这些典型案件都曾因受到广泛的社会热议而成为时代的记忆,同时也成为社会发展以及社会文明进步的界标。在社会成员价值观念及利益诉求日益复杂的社会转型过程中,司法这方面的能力显得尤为重要。

司法能力的前述八个方面呈递进关系,共同体现着司法能力不断扩展的状态。然而,需要指出的是,这八个方面并非像"马斯洛需求层次"⑥那样,不同的个体可以止步或满足于某一层次的需求。实际上,八个方面共同具有不可偏颇或疏略的刚性,虽然并不是每一个案件或每一个司法行为都能够在八个方面得到全面显示,但任何案件、任何司法行为却都可能涉及这八个方面。因此,这八个方面构成每一个司法主体或司法成员在具体司法过程中都应当考量的维度以及都应当追求的方向。

---

① 孙伟铭在无驾驶证、醉酒驾驶发生追尾的交通事故后,仍置不特定多数人的生命、财产安全于不顾,继续高速驾车逃逸,造成四死一重伤、公私财产损失达数万元的严重后果。参见《孙伟铭以危险方法危害公共安全案——唤醒全社会对重拳打击酒驾共鸣》,《人民法院报》2008 年 12 月 3 日。

② 参见最高人民检察院第 47 号指导性案例"于海明正当防卫案"。

③ 参见最高人民法院第 97 号指导性案例"王力军非法经营再审改判无罪案"。

④ 参见最高人民法院第 93 号指导性案例"于欢故意伤害案"。

⑤ 该案中,彭宇被其送医的老人徐寿兰指认为撞人者,彭宇予以否认,一审认定彭宇是侵权者,双方在二审期间达成了和解协议。参见《十年前彭宇案的真相是什么?》,《人民法院报》2017 年 6 月 15 日。

⑥ 参见〔美〕马斯洛等:《人的潜能和价值——人本主义心理学译文集》,林方主编,华夏出版社 1987 年版,第 200—208 页。

四、影响司法能力的基本要素

司法能力的提升有两个基本路径：一是外延扩张，亦即通过人财物等司法产品的基本生产要素量的增加而使司法能力得以提升；二是内涵调整与变化，亦即在人财物等要素基本不变的约束条件下，通过理念、体制、制度、机制、程序以及方式方法等的调整与改善而使司法能力得以提升。司法改革正是后一种路径的主要体现。因此，司法改革的基本内容就是着眼于影响司法能力的主要要素，通过这些要素的合理调整与改善，消除这些具体要素中制约司法能力的各种问题，从而使法院的司法能力得到全面提升。司法改革的核心机理也正在于此。

从法院工作的现实看，影响司法能力提升、从而成为人民法院改革着眼点的基本要素有：

（一）理念与思维

秉持什么样的理念与思维，对于司法行为的实施来说极为重要，因为理念与思维不仅决定着司法人员，尤其是法官在适用法律中的取向，还决定着波斯纳所说的法官的"前见"及"直觉"。[①] 当下，我国法官亟需建立三种理念与思维：一是全局理念与思维。其一方面指在司法过程中，对国家政治、经济、文化、社会发展的背景与趋势有所考量；另一方面又指对前述司法能力八个方面的要求均有顾及，从而使"认定事实、适用法律"这样一些具体司法行为载负于开阔的视野

---

① 波斯纳多次强调过法官"前见"与"直觉"对于法官司法的影响作用。参见〔美〕波斯纳：《波斯纳法官司法反思录》，苏力译，北京大学出版社2014年版，第139页。波斯纳引用了霍姆斯的论断："一般命题并不决定具体案件。具体案件的决定取决于比任何可以言辞表达的大前提都更微妙的一个判断或直觉。"

与境界之上。二是能动理念思维。在我国法律规范资源供给不足，社会纠纷较为复杂，诉讼主体法律认知及运用水平尚不理想的情况下，司法主体的能动理念与思维尤显必要。三是换位思维。很多情况下，司法人员往往需要站在当事人（甚至被告人）角度上对一些问题进行思考，只有把当事人之急、之痛当成自己之急、之痛，感同身受地理解当事人维护及实现正当权益的愿望与诉求，才能使司法结果与当事人对司法的正当期待保持一致。

（二）资源配置

这里主要指人力资源配置。依照《宪法》有关人民法院依法独立行使审判权的规定，我国法院的建构与运行是以法院整体为本位而不是以法官个体为本位①。因此，人民法院日常工作的一个重心就在于将审判资源合理配置到不同案件的解决过程之中；在人力资源总量既定的前提下，合理地配置人力资源是提升司法能力的关键性因素。合理配置的原则是：（1）对应配置。根据案件的繁简、疑难、复杂程度分别对应不同的审判组织、不同专长的审判队伍以及不同素质的审判人员，以保证审判力量适应案件处理的需要为原则，因此，对轮流分案的方式不应机械地强调。（2）随机配置。在案件审理的过程中，根据案件处理的需要，适时调整审判资源（主要是随机加强），特别是通过专业法官会议以及院庭长监督与指导等形式，为独任法官或合议庭提供帮助，不能让独任法官或合议庭因"独立"而变得"无助"。（3）统筹配置。法官、审辅人员以及其他综合部门根据其职责形成全局"一盘棋"，在法院内部塑造"以审判为中心"的资源统筹配置机制。在资源配置方面，需特别强调的是，应避免在司法责任制实施中因分工过细、"红线"过多而造成部门、主体间协作互助减

---

① 参见本书第六章有关"人民法院建构与运行的基本模式"的论述。

弱,从而使法院整体资源配置及运用能力人为受限的情况,提高资源整体利用的成效。

(三) 系统及组织结构

组织学基本原理表明,恰当的系统或组织结构对于系统或组织整体功能的发挥具有重要影响,①因此,司法系统以及司法机关内部结构的设置及其功能的设定,直接关系到司法能力的发挥。内部结构改革是本轮改革的一项重要内容。在此方面,当下需要进一步探讨的问题有:一是最高人民法院巡回法庭的功能及其可持续性。一方面,在级别管辖调整、民商案件的二审大为减少后,巡回法庭推动区域内民商事审判法律统一适用、排除地方保护势力影响的功能也相应减弱,在此情况下,巡回法庭的功能是否需要以及如何重新界定?② 另一方面,巡回法庭法官主要来自最高人民法院本部,长期离京在外巡回是这部分法官无法承受之重,由此是否会带来巡回法庭设置的可持续性问题?③ 二是专业法院的设置。近几年,互联网法院、知识产权法院、金融法院以及带有一定专业性的自贸区法院等相继设立。由于专业法院的设置带有"改革创新"的意蕴,因而各地各级设置专业法院的动力较为强烈。从趋势上看,如果没有政策性限制,专业法院会大量出现。然而,专业法院的设置能否真正带来司法能效的提高,如何处理交叉性质案件的管辖,以及如何协调专业法院与一般法院的关系等,尚需作更多的探索。三是法院内设机构改革。前已述及,内设机构改革的重点在审判庭的设置。近几年的实践证明,通过取消审判

① 参见〔法〕米歇尔・克罗齐耶、艾哈尔・费埃德伯格:《行动者与系统:集体行动的政治学》,张月等译,格致出版社、上海人民出版社 2017 年版,第 38—82 页。
② 巡回法庭创设的初衷及功能在于"审理跨省区民行案件"。但最高人民法院现已将标的额 50 亿元以下的非知识产权类民商事案件的二审下移给高级法院,从而使这一功能大大减弱。
③ 假设 40 岁成为最高人民法院入额法官,及至其 60 岁退休,工作年限为 20 年,如在此期间派往 6 个巡回法庭分别工作 2 年,总计在巡回法庭工作时间将长达 12 年。

庭而实现"去行政化"的设想既无必要,也不现实。这不仅是因为在各法院人员规模普遍较大,各审判庭专业分工十分明确的情况下,没有科层制结构加以组织,资源配置以及管理监督都会失去必要的依托。更为重要的是,法院既是司法机关,同时也是政治机关,在外部政治及社会要求的传导过程中,审判庭是法院与法官及审辅人员之间不可或缺的媒介。[①] 因此,内设机构后续改革的重点应在于从有利于当事人诉讼出发,进一步理顺审判庭、诉服中心、立案庭、执行局以及外包机构等相互关系及各自职能,防止和避免彼此脱节或掣肘。

（四）权力格局

法院内各主体,特别是法官与院庭长之间权力格局的调整一直是近几十年法院改革的主题和焦点,在权力重心下移的总体态势下,其间经历了几度"下放—上收"的反复。仅从近几年情况看,前期较为强调向法官及合议庭下放权力,而近两年又更为重视对法官行权的监督与管理。[②] 在权力格局的设定上,应把握:一是充分照顾审判实践的特点,坚持权力重心下移,让法官、合议庭对案件裁决具有更大的话语权;二是不应简单地预设法官在道德、审判经验,甚至案件认知上优于院庭长的判断,并据此配置审判或监督权力;三是坚持并努力实现院庭长对法官、合议庭监督的平权化,从而既保障法官行权的自主性、独立性,又为院庭长的监督管理贯穿于法官办案全过程提供条件;四是坚持个人服从集体原则,在对案件认知及处理分歧较大的情况下,以集体(法官专业会议或审委会)决定为定论,为此,应考虑将法官专业会议实体化,提升其意见的效力;五是切实解决法官审判权与院庭长监督权交集的"最后一公里"问题,探索具体交集的方

[①]　参见刘磊:《县域治理与基层法院的组织形态》,《环球法律评论》2019 年第 5 期。
[②]　参见李少平:《正确处理放权与监督:坚定不移全面落实司法责任制》,《人民法院报》2018 年 3 月 28 日。

式,否则"全员全程全面监督"就会成为一句空话。总体上说,法院权力格局的设置既应保证法官充分行使审判权,又应保证法院管理层对法官行权过程的知情权、对审判行为的总体控制权以及对不当司法行为的矫正权,并保持二者之间的适当平衡。

(五) 激励约束

如前所述,法院、法院管理层、法官等,都是有独立利益诉求的"经济人",合理的激励和约束能够引导其恰当的行为选择,因此,激励约束机制的创设与运用对司法能力的提升无疑具有重要影响。[①]应当看到,法院内生性激励资源甚少,激励资源主要依赖于外部供给。在外部供给局限性较大且激励政策具有一定刚性的情况下,法院激励机制的运用主要在于实现激励资源的恰当分配。也正是因为激励资源稀缺,在主体行为引导方面,目前各级法院更多运用的是约束性手段,亦即通过设定各种行为规则、设定各种量化指标以及通过多种考核评比,约束各主体保持行为的恰当性和合理性。然而,无论约束制度如何设定,都会因规则疏失、标准模糊等原因留下规避的空间或带来评价的困难,还会产生不当导向或约束疲劳等问题。因此,需要将现实中以约束为主、激励为辅的动力机制转变为以激励为主、约束为辅(至少是两方面并重)的格局。为此,一方面,应切实保证本轮改革中中央确定的激励政策逐项到位,另一方面,更加合理地利用有限的激励资源,最大限度地发挥激励资源的作用。更为重要的是,要根据前述司法能力的八个方面,科学合理地设置考核评价指标体系,使激励与约束所形成的行为选择与司法能力的提升保持同向性。

[①] 收入是激励机制的重要内容,但并不是全部内容。影响法官行为选择的激励是多元的,包括收入、晋升、闲暇、名誉、公众承认、受人尊重等多个方面。参见〔美〕波斯纳:《法官如何思考》,苏力译,北京大学出版社 2009 年版,第 55—58、147—160 页。

（六）程序、流程设计及程序手段的运用

司法程序、流程设计以及某些程序手段的运用，对司法产品的产出，尤其是对审判效率的影响，在某些情况下可能并不亚于改革所涉及的体制或机制；很多制约审判运行能效的瓶颈正存在于一些不经意的程序、流程以及惯习化的程序手段的运用之中。从程序、流程设计与设置看，目前存在的病弊，一是在程序、流程的设计及设置的取向上，过度地突出法院的轴心地位，以有利于法院自身的审判运行及管理为出发点，而对如何有利于当事人以及其他诉讼主体更便利地参与诉讼、更有效地实现权益缺少足够的考虑；[1]二是与此相关，程序、流程过于细化，不同程序、流程中的各个环节又分属于法院内不同职能部门，而每个程序、每道环节都可能成为延宕案件处理的滞碍；[2]三是程序、流程设计偏向于道德风险防范、权力制约，而对此之可能带来的对审判或诉讼效率、诉讼便利的影响则有所忽略，二者之间尚未找到恰当的平衡点。[3] 在程序手段运用方面，最重要的是如何把合并审理、代表人诉讼、部分判决、先予执行、依职权诉讼保全、法官释明权、督促程序以及诉讼强制措施等特殊的程序手段，恰当且经常性地运用到不同案例的审理之中，尤其是激活一些长期处于"休眠"状态的程序性手段。比如，在建筑工程纠纷中，当事人对部分工程造价存在争议，为此需要鉴定。一般来说，这类鉴定通常需一年甚至更长时间，在此情况下，如能对无争议或证据确凿部分先

---

[1]　如有些法院规定，诉讼保全由审判庭而不是由立案环节决定，因而实际上排除了当事人申请诉前保全的可能。

[2]　如依照某中级法院规定的程序，胜诉当事人诉讼费的退还，需要经历诉服中心登记、承办法官审核签字、审判团队负责人审核签字、财务室负责人审核签字、行装处处长审核签字等多个环节的审核同意。

[3]　如执行异议复核、执行异议之诉程序等，对执行的影响极大，被执行人滥用异议权对抗执行的情况十分普遍。

行判决,①则可大大提高纠纷解决的效率。实践中,此类可谓"点石成金"的需求与机遇很多,只是审理者往往囿于惯习而疏于运用。因此,通过合理的程序、流程设计以及一些特殊程序手段的恰当运用,追求并实现个案审判能效的最大化,或许是司法能力提升中成本最低也最为现实的路径。

(七) 案例示范

案例示范对于司法能力提升的意义不仅在于统一法律适用及裁判尺度,更重要的是通过已形成的高质量(可参照)的最终产品提供示范,减少对后续案件处理的探索过程,同时借助"趋优效应",提升水平相对低下者的优质司法产品的生成能力。② 自 2011 年我国指导性案例制度确立以来,特别是裁判文书上网以来,"案例热"在我国已实际形成。当事人、律师普遍运用案例设计诉讼思路、评估诉讼风险、论证并支持其诉求;学者运用案例研究解析或论证法学原理,分析司法动态与趋势;社会成员运用案例了解司法立场,判断社会行为的是非。对法院来说,在案例运用方面,着重要解决的问题有三个方面:其一,各级法院在案例运用中,过多纠结于案例的裁判规则的"效力",而忽略了案例在司法政策实施、审理思路确立、论证逻辑与方法、证据的分析与运用、利益关系的平衡乃至文字叙述风格等方面的"效用"。其二,案例的有效供给不足。目前虽然上网裁判文书数量已破亿、案例推送平台达 20 余个,但快速、准确找到可参照案例依然较为困难。近年来,从最高人民法院到中级以上法院,尤其是各高级法院都在尝试建立自己的案例库,但由于案例选择、裁判规则提炼的难度及工作量过大,加之在其中信息手段的运用规律尚未被完全掌

①　部分判决制度在我国民诉法中早有规定,但实践中鲜有运用。
②　参见本书第十三章的相关论述,以及顾培东:《判例自发性运用现象的生成与效应》,《法学研究》2018 年第 2 期。

握,因而相关进程尚不理想。① 三是制度建设跟不上。迄今为止,除了指导性案例外,对案例运用尚没有形成系统的制度。这一方面是因为呈"井喷式"涌现的案例运用现象,让各方都有措手不及之感,制度化、规范化需要一定的认识与探索过程;另一方面,我国成文法体制下的案例运用与英美法系中以"法官造法"与"遵循先例"为核心原则的判例法制度的区别未能得到厘清,从而存在意识形态上的某些忌讳(名之以"案例"而不是"判例"即是明证)。客观地说,对于我国这样法律规范资源欠缺、法域超大而社会情势又十分复杂,各地各级司法水平差异较为明显的国家来说,案例或判例的示范功能有很大发挥空间;运用好案例,在提升司法能力方面,能收事半功倍之效。

(八) 司法权与诉讼权的良性互动

司法权与诉讼权的良性互动是容易被忽略但对司法能力的发挥具有重要影响的因素。这是因为,任何司法产品都不只是司法机关单方行为的产物,而是各诉讼主体共同作为、合力形成的结果。虽然程序法对司法权与诉讼权的范围作了相关规定,但一方面各项具体权利的内涵仍然具有很大的自由裁量或斟酌空间,另一方面,各主体对权利的实际行使也会受到多方面因素的影响或支配,不同的权利行使方式对诉讼效能也会有不同的影响。从近些年实践看,因司法权与诉讼权之间的相互掣肘而造成司法或诉讼资源浪费以至于影响诉讼质效的情况愈趋突出,司法人员与诉讼主体(尤其是律师)彼此之间的抱怨也不绝于耳,一定程度上损害了诉讼生态。改善这方面状况,需要从制度及实践入手,实现"两权"的良性互动。首先,司法

---

① 例如,类案检索报告生成路径和结果运用仍缺乏技术平台保障和规范性指引。参见李文超:《案例自发性运用的实践检视、机理归纳和规则构建——基于中国裁判文书网建立以来类案检索运行效果的考察》,《司法体制综合配套改革与刑事审判问题研究——全国法院第 30 届学术讨论会获奖论文集》(上),2019 年,第 597—609 页。

权应立足于对诉讼权的保护。维护诉讼主体的诉讼权不仅是对诉讼主体权利的尊重,更重要的是,没有诉讼权的充分行使,则不可能实现司法权的有效行使。因此,司法权应为诉讼权的充分行使提供保障,尤其应避免和消除司法权直接或间接地压制诉讼权行使的现象。其次,司法权应引导诉讼权的恰当行使。不仅应积极地运用法官释明权,还应以恰当的方式给予诉讼主体必要的提示和帮助,引导当事人充分了解和认知自己的诉讼权利及义务,知晓和明白各种诉讼行为的法律后果,避免因行为失当造成程序失权或承受实体上的不利后果。最后,司法权应有效遏止并制裁滥用诉讼权行为。当下,滥用管辖异议权、执行异议权乃至上诉权、申诉权而拖延诉讼进而拖延义务履行的情况十分普遍,但限于制度上的规定,司法机关及审判人员对此基本处于无奈状况,甚至可以说,在不少情况下,司法权已被滥用诉讼权的行为牵制或绑架。为此,一方面,应重新审视执行异议之诉等制度的功效,对此类诉讼进行必要的限制;另一方面,应增加对滥用诉讼权利行为的惩罚措施,比如对明显无正当理由而提出管辖异议的情形,一审法院可对异议方作出必要的风险警示,并在其异议被终审驳回后判令由其承担相应诉讼费及相对方一定的律师代理费。此外,应重新审视诉讼费制度,取消管辖异议上诉、申诉、执行异议等免收诉讼费的规定;同时,大幅度提高按件收取诉讼费的收费标准,辅之以胜诉退费、败诉当事人承担诉讼费以及诉讼费"减、免、缓"制度,发挥诉讼费对于滥用诉权的"门槛"作用。总之,对滥用诉讼权的行为,应赋予司法机关更多的制裁手段,司法人员也应在现有制度框架下,更加主动地运用相关诉讼强制措施,以推动司法权与诉讼权良性互动格局的形成。

(九) 信息技术的运用

随着信息技术的发展及应用领域的拓展,信息技术对司法能力提升的作用也越趋突出。信息技术运用在司法能力提升方面的主要路径有：一是提升司法效率，通过人工智能、大数据等技术手段或方式替代司法过程中大量重复性、辅助性工作，把信息技术实在地转化为一种司法能力。二是通过信息化手段形成司法智识交互平台，共享法律信息和司法经验，特别是通过穿透司法智识性信息流动壁垒，消弭各地、各级法院在司法过程中的能力差距，提高法律统一适用的水平。三是通过信息技术更好地实现司法信息的公开和司法行为的可溯源性。一方面保持司法行为在内外部必要的透明，为各方适时监督提供条件；另一方面，保证司法行为全程留痕，从而有利于约束司法行为，防范冤假错案，遏止司法腐败。四是通过信息技术提高司法资源配置水平，同时利用网络程序化的特征，强化各主体之间、各司法行为之间的刚性联结，提升司法运作的整体性和关联性。五是通过信息技术的运用，方便司法主体与其他诉讼主体的联系，降低诉讼成本和诉讼耗费。目前，法院信息化建设与运用方面存在着技术应用与司法运作的要求不相匹配，应用层面的功能较为浮浅，应用系统实用性不强，以及多地重复开发，沉没成本太高，资源浪费较大等"多而不实""全而不精"的现象。因此，通过信息技术运用提升司法能力首先应着眼于这些问题的有效解决，把实效化运用与集约化运用作为法院信息化建设与运用的基本方向。

需要指出的是，前述这些要素中，有些涉及司法改革层面上的体制、制度与机制，有些则并不涉及，还有些甚至仅仅属于工作流程乃至方式方法范畴。因此，这些要素的调整和改善，涵盖着人民法院改革与发展两个方面。更应强调的是，即便是涉及体制、制度、机制方面的要素，其调整与改善的方向也不是依循某种模式或原则，而是围绕有利于司法能力提升的总体目标，一切从实际出发，因事制宜。

第六章 人民法院建构与运行的基本模式

我国法院改革面临的一个前提性问题是,法院的构建与运行应采用什么样的模式? 具体来说,究竟应以法官个体为本位,还是以法院整体为本位? 两种不同本位决定着两种不同的体制与机制的类型,决定着法院内部方方面面的关系。在改革进入"深水区"及"关键期"的当下,明确基本模式的选择,不仅有助于厘清当下法院改革问题上的各种理论或实践的是非,消弭认识上的分歧,增进改革共识,更重要的是,将有利于进一步完善改革思路,为司法责任制的综合配套改革以及后续改革方案的制定提供必要的前提与基础。

一、两种不同本位及法院改革所蕴含的取向

毫无疑问,本章所提出的"法官个体本位"或"法院整体本位"与既往我国法学理论中讨论的"法官独立(审判)"或"法院独立(审判)"具有很大程度的重合性,[1]并且,"两种独立"也是"两种本位"所涵盖的核心问题,但二者的认识角度并不完全相同。"两种独立"重在体现不同主体的消极性权利(不受干预),而"两种本位"则重在强调不同主体在法院内外部格局中的重心或基础地位。相应地,二者

---

[1] 对此问题的讨论,参见陈瑞华:《司法改革的理论反思》,《苏州大学学报》(哲学社会科学版)2016年第1期;陈卫东:《司法机关依法独立行使职权研究》,《中国法学》2014年第2期;王亚新:《法官独立的政治含义》,《文化纵横》2014年第10期;蒋惠岭:《"法院独立"与"法官独立"之辩——一个中式命题的终结》,《法律科学》2015年第1期。

涉及的范围也有较为明显的区别。比较而言,以"本位"为视角,更能全面反映法院建构与运行的整体性。同时,借助于不同本位差异的辨识,可以进一步看出我国法院改革所蕴含的取向。

(一)法官个体本位与法院整体本位的差异

法官个体本位与法院整体本位并不是司法理论中的既有范畴,也不是现实中约定俗成的概念,而主要是根据语词意涵而对法院建构与运行模式作出的一种概括和分类,但二者之间的差异在经验与逻辑层面都很容易得到辨识和理解。

首先,两种本位的根本差异在于谁是司法产品(裁判)的生产者,以及谁对司法产品的质效负责。质言之,以法官个体为本位,法官就是司法产品的生产者,法官对司法产品的质效全面负责;而在以法院整体为本位的情况下,法院则是司法产品的生产者及质效的全面负责者。在此方面,应严格分辨 个前提,这就是"生产者"与"负责者"的主体地位相对于什么而成立。一种理解是相对于外部社会(自然包括当事人以及与案件有利害关系的各主体);另一种理解是相对于法院内部。从司法产品的公共性这一基本原理出发,只有面向外部社会,具有社会识别性,在外部社会结构中具有独立地位的主体,才有理由被认为是司法产品的生产者与负责者。这就意味着即便法官在法院内部具体实施审判行为,并对内部机构负责,但如果在外部社会结构中不具有独立主体地位以及个体的社会识别性,亦不能被认为是司法产品的"生产者"或"负责者"(当然,这一问题需要更充分的论证,本章后面将进一步涉及),从而也不能将相应的模式视为"法官个体本位"。

其次,两种本位的差异又在于法官与法院以及法院内部成员关系的不同。在以法官为本位的情况下,法官是审判活动的独立单元,法院更多地体现为法官存在并从事审判活动的空间,是若干法官聚集的"院子"(court);同时,法官之间呈原子化状态,彼此独立地从事审判活动,并无实质性交集。与此不同,在法院整体本位模式中,法官只是作为法院内部机构中的一个成员而存在,是法院整体的有机组成部分,法官依据法院内部权力与职责配置而从事审判活动;同时,包括法官在内的法院内部成员依据一定的结构结合于一体。法院内部成员的组织化、结构化、系统化是法院整体本位的基本特征。①

再次,两种本位的差异还在于审判资源的运用方式以及裁判所实际体现的意志不同。以法官个体为本位,个案审判运用的审判资源只限于相关法官个体的能力与智慧,即便是裁判形式上被冠以法院名义,但由于其形成过程排斥了法院内部其他主体的参与,因而体现的只能是法官个体的意志,其本质上是以个体意志直接代表法院机构意志,或者说法官个体意志被法定化地认同为法院机构的意志,法院只是法官个体意志的标签。而以法院整体为本位,法院内部审判资源则被综合统筹地运用,裁判体现的也是法院整体的智慧和水平。尽管在多数情况下,审判的整个过程完全由相关法官独立完成,但由此而形成的裁判也并不认为是法官个体意志的体现,因为在法院内控机制作用下,法官的意志理论上仍然涵摄于法院的机构意志之中,是整体意志的个别化表达。当然,现实中,法院整体本位下的法官个别性司法活动并不必然真实地体现法院机构的意志,但这只是法院内设体制与机制以及内部权力关系运行所要解决的问题,②并不构成对整体本位这一特性的否定。

最后,两种本位的差异亦体现于审判运行在法院内部的透明度之上。依照法官个体本位的要求或逻辑,法官独立自主地实施审判并完成整个审判过程,因而法官的审判行为以至整个审判过程在法

---

① 在法官个体本位模式中也存在法院内部管理,但主要体现在行政运行层面,而不涉及审判活动本身。例如,在美国,"历史上每位法官都在一个松散的法院系统中以'自己撑船'的方式管理其法庭",此后在法院改革运动中,庞德建议法院系统应建立一个负责统一行政管理的金字塔组织。参见最高人民法院司法改革小组编:《美英德法四国司法制度概况》,韩苏琳译,人民法院出版社2002年版,第165页及以下。

② 参见本书第七章的相关论述,以及顾培东:《人民法院内部审判运行机制的构建》,《法学研究》2011年第4期。

院内部并不需要任何透明度;相反,越是保持其封闭性,则越能减少来自内部的影响或干扰,越能维持其在内部的独立性。毫无疑问,在此种模式中,法院内部的监督也是不应存在的;[1]内部监督不仅有违法官独立审判精神,也因为缺少透明度而无实际可能。在此模式下的审判监督,更主要依赖于诉讼主体之间的制约以及审级之间的监督。[2] 反观法院整体本位模式,法院成员,特别是法官的审判行为必须保持其应有的透明度,这种透明度既是维持法官个别意志与法院整体意志相统一的必要识别基础,也是法院内部成员依照确定的方式参与审判过程,尤其是在过程中矫正个别性司法行为偏差的应有前提。

前述几个方面粗略地揭示了两种不同本位之间的差异,这些差异之间彼此联系并有一定的交叉,从中可以看出,法官个体本位与法院整体本位这两种模式虽然都承载和践履着司法审判的功能,但二者具有并遵循着完全不同的逻辑和机理,由此决定并体现着法院内部不同的建构与运行方式。

(二) 我国法院改革所蕴含的取向

从现代各国的司法制度与实践看,英美法系法院实行的是较为典型的法官个体本位,各个法官分别构成法院内部的基本单元,不仅法院的建构与运行围绕法官个体的审判活动而展开,而且法官亦以其个体名义直接面向外部社会,对外部社会承担责任,[3]外部社会通

---

① 一个较为极端却很能说明问题的例子:德国的某法院院长在一位法官的判决书上修改了一个错字,被后者诉至纪律法院,法庭判院长违纪,院长辞职。参见〔德〕傅德:《德国的司法职业与司法独立》,杜涛译,王建斌校,载宋冰主编:《程序、正义与现代化:外国法学家在华演讲录》,中国政法大学出版社 1998 年版,第 42 页。

② 参见〔德〕傅德:《德国的司法职业与司法独立》,杜涛译,王建斌校,载宋冰主编:《程序、正义与现代化:外国法学家在华演讲录》,中国政法大学出版社 1998 年版,第 15 页。

③ 美国 50 个州中,以选举形式选任法官的州有 39 个。对于这些选举产生的法官而言,选举无疑会成为其承担外部社会责任的一种约束。参见何帆:《大法官说了算——美国司法观察笔记》(修订本),中国法制出版社 2016 年版,第 55—66 页。

过对法官个体的司法行为或理念来认知或评判司法。大陆法系多数国家中,虽然形式上裁判以法院名义作出,但由于强调法官独立,法官行权不受制于内部的制约或干预。同时,一些国家还允许合议庭法官公开表达对裁判的异见,法官个体在审判活动以及社会中具有较强的识别度。[1] 因而,就实质而言,大陆法系国家法院实行的也主要是法官个体本位模式。

长期以来,我国法院一贯实行的是典型的法院整体本位模式。法院内部普遍实行多主体、层级化、复合式的定案机制。[2] 法官个体既不直接承担外部社会责任,同时由于有更高层级的审核审批"把关",所以通常也不对或不需对自己经手的裁判承担内部责任。这种科层化及"行政化"的审判方式带来了不少弊端。正因为如此,自"一五改革"始,这种"行政化"的审判权运行模式就一直作为改革的对象,[3]"去行政化"则成为改革的主线和目标。本轮改革不仅更深刻地触及审判权运行"行政化"的根基,而且旨在全面建构一个新的法院审判权运行体系与机制,由此不能不使法院整体本位模式被置于质疑和动摇之中;在技术逻辑的推动下,尤其在法官个体本位模式之"普遍性"的影响下,法官个体本位模式顺理成章地成为法院改革所蕴含的取向。

理论界借助于对"顶层设计"改革方案的解读而为本轮改革所描绘的蓝图是:通过员额制从现有法官队伍中遴选出优秀分子,在法官资源不足的情况下,再从学者及律师中选拔一批优秀者加入,从而实

---

[1] 在德国,判决书中作出判决的全体法官署名。如果法院院长并没有参与司法过程,不能在判决书上署名,且由于法院院长也是法官,如果参加了案件审理,则也需要在判决书上署名,不过署名是以法官的名义,而非以院长的名义。参见〔德〕傅德:《德国的司法职业与司法独立》,杜涛译,王建斌校,载宋冰主编:《程序、正义与现代化:外国法学家在华演讲录》,中国政法大学出版社1998年版,第42页。

[2] 参见本书第七章有关"人民法院内部审判运行机制之构建"的相关论述。

[3] 《一五改革纲要》以"审判工作的行政管理模式,不适应审判工作的特点和规律,严重影响了人民法院职能作用的发挥"的认识为基础,提出"还权于合议庭"思路,强调"以强化合议庭和法官职责"为重点。

现法官队伍的职业化和精英化;通过司法职业单独序列的管理,对入额法官施以优厚的政治、薪酬和生活待遇,隆其地位,使其形成职业尊荣感和有效的自我激励;与此同时,通过司法责任制形成对法官行为的有效约束。以此为基础,根据"让审理者裁判、由裁判者负责"(这里所指的"审理者"被明确地认定为独任法官或合议庭①)以及"去行政化"的原则和精神,审判权完全由法官自主独立地行使,法院内外任何主体不得介入法官审判权行使的过程;法院内实行去结构化的"扁平化"管理,取消审判庭以及庭(副庭)长设置,减少以至取消副院长设置;审委会尽可能不讨论具体案件,甚至取消审委会。此外,通过法院人财物与地方脱钩,使法院摆脱对外部的依赖,实现司法"去地方化",最终达至法官只依照法律而不受任何外部力量影响和制约而独立审判的目标。显然,理论界较为明确的期望与主张是通过改革使我国法院从法院整体本位转换为法官个体本位。

从司法改革的具体实践看,在弱化"行政化"因素对审判过程的影响,扩大法官在审判过程中的权力,提高法官职业化、专业化水平以及强化法官职业保障,落实司法责任制等方面,改革实践与理论界的认识具有很大程度的契合性,并且,理论界勾画的图景对实务界及改革实践亦具有一定的引导力或诱导力。在此意义上说,改革实践中也体现着对法官个体本位模式的某种趋从。然而,无论是对法院改革的原则性要求,还是对改革方案的具体设计,决策层在法官独立行权问题上仍然秉持了一种审慎的态度:既强调突出法官在办案中的主体地位,又强调对法官审判活动进行"全过程监管";②同时,在法官行权的边界上亦有所保留,如虽然规定绝大多数案件由独任法官或合议庭直接决定,但某些类型的案件仍然需要由院长、副院长或

① 参见陈卫东:《司法责任制改革研究》,《法学杂志》2017年第8期。
② 参见《最高人民法院关于落实司法责任制完善审判监督管理机制的意见(试行)》(法发〔2017〕11号)。

庭长提交专业法官会议①或审判委员会讨论决定。② 特别是对各级法院的管理层来说,尽管面对"去行政化""还权于法官"等站立于改革"正当性"制高点的口号的强势要求,但对中国法院运行特征的把握,长期实务工作中所形成的经验性感受,对法院各种现实条件的认知,以及对法院面临的各种现实压力的考量,决定了他们在向法官放权的过程中实际上是存在不同程度的忌惮和疑虑的。

　　总体上看,改革实践中贯穿着对法官独立行权与强化对法官审判活动管理监督的双重强调;同时也贯穿着向法官放权的激进要求与在放权问题上的谨慎态度。当然,也正由于对双重因素的强调以及激进要求与谨慎态度的并存,在制度设计层面并未对缓解彼此间的张力与冲突作出妥帖安排的情况下,或者说在新的审判权力格局中管理监督机制如何楔入问题尚未得到有效解决的情况下,当下法院改革以及法院的运行实际上处于一定的矛盾与困窘之中,而这种矛盾与困窘很大程度上折射出人民法院改革在法官个体本位与法院整体本位模式选择上的模棱与纠结。

二、"法官独立"在法学理论中是如何被"证成"的?

　　法官个体本位的核心内容或依据是"法官独立"。在本轮司法改革的理论讨论中,几乎所有学者③都把"法官独立"作为预设的前提,

---

① 专业法官会议现已由主审法官会议替代,参见最高人民法院《关于完善人民法院主审法官会议工作机制(试行)》(法发〔2018〕21号)。
② 《最高人民法院关于完善人民法院司法责任制的若干意见》(法发〔2015〕13号)第24条规定:"对于有下列情形之一的案件,院长、副院长、庭长有权要求独任法官或者合议庭报告案件进展和评议结果:(1)涉及群体性纠纷,可能影响社会稳定的;(2)疑难、复杂且在社会上有重大影响的;(3)与本院或者上级法院的类案判决可能发生冲突的;(4)有关单位或者个人反映法官有违法审判行为的。"
③ 在此方面,苏力或许是极少数例外之一,苏力从科层制角度对法院整体性意义进行了论证。参见苏力:《司法改革的知识需求》,《法治现代化研究》2017年第1期。

同时把实现"法官独立"视为法院改革所追求的核心目标。然而,十分清楚的是,无论在制度上还是在主流意识形态中,"法官独立"在我国都从未得到正式承认,因而也不具有当然的正当性。那么,我国社会条件下的"法官独立"是如何穿越制度与主流意识形态的界限在法学理论中被"证成",而与此对应的"法院独立审判"这个"中国式命题"又是如何被学者们"终结"的呢?① 综合相关文献,学者们"证成"的主要方式或理据大致有以下三种:

其一,"法官独立"是国际社会的普遍共识及各国的普遍性实践,姑且称之为"国际共识说"。持论者认为,《世界人权宣言》《公民权利和政治权利国际公约》《关于司法独立最低限度的标准》《司法独立世界宣言》《关于司法机关独立的基本原则》等一系列国际组织的条约或国际会议的宣言,都把"司法独立"确立为法治国家的基本原则或法治社会的基本要求,而法官独立是司法独立的应有意涵;当代各国在制度和实践中也普遍奉行法院独立或法官独立。据此,法官独立是我国司法的必然选择。②

其二,"法官独立"是结合改革举措而对我国《宪法》相关规定的新理解,此种理据可称为"法条理解说"。其主要观点是,我国《宪法》第131条规定了"人民法院依照法律规定独立行使审判权,不受行政机关、社会团体和个人的干涉"的原则,而法院独立审判原则在司法责任制框架下则体现为法官独立审判。如陈瑞华认为:"以'去地方化'和'去行政化'为指引的诸多改革举措,第一次挑战了那种对'审判权独立行使原则'的权威定义,体现了'裁判者独立审判'的精神,第一次将法院的司法行政管理权与司法裁判权予以分离。自

---

① 蒋惠岭以"'法院独立'与'法官独立'之辩——一个中式命题的终结"为题著文,明确认为,在我国,"法院独立审判"已被"法官独立审判"所取代。参见蒋惠岭:《"法院独立"与"法官独立"之辩——一个中式命题的终结》,《法律科学》2015年第1期。

② 参见陈卫东:《司法机关依法独立行使职权研究》,《中国法学》2014年第2期;朱孝清:《检察官相对独立论》,《法学研究》2015年第1期;彭何利:《中国法院的现代转型:模式选择与体系框架》,《法学》2016年第10期。

此以后,那种动辄将我国审判独立概括为'法院独立'的观点已经不合时宜了。"①

其三,"法官独立"是"司法客观规律"的要求。这一理据可称为"司法客观规律说"。具体论证依据有三点:(1)依照司法客观规律,司法权是一种判断权,判断权的行使要求判断者具有亲历性;在司法审判中,唯有直接参加案件审理(主要体现为庭审)的法官才具有亲历性,因此,也只有法官才应享有审判权,否则便是"审而不判、判而不审"。②(2)裁判者应具有中立性,中立性是公正性的保障,而只有法官具有独立性,才能保持其中立性,进而才能保障裁判的公正性。③(3)"让审理者裁判、由裁判者负责"的原则也表明,法官才是案件的审理者,唯有法官才有权作出裁判,也只有作为裁判者的法官才对裁判负责;同理,要求作为裁判者的法官负责,就必须保持法官的独立地位,由法官独立行使裁判权。④

关于"国际共识说",一方面,我国对于西方势力主导下的国际组织或会议推出的不具有刚性约束的条约或宣言等,从来都持一种开放兼保留的态度,根据其是否适合中国国情而选择性参照,或对其原则和精神作出符合我国国情的理解。另一方面,对于我国这样具有特殊政治建构的国家来说,其他国家普遍奉行"法官独立"的事实并不能成为我国接受这一制度的正当依据。⑤ 这方面问题在我国应否

① 陈瑞华:《司法体制改革导论》,法律出版社 2018 年版,第 3 页,序言。
② 参见朱孝清:《论司法的亲历性》,《中外法学》2015 年第 4 期。
③ 参见谢佑平:《论以审判为中心的诉讼制度改革——以诉讼职能为视角》,《政法论丛》2016 年第 5 期。
④ 参见陈卫东:《司法责任制改革研究》,《法学杂志》2017 年第 8 期。
⑤ 美国法学家弗雷德里克·绍尔(Friderick Schauer)认为,越是与一国政治建构紧密关联的法律制度或法律理念,就越难以通过法律移植的方式从他国引入。"政治、社会和文化因素在决定与宪政和人权相关的法律、理念和制度的移植模式中的重要性,要远甚于它们在决定与商业、贸易和经济相关的法律、理念和制度移植模式中的重要性。"〔美〕弗雷德里克·绍尔:《法律移植的政治学与动机》,彭小龙译,载〔意〕简乌利亚·阿雅尼、魏磊杰编:《转型时期的法律变革与法律文化——后苏联国家法律移植的审视》,魏磊杰、彭小龙译,清华大学出版社 2011 年版,第 41—42 页。

实行"司法独立"的讨论中实际上已经被广泛谈及,[①]结论与分歧都很清楚,无论从意识形态抑或从学术讨论的角度看,以此作为理据都是疲软的,没有说服力的。[②]

关于"法条理解说",我国《宪法》第131条的规定内容十分明确,不应对此作脱离立法精神以及条文自身意涵的理解。首先应指出,法院依法独立行使审判权,并不等于承认法院独立。道理很浅显,主体独立从事某项事务与主体在社会结构中的身份独立,二者并不相同。更进一步说,法院独立行使审判权也不能逻辑地推断出法官独立行使审判权的结论,更不能由此推导出"法官独立"。理由同样简单,机构独立与机构中成员独立完全不是一回事。相对于机构来说,其成员的属性永远只能处于派生地位。司法人员在内部关系中缺乏独立性并不影响司法机关的独立;而司法机关的独立也并不必然要求或导致司法人员的独立。至于司法改革的举措是否挑战了法院独立行使审判权原则的"权威定义",从而使"法院独立行使审判权"改变为"法官独立",从本章后述论证中可以得出明确结论。

在证成"法官独立"的三种理据中,影响最大、最需要分辨和讨论的是"司法客观规律说"。为此,需要就这一理据中三个基础性问题分别进行讨论。

第一,如何理解"亲历性"及其与"判断权"的关系?

有关"亲历性"的含义,学者们的解释大致相同。陈瑞华认为:"所谓亲历性,也就是裁判者要亲自经历裁判的全过程。亲历性有两个最基本的要求:一是直接审理;二是以口头的方式进行审理"。[③]

---

① 2017年1月14日,首席大法官周强在全国高级法院院长会议上指出,要坚决抵制西方"司法独立"思潮影响,旗帜鲜明,敢于亮剑。周强:《要敢于向西方"司法独立"等错误思潮亮剑》,http://www.china.com.cn/legal/2017-01/15/content_40105715.htm,最后访问日期:2017年1月15日。

② 参见支振锋:《司法独立的制度实践:经验考察与理论再思》,《法制与社会发展》2013年第5期。

③ 陈瑞华:《司法体制改革导论》,法律出版社2018年版,第28页。

朱孝清亦认为:"司法亲历性,是指司法人员(主要指法官,且这里的'法官'包括参审的陪审员)应当亲身经历案件审理的全过程,直接接触和审查各种证据,特别是直接听取诉讼双方的主张、理由、依据和质辩,直接听取其他诉讼参与人的言词陈述,并对案件作出裁判,以实现司法公正。"①不难看出,基于论证"法官独立"甚至是"法官独享裁判权"的需要,持论者通常把作出裁判的法官亲自与案件当事人等各诉讼参与人②在审理中直接接触(具体方式是亲自主持或参加庭审)作为"亲历性"的基本内容或唯一形式要求。理由是,唯有法官与诉讼参加人之间这种物理空间意义上的直接接触,才能近距离地观察、聆听(亦即察言观色)各诉讼参加人的表达与表现,才能对案情作出正确判断,正确行使"判断权",③诉讼法上的言词原则、直接原则也才能得到贯彻和体现。④

　　其实,学者们对"亲历性"及其对于判断权的必要性的解说,在实践中并不成立。原因在于:其一,并非所有的案件都具有法官与当事人、证人等直接接触的条件与机会。民商事或行政诉讼中大量存在着律师等代理人出庭而当事人不出庭的情况,至于证人、鉴定人等不直接出庭作证,更是我国司法中的普遍现象。这表明,试图通过对当事人、证人察言观色来体现"亲历性"的预设,并不具备起码的现实基础。其二,依据我国诉讼制度,案件审理中包含着很多书面审环节,部分案件的二审、再审启动审查以及多数程序性上诉审查等关乎当事人实质利益的审理环节,法官与诉讼参与人都没有直接接触的"亲历性",而这并不影响法官作出某种判断。其三,现代科技手段已经被广泛地运用到法院审判之中,录音、录像以及语言识别处理等技术能够清楚、真实地还原包括庭审在内的整个审判过程,任何人(并非

<hr>

① 朱孝清:《司法的亲历性》,《中外法学》2015 年第 4 期。
② 这里说的"诉讼参与人"不是严格的诉讼法上的概念,泛指当事人、被告人、公诉人、证人等一切参与诉讼的主体。
③ 参见朱孝清:《司法的亲历性》,《中外法学》2015 年第 4 期。
④ 参见陈瑞华:《司法体制改革导论》,法律出版社 2018 年版,第 28 页。

亲历庭审的人)借助于这些载体都可以较为全面地了解案情,并据此作出相应判断。其四,现实中,某一案件的审理中往往包含着对多个问题的判断。在法院整体履行审判功能的格局下,合议庭提交审委会、主审法官会议或院庭长判断或决断的问题,往往并不是案件的全部问题,而只是某一或部分问题。一方面,对这些问题的判断需要借助的往往不是案件的全部事实;另一方面,更重要的是,相关判断依赖的事实也是在法官审理后、经历过所谓"亲历性"环节所提炼或基本认定的事实(亦即"二阶判断")。即便需要判断的是事实问题,其通常也已转化为对具体证据取舍以及证据证明力的判断,而这种判断更多依赖的是对证据规则的理解以及审判经验的积累,与判断者是否与诉讼参与人"亲历"没有太大关系。其五,某些学者论证"亲历"之必要的一个重要理由是:凭借听取法官汇报而作出判断必然失之偏误,因为法官汇报中既可能故意隐瞒某些案情,也可能因表达不充分而不能客观反映全部案情。① 不可否认,法官汇报案情不真实、不全面的情况在现实中确实存在。然而问题是,对于如此"不靠谱"的法官,我们又有多少理由赋予其独立判案的权力? 毫无疑问,提出这些问题并不意味着我们认同仅凭听汇报而断案,只是不赞成简单地否定法官汇报案件、其他人参与讨论并提供意见这样一种法院实践中常见的议事形式。

如果不是机械地理解"亲历性"这一概念,或为了论证"法官独立"的结论而预设某种逻辑前提,而是回到诉讼或审判的实际场景中分析的话,那么,不难理解,诉讼或审判中的"亲历性"主要是指:在某一案件整个诉讼过程中,应当具有法官与当事人或代理人等诉讼参与人直接接触的过程(缺席审判的除外)。这既是直接听取诉讼参与人陈述与辩论、体现彼此互动交流的需要,也体现了法院对诉讼参与人的一种尊重。这也是说,某一案件的整个诉讼过程中,不能没有法

---

① 参见陈光中、龙宗智:《关于深化司法改革若干问题的思考》,《中国法学》2013 年第 4 期。

官与诉讼参与人的直接接触。"亲历"是诉讼中的一个必要环节,是保护诉讼主体合法权利所派生的一种要求。即便从对审理者的要求看,"亲历性"也主要指参与案件处理过程的每一个主体,对需要其予以判断的事项,应具备或掌握作出该判断所必要的相关信息,把自己的判断建立在信息充分的基础之上,但并不意味着只有与当事人等诉讼参与人直接接触才称得上"亲历"。① 把"亲历性"狭隘地理解为法官与当事人等面对面的接触以及把这种"亲历性"作为判断权前提的观点,显然失之偏颇。相应的,"司法权是判断权——判断必须有'亲历性'——只有法官才有这种'亲历性'——法官必须独立——法官独立意味着排他地独享审判权",这一看似严密的逻辑,实际上并不周延,每一个环节都经不起实践过程的推敲。

第二,如何理解审判中立性与法官独立的关系?

学者们主张法官独立的另一个理由是审判需要中立性,而法官独立是审判中立性的必要保障。这种认识实际上是在未充分理解西方社会中审判中立机理的情况下,不加辨别地将其套用到我国司法实践之中。不可否认,在西方司法理论中,司法独立或法官独立确实是司法中立性的必要条件。然而,必须看到的是,西方司法的中立性实际上更主要指的是政治上的中立性,与其相适应的司法独立或法官独立也主要是政治上的独立。② 首先,西方社会中,司法通常被认知为中立于国家与个人之间的纠纷裁决机制,"司法至上"的原理也部分地建基于这样的认知之上。这种中立的定位显现出明确的政治属性。其次,西方国家司法需要并有权裁决某些政治性争议(如"布什诉戈尔选举案")。虽然托克维尔(Alexis-Charles-Henri Clérel

① 有学者为强调司法的特殊性,把"判断权"作为司法权的独有特质,借以区别于其他权力,进而作为法官特殊职业待遇的理由和依据,这实际上是非常乏力的。事实上,任何带有决策性的行为都包含着"判断权";同时,法官权力的内涵也绝不仅限于判断权。

② 意大利法学家卡佩莱蒂认为:"司法独立最核心和最传统的含义系法官(集体或个人)独立于政治机构(the political branches)。"参见〔意〕卡佩莱蒂:《比较法视野中的司法程序》,徐昕、王奕译,清华大学出版社2005年版,第94页。

de Tocqueville)所说的"在美国,几乎所有政治问题迟早都要变成司法问题"①并不完全符合美国的现实情况,但"违宪审查权"的存在决定了美国司法的涉政治性,对某些政治争议问题的裁决要求司法保持政治上的中立。最后,多党轮流执政的体制也决定了司法必须中立于政党政治,否则不同党派执政将会导致司法不同的依随。这种政治上的中立性必然派生出对法官独立于政党、独立于政治或其他社会力量的要求。

与西方国家不同的是,我国司法在制度设计上并不具有裁决政治争议的功能,并且,党长期执政的制度与现实也决定了司法与执政党保持着密切的联系,司法活动在执政党的领导及支持下依法开展。因此,我国司法的中立性集中体现于法院(包括法官)在诉讼当事人各方之间保持中立,在程序及实体上做到不偏不倚、客观公正。这种中立性的保持与法官在法院内部权力配置中是否独立并无直接联系。法官独立行权,未必能保证其立场的中立;相反,在法院内部控制机制得当的条件下,法官悖离中立性要求的个别性偏差还可以得到有效矫正。所以,以保持司法中立性作为法官独立的理由在我国社会中是缺乏现实基础的。

第三,如何理解"让审理者裁判、由裁判者负责"?

在支撑"法官独立"的理由中,"让审理者裁判、由裁判者负责"似乎是最有说服力的依据。这不仅是因为这一表述中内含着一种合理的逻辑关系,同时也在于,与"去行政化"等仅流行于学术讨论范围内或其他非正式表达中的提法不同,这一表述被写入顶层设计的正式文本,成为司法改革中确定奉行的一项原则。② 然而,进一步分析可以看出,从这一表述中并不能必然地推导出"法官独立"或"法官独立审判"的结论。

对"让审理者裁判、由裁判者负责"的理解,首先必须界定何谓

---

① 〔法〕托克维尔:《论美国的民主》(上卷),董果良译,商务印书馆1988年版,第310页。
② 参见《中共中央关于全面深化改革若干重大问题的决定》。

"审理"以及谁是"审理者"。主张"法官独立"的学者无一例外地把"审理"不加分辨地限定为法官或合议庭对案件的"审理",尤其典型的是庭审;相应的"审理者"只能是承审法官。然而,无法否认的是,"审理"的本质是"查明事实,弄清案情,适用法律"。因此,庭审固然是审理的主要内容,庭审外法院内成员对案件材料的审阅以及围绕案件进行的讨论、分析、研判,同样是一种审理,都是"查明事实、弄清案情,适用法律"的具体方式。总体上说,"审理"应当被定义为"人民法院查明事实,弄清案情,适用法律的一切活动"。同理,"审理者裁判"中所指的"审理者",只能是法院,而不仅仅指承审法官,即便是作为审判组织的独任法官、合议庭或审委会也只是代表法院行使审判职能。其次,从另一个角度看,"由裁判者负责"同时也意味着,只有能够对裁判负责的主体才有资格称为"裁判者"。而本章后面的论述将表明,在我国,能够对裁判全面负责的是法院而不是法官,法官承担不了司法裁判在中国社会中的政治责任、社会责任乃至法律责任。既然承担不了裁判者的责任,也就不应把法官称为此种意义上的"裁判者",进而也不能以此作为法官独立或法官独立行使审判权的理由。

作为改革中奉行的一个原则,"让审理者裁判、由裁判者负责"似应从两个层面去理解:一是对外部全社会而言,法院是案件审理者,依法独立行使裁判权,并对裁判负责,据此而排除外部社会力量对司法权行使过程的干预;二是在法院内部,参与到裁判形成过程中的任何主体,必须有相应的"审"(但绝不仅限于庭审)的过程,把自己的意见建立在通过"审"而获得的必要信息(案情等)的基础之上;与此同时,无论通过什么形式参与裁判过程,都必须对具体的参与行为承担相应的责任,亦即"行权必有责"。毫无疑问,这两层意义都不构成支撑"法官独立"的理由。

深入地看,西方国家中,"法官独立"通常都是在政治维度上基于政治权力分立理论而被持奉和肯定,并且是依附于"司法独立"而成立的。① 在我国，由于这两种独立都不为制度或主流意识形态所认同，并且当下在主流意识形态话语中已缺少对此问题讨论的空间，因而学者们不得不避开其政治属性，而试图从技术角度迂回地佐证其在中国司法中的"合理性"或"正当性"，特别是通过赋予"判断权""亲历性"等以"司法客观规律"的意义，淡化甚至回避"法官独立"所固有的政治属性，以"司法客观规律"的天然正当性作为抵御其可能受到的政治上或意识形态上否定评价的"盾牌"或"铠甲"。这种理论现象的影响虽然不能小觑，但终究不会为中国社会实践所接纳。

三、法院整体本位模式选择的实证依据

我国《宪法》第 131 条明确规定了人民法院而不是法官依法独立行使审判权，这无疑构成了法院整体本位的基本、可靠的法律依据，但鉴于在此问题上存在前述认识上的分歧，需要从实证层面予以进一步论证。

首先，法院整体本位是由我国法院在政治结构中的地位所决定的。

法院选择什么样的建构与运行模式，在很大程度上并不取决于法院本身，甚至不完全取决于司法活动这一社会实践的特征，而更主要决定于法院在特定国家政治结构中的地位。美国学者达玛什卡曾系统地揭示过司法制度与政治权力之间的关系，并引述了马克斯·韦伯的一句名言加以论证："包括司法制度在内的法律制度之间的重要差异可以从权力关系的多样性中得到解释。"②在我国政治结构中

---

① 参见〔以〕巴拉克：《民主国家的法官》，毕洪海译，法律出版社 2011 年版，第 79 页；〔美〕马丁·夏皮罗：《法院：比较法上和政治学上的分析》，张生、李彤译，中国政法大学出版社 2005 年版，第 89 页及以下。

② 参见〔美〕达玛什卡：《司法和国家权力的多种面孔：比较视野中的法律程序》，郑戈译，中国政法大学出版社 2015 年版第 10—11 页。

并不承认西方意义上的"司法至上"原则,而始终坚持党对司法的领导,同时《宪法》还设定了人大对司法的监督权。在本轮司法改革的各项重要文件中,顶层设计都把坚持和加强党对司法以及司法改革工作的领导作为首要原则,[①]在明确法院人财物省级统管的同时,进一步强调"法院党组仍要向同级党委定期汇报工作,接受同级党委政法委的思想领导和政治领导"[②]。

这样一种政治格局从三个彼此联系的方面决定了对法院整体本位的选择:其一,党的领导必须通过法院这一机构而得以实现。这不仅指党的方针政策需要通过法院转化为相应的司法理念、司法取向、司法政策而体现于具体的司法审判实践之中,同时也指通过法院内党的组织体系把司法审判活动约束于宪法法律的要求以及总体政治秩序的安排之中。其二,个案审判中法律效果与政治效果及社会效果的统一需要法院整体力量的把握。这一方面是因为,在很多案件中,法律问题与政治问题、社会问题缠结于一体,且相互转化,对此类案件复杂性的认识以及恰当处理往往超出法官个体的能力;[③]另一方面也在于,法官个体与外部社会的联系相对较弱,特别是与政治中枢之间的联系半径相对较长,政治敏感度可能不足,实际考量的因素也可能不够全面。这也是司法责任制中要求法官对重大、疑难、复杂以及敏感案件[④]的处理过程及结果应当上报的原因。其三,在既有政治

---

① 《四五改革纲要》将"坚持党的领导,确保正确政治方向"作为全面深化人民法院改革应当遵循的首要原则,要求:"人民法院深化司法改革,应当始终坚持党的领导,充分发挥党总揽全局、协调各方的领导核心作用,真正实现党的领导、人民当家作主、依法治国的有机统一,确保司法改革始终坚持正确的政治方向。"

② 《最高人民法院关于深入做好司法改革政策解读工作的通知》(法〔2017〕86号)。

③ 徐向华、左卫民、王伦刚、刘思达、李雨峰等人对法院审委会的研究都表明,审委会讨论案件很大程度上在于综合平衡法律适用中法律、政治、社会诸方面要求的关系。参见徐向华课题组:《审判委员会制度改革路径实证研究》,《中国法学》2018年第2期;左卫民:《审判委员会运行状况的实证研究》,《法学研究》2016年第3期;王伦刚、刘思达:《基层法院审判委员会压力案件决策的实证研究》,《法学研究》2017年第1期;李雨峰:《司法过程的政治约束——我国基层人民法院审判委员会运行研究》,《法学家》2015年第1期。

④ 实践中,案件的所谓"重大""疑难""复杂""敏感"通常都不是在法律意义上所形成的特性,而是基于某种政治或社会性因素而使案件变得"重大""疑难""复杂"或"敏感"。

结构中,法院必须对个案审判实际承担着相应的政治责任、社会责任以及法律责任。法院所承担的责任与法官所承担的司法责任有着重要的区别和差异。一是责任的性质不同。法官承担的责任主要是技术性责任与职业伦理责任,而法院要承担的是政治责任和社会责任以及国家赔偿的法律责任。二是责任的后果不同。即便法官承担了相应的责任,但并不能由此而免除或减轻法院的政治责任、社会责任或法律责任。不仅如此,任何一个法官实施的不当司法行为,往往需要承担政治责任与社会责任的不仅是该法官所在的法院,而且还可能波及整个法院系统,尤其是最高人民法院。三是承担责任的条件不同。某些案件依司法责任制的规定看,法官并不具有应追究责任的事由,但法院仍然需要为法官的某种行为承担责任,因为追究法官责任的标准与法院承担外部政治与社会责任的条件并不完全一致。这样一种究责机制也决定了我国法院不能不守持法院整体本位。

其次,坚持法院整体本位也是适应我国司法社会生态所必要的选择。

近几十年来,随着我国各种社会矛盾的加剧,各种社会势力争夺司法资源、谋求利己裁判的动因十分强烈,方式和手段也渐趋复杂,由此使审判人员常常处于各种社会势力的围猎之中。与此同时,我国总体上仍然是重人脉、重情缘,讲关系、轻规则的社会。亲属、朋友、同事、同学、同乡、战友等各种人际关系都可以成为审判人员与案件当事人或相关人联系的纽结,从而不仅可以成为影响审判人员主观偏向的因素,而且也可能成为对审判人员施以利诱的通道。需要指出的是,过去在院庭长具有审核审批权的情况下,外部势力的主要影响对象是院庭长;不难推测的是,当权力放归法官后,外部势力的主要影响对象将是法官。在这样的社会生态中,法官的道德风险也无法避免。所有这些都表明,在我国现实司法的社会生态中,无论是院庭长还是法官,都不应赋予其不加制约、不受监督的独立权力。① 所以,即便单纯从法院审判权运行过程中道德风险的防范来看,也必须通过法院内部合理的行权与制约监督机制的设置和运行,亦即依靠法院整体作用的发挥,防范可能出现的各种道德风险。

再次,法官激励和约束条件的局限性也决定了我国必须坚持法院整体本位。

本轮改革通过员额制和职业保障制度,不同程度地提高了法官的政治、薪酬及其他现实待遇,特别是为各级法院法官待遇的改善提供了一定的拓展空间;与此同时,司法责任制,特别是错案责任追究制度也对法官的行权履职行为形成了一定的约束。然而,实际地看,改革所带来的法官利益及地位的变化,与法官的期待以及法官职业的实际付出仍然不尽相符,与学者们理想中的"职业尊荣感"的形成更是相距甚远。另一方面,司法责任制中的责任追究措施也远不能构成对法官行为的有效约束。

从激励条件看。我们选取具有一定代表性的西部某省中级法院法官在入额前与入额后待遇的变化作为分析样本。

表1　某省中级法院法官(全省平均数)入额前后待遇变化情况

		入额前	入额后
薪酬待遇	工资性总收入	7090 元/月	9930 元/月
	绩效奖	中央明确项目 40,000 元/年地方目标考核奖情况不等,但在收入中占比较高。	中央明确项目无变化,地方目标考核奖可能被取消。

---

① 一些后发国家在效仿西方实行法官独立原则后,不同程度出现了司法失控、法官失控的问题,以至于许多民众以及一些政治家抱怨法官太过于独立。参见〔美〕弗兰克·埃黙特:《法官独立:一个在中东欧经常被误解的概念》,魏磊杰译,载〔意〕简玛丽亚·阿雅尼、魏磊杰编:《转型时期的法律变革与法律文化》,魏磊杰、彭小龙译,清华大学出版社 2011 年版,第322—329 页;杨建民:《拉美国家的法治与政治——司法改革的视角》,社会科学文献出版社 2015 年版,第 150 页及以下。

（续表）

		入额前	入额后
政治待遇	基本	正科级	无变化
	最高	副厅级	无变化
业务职级待遇	基本	三级高级法官（仅对应法官审判津贴约240元）。	四级高级法官（参照副处级享受津补贴、医疗、交通等经济待遇）。
	最高	一级高级法官（仅对应法官审判津贴约280元）。	一级高级法官（参照正厅级享受津补贴、医疗、交通等经济待遇）。
医疗待遇	基本	无特殊待遇	无特殊待遇
	最好	院长可享受厅局级干部医疗待遇，包括特诊病房、特殊报销比例、特殊报销药品等。	少数法官等级晋升到一级高级、二级高级的，可以按厅局级享受相应医疗待遇。
住房待遇	已确定	房改后各地执行情况不一，部分地方未落实住房待遇。已落实的地方，对应行政职级享受相关的住房补贴。	
	拟争取		中央相关部门正在协商，尚未明确。拟争取按法官等级对应享受住房待遇。
退休待遇	已确定	按2014年9月标准暂发退休金。	
	拟争取		中央相关部门正在协商，尚未明确，争取将法官绩效考核奖金纳入养老保险缴费基数。目前仍按按2014年9月标准暂发退休金。
交通待遇	基本	科级干部650元/月	四级高级法官，参照副处级标准1040元/月。
	最好	厅局级干部1690元/月	一级高级法官，参照厅局级干部标准，与改革前无变化。

正确认知上表所反映的法官待遇的变化，需要具体把握这样几

点:其一,虽然法官工资待遇较入额前有了较大幅度的增长,但实际增长数额仍然有限,特别是与最容易作为参照的律师职业平均收益相比,尚存在很大差距。其二,入额法官看似美好的一些上升空间其实最终仅属于极少数人,对于多数法官来说,则是可望而不可即的"玻璃天花板"。不仅如此,法官业务职级所对应的行政级别在许多地方很难具体落实,在社会乃至组织、人事系统中亦未被普遍承认。改革政策实施几年来,不少地方法官的行政级别在年度目标考核奖中并未能得到体现。其三,医疗以及住房等待遇的改善目前仍在争取之中,能否最终落实尚有赖于决策层的支持以及相关部门的配合,并且干部医疗待遇作为社会理解中的"特权",尚存在被统一取消或调整的可能。其四,虽然司法人员脱离公务员序列而实行单独管理,但一方面,在我国这样的国情中,司法人员的总体待遇很难较大幅度地超越公务员待遇;另一方面,警察等职业待遇同时期的提高,难免淡化了司法人员待遇改善所带来的获得感。其五,这一轮改革恰逢案件增长期与审判资源(法官)减少期(全国减少约9万名法官)形成严重错配,入额法官的工作量大幅度增加,不少法院一线法官年均办案达300多件,加之司法审判面临的社会环境日益复杂,对法官办案的质效要求也越来越高,客观地说,法官从履职过程中不仅感受不到舒适度、幸福感,而且也很难获得成就感。从这些因素看,员额制对于入额法官待遇的改善并没有人们想象的那么大,由此而形成的职业激励也是有限的,至于"职业尊荣感",更是悬浮于缥缈之中。

再从约束条件看。司法责任制规定法官承担责任的主要有三类情形,即故意违反法律法规、重大过失导致裁判错误并造成严重后果以及违反职业道德准则和纪律规定。[①] 司法责任制还要求对办理错

---

① 《最高人民法院关于完善人民法院司法责任制的若干意见》(法发〔2015〕13号)第26条规定:"有下列情形之一的,应当依纪依法追究相关人员的违法审判责任:(1)审理案件时有贪污受贿、徇私舞弊、枉法裁判行为的;(2)违反规定私自办案或者制造虚假案件的;(转下页)

案的法官实行终身追责。悉心分析,无论是依据这三类情形,还是依据错案终身责任追究制,其实都很难对法官形成真正有效的约束。首先,这三类都属于十分极端的情形,并不是影响司法公正的经常性或主要因素。其次,虽然强调错案终身追究,但对于什么是错案的判断依据本身就很不明确,特别是民商事案件,错案的认定更为困难。再次,即使是被终审所改判的"错案",基本都可以用"对法律规范具体条文理解与认识不一致""对案件基本事实的判断存在争议"等技术性理由作为解释。司法责任制中规定了八种可以免责的情形,①以这些免责条件为依据,实践中主要影响司法公正的"人情案""关系案""权力案"等是很难依据司法责任制下的责任追究标准加以追究的。此外,某些案件所"造成的严重后果",在很大程度上与审判裁判行为的技术性因素或审理者的职业伦理并无直接关系,而是某些社会性因素放大或扭曲了案件的社会影响,由这种结果倒推审判人员的责任,本身也缺乏合理性。所以,尽管某些学者认为错案责任追究制度对于法官过于严苛,但诚实地看,司法责任制所建立的责任追究制度对于不当司法行为来说,其实仍然是一张疏漏之网,寄希望通过事后约束制度或手段规

(接上页)(3)涂改、隐匿、伪造、偷换和故意损毁证据材料的,或者因重大过失丢失、损毁证据材料并造成严重后果的;(4)向合议庭、审判委员会汇报案情时隐瞒主要证据、重要情节和故意提供虚假材料的,或者因重大过失遗漏主要证据、重要情节导致裁判错误并造成严重后果的;(5)制作诉讼文书时,故意违背合议庭评议结果、审判委员会决定的,或者因重大过失导致裁判文书主文错误并造成严重后果的;(6)违反法律规定,对不符合减刑、假释条件的罪犯裁定减刑、假释的,或者因重大过失对不符合减刑、假释条件的罪犯裁定减刑、假释并造成严重后果的;(7)其他故意违背法定程序、证据规则和法律明确规定违法审判的,或者因重大过失导致裁判结果错误并造成严重后果的。"

① 《最高人民法院关于完善人民法院司法责任制的若干意见》(法发〔2015〕13号)第28条规定:"因下列情形之一,导致案件按照审判监督程序提起再审后被改判的,不得作为错案进行责任追究:(1)对法律、法规、规章、司法解释具体条文的理解和认识不一致,在专业认知范围内能够予以合理说明的;(2)对案件基本事实的判断存在争议或者疑问,根据证据规则能够予以合理说明的;(3)当事人放弃或者部分放弃权利主张的;(4)因当事人过错或者客观原因致使案件事实认定发生变化的;(5)因出现新证据而改变裁判的;(6)法律修订或者政策调整的;(7)裁判所依据的其他法律文书被撤销或者变更的;(8)其他依法履行审判职责不应当承担责任的情形。"

范法官个体的行为并不现实。

法官个体行为激励和约束条件的缺失表明,现阶段我国法院尚缺少促使并维系法官个体保持尊荣和自律的条件,从而也很难依赖法官个体的自觉行为保证司法的公正与高效,恰当的方式仍在于法院整体作用的有效发挥以及整体监督制约机制的建立与有效运行。这也是我国法院选择整体本位模式的一个重要理由。

复次,人民法院审判资源的综合、统筹运用亦要求我国法院选择整体本位模式。

客观地说,与法治成熟的国家相比,我国法院法官个体的素质与能力尚有一定不足或局限,而法官个体素质与能力的不足或局限正是法院整体作用统一发挥的主要根据与理由。只要不是狭猛地理解"亲历性",并将此作为排拒办案法官以外的其他(法院内)主体对案件审理过程参与的"红线",基本的经验与常识告诉我们,对于案件处理这样的实践活动,更多主体的参与、更多的讨论与分析往往能够提供更全面的认知视角以及更恰当的解决方案,尤其是重大、复杂、疑难或敏感案件的处理(当然,前提是明确各参与者的责任)。在此方面,固然不能把上级(院庭长)比下级(法官)在案件分析和处理上水平更高作为一种预设,但笼统地把法官个体决策的合理性高置于集体(如审委会)之上,同样是不恰当的。更何况在实践中,法院对于案件处理的各种集体讨论都离不开办案法官的参与,都包含着对办案法官意见的充分考虑。

进一步看,在法院整体本位下派生出的法院整体审判资源的综合统筹运用,并通过合理配置以适应解决不同案件的不同需求,恰恰是中国特色司法审判制度的优越性所在。具体来说,简单的案件,由独任法官采用简易程序处理;一般的案件,通过合议庭依普通程序处理;重大、疑难、复杂、敏感的案件,依其不同情况,分别吸收其他审判资源以恰当的方式和程序参与,直至通过审委会集体讨论作出最终决策。这样一种审判资源的配置和运用方式不仅弥补了我国法官队伍的某些缺失与不足,同时更能有效地适应我国司法审判的现实要求。

最后,还须指出的是,强调法院整体本位与发挥法官在法院审判中主导和基础作用并不矛盾。

一方面,在取消院庭长审核审批裁判文书方式后,大量案件实际上都是由法官直接决定的,在保持案件处理正确性的前提下,法官的行权过程不会受到任何影响;另一方面,即使有其他主体参与到案件处理过程之中,仍然是以法官的审理行为作为基础的,其中包含着法官的主要作用。从一些审委会运行的实践看,绝大多数情况下,审委会的结论都是支持合议庭的意见或支持合议庭分歧中的某一种意见。根据徐向华等人对贵州省三级法院部分审委会运行情况的实证研究,审委会同意合议庭意见的占 74% ,同意合议庭少数意见的占13% ,①而完全否定合议庭意见的只有 7% —8% 。左卫民通过对 A省审委会运行状况的实证研究同样得出了"讨论结果在整体上趋向于认同合议庭或审判法官的意见"②的结论。

四、以法官为主导的法院整体本位模式的基本要素

本轮司法改革建立的以法官为主导的法院整体本位模式,不同于既往院庭长主导下的法院整体本位模式。当下以及今后一段时期中的法院综合配套改革应当围绕新的法院整体本位模式而设计并具体展开;离开这种目标模式的导引,综合配套改革势必失却其方向和依归。概略地看,新的法院整体模式应包含下述

---

① 参见徐向华等人课题组:《审判委员会制度改革路径的实证研究》,《中国法学》2018 年第 2 期。需要说明的是,徐向华等人据此认为审委会的把关作用不突出,对这一结论我们无法苟同,道理很简单:产品检验的合格率高并不表明检验作用不大或检验是不必要的。

② 左卫民:《审判委员会运行状况的实证研究》,《法学研究》2016 年第 3 期。

几个基本要素,这几个要素的完善亦是综合配套改革的主要任务
与内容。

(一) 法院内部基本结构

新的法院整体本位模式下的内部结构,既应淡化层级化的行政
色彩,亦不应是各主体原子化分散存在的状态,而应以三大体系作为
其核心。三大体系包括:一是以独任法官、合议庭、审委会为主体的
审判权运行体系;二是以院庭长(或其他授权人员)、审管办、纪检部
门为主体的监督管理体系;三是以诉讼服务中心、主审法官会议、研
究室、信息技术部门、后勤部门等为主体的辅助保障体系。三大体系
中,审判权运行体系是核心,其他两个体系是配套。三大体系既体现
了法院内部的主要结构,同时也显示出法院内部组织的基本功能。
审判权运行体系的直接功能在于生成司法产品;监督管理体系的
功能在于有效地实施对司法行为及司法产品的监督管理,特别是
把监督管理行为有机地楔入审判权运行过程中,实现"好的司法产
品能够尽快形成,不好的司法产品出不了法院";辅助保障体系的
功能在于为审判权提供各种支持与帮助,承载审判权运行过程中
可以分解出来的各种事务性负担。三大体系共同围绕司法产品的
高质高效产出而构设并运行,由此体现出人民法院整体本位模式
的基本特征。

法院内部结构主要体现于内部机构的设置。基于法院整体本位
的要求,在法院内部机构的设置方面应当把握:(1) 内设机构的设置
应围绕前述三大体系的形成和完善,以满足三大体系不同功能的要
求作为出发点。因此,各级、各地法院应从自身情况出发,考虑相应
的机构设置,把功能的满足作为检验机构设置合理性的最主要标准
和依据,而简单依据政法专编确定内设机构设置的方式并不十分恰
当。(2) 在法院整体本位模式中,审判庭是法院内承上启下,具体组

织审判活动、配置审判资源、实施监督管理、统一裁判尺度以及处理各种审判事务的基本单元,审判庭功能的有效发挥是保障法院整体运行质效的前提与基础。因此,取消审判庭的设想对于绝大多数法院来说是不恰当的;把庭长审核审批案件的行政化定案方式归罪于审判庭的设置也无疑是"李代桃僵"。当然,这并非指审判庭改革没有必要,从现实看,审判庭的规模及数量的多寡仍然有一定调整余地。决定审判庭规模及数量的因素主要是法官人数及受案量、审判专业化的要求以及法院整体管理的基础条件与水平。各法院应在参照这些因素的前提下确定审判庭的规模,需大则大,宜小则小,同时,审判庭数量需多则多,宜少则少。(3)内设机构改革应把重点放在审判庭以外的其他部门之上。一方面,减少过多的机构设置以避免过细的职能划分以及由此带来的机构间扯皮与推诿;另一方面,更重要的在于,通过非审判机构及职能的相对集中,将其引导到服务、配合、支持及保障法院运行的终极目标——司法产品的高质高效产出上。此类机构如何设置以及功能如何划分,同样需要从各法院实际情况出发。(4)专业法官会议虽然是本轮改革中新出现的形式,但其实或多或少源自此前的庭务会或专业审委会。在院庭长与法官之间的权力关系变化,院庭长无权直接改变法官的决定,同时审委会讨论案件的功能相对弱化后,专业法官会议的作用至为重要。目前,根据最高人民法院相关规定对专业法官会议的定位,[①]其主要显现为咨询性质的、松散度较高的议事形式。这种状况与专业法官会议的功能期待及其潜能并不相符。为此,有必要探索专业法官会议实体化的可能,亦即在全面实现专业法官会议制度化的基础上,将审委会讨论案件的功能全部或大部转移给专业法官会议,赋予专业法官会议决议的刚性效力,将其从咨询性组织变为决策性组织。

---

① 参见《最高人民法院关于健全完善人民法院主审法官会议工作机制的指导意见(试行)》(法发〔2018〕21号)。

（二）法官主导或基础作用的发挥

改革后,法院整体本位模式最重要的改变在于法官在审判运行中主导或基础作用的发挥,而这一作用的发挥又主要体现在除审委会(或实体化后的主审法官会议)讨论决定的少部分案件外,绝大部分案件的裁判由法官自主决定裁判。诚然,法官审理过程及裁判结果仍旧应受制于相应的监督,但这种监督与改革前院庭长审核或审批制度具有本质性区别,因为其间不再贯穿并遵循下级(法官)服从上级(院庭长)的原则。

从实际情况看,目前制约法官作用充分、恰当发挥的因素并不在于法官权力的大小或独任法官、合议庭与审委会之间裁判决定权范围如何划分,而是法官在法院内部有形或无形的实际地位仍然达不到应有的高度,法官的主体感和自信心难以真正形成或增强。为此,需要从多方面入手,提升法官在法院中的地位,体现法官的主导作用。首先,应切实兑现改革政策中有关改善法官待遇的各种承诺,尤其是较难落实的业务职级待遇,不能使这些政策成为止渴之梅、水中之月。同时,应根据"托底就高"原则,妥善处理部分地区法官在省级统管后实际薪酬待遇可能降低的问题,使法官能够真实地感受并分享改革带来的积极变化。其次,坚持并落实法官职级晋升条件的客观化,在完善评价考核体系的前提下,法官依据可识别或可量化的条件自然晋升,或引进第三方(如法官遴选委员会)评价,减弱甚至取消院庭长主观评价对法官晋升的影响,使法官的职业前途不再决定或受制于院庭长的感觉与认知的好恶。再次,更具实质意义的是,取消庭长、副庭长岗位的行政级别,而代之以业务职级,这不仅有助于把法官行权与庭长、副庭长的管理监督从服从依附关系改变为平权的岗位分工关系,逐步建立起法官与院庭长在审判权运行中的相互制约格局,更重要在于改变目前法官职业发展的路径,消除"不想当院庭长的法官不是好法官"的职业观念,培养法官立志把"法官"作为终身职业的意识。从另一角度看,由于改革后法官业务职级所对应的行政级别有了不同程度的提高,因此,取消庭长、副庭长的行政级别对庭长、副庭长的待遇并无实质性影响。最后,扩大法官进入专业法官会议或审委会的范围,可试行法官轮流进入专业法官会议或审委会制度,为法官在更大空间上发挥作用提供机会,并借以提高法官在法院审判事务中的实际地位。

(三) 审判资源配置机制的建立

如前所述,合理地将审判资源配置到不同案件之中,以适应不同案件解决的实际需求,这是发挥我国法院整体优势的重要方面。在通常的认识中,我们往往仅依据某一法院法官总量来评估该法院审判力量,并且同质化地看待每一个法官的作用,忽视了审判力量与案件审理需求的匹配度所潜含的效能。因此,在法院整体本位模式中,必须把审判资源配置机制的建立作为重要内容。

审判资源配置机制的建立涉及多个方面,主要着力点有:一是在收、立案环节中诉非衔接与协调以及繁简分流的落实。从入口处形成对不同审判资源需求的初步辨识,并据此进行初始配置或提出配置的初步方案。二是改革分案机制。各法院可根据自身受案情况,对案件审理的难度进行分级归类,不同级别、不同类型案件对应不同的审判团队。三是完善独任审判转普通程序、合议庭向专业法官会议以及审委会递交案件的相关制度,保持案件在不同审判组织或不同层级之间的递转与案件处理的需求一致。四是加强内部审判团队的建设。一方面,通过人员的合理搭配,利用法官各自所长,形成多个以合议庭为单位或以专业审判为类分的团队组合;另一方面,形成若干能够担负重大、疑难、复杂、敏感案件审理,能啃"硬骨头"的合议庭,以适应相关案件审理的需求。五是恰当发挥院庭长在审判资源配置中的组织协调作用。无论是审判资源的初始配置(指定分案),还是调整性配置(提交专业法官会议或审委会),院庭长都在其中扮演着重要角色。院庭长配置审判资源既可依据其管理职能(指定分案),也可依据其监督职能(要求合议庭提交专业法官会议等),但应完善相关制度,避免过程中的随意性。

(四)监督机制的建立与完善

监督机制的建立与完善是目前法院改革及审判权运行中的难点。事实上,无论是中央的顶层设计还是最高人民法院所提出的"向法官放权",都体现了对实施监督的重视。但是,一方面,"法官独立"的取向为法院管理层的监督设置了观念上的"禁区";另一方面,"向法官放权"与管理层监督的内在紧张关系并未通过恰当的方式得到纾解,特别是在监督者对法官办案过程予以监督的"最后一公里"出现了断隔。比如,司法责任制虽然明确了院庭长有管理监督的职责,但同时又规定,院庭长除参加审委会、专业法官会议外,不得对其没有参加审理的案件发表倾向性意见。[①] 这意味着即便院庭长发现法官审理的案件存在问题,亦不能置喙。固守这样的规定无疑会使监督实际落空,更谈不上"全院、全员、全程、全面"监督。

在监督机制与方式上,应坚持下述六个原则:其一,保持全面常态监督。这就是说,所有案件的审理过程及结果原则上在同级法院中都必须经过监督。如同任何产品必须经过检验后才能出厂一样,司法产品走出法院也必须经过检验和监督;监督的范围应不限于相

---

① 《最高人民法院关于完善人民法院司法责任制的若干意见》(法发〔2015〕13 号)第 23 条规定:"院长、副院长、庭长的审判管理和监督活动应当严格控制在职责和权限的范围内,并在工作平台上公开进行。院长、副院长、庭长除参加审判委员会、专业法官会议外不得对其没有参加审理的案件发表倾向性意见。"

关规定中的"四类案件"。当然,基于监督资源的短缺,各法院可根据情况明确监督的重点,加强对重点案、重点人、重点事、重点环节的监督,但无论如何,法院必须始终保持对个别化司法行为的知晓度、控制力和必要的矫正手段。① 其二,重在事中监督。在事前、事中以及事后监督中,唯有事中监督的成本最低、效果最好。目前司法责任制把监督的重点主要放在事后监督(错案追究)之上(虽然也强调事中监督,但缺少具体措施和方式),其实际效果势必不会理想,应予以适当调整。其三,实行静默化方式监督。院庭长或指定的其他主体(如资深法官)可通过授权进入其监督范围内法官的办案平台,了解案件审理的情况,包括审阅裁判文书。由法官直接签发的裁判文书发出前,可在平台上放置一定期限(如1周或10天),以备监督者审阅。如负责监督者无异议,期限届满后自动发出;若有异议,在平台上提出,供相关法官参考。其四,监督者有权主动直接提出监督意见。无论是否属于规定中的"四类案件",负责监督者如认为存在问题,都有权直接向相关法官提出,而不是简单要求报告案件进展和评议结果,但监督行为应全程留痕,并在审判监督管理台账中实时备案。其五,关键在于坚持平权监督。必须明确,院庭长与法官之间的监督与被监督关系不再是上下级间的服从关系,而是不同分工之间的平权关系。在具体操作中,如果法官不同意院庭长的意见,可以不予接受,径行裁判或提交专业法官会议讨论;院庭长坚持己见的,不得要求法官服从,而是提交专业法官会议或审委会讨论。坚持平权监督是正确处理放权与监督关系的关键。其六,明确并落实监督责任。院庭长或其他指定的监督者对于分工监督范围的事项,如出现怠于行使

---

① 近年来,已有不少法院在探索全面监督的实际路径,但为了突破"四类案件"范围的限制,一方面,通过对"四类案件"作适度扩大解释,实际拓宽监管案件的范围;另一方面,明确拓宽范围后的"四类案件"的具体识别标签,提升监管的准确性。最高人民法院也通过将这些法院的经验以"司法改革典型案例"的形式向各地推广,如宜宾市筠连县法院"完善'四类案件'监管制度做到'放权不放任'"的案例。参见《人民法院司法改革典型案例选编(二)》(法改组发〔2017〕2号)。

监督权、监督意见有误、监督方式不当甚至滥用监督权的情况,都应
承担相应责任。

(五) 以信息化体现并实现法院整体本位

事实上,我们主张或设想的法院整体本位下的审判运行机制必
须以信息技术的全面支撑为基础,亦即以信息技术的系统性体现法
院内部结构以及各个环节的整体性与关联性;以信息技术中的自动
化提升具体审判活动的效率或能力;以信息技术的程序刚性强化制
度的约束力;以信息技术的共享性保证审判活动的透明度并为各主
体实时互动提供条件。

近些年,法院信息化建设有了较快发展,"智慧法院"已逐步成为
人民法院的一个重要特质。① 但同时应看到,在信息化快速推进中,
最为关键的部分却没有取得根本性突破,甚至没有引起足够重视。
具体来说,新的审判运行机制在信息化层面上并未得到系统、全面的
表达或支撑。各级、各地法院都在自行开发办案及管理软件,但软件
所解决的问题往往是局部性的,软件系统呈碎片化状态。更为重要
的是,软件的技术原理与新的审判运行机制的机理之间不相匹配,软
件开发过程中未能充分消化审判运行机制的要求,原理、制度及技术
三者互相分隔,没有通融性的理解和一致性解决方案。从根本上说,
问题仍然在于对法院建构与运行的模式缺少系统性把握,同时,许多
问题在制度层面本身就不够明确或未能解决(如院庭长管理监督权
的行使)。为此,当下应着重解决这样几个问题:第一,明确地把法院
整体本位作为软件系统开发的基本理念,把前述三大体系的建构以
及彼此之间的联系作为软件系统要实现的总体目标。没有这样的基
本理念与总体目标,软件开发势必会失去"灵魂",无法避免某种盲目

① 参见《最高人民法院关于加快建设智慧法院的意见》(法发〔2017〕12号)。

性。第二,至为重要的是,全国法院系统应开发统一的融办案、管理监督以及辅助保障为一体的平台系统,各主体根据确定的权限或职责在平台上进行操作;甚至在保障信息系统安全的前提下,律师也可以通过身份识别在限定授权范围内从平台中阅读并下载案卷材料,并与法庭进行交流互动。在全国统一平台系统基础上,各法院可根据自身情况进行局部性调整,以确保系统的适用性。第三,切实解决信息技术开发中理论研究、实务操作以及开发技术人员各自分隔,操作及技术开发缺少理念导向,而技术开发又不理解理念及操作要求的问题。研发过程应由理论专家、法官及法院管理层、软件技术专家共同参与。通过对目前已经开发的软件系统进行分析比较,筛选出相对成熟的模本,并以此为基础,形成基本适用于各级、各地法院的系统,提高信息技术集约化开发的水平。

第七章 人民法院内部审判运行机制的构建

　　如果把人民法院认定为我国司法审判的主体,那么,作为审判最终产品的司法裁判是如何在法院这个由多个成员组成、具有明确的层级化设置的拟制人格主体内部生成的? 换句话说,法院内各个主体、各个层级在审判活动过程中居于什么样的地位,处于什么样的关系,对司法产品的最终形成又能产生什么样的作用? 更富有意义的问题是:法院内部各主体和各层级通过什么样的方式、以何种样态参与审判活动与实施审判行为,才能有效地保证司法产品质量,[①]并且最大限度地提高司法产品的产出能力?[②] 所有这些,都是各级人民法院日常面临并直接涉及司法功能与审判成效的根本性问题。然而,客观地看,所有这些,也恰恰是人民法院在近几十年的改革与发展中着力解决的问题。

　　本章拟对我国法院内部审判运行的基本特征和现实矛盾作出分析,对我国法院审判工作关涉的几个主要认识问题进行讨论,以此为基础,对 C 市中级人民法院近几年的相关探索性改革实践进行样本解析。[③] 通过这种解析,力图勾勒出人民法院审判运行机制应有的基本图景,并说明这种机制构建对于中国特色司法制度微观基础塑造的重要意义。

---

① 在现实语境中,司法产品的质量应包括法律效果和社会效果的统一。
② 更全面地说,法院审判的目标,除了司法产品质量和司法产品的产出效率外,还包括司法活动和司法行为的恰当与规范。
③ C 市中级人民法院改革始于 2008 年,亦即在本轮全面司法改革之前,从这一改革尝试中可以看出其对本轮全面改革的启示作用。

一、人民法院审判运行的现状

描述我国法院审判运行的现状,需要着重揭示现阶段我国法院司法裁判的生成方式,亦即定案方式。尽管审判运行关涉的问题远不止于此,但司法裁判的生成方式或定案方式无疑是审判运行中的核心问题和关键性因素。从人民法院定案方式看,虽然各法院的具体实践有很大差异,但都有一个共同特征,可概括为"多主体、层级化、复合式"。所谓"多主体",亦即审判活动由法院内多个主体参与,从承办法官、合议庭、副庭长、庭长、副院长、院长,以至审委会,各主体都可以参与到审判活动之中,并对案件的实体裁判产生不同的影响;所谓"层级化",亦即法院内合议庭、庭长、院长以及审委会之间构成了类似于行政科层的层级化设置,各层级具有明确的从属关系,并且,这种从属关系的效应常常体现在案件的实体裁判过程之中;所谓"复合式",亦即同一案件在同一审级法院内往往需要经历多个主体和多个层级的复合评价,才能形成最终的裁判意见。

"多主体、层级化、复合式"的定案方式决定了我国审判运行的轨迹与其他任何国家的制度和实践都具有重大差异。① 在英美法系国家,如美国,初审裁判一般由独任法官作出,上诉审裁判则由多名法官组成的合议庭根据明确的议决规则作出;②大陆法系国家各审级的裁判通常都由合议庭作出。也就是说,各国法院在同一审级中,独任法官或合议庭实施的审判活动和行为,法院内其他成员不能参与和

---

① "多主体、层级化、复合式"的定案方式只是对我国法院定案方式的概括式提炼,不尽反映我国法院定案的复杂过程。

② 在美国上诉法院,"合议庭:它是美国各州法院及美国联邦法院中最常见的模式";"总的来说这种做法(即独任法官——引者注)不多见";"全员合议庭所作的判决:一般只适用于终审法院;不常见于中级上诉法院"。参见〔美〕戴安·伍德:《上诉法院与上诉法官的作用》,郭豫译,宋冰校,载宋冰编:《程序、正义与现代化:外国法学家在华演讲录》,中国政法大学出版社1998年版,第161—162页。

介入;并且,独任法官或合议庭形成的裁判意见,不受制于(并且排除)法院内其他主体的评价和影响。[1] 一些国家虽然针对不同案件设置了多种类型的合议庭(如法国设有普通合议庭、重案合议庭、联席合议庭等),但各合议庭在同一案件中并不发生任何交叉,彼此之间更不存在从属关系。

问题自然不在于我国法院裁判决定方式的特异性,重要的是,"多主体、层级化、复合式"的定案方式在缺少相应制度配套的条件下,同时在各种复杂因素的影响下,造成了我国审判运行一定程度上的失序和紊乱。具体表现为:一是法院内各主体是否参与个案审判活动,特别是对个案裁判过程的参与很不确定。除了合议庭以外,院庭长以及审委会是否参与到某一案件的审判活动,尤其是在裁判过程之中不确定性较高。虽然从最高人民法院到基层法院都制定过一些规则,旨在对各主体参与案件审判活动的范围作出规范,但这些规则都无一例外地设置了弹性条款或"兜底条款",即"合议庭自己认为应当提交院庭长审核或提请审委会讨论的情况",或"院庭长认为应当由自己审核或审批的情况",这些条款实际上瓦解了相关规则的限定意义,为各主体自由选择是否参与个案审判活动及裁判过程留下了很大的空间。各主体(尤其是分管院庭长)既有参与某一案件的审判活动并影响甚至决定裁判的条件和能力,同时也有放弃和推诿这种参与的理由和依据。二是案件在同级法院内应当经历哪些层级的偶然性较大,随机性甚至随意性过强。与前一问题相对应,由于法院内各层级所对应处置案件的范围以及决定裁判的权力实际上很不确定,因而除了少数依规定必须由审委会讨论的案件外,其他案件的裁判究竟由哪一层级最终决定,往往取决于多方面的复杂因素,与处

---

[1]　如德国,"院长不能干涉其他审判庭或者审判委员会的判决。他必须接受该判决并且不得对其进行指责"。参见〔德〕傅德:《德国的司法职业与司法独立》,杜涛译,王建斌校,载宋冰编:《程序、正义与现代化:外国法学家在华演讲录》,中国政法大学出版社1998年版,第16页。

理和解决案件的实际需求并不吻合。三是各主体参与审判活动以及影响裁判的方式和动因较为复杂。就方式而言,下一层级可以不向上级呈报而规避上级的参与,而上一层级也可以直接要求下级将案件上报给自己决定;同时,各主体对于裁判的形成,既可以通过明示、直接的方式在程序内表达其意见,也可以通过暗示、间接的方式,以非程序化的手段施以影响。就动因而言,各主体对自身职责的理解、个人工作的习性与偏好、外部社会因素的影响,甚至对不当利益的谋求等等,都可能影响其是否实际参与审判活动及裁判过程。四是各主体参与审判活动及裁判过程的效力也不很确定。尽管法院内各个层级之间存在着明显的从属关系,但并不意味着上级对裁判的实际影响总是绝对地大于下级(审委会情况除外)。由于每一主体都有其特定的影响裁判的手段和方式,因而无论是院庭长还是普通法官,既可以说权力很大,也可以说权力很小,权力的实际范围常常取决于各主体如何运用自己的权力。

正是因为前述现象的存在,因而以人民法院机构名义作出的裁判,特别是在裁判文书中"本院认为"项下作出的表述,可能既不反映法院这一机构的意志,也不体现法院内各主体的共同智慧。固然不能从这些现象中推导出法院裁判质量或审判水平必然低下的结论,但可以肯定的是,"多主体、层级化、复合式"定案方式所希图创造的法院这一机构作为审判主体的"集体优势",在审判工作的现实中并没有得到很好的体现;不仅如此,由于这样一种审判运行状态容易为苟利营私者所利用,因而司法不公或司法腐败现象与此也不无联系。

对我国法院审判运行的现状的叙说,还必须进一步回溯到我国法院审判运行变化的过程,特别是前面提到的各级法院在审判运行合理化方面所付出的努力。

在 20 世纪 70 年代末恢复司法审判制度后的较长时期中,我国法院主要实行的是行政化的案件审批制度,层层审批以及体现于其中的"民主集中制"成为裁判形成的基本方式。承办法官或合议庭在裁判过程中的话语权和影响力都很小,很多案件甚至是在院领导已经"研究决定"后才履行开庭形式,"先判后审"的现象较为普遍地存在于各级法院。至20世纪90年代末,"审判工作的行政管理模式,不适应审判工作的特点和规律,严重影响人民法院职能作用的发挥"①逐渐成为各级法院的共识,因而,《一五改革纲要》以"发挥法官独立审判作用"为潜在理念,以"还权于合议庭"为主导思路,推出了以"强化合议庭和法官职责"为重点的改革方案,明确规定"除合议庭提请院长提交审委会讨论决定的重大、疑难案件外,其他案件一律由合议庭审理并作出裁判";同时提出,审委会"逐步做到只讨论合议庭提请院长提交的少数重大、疑难、复杂案件的法律适用问题"。这一改革思路和方案意味着:(1)法院裁判基本由合议庭自行决定;(2)案件是否交由审委会讨论,除了取决于案件是否"重大、疑难"外,还取决于合议庭是否主动提请院长提交;(3)院庭长除了向审委会转交合议庭提请讨论的案件(此职能仅限于院长)以及作为合议庭成员参与案件审理和作为审委会委员参与少数案件的讨论(并非所有庭长都是审委会成员)外,对审判过程不能有更多的参与;(4)审委会讨论的范围,主要集中于少数重大、疑难、复杂案件的法律适用问题,其他影响案件实体裁判的因素,不属于审委会讨论的范围。

　　从明确法院内各主体审判职责的角度看,《一五改革纲要》所确定的这一思路无疑是富有意义的(当然,这一思路还暗含着对法官独立原则的承认与倡导,对此原则的讨论,本章后面将进一步展开)。然而,在我国法官队伍素质尚不够理想,司法审判的外部环境较为复杂,相应配套和约束措施严重缺失的情况下,这一思路实际推行后所暴露出的问题在很大程度上背离了改革的初衷。在"还权于合议庭"的口号下,由于院庭长缺少参与审判过程的正当性,审委会讨论案件的范围又受制于合议庭的主观愿望与判断,因而审判管理基本上被

————————

① 这也是《人民法院五年改革纲要》所表达的"改革势在必行"的基本理由。

"边缘化",审判活动在很大程度上游离于监督与管理之外,由此导致案件审判质量下降、裁判过程不透明、腐败现象滋生等问题。

《二五改革纲要》尽管仍然依循着突出合议庭的作用与功能这一主导思路,但着重强调"强化院长、副院长、庭长、副庭长的审判职责",其意图在于通过院庭长具体参加合议庭审理案件,①同时"建立法官依法独立判案责任制","逐步实现合议庭、独任法官负责制",提升审判质量与水平。与此同时,《二五改革纲要》又把"改革和完善司法审判管理"列入法院建设的重要内容,强调"建立并细化与案件审理、审判权行使直接相关事项的管理办法,改善管理方式"。《二五改革纲要》显然已经注意到对《一五改革纲要》某些缺失的弥补和某些问题的矫正。但是,在《二五改革纲要》的落实过程中,各级法院并未显现出"逐步实现合议庭、独任法官负责制"的趋势,更明显的偏向是将裁判的决定权(从合议庭或独任法官手中)部分甚至大部分上收,相应恢复院庭长审批案件的方式和制度。形成这种状况的原因主要有:首先,在院庭长人数与案件数量严重不相匹配的情况下,通过院庭长直接参与合议庭审理案件来提升整体审判质量和水平,并不具有很强的现实性和可操作性,因而,院庭长对案件质量的把关不能不通过审批案件的方式实施。其次,在法院内部各种权力关系未完全理顺的情况下,对审判管理的强调,实践中很容易被简单地理解或衍化为院庭长对案件的审批。最后,或许更为重要的是,进入 21世纪以来,提交于法院的社会纠纷日益复杂,司法审判对外部社会的影响日趋加大,党政权力机构对法院审判工作也高度重视,各级法院都无法容忍"权力在法官、压力在法院、责任在院长"②这样一种状态,从而促使院庭长不得不更多地介入个案的审判活动之中,关注个

---

① 最高人民法院制定并下发了《关于完善院长、副院长、庭长、副庭长参加合议庭审理案件制度的若干意见》(法发〔2007〕14 号),要求各级法院制定院庭长办理案件数量的标准,以促使院庭长更多地作为合议庭成员直接参与案件审理。

② 这是某直辖市的高级法院院长对自身工作体验的概括。

案的裁判结果,由此也导致院庭长审批案件方式的恢复或部分恢复。总之,在《二五改革纲要》实施期间(甚至在"一五改革"后期,直至现今),《一五改革纲要》所希望革除的"行政管理模式"再度成为很多法院的选择;"一五改革"初期"从窗户中扔出去"的行政管理模式,在此后却堂皇地"从正门中走了回来"。不过,由于案多人(院庭长)少的矛盾始终存在,在多数法院,院庭长事实上不可能审核或审批所有的案件,因而,审判运行的真实状况往往仍然是要么院庭长说了算,要么院庭长管不着,审判运行的紊乱与失序问题并未真正得到解决。

《三五改革纲要》所提出的"优化人民法院职权配置"的思路包含着对法院内部审判活动中的权力关系的重新审视,但改革的具体措施却落脚于"改革和完善审判管理"。然而,如前所述,权力的配置以及权力关系的调整已然超出了"审判管理"所能涵盖的范畴,无论是加强还是改善"审判管理",都难以承载法院审判运行合理化的重任,至少在"裁判究竟应由谁说了算"或"谁可以在裁判过程中说了算"等基本问题尚不清晰的情况下,对加强和改善审判管理的实际成效很难抱以太多的期待。

还需提到的是,最高人民法院 2011 年出台了《关于在审判工作中防止法院内部人员干扰办案的若干规定》,对法院内部人员参与和影响审判活动作出了某些限制。应该说,这一规定对规范审判行为具有一定的积极意义,但对于解决前述审判运行的紊乱与失序问题,作用仍然十分有限。这主要是因为,这一规定限制的主要是法院内部人员的非职务行为,[①]如非办案人员或非分管领导对办案人员或办案过程施以各种影响,而本章指陈的审判运行紊乱与失序问题,很大程度上是法院内部人员在履行职责过程中所产生的,这些问题更主要与法院内部的权力配置和职责设定相关。因而,总体上说,这一规

---

① 该《规定》涉及法院内部人员在审判活动中职务性行为的内容,仅仅是要求"全程留痕"。

定所欲达致的效果与本章所讨论的审判运行机制的构建不属于同一
层面的问题。

二、审判运行机制构建的前提性问题

人民法院审判运行机制的构建,始终绕不开一个前提性问题,亦
即在法院机构作为审判主体的体制下,法院内部各主体,谁应当具有
司法裁判的参与或决定权。长期以来,有两种力量缠结和交织在这
一问题上:一种是理论上以司法独立原则为依据或支撑的话语力量,
坚持司法裁判权只能由法官(通常指承审案件的合议庭或独任法官)
排他地独立享有;另一种是实践中在科层制结构的影响下,行政化决
策方式发挥强势作用,实际奉行院庭长(也包括审委会)案件审批制,
保持院庭长及审委会对裁判的最终决定权。两种力量的缠结和交
织,使得前述问题的答案变得模糊不清。为此,需要从理论、制度以
及经验等不同层面对下述几个相互关联的问题作出讨论。

(一) 我国是否应当承认法官(或合议庭)独享裁判权?

法官独享裁判权的主张通常是从司法独立原则中推导出来的。
在很多学理性阐释中,司法独立包括三层含义:一是司法独立于政治
以及其他社会力量;二是法院及法官独立于当事人以及其他关系人;
三是法官独立于法院内部其他成员,亦即法官独享裁判权。① 第三层
含义又包括:(1) 法官独立行使裁判权的过程不受制于法院内部其

---

① 这方面的论述可参见:陈卫东、韩兴红:《以法官独立为核心推动我国法官制度的现代
化》,《人民司法》2002 年第 2 期;张卫平:《论我国法院体制的非行政化——法院体制改革的
一种基本思路》,《法商研究》2000 年第 3 期;王利明:《司法改革研究》,法律出版社 2000 年
版,第 86 页;夏锦文:《世纪沉浮:司法独立的思想与制度变迁——以司法现代化为视角的考
察》,《政法论坛》第 22 卷第 1 期。

他人员的影响;(2)裁判只能由法官独立决定和作出。由于寄寓和依托于司法独立原则,法官排他地独享裁判权的主张往往被认为具有很强的话语上的正当性。不仅如此,在有关中国法治或司法问题的讨论中,司法独立性日益成为中心话题。不少人几乎把我国法治或司法领域的所有问题都归结于司法的独立性不强或法官未能独立;一些学者为中国法治或司法所开出的"包治百病"的万应灵丹亦是司法独立或法官独立,很多论说似乎都告诉人们这样的道理:只要法官完全独立行使裁判权,便可以实现法治昌明,弊绝风清。① 这些认识和观点自然有很大可争辩和可商酌的余地,但这些认识和观点所造就的舆论氛围则无疑会强化人们对于法官独享裁判权的信念与期待,特别是把法官独享裁判权与法治昌明的重大意义维系于一体,客观上会影响人们对法官独享裁判权在中国社会环境中实现的可能性及实际效果的审慎分析。

司法独立在我国意识形态层面上,已不具有讨论的意义,我国主流意识形态明确否弃了政治意义上的司法独立,但既然有关法官独享裁判权的主张被置于司法独立性的主题下,就需要在共识性相对较强的认知基础上,对相关问题作出解说。

如果对前述司法独立的第三层含义稍加分析,便不难看出,法官独享裁判权与司法独立性这二者之间并非相互证成的关系。司法独

---

① 最有代表性的表述是:"法官独立才是司法独立的核心和体现,是司法独立由抽象上升为具体的运动的体现;如果只确立司法独立而没有法官独立,那么这种司法独立只是空中楼阁,根本就不可能存在;如果只把司法独立具体为法院独立,那么既是不科学的,也是不彻底的司法独立,其结果必然是有独立之名无独立之实,由于司法不独立产生的种种弊端必然泛滥,就如目前我国司法受行政机关、立法机关、地方党政机关以及某些领导个人的非法干涉,皆因不彻底的司法独立所致。如果说司法独立是司法公正的重要保障,那么法官独立才是司法公正的具体实现。由于没有确立法官独立,因而,司法独立和法院独立只能流于纸上的规定,致使司法实践中出现种种有违司法活动规律的现象,导致司法不公、司法丧失权威性和公信力等问题,严重损害了我国法治现代化建设,具体表现为以下几个方面:司法权地方化……法院内部管理行政化……法官自身缺乏独立的能力与意识。总之,确立以法官独立为原则,推动我国法官制度现代化,是解决目前我国司法活动中出现的司法不公、司法腐败、司法权地方化、司法管理行政化、法官素质低下等一系列问题的关键,是实现我国司法现代化的必由之路。"参见陈卫东、韩兴红:《以法官独立为核心推动我国法官制度的现代化》,《人民司法》2002 年第 2 期。

立性在最朴素的意义上体现为审判主体实施审判活动不受其他力量或因素的干扰,因而,对司法独立性的实际判断需要首先明确谁是审判主体。如果审判主体是法官,那么司法独立性当然应体现为法官独立;而如果审判主体是法院,裁判行为是由法院机构整体完成的,那么司法独立性的评价基点就不在于法官是否独立,而在于法院的审判活动是否具有独立性。所以,司法独立性即意味着法官独享裁判权,这种判断,实际上是一个逻辑上并不周延的命题。这也表明,是否承认法官独享裁判权(相对于法院内部)与是否认同司法权独立行使(相对于法院外部),是完全可以分离开来审视和讨论的。

从我国制度性规定来看,我国《宪法》《法官法》等法律清楚地表明,我国司法审判是以法院而非法官为主体或本位的,相关的制度设计也是围绕着法院机构作为审判主体而展开的。我国《宪法》第 131 条规定:"人民法院依照法律规定独立行使审判权,不受行政机关、社会团体和个人的干涉。"这一规定与《宪法》第 136 条有关人民检察院依法独立行使检察权的规定,共同构成我国法律对司法独立性在中国的特定含义的权威界定和解释。① 在《宪法》的这一界定和解释中,既看不出有关法官独立的意蕴,更推导不出法官独享裁判权的结论。需要指出的是,我国《法官法》第 7 条的确有法官"依法履行职责,受法律保护,不受行政机关、社会团体和个人的干涉"这样的表述,但这一规定依然不能被解读为对法官独享裁判权的肯定。首先,与《宪法》规定法院独立行使审判权的表述相比,《法官法》的这一规定中并没有使用"独立"一词修饰法官的审判行为,这显然出自立法者的审慎和严谨。其次,《法官法》这条规定中所称的"法官",是对法院内审判人员的一种泛指,并非仅指特定案件中的合议庭成员或独任法官。《法官法》第 2 条开宗明义即对"法官"的范

----

① 我国《宪法》、法律以及其他正式文件中并未直接使用过"司法独立"这一表述,其意在于同西方"三权分立"理论划清界限,但我认为,可以把法院独立行使审判权和检察院独立行使检察权理解为中国语境下的司法独立。

围作了一般性界定,即法官包括"院长、副院长、审判委员会委员、庭长、副庭长和审判员、助理审判员",这也体现出法律对法院整体性的强调。从根本上说,《法官法》这一规定,主要是对《宪法》第131 条精神的重申和落实;作为《宪法》下位法的《法官法》,也不能作出与《宪法》文义所不同的规定。因此,综合我国法律的相关规定看,我国法律所意蕴的司法权独立行使或审判独立不包含对法官不受制于法院内部而独享裁判权的承认;同时,根据《宪法》和法律的精神,"法院独立行使审判权"也不简单地等同于或推断为"法官独立行使审判权"。①

不可否认,法官(或合议庭)在法院内部排他地独立享有裁判权,确实是西方法治国家的一种普遍性实践。② 这样一种以法官为中心的司法方式或模式是否适用于我国,本书前面已有过详细讨论。总体上说,我国并不具有适用这种方式或模式的社会条件和社会基础。正如美国学者达玛什卡所说:"在考虑移植某一外国规则的时候,当务之急是首先仔细考察在本国的制度背景中是否存在使此项外国规则有可能发挥实际效用的先决条件。"③应当看到,西方以法官为中心或本位的司法方式或模式的形成和存续,不仅经历了数百年漫长历史的检验,更重要的在于它具有系统化的政治、经济以及文化等因素的支持和匹配。特殊政治结构所造就的法官的突出地位,④深厚的法治传统对法官的长期熏染和影响,精英崇拜文化烘托起的法

---

① 我注意到,我国很多学者在强调法官独立时,实际上已经把法官作了抽象化处理,这种语境中的法官,毋宁是一个公正和正义的化身或符号。其实,即便是在西方,对法官神圣化的问题,也有很多审慎的批判,美国现实主义法学代表人物弗兰克(Jerome Frank)曾以"法官是人吗?"为题,对神化法官的现象作出深刻的分析。参见〔美〕杰罗姆·弗兰克:《初审法院》,赵承寿译,中国政法大学出版社 2006 年版,第十章。

② 根据苏力的研究,美国联邦最高法院首席大法官也"常常利用其行政管理职权谋求并实际获得了对司法决定的影响",这种个殊化的现象,大致不会影响本章的这一判断。参见苏力:《论法院的审判职能与行政管理》,《中外法学》1999 年第 5 期。

③ 〔美〕达玛什卡:《司法和国家权力的多种面孔:比较视野中的法律程序》,郑戈译,中国政法大学出版社 2015 年版,第 3 页。

④ "三权分立"、违宪审查权等制度以及政治问题的司法解决机制等,都是法官尊隆地位得以形成的因素。

官的社会声望,法律职业共同体的全面形成以及法官遴选制度和机制的成熟,法官执业保障制度的配套及法官相对优渥的薪酬待遇等等,所有这些共同构成了以法官为中心或本位的司法方式或模式所必要的社会基础。可以说,西方法官的地位和作用以及与此相关的司法方式或模式是西方社会条件和社会制度的特殊产物。就我国情况而言,前述这些因素中,有些在一定的情况下或许会与西方趋同,有些则需要很长时间的发展与积累,而涉及政治建构以及文化取向等深层次的因素,则无法期待与西方相同,我国不可能通过改变基础性政治建构和主要的文化取向来适应某种司法方式或模式。这也表明,不只是现阶段,即便从长远看,以法官为中心或本位的法官独享裁判权的司法方式或模式都不可能成为我国制度上和实践中的选择。

为避免前述分析带来误解,必须申明,不认同法官独享裁判权的主张,丝毫不意味着否定法官在我国司法审判中的核心作用。一方面,法院绝大多数案件的裁判都应由法官(当然也是指合议庭或独任法官)作出决定,只有少数案件的裁判由审委会最终决定;另一方面,在审委会决定的案件中,法官仍然发挥着必不可少的作用,法官进行的审理以及对裁判的初步意见,是审委会作出决定的前提与基础,即便是在法官的裁判意见与审委会意见不尽一致或完全相左的情况下亦是如此。① 否认法官独享裁判权仅仅是为了表明:(1)人民法院内部决定司法裁判的主体,除了法官外,还有审委会这一组织;(2)法官在形成裁判的过程中,不应绝对地排除其他主体(主要指院庭长)的参与,这种参与既包括为法官的裁判提供智识和经验方面的指导与帮助,又包括对法官的裁判行为实施恰当的制约。明确这两个基点,才有可能也才有必要对法院内各主体在裁判形成过程中的应有角色作出分析,进而对审判运行秩序及机制等问题作进一步的讨论。

---

① 如同上诉审法院否定了一审法院的判决,但并不能因此否认一审法院的功能与作用。

（二）法院审判为什么不应适用行政化决策方式？

尽管饱受各方的诟病，也没有明确的制度支撑（甚至有悖于某些制度性规定），但不能不承认，行政化决策方式依然在我国法院审判实践中具有强势影响，并且在很多情况下，实际地支配着法院的审判运行。苏力教授在 20 世纪 90 年代末所描述的同级法院内就裁判意见下级对上级逐级请示报告或上级对下级直接垂示的情况，[①]依然是不少法院今天的现实。这种状况同三个因素直接相关：其一，如前所述，我国法院内部组织实际上是按照科层制原理构建起来的，法院内存在着从普通法官经由庭长、院长到审委会这样一个明显具有从属性的层级化关系和建制，并且，各个层级都对应着外部行政谱系中的相应级别，因此，无论形式上赋予法官在裁判行为方面多大的自主权，如果缺少合理的权力制约，都很难实际抗衡这种科层制所形成的影响。其二，以法院机构为主体或本位的审判模式，客观上容易强化行政化决策方式。这是因为，既然法院内部构造呈现为层级化的组织体系，那么法院机构功能的发挥也不能不依托和借助于这种层级化的组织体系，这就为行政化决策方式提供了运用和发挥的空间。其三，制度上及实践中的责任约束和追究制度，也推动着行政化决策方式的刚性发展。一方面，法院内部的责任追究制度要求院庭长对其属下法官的违法审判行为承担责任，[②]从而约束着院庭长必须审慎地察看和监控属下法官的审判行为，自然也包括通过审核或审批案件的方式控制法官的裁判行为；另一方面，院庭长（尤其是院长）往往更直接地承受着党委、人大等外部领导、监督机构的责任约束，这也

---

① 参见苏力：《论法院的审判职能与行政管理》，《中外法学》1999 年第 5 期。
② 最高人民法院 1998 年 8 月 26 日颁布的《人民法院审判人员违法审判责任追究办法（试行）》第 26 条规定，院庭长严重不负责任，对合议庭或独任审判员的错误未能纠正，导致枉法裁判的，应承担相应责任。

会导致他们更多地介入具体审判过程,把控一些重大、疑难案件的实体裁判。

揭示行政化决策方式在我国法院审判运行中存在的客观性,并不表明对这种方式的认同与接受。事实上,无论是学术界还是实务界,都普遍不赞成行政化决策方式在审判活动中的运用,理性上都认为行政化决策方式有违于审判活动的基本特性和内在规律。然而,对于一些学者否定行政化决策方式的具体理由则需要作进一步分析和讨论。

否定行政化决策方式的理由通常有这样几点:一是行政化决策方式违反法官独立原则。从审判活动的特点来看,法官对案件的判断确实需要一定的独立性,但如前所述,法官独立并不是我国制度上已然或所欲确立的原则,因此,这一理由虽然是不少学者最容易提出的理由,但同时也是在我国现实中最难以获得认同的理由。二是行政化决策方式丧失了审判必须具备的亲历性,形成“审而不判、判而不审”的审、判分离格局。① 应该说,亲历性是司法审判所不可或缺的特性,审判活动的言辞原则、直接原则等规则都是建立在亲历性之上的。然而,审慎地看,以审判的亲历性作为否定行政化决策方式的理由仍然缺少足够的力度。首先,审判的亲历性是相对整个诉讼过程而言的。在诉讼过程中,必须有法官与诉讼参与人面对面的直接接触,但亲历性并不表明每一个参与裁判的个人都必须亲历庭审过程。一个充分的例证是,各国法院上诉审通常都采用书面审理形式,上诉审法官并没有亲历庭审现场,但这并不影响其对案件作出裁判。② 其次,现代证据规则和证据技术早已使审判活动突破了“侦审一体化”时代中“五声听讼”的局限,对事实的认定主要依赖于证据

---

① 参见张卫平:《论我国法院体制的非行政化——法院体制改革的一种基本思路》,《法商研究》2000 年第 3 期;陈瑞华:《司法权的性质——以刑事司法为范例的分析》,《法学研究》2000 年第 5 期。

② 虽然上诉审涉及的主要是法律适用问题,一般不涉及事实认定,但上诉审书面进行的事实至少说明,“亲历”并不是每一个裁判参与者必备的环节或过程。

而不是依赖于庭审中的"察言观色",同时,在很多民商事案件中,当事人根本就不参加庭审,而在刑事审判中,证人不出庭作证也是一个普遍性事实,绝对化的"亲历"需求和条件在今天都已经丧失;即便需要了解庭审过程,现代音像技术也能够完整地还原庭审现场,以满足未参加庭审人员"亲历"的需求,①所以,亲历性的要求并不构成对行政化决策方式的根本性否定。三是行政化决策方式违背了审判公开原则。这一理由成立与否,涉及对审判公开原则内涵的理解。但无论言说者守持怎样的观点,都不能否认,任何国家的审判制度和实践都不要求或不可能做到审判过程完全公开,即便是在允许裁判文书中公开法官异议的美国,裁判的议决过程也并非公开进行或在裁判中作出具体描述的。显然,以违背审判公开原则作为否定行政化决策方式的理由也不免有些牵强。

之所以认为行政化决策方式有违于审判活动的基本特性和规律,主要还是基于这样一个简单而质朴的道理:审判活动本质上是一个发现和判断的实践性行为,这种发现与判断的准确性和正确性一方面取决于主体的综合水平与能力(既包括对事实和法律的认知能力,也指理性能力与实际经验),另一方面又决定于投入这种发现与判断过程的时间与精力,而这两方面因素与法院内主体之间的层级关系都不完全对应。首先,法院内各个不同层级界分的基础和依据并不完全是审判水平与能力,并非级别越高,审判水平就越高,能力就越强;其次,也是更为重要的,投入个案的时间与精力,通常是下级(尤其是合议庭或独任法官)比上级更多,而不是相反。因此,如果依照行政决策方式中下级服从上级的基本规则来决定裁判的内容,势必有悖于审判活动的实际逻辑与要求。不仅如此,如果行政化决策方式固化在审判运行之中,合议庭或独任法官对案件的认知和判断

---

① 弗兰克曾对二审法官没有亲历性作出批评,设想用"有声电影"还原一审庭审实况,弗兰克当时的空想在今天已经完全成为现实。参见〔美〕杰罗姆·弗兰克:《初审法院》,赵承寿译,中国政法大学出版社 2006 年版,第 245 页。

始终具有很大的被否定的可能,这样势必会削弱他们对于案件审理的责任,消解他们追求事实真相、正确适用法律的动力和信心,从而也无法为院庭长以及审委会的认知和判断提供可靠的基础。当然,在我国现实环境中,行政化决策方式还有一个值得重视的问题,那就是如果决定裁判的权力过于集中在院庭长手中,希图影响裁判结果的各种社会势力也会随之围聚于院庭长,这势必会减弱法院抗御外部干扰的能力,也容易增加司法腐败的风险。

对法院审判是否适用行政化决策方式的讨论,不能回避审委会制度的设置问题。依据现行制度,审委会作为法院内部审判组织,对法院裁判具有最终决定的权力,审委会作出的决定,法院内部各主体都必须无条件服从。在这个意义上说,审委会制度的确具有一定的行政化色彩。有学者更是把审委会制度看成是我国法院审判行政化的典型例证。① 自然,基于本章守持的立场,无法苟同一些学者否定审委会制度的主张。近几十年的审判实践越来越清楚地表明,审委会制度确实具有其存在的必要性和合理性。首先,在我国社会纠纷日益复杂、解决纠纷的难度越来越大,特别是裁判需要综合考量多种因素的情况下,审委会制度有利于集中更广泛的智慧,更加审慎地解决法院所面临的复杂疑难问题。其次,在各级法院中,由审委会讨论决定的案件毕竟不多,因而审委会的存在并不影响合议庭或法官作为审判主要力量这一格局。再次,审委会讨论中实行平权表决规则,因而一般说来也不存在上下级之间的服从问题。然而,对审委会制度存在的必要性和合理性,更应从另一个角度去解说。审委会在很大程度上是解决法院内部裁判争议的必要设置。理由是:对于某些案件的裁判,法院内部各主体之间常常有不同的看法和主张,即便是共同经历案件审理全过程的合议庭成员,也会有重大分歧,这就需要

---

① 参见贺卫方:《中国司法管理制度的两个问题》,《中国社会科学》1997 年第 6 期;陈瑞华:《司法裁判的行政决策模式——对中国法院"司法行政化"现象的重新考察》,《吉林大学社会科学学报》2008 年第 4 期。

审委会这样的组织,对内部的分歧和争议作出判断,进而形成能够代表法院机构或大体能够体现法院整体意志的裁判意见。不仅如此,在允许院庭长对裁判形成过程的一定参与并保持其对裁判内容一定话语权的情况下,审委会制度或许是对院庭长权力的必不可少的制约。也就是说,在我国法院层级化组织体系客观存在的背景中,审委会制度虽然具有一定的行政化色彩,但同时又有助于克服层级化组织中行政性因素可能引发的某些弊端。当然,总体上看,审委会制度仍然有进一步完善的必要和改进的空间。

(三) 如何看待院庭长在审判活动中的作用?

院庭长在审判活动中的角色与作用,特别是院庭长对于裁判生成的作用,是最富有争议同时也是最具有实质性的问题。本章前面所进行的两方面讨论,在很大程度上是为厘清这一问题作出铺垫,更恰切地说,是为院庭长在审判运行中寻求恰当的定位和空间。

院庭长角色与作用问题的复杂性首先产生于制度上的不完善。我国相关法律虽然规定了院庭长的设置,但有关院庭长参与审判活动方面的内容规定得很少,除了少数程序性权力外,法律规定中看不出院庭长在审判活动中应有什么样的作为。这种状况与审判运行的实际状况甚至与审判运行的客观需求具有很大差异。在正式制度中明确认同院庭长参与裁判过程并赋予其一定话语权的是 2002 年最高人民法院出台的《关于人民法院合议庭工作的若干规定》。该《规定》第 16 条明确:"院长、庭长可以对合议庭的评议意见和制作的裁判文书进行审核,但是不得改变合议庭的评议结论。"第 17 条又进一步规定:"院长、庭长在审核合议庭的评议意见和裁判文书过程中,对评议结论有异议的,可以建议合议庭复议,同时应当对予以复议的问题及理由提出书面意见。合议庭复议后,庭长仍有异议的,可以将案件提请院长审核,院长可以交审判委员会讨论决定。"最高人民法院这一旨在规范合议庭工作的专项规定,从完善合议庭制度的角度,把院庭长参与裁判过程并影响裁判的功能由潜规则变成了显规则,但这一《规定》在实际操作中却存在着明显的疏漏。首先是院庭长审核案件的范围和边界不清。"院长、庭长可以……审核"的规定,显然是指院庭长可以对所有合议庭评议结论和裁判文书进行审核,但面对大量的案件,院庭长能够审核的只是其中一部分,甚至是很少一部分,因此,实际审核的范围和边界不能不取决于院庭长的主观选择;实践中,究竟哪些需要审核或不需要审核,缺少起码的限定。其次是院长与庭长各自审核的范围同样没有明确的划分。从前述《规定》的内容来看,院长与庭长的审核工作既有层级上的递进关系(合议庭复议后,庭长仍有异议的,可以提请院长审核),也有并列和交叉关系(院长与庭长同时都具有审核权),那么,究竟哪些应由院长审核,哪些又应由庭长审核,在前述《规定》中既没有具体的答案,甚至没有原则性的导引。最后是院庭长对合议庭评议结论与裁判文书审核后处理的方式不相一致。根据前述《规定》,院庭长对合议庭评议结论有异议的,可以要求合议庭复议,但不能改变之;而院庭长对于裁判文书有意见的情况,前述《规定》没有明确如何处理,结合《规定》的文意看,可以理解为院庭长有权直接修改。然而,实践中,合议庭的评议意见固然主要体现于案件的实际处理结果,但裁判文书中的表述对案件当事人的实体权益也可能有实质性影响,尤其对上诉审或再审能够产生重要影响。因此,如果允许院庭长直接修改裁判文书,实际上也就间接地赋予了院庭长在某些情况下否定合议庭实际处理意见的权力。

　　除了制度疏漏因素外,院庭长的角色和作用问题的复杂性当然还与各方认识不统一相关。如果主张法官独享裁判权,院庭长则无权染指裁判过程;而如果奉行行政化决策方式,院庭长又无疑是裁判过程中的核心角色。根据本章前面对"法官独享裁判权"以及"审判决策行政化"的讨论,对院庭长的角色和作用,我们大致能够得出这样的结论:一方面,总体上应当承认院庭长参与裁判过程甚至保持一定话语权的地位;另一方面,又必须对院庭长的这种参与行为作出明确的限定。

　　承认院庭长对裁判过程的参与权,除了在前面的讨论中述及的一些理由外,更主要基于这样几个实践性原因:第一,作为法院内部层级的负责者,院庭长对审判活动具有不言而喻的管理职责。这种管理除了体现于审判资源的配置、审判流程的把控、审判绩效的考核、审判技能的提升等方面的工作外,也不能不针对或涉及个案的裁判,因为后者更接近于管理所欲追求的目标和成效。有些法院把院庭长的这种管理权称为"审判指导监督权",①无论称谓如何,院庭长的审判管理不涉及个案裁判是不现实的。② 第二,院庭长同时也是法官,并且总体上应当理解为是较为优秀的法官。因此,从充分运用各种审判资源实现法院的审判功能这一要求看,应当重视和利用院庭长的经验与智慧;相反,排拒院庭长对裁判过程的介入,则是对审判资源的一种浪费。第三,在实际运作中,任何一个有良知和责任感的院庭长面对自己认为存在明显错误的裁判行为,都不会无动于衷,放任其发生;前面所提到的法院内部和外部责任追究制度也会促使院庭长在此情况下有所作为。所以,研究院庭长的角色和地位,关键和重心并不在于是否允许院庭长参与裁判过程,而在于如何对这种参与作出必要的限定,防止由此而陷入行政化决策模式之中。

　　从实际操作的角度看,对院庭长参与裁判过程,应当从这样几方面作出限定:一是限定参与的范围。并非所有的案件都必须有院庭长的参与,更不能由院庭长自行决定是否参与;应当根据案件审理的难易度以及处理案件的实际需求,划定院庭长参与的范围;同时,对院长和庭长分别参与的范围也应有明确的界分。二是限定参与的方式。就个案裁判活动而言,院庭长的参与,除了体现为依照法律规定

---

① 　参见钱锋:《审判权优化配置下的法院内部分权制衡》,《法制日报》2010 年 10 月 13 日。
② 　任何对法院审判工作有基本了解的人都不会否认,真正影响到审判质量的是对个案裁判的管理。

批准和决定某些程序性事项外,主要是对合议庭评议结论和裁判文书进行审核,也可以应合议庭要求,参与某些案件的讨论,甚至在某些情况下,应合议庭和当事人的要求,参与案件的调解。但院庭长参与的过程必须留有记录或以书面形式进行,这样既促使院庭长审慎地行使此类职权,也有利于分清责任。三是限定参与的效力。院庭长对于案件处理的意见以及可能影响案件处理结果的意见,如果与合议庭不相一致,院庭长只能要求合议庭复议或提请(庭长通过院长提请)审委会讨论,而不能直接变更合议庭的意见或直接变更合议庭形成的裁判文书;同时,要通过一系列制度建设,避免把"审核"衍变为"审批",并避免把"要求复议"衍变为"强制性变更"。

三、审判运行机制构建:C 市中院的样本解析

前述几个问题讨论中所蕴含的主张和观点,与其说是对我国法院审判运行的一种理性上的认知,毋宁说是笔者对 C 市中院相关实践两年多跟踪调研后所形成的感性体验与判断。2008 年以来,C 市中院从理顺审判主体(合议庭和审委会)与审判管理主体(院庭长)之间的职权关系、解决审判权如何行使问题入手,[①]进而扩及对法院内部审判运行的系统化的制度构建和全面性的规范引导,逐步形成了有效、有序,且较为成熟的审判运行机制,为我国法院审判运行提供了一个具有示范意义的模式。

概括和叙说 C 市中院相关实践的内涵是一件困难的事情,一方面是因为,C 市中院因应审判运行的实际需要,不断研究探索,反复调整完善,其制度构建已经覆盖到实际操作的若干细节,难以详尽作出描述;更主要的是因为,C 市中院相关制度设计中所蕴含的大量经

---

① C 市中院把这种探索性实践称为审判权与审判管理权运行的改革,简称"两权改革"。

验性基础,很难从文本上加以充分揭示,对于这些制度设计背后的经
验性机理,甚至只有置身于实际运行中的具体角色才会有真正的体
悟。在此,只能对 C 市中院构建审判运行机制的主要路径或主要方
式作出粗略的解析,冀望这些解析能够大致勾勒出审判运行机制的
应然图景。

(一) 审判职权的配置与界定

审判职权的配置与界定,是审判运行机制构建的核心。其实质
是,依据法律和相关规则的规定,依据审判活动的规律和要求,更依
据长期积累的审判经验,对法院内各主体在审判活动中的职权进行
划分和确定,明确各主体在行使和实现人民法院审判权过程中的地
位与作用。

基于对法院内各主体角色的理解以及对法院运行中突出矛盾的
认识,C 市中院在审判职权配置与界定中首先对审判职能与审判管
理职能作出界分,明确规定:审判职能由合议庭和审委会行使;而审
判管理职能主要由院庭长行使。虽然这种界分并不十分准确,①但这
种界分的实质意义在于,从制度层面否定或排除了院庭长对于个
案实体裁判的决定权,特别是为解决院庭长与合议庭在个案裁判
中的分歧与冲突建立了明确的规则,亦即在二者意见不一致的情
况下,院庭长不能直接否定合议庭对个案实体裁判的意见。在这
种权力格局中,院庭长对审判过程的参与,除了法律上规定的批准
或决定程序性事项外,主要体现为对部分案件合议庭实体裁判意
见的审核,并根据审核情况要求合议庭复议或进一步提交(或提请
提交)审委会讨论。

C 市中院对审判职权配置和界定最重要的步骤还在于:将各主

---

① 作为审判主体的合议庭,尤其是审委会,同样具有一定的审判管理功能;而作为审判管
理主体的院庭长,对个案裁判的形成过程也有一定的参与。

体的职权范围分别对应到各类具体案件,具体明确哪些类型案件由
合议庭自行决定裁判,哪些类型案件必须(或可以)由庭长(副庭长)
或院长(副院长)审核(庭长、副院长、院长之间也有明确界分),哪些
类型案件必须(或可以)提交审委会讨论。如果说审判职能与审判管
理职能的划分明确了各主体职权的性质和作用,那么从案件类型层
面所作出的界定则进一步明确了各主体职权行使的具体范围。

把各主体职权范围分别对应到各类具体的案件,这无疑是界定
职权的最有效方式,然而,具体如何划分各主体职权所对应的案件类
型却是一项十分复杂的工作。这是因为,简单使用"重大、复杂、疑难
案件"与"一般案件"的基本分类并不能满足这种细化界分的需要,
而具体列举又难以穷尽各种可能的类型,由此给实际工作带来掣肘
和不便;同时,对于各主体具体应当对应哪些类型的案件,也需要考
量多种复杂因素,需要以大量的审判经验积累为基础。总体上说,C
市中院在划分中把握了这样几个原则:第一,充分发挥合议庭在审判
中的主导或核心作用,坚持审判工作的重心向合议庭倾斜,把大多数
案件划入合议庭自行决定裁判的范围,塑造出以合议庭为基础的审
判工作格局。第二,根据有效解决案件的实际需要划分案件的管理
层级,越是难以解决或需要审慎处理的案件,经历的层级就越多,裁
判也受制于更多主体的认识和评价,投入的审判资源也就更多。C
市中院所理解的"难于解决或需要审慎处理的案件",并不单纯指争
议标的额大或量刑重的案件,甚至不完全是认定事实困难或适用法
律不够明确的案件,更主要是指社会影响较大、法律效果与社会效果
统一和兼顾的要求较高或难度较大的案件。这也折射出法院对自身
所处现实环境的认知以及对审判的社会功能的体认。第三,各主体
承担的审判事务与其承受能力大致适应。对应案件的划分,充分照
顾到各主体或各层级审判事务量上的均衡,避免因畸多畸少或畸轻
畸重而形成制约瓶颈,尽可能做到各适其力。第四,各主体职权对应
的案件范围尽可能明确、具体,便于识别;同时,不设弹性条款或兜底

条款,保证制约的刚性。第五,根据审判工作的具体情况,适时调整各主体职权覆盖的范围,从而使职权配置与审判工作的实际需要保持动态适应。

从现象上看,审判职权的配置和界定只是明确了法院内各主体的工作分工,但实际上却是审判运行机制构建所迈出的重要一步。首先,它从具体审判事务层面矫正了合议庭独享裁判权或者院庭长审批制这两种不同的偏向;其次,它明确了审判职能与审判管理职能,特别是明确了合议庭与审委会、合议庭与院庭长以及院庭长与审委会之间的职权边界,同时还明确了处理各主体职权交叉以及对交叉中冲突的处理原则,为法院内部运行设定了必要的"差序格局";最后,它为合理利用审判资源,特别是为广泛集中法院内各主体的集体智慧解决法院所面临的复杂问题提供了制度性架构。总之,审判职权的配置和界定,较好地体现了我国"法院行使审判权"这一基本制度的精神,同时也把近些年社会各方对于法院内各主体具体如何行使和实现审判权的理性认知,固化于实际操作模式之中。尽管对于审判职权配置的具体内容还会有不断的调整,但这种配置和界定无疑是人民法院制度建设的重要基础。

(二)审判流程的建立与控制

审判流程不仅关系到审判运行的效率,同时也间接地影响到审判的质量,因而,审判流程的建立和控制也是审判运行机制构建所不可或缺的步骤。法院内部的审判流程与各类诉讼程序既有关联,也有区别;它受制于并体现着诉讼程序,但所反映的却是诉讼程序一般覆盖不到的案件在法院内部流转的情况。审判流程与审判职权的配置和界定也有很大关系。在审判职权不清晰的情况下,由于个案审判所经历的层级和环节亦不确定,因而细化的审判流程实际上是无法真正建立的;而审判职权界定后,则可以依据审判职权的配置和分布,建立起既涵盖审判运行全过程又兼容法院各主体审判活动的十分细密的审判流程,并通过对流程的控制,实现审判运行的高效和均衡。

在审判流程的建立与控制方面,C市中院的工作重心集中于三个方面:一是流程设置。基本方法是依据审判运行的特征,把整个审判过程分解为若干个阶段,同时又根据具体的审判活动,把各个阶段进一步分解为若干个节点,以此为基础,把各类程序法所规定的审限分解和配置到各个阶段和各个节点之中,从而使每一项审判活动和审判行为的基本位序、时限得以固化。二是流程(在法院内部)透明。首先是各主体在办的全部审判事务透明,这样既避免案件长期积压形成"窝案""抽屉案"等现象,又有利于新的审判事务的分派;其次是每一案件的审理进展情况透明,从而便于各主体实时了解和掌握审理进程,相应安排自己的工作计划。三是流程控制。通过专门的软件程序,在办案平台和管理平台中根据节点时限内审判事务的完成情况,分别设置"节点提示""节点预警""督促催办"以及"节点冻结"四个自动控制环节,督促和推动审判流程的运转。

C市中院在审判流程的建立和控制中同样贯彻着一些明确的理念和原则。第一,流程的设置重在保证当事人实际享有程序效益。虽然一般说来,审判流程的建立和控制有利于推动效率的提高,但某些审判行为效率的提高并不必然惠及于当事人,关键要看能否实际缩短当事人的诉讼周期。因此,C市中院审判流程设置的出发点不仅仅在于对内部审判行为的督促,更为注重的是保证当事人实际享有程序效益。一方面,把没有进入程序法规定的审限中但实际影响诉讼周期的事项,如上下级法院之间上诉事务的衔接(移卷、缴费、移交上诉状)等列入审判流程的节点之中,用合理的时限加以约束;另一方面,把结案的节点从裁判文书的签发延伸至送达行为的完成,从而把审判流程控制的积极效果真实地转化为当事人诉讼周期缩短的事实。第二,审判流程的控制既约束合议庭成员的审判行为,也约束院庭长的审判管理行为。通常对审判流程的控制都侧重于(甚至完全是)对一线审判人员行为的约束,然而,在法院内各主体的行为交叉作用于审判过程的情况下,审判流程的顺畅运转就不仅仅取决于一线审判人员的行为,并且,从实际情况看,由于院庭长受制的管束相对较少,因而院庭长的审核或审批环节更容易成为流程阻塞的瓶颈。因此,C市中院一方面在流程设置中把院庭长根据法律规定和内部规则而实施的审批事务,①以及院庭长根据职权配置对部分案件的审核事务,与合议庭审判人员的审判行为一起,共同编入流程之中,成为流程中的某些节点;另一方面,对院庭长的这些行为也配以相应的时限或设置相应的评价分析程序,②由此形成对院庭长行为的有效约束,保证审判流程整体上的顺畅。第三,充分重视审判运行的均衡。无论是流程设置还是流程控制,都把审判运行的均衡作为重要目标,通过这种均衡来实现审判效率的提高。这种均衡包括:一是各个阶段和各个节点之间的均衡。在阶段和节点的划分以及时限的设定方面,充分尊重审判运行的客观要求,并尽可能照顾到各种不同案件审理可能出现的多种情况,配置适当,张驰有度。二是各主体在办的审判事务的均衡。通过繁简分流、合理配案、加强调度等方式,力求使个案的结案周期、各审判人员及审判管理人员的工作量等大体均衡,避免结构性忙闲不均或畸快畸慢。三是年度内审判工作,特别是月结案率的均衡。这主要指通过对审判流程的控制,保持日常审判的合理周期,避免年终突击结案现象的出现。前述这些理念和原则,有效地保证了审判流程对于审判活动的合理引导作用,也强化了各主体行为以及法院整体审判运行的规范性。

---

① 主要有期限性事务(审限延长、扣除、诉讼中止等)、措施性事务(诉讼保全、回避、先予执行、诉讼强制等)以及其他事务(如合议庭人员的变更、庭审直播、不公开审理)。
② 对院庭长的审批决定行为,C市中院设置了高效、中效、正常及低效四个评价等级,通过网络实时统计分析,并在内网上随时可以查看,借以形成一定的激励和约束。

（三）审判动态的监督与把控

审判动态的监督和把控的意义主要在于两个方面：其一，在法院审判活动中，各主体的行为通常是个别化、分散地进行的，并且多数都直接代表法院对外实施。要保证这些行为能够真正体现法院机构的意志和智慧，就需要通过对面上审判动态的监督和把控，把这些个别化、分散地进行的行为统摄于法院的整体掌控与管束之下，形成一体化的审判格局。其二，法院整体审判水平以及审判成效的提高，不可能完全依赖于各独立主体能力和水平的提升，而必须发挥法院整体对于个体的指导作用，由此也产生了对审判动态予以监督和把控的要求。与此相对应，C 市中院的具体工作也围绕两个方面开展：一是以个案审判活动为对象的面上监督和把控；二是以特定时期内法院审判工作总体状况为对象的面上监督和把控。

以个案审判活动为对象的监督与把控主要是借助干审判活动的高度透明而实现的。这种透明除了前面所提到的流程透明外，还包括案情的透明（全部纸质档案电子化，在内网上相关人员可以看到整个案卷，并借此了解案情）和审判行为的透明（每一主体参与个案审判活动的情况都有明确的记载）。在高度透明的情况下，各主体都把自己的行为置放在其他相关主体的测度与评价之中，并在审判职权确定的格局下形成对各种偏失的矫正。虽然，总体上说，这种监督和把控主要体现为院庭长对审判人员的管束，但院庭长同样也无法回避审判人员对其行为的制约，特别是在审判责任明确后，审判人员既有抗衡和抵制院庭长不当行为的依据，也有这方面的动因和条件。对个案审判活动的面上一般性监督和把控与前述职权配置中形成的对重点案件的层级性监督和把控，共同形成了点与面的结合，从而提升了法院对审判活动的整体把控能力，大体造就了"既放得开又管得住"的审判运行格局。

审判动态的监督与把控的另一个层面是对特定时期内法院审判工作的总体状况进行分析,并且通过一系列制度性措施,从不同方面推进整体审判水平的提升。这些措施包括:(1)审判质效分析。根据各种司法统计数据以及各种指标测定数据,逐月、逐季以及年中和年终分别对本案及本院各业务单位的审判质效进行分析,发现和矫正质效方面的突出问题。(2)发改案件质量评析。对上级法院发回重审和改判的案件进行总体和个案分析。总体分析主要是研判发改率及其变化、发改的主要类型等,个案分析则针对某些重点案件,分析发改的原因和理由。(3)案例通报评析。对新类型案件以及特定时期内较为集中的案件进行讨论和分析,研究具体的法律适用方法,统一裁判尺度。同时,对本院以及全国各地法院处理的某些重大案件进行评析,总结这些案件处理中的经验教训,开阔视野,启迪思维。(4)信访情况分析。对涉及本院所受理的案件的信访情况(包括网络传媒对本院工作的评价)进行分析,掌握信访率的变化、信访案件的类型以及信访的具体原因。(5)审判长联席讨论。各业务庭(局)的审判长定期对本单位审判业务情况进行分析评估,对合议庭提出的重大、疑难问题进行讨论,提出相应的建议。此外,还通过创办《审判指导》,加强审判信息的沟通。这些制度化的形式有效地融汇了全院各个方面的智慧和资源,密切了法院内各主体之间的联系,同时也使个别化的审判行为始终受制于法院内不同方面的评价和不同角度的审视,进一步强化了对审判活动的监督和把控能力。

(四)审判绩效的评价和考核

审判绩效的评价和考核主要是通过建立反映审判主要目标和要求、覆盖审判全过程的综合指标体系,对审判工作及其效果作出量化的分析和评价。建立量化指标考评体系,是这些年各级法院为提升审判质效而普遍采用的方式,但客观地说,目前在相当多的情况下,这一方式的形式意义大于其实际效果,其原因不仅在于由最高人民法院统一制定的指标体系不尽适用于各级法院以及不同法院的具体情况(也许法院间的客观差异终极性地决定了很难形成真正适用于全国各级法院的统一指标体系,尤其是细化的指标体系),同时也在于以事后统计为基础(并且通常是各法院自行统计)、以应对上级法院评价为主要用途的各种量化分值,很难反映法院审判工作的真实水平和状况。因此,在指标体系的设置和运用方面,C 市中院一方面保持与最高人民法院统一口径的基本对接,另一方面则立足于本院审判工作的实际,把这方面工作纳入构建审判运行机制的总体要求之中,由此也形成了一系列自己的特色。

首先,在尊守最高人民法院统一规定的前提下,根据本院情况对指标体系进行了全面的完善和调整。一是将三项二级指标(公正、效率、效果)扩展为五项(增加了审判作风和审判技能两项),以便更为全面地反映审判工作的总体状况;二是对三级指标作进一步细化或合并处理,增强指标的适应性;三是在保持权重逻辑一致的前提下,对各项指标的分值和权重进行了相应调整,①使指标体系进一步趋向于合理。完善和调整后的指标体系既与本院审判运行的实际情况更加契合,同时也获得了法院内各主体的普遍认同。其次,把个人作为指标体系设置以及考核的最基本单元。通常指标体系的设置和考核都以法院为基本单元,部分法院扩大到各业务庭(局),而 C 市中院则以从事审判和审判管理的个人为最基本的单元,业务庭(局)及法院的总体量化分值多数也是在个人分值累加的基础上形成的。这样大大增强了指标体系对具体审判和审判管理行为的约束力。最后,通过软件系统把指标(包括对指标的解释)直接植入具体的审判流程之中,通过数据的实时填报或相关情况的实时记录,自动生成审判行为和审判管理行为的具体分值,

① 如适当调低当庭宣判率、陪审率等指标的权重,而相应调高一审服判率、撤诉率、刑附民调解率等指标的权重。

这不仅保证了各项数据或分值的准确性和客观性,更能使指标体系与审判过程密切融合。实际上,在C市中院,指标体系绝不仅仅是定量化描述审判工作业绩的一种工具或手段,更主要是对审判活动和行为事前的导引、事中的参照和事后的评价,从而也是审判运行机制所必不可少的元素。此外,在运用指标体系对审判绩效进行考核评价过程中,C市中院也注重评价的合理性,特别是重视各业务庭(局)以及个人之间的可比性,①保证指标体系对审判行为和审判管理行为的合理激励和导向。

(五) 信息技术的植入和运用

尽管构建审判运行机制的基本逻辑和机理并不依赖于某种技术化的条件而成立,但从C市中院的实践看,没有信息技术的全面植入和运用,前面所描述的审判运行的状态实际上是难以形成的,至少实际效果会受到很大影响,因此,有理由把信息技术的植入和运用理解为审判运行机制构建的一个基本环节或一项重要内容。从另一角度看,"科技强院"的指导方针也包含了人民法院发展对于信息技术运用的明确需求。

信息技术在审判运行机制形成中的作用,集中体现于办案平台和审判管理平台的创设。C市中院把审判职权配置和审判流程控制的各项规定和要求、审判绩效评估考核的各项指标,以及审判业务需要的各种资料(法律、法规、相关判例,以及法律文书格式范本等)全部植入两个平台之中,同时辅之以多个分析软件,从而使法院内部的审判运行基本通过网络而得以实现。信息技术为审判运行带来了三个明显的效果:一是如前所述,提高了审判运行的透明度。这种透明度能够充分满足审判行为和审判管理行为对相关信息的需求,特别

---

① 如能力较强的法官,常常被安排承办重大疑难案件,而这类案件的结案周期往往较长,上诉和改判率也比较高,单纯依分值进行比较,很难形成公允的结论。

是保证了法院内各主体之间在审判过程中信息的相互对称。二是强化了制度和规范的刚性。由于多数管理性规范已经编入软件系统程序,因而系统程序的不可变更性使审判管理的刚性也随之强化,审判管理的严肃性借助于信息技术的特征和功能得到进一步的体现和维护。三是提高了审判效率。办案平台和审判管理平台的使用,提升了审判活动中的自动化水平,特别是通过审判流程的自动转接、各审判环节的自动催促和提示、部分法律文书的格式化处理、各种文书资料的网上流转,节省了人力耗费,同时又加快了审判活动的速度,这无疑有助于审判效率的提高。

通过前述五个方面,C市中院希望能够构建出"权力关系清晰,主体职责明确,监督制约到位,资源配置优化,审判活动透明,内部流程顺畅,指标导向合理,科技全面支撑"的有序且有效的法院内部审判运行机制。应该说,无论在总体思路上,还是在具体细节方面,C市中院的探索正逐步接近于这样的目标;C市中院的这些实践也使人们有理由对我国法院内部理想的审判运行状态抱有信心和期待。

四、几点延伸的思考

作为一项关乎人民法院基础性建设的实践,法院审判运行机制的构建无疑需要取得广泛的社会共识,尤其是决策层的明确认可和强力推行;对C市中院的探索性努力,更需要超越一个中级法院自身工作改善的层面去认识和看待其对于我国各级法院当下乃至长远的启示和示范意义。为此,需要把审判运行机制构建置放在中国特色司法制度完善,特别是人民法院改革与发展的主题和背景下加以审视。在此,本书提出几个相关问题供进一步思考。

（一）审判运行机制构建与中国特色司法制度微观基础的塑造

进入 21 世纪后,构建和完善中国特色社会主义司法制度成为我国司法改革与发展的明确主题。在此方面的努力集中体现于从宏观上确立司法理念(为大局服务,为人民司法)和司法取向(能动司法),以进一步明确我国司法发展的基本方向。然而,在宏观上司法理念和司法取向既定的前提下,我国司法制度改革与发展的重心应当转入微观基础的塑造,亦即从体制和机制上培育司法主体的应有特性,使各司法主体能够真正成为正确的司法理念和司法取向的有效载体,从而保证正确的司法理念和司法取向在微观层面得到落实。就人民法院而言,微观基础塑造的核心正在于构建科学、合理的审判运行机制。① 这种认识可以从我国经济体制改革的路径和逻辑中得到证明。在市场取向的目标明确后,我国经济体制改革的主要任务就是培育适合于市场经济的市场主体,其重点又在于建立企业内部的法人治理结构,解决企业内部的决策和运行问题。如同建立法人治理结构一样,法院内部审判运行机制的构建,就是要把我国法院内部围绕审判形成的各类关系、开展的各项活动以及实施的各种行为,科学、合理地安排和确定在相对稳定的运行模式之中,进而建立起合理的审判运行秩序,充分有效地利用审判资源,整体上提升人民法院的审判能力与水平。在此意义上说,审判运行机制的构建既是中国特色司法制度完善不可逾越的环节,更是我国司法发展与改革的重要现实任务。

---

① 检察机关同样面临这样的问题。由于检察业务类型较多,且各类业务之间的差异较大,因而检察机关内部运行机制的构建问题需要更多的思考和探索。

（二）审判运行机制构建与人民法院规范化、现代化发展方向

在落实司法为民方针的过程中，我国各级法院相继推出了一些新的举措，如高度重视调解，重提"马锡五审判方式"，强调诉讼的便民、利民，等等。这些以"亲民、敬民和简约、便捷"为特征的举措，容易被人们理解和认知为对人民法院规范化、现代化发展方向的偏离甚至放弃。客观地说，实践中也存在着一些忽略实体和程序规则、忽视审判对社会行为的导向作用，以及消解必要司法形式和司法礼仪功能的现象（有极端者甚至主张取消法袍和法槌）。这些认识和现象的存在，使审判运行机制的构建在当下获得了一种更为特殊的意义。一方面，C 市中院的实践表明，法院内部审判机制的完善与司法为民的要求并不矛盾，司法为民的一些要求和具体的程序性措施，完全可以楔入审判运行机制之中，规范化地得到落实和保证；另一方面，审判运行机制的构建，无疑会使法院审判工作规范化、现代化水平得到全面提升，使人民法院基础性建设跃上新的台阶。由此也可以认为，审判运行机制的构建符合并代表着我国法院规范化、现代化发展的基本方向。

（三）审判运行机制构建与法院工作的创新

围绕着中国特色司法制度的完善，特别是能动司法理念的贯彻，各级法院都不同程度地开展了一些具有一定创新或探索意义的实践。① 在这些创新和探索中，构建审判运行机制的实践具有更值得重视的价值。这不仅是因为这一实践直面并回应了我国审判所面临的主要矛盾和急迫需求，相比之下，这种创新和探索具有根本性意义，

————————

① 在《人民法院报》等媒体上，几乎每天都能看到层出不穷的有关各地法院创新实践的报道。

同时也在于,这一实践建立于可靠而扎实的基础与依据之上。首先
是法律基础。从 C 市中院的实践看,构建审判运行机制工作完全是
在法律规定的范围内展开的,不仅没有任何与现行法律相冲突的内
容,而且相关的制度和措施还围绕着法律规定的落实而设计,并弥补
了法律难以覆盖的很多空缺。其次是国情基础。一方面,审判运行
机制的构建尊重了我国法院内部多主体、多层级这一体制和组织架
构的现实,并着力于将审判运行的客观规律和要求带入这一体制和
架构的运行之中,发挥法院这一机构的审判功效,体现我国司法的独
有特色;另一方面,在审判运行机制的构建中,通过审判职权配置以
及指标体系的设计,能够把外部社会对司法审判的合理要求转化为
法院内部的具体审判活动规则,强化了司法审判与社会生活的相融
性,增强了司法审判的社会功能,同时也有利于理顺和规范司法同外
部社会的关系,形成法院与外部社会的良性互动。最后是经验基础。
审判运行机制的构建是以深厚的审判经验积累为基础的,各项制度
设计都需要依赖于大量审判经验的提炼,并且需要进一步接受实际
操作的检验,任何流行的学说或域外既有的模式,都不足以提供有效
的指导和参照。可以认为,审判运行机制的构建过程,同时也是把成
功的审判经验在理性原则指导下汇聚于一体并付诸实践的过程。正
因为具有这些扎实可靠的基础,构建审判运行机制的实践是更富有
生命力,同时也经得起历史检验的创新。

(四) 构建审判运行机制与宏观配套改革的深化

构建审判运行机制这一微观层面的改革,衍生或引发一些需要在
宏观层面解决的问题。比如,虽然院庭长不能直接否定合议庭有关实
体裁判的意见,但在现行体制和环境中,法官的各种资源供给在很大程
度上仍然受制于院庭长,因此,院庭长往往具有不可忽略的"隐性权
威",而对这种"隐性权威"的服从,容易损伤制度上的制约关系,这就

需要重新审视法官职业化制度建设问题。又比如,在法院内各主体权力和职责十分明确、各主体的司法行为高度透明、各种考核评价指标细致缜密、责任约束极为严格的氛围中,法院激励手段匮乏的问题会显得更为突出。长此以往,难免会出现"约束疲劳"等现象,由此可能导致审判运行机制在一定程度上的扭曲甚至解体。这也表明,法院虽然能够创造一定的约束资源,但却无法内生出足够的激励资源去维系这样的审判运行机制,需要外部条件的支撑与配合,而这又牵涉宏观上司法资源供给体制的某些改革。由此可以看出,构建审判运行机制的实践对于我国司法体制和制度的宏观改革能够形成一定的促进和推动作用;立足于微观运行的实际需求而审视和思考宏观改革的思路与方式,将会形成更为清晰的认识,也容易推动各方共识的形成。

总之,以 C 市中院为样本构建审判运行机制这一实践,以我国法院统一行使审判权制度为前提,恰当处理了法院机构集体行为与其内部成员个体行为之间的相互关系;以我国社会纠纷的复杂性为背景,通过合理的制度设计把解决社会纠纷的多元目标和要求体现并落实于审判运行之中;以诉讼案件不断增多、审判力量相对不足为客观条件,从审判资源优化配置以及信息技术的深度运用入手,增加了司法的容量与能力;以司法审判所处的复杂社会环境为现实,尽可能创造对法院及其成员审判行为的约束和激励,在机制和制度层面保证了司法的公正与廉洁。所有这些,都抓住了我国法院发展及审判运行中的根本性问题,完全切合于我国法院审判工作的实际状况。不仅如此,这一实践符合现行法律的各项规定,符合正确的司法理念和司法取向,与法院的其他改革创新亦能兼容并蓄,相得益彰,因而有理由认为,这一实践是低风险、高效益并代表着我国法院发展与改革基本方向的探索。更富有意义的是,当下各司法机关都面临着司法职能在机构内如何配置,特别是内部运行如何实现规范化和合理化的问题,因此,源生于法院内部的这种改革思路,还能为其他司法机关的改革与发展提供有益的启示,由此也会进一步推动中国特色司法制度微观基础的全面形成。

第八章 人民法庭地位与功能的重构

长期以来,在法院内部格局中,人民法庭被直接或间接地固化于拾缺补遗的边缘性地位。"边远地区、交通不便、信息闭塞、力量薄弱、设施简陋、方式随意",庶几成为人民法庭的主要符号与标识,也成为人们对人民法庭基本样态的固有想象,有学者因之把人民法庭的审判活动直接定义或定位于"乡土司法"①。进入 21 世纪以来,虽然最高人民法院多次强调加强人民法庭建设,人民法庭的基础设施事实上也得到了很大改善,审判力量亦有所充实,但与之相伴的却是人民法庭总量在逐步减少②,最高人民法院在 2005 年甚至明确规定,基层法院所在城镇不再新设人民法庭③,由此导致了一些地区县城所在地的人民法庭被相继撤销。因此,在加强人民法庭建设的倡导与要求背后,实际则是人民法庭总体作用的下降与功能的相对萎缩。在一定意义上说,这些年,人民法庭已或多或少地沦为人民法院现代化、正规化、规范化建设的牺

---

① 相关研究可参见高其才等:《乡土司法——社会变迁中的杨村人民法庭实证分析》,法律出版社 2009 年版;丁卫:《乡村法治的政法逻辑——秦瑶人民法庭的司法运作》,华中科技大学 2007 年博士论文,指导老师:吴毅;刘晓涌:《乡村人民法庭研究》,武汉大学 2011 年博士论文,指导老师:汪习根;丁卫:《秦镇人民法庭调查》,载吴敬琏、江平主编:《洪范评论》(第 8 辑),中国法制出版社 2007 年版;丁卫:《秦镇人民法庭的日常运作》,载苏力主编:《法律与社会科学》(第 1 卷),法律出版社 2006 年版;张青:《转变中的乡村人民法庭——以鄂西南锦镇人民法庭为中心》,《中国农业大学学报》(社会科学版)2012 年第 4 期;张青:《迈向"实践—理论"的研究范式——对乡村司法理论的回顾与反思》,《云南行政学院学报》2013 年第 1 期。
② 相关统计可参见人民法院出版社编辑出版的 1987 年—1992 年的《人民法院年鉴》;朱景文编:《中国法律发展报告:数据库和指标体系》,中国人民大学出版社 2007 年版;蒋安杰、张亮:《历经 60 年发展全国已建立 3561 个法院、10023 个人民法庭》,《法制日报》2009 年 9 月 25 日;王胜俊:《最高人民法院关于加强人民法院基层建设促进公正司法情况的报告》,《中华人民共和国全国人民代表大会常务委员会公报》2011 年第 7 期等。以上资料显示,1987 年全国人民法庭的数量为 15886 个,1992 年数量最多为 18000 个,到 2011 年,则减少至 9880 个。
③ 参见最高人民法院《关于全面加强人民法庭工作的决定》(2005 年 9 月 23 日)。

牲品。然而,P 县法院以及其他很多基层法院的情况表明,人们对人民法庭基本样态的前述想象并不完全符合现今人民法庭的真实状况;同时,基层社会纠纷的有效解决正逐步凸显出对人民法庭功能的实际需求,人民法庭在解决基层社会纠纷方面的实际成效正推动其从边缘走向中心。因此,应当在新的历史条件下重新思考人民法庭的功能与定位,包括重新审视最高人民法院把人民法庭简单定位于"面向农村"①以及与之相联系的限缩人民法庭总量的政策取向。

本章的主旨在于论证和阐释人民法庭地位与功能重构(以下简述为"人民法庭改革")的合理性及意义。为此,将在概略介绍 P 县法院相关实践的基础上,分别从人民法庭改革与基层司法辖域的相对限缩、人民法院发展的主导思路、基层法院审判工作主要特性这三个维度,展开相关论述和分析。

一、基本范例:P 县法院的主要实践

P 县是 S 省省会城市 C 市下属的郊县,现有人口约 80 万人(含流动人口 30 万人),总面积 437.5 平方公里。P 县原本是以传统农业为主导的县,但近十年来,随着 C 市城区规模的不断延展,特别是城区内工业乃至部分服务业不断向周边移转,位于城区边缘的 P 县社会经济结构有了很大变化,形成了较为典型的城乡二元结构社会以及现代产业与传统农业并存的二元经济形态。本书后面的相关分析将表明,这一社会条件与环境正是 P 县法院相关改革孕育和展开的重要背景与依据。

自 2011 年开始,P 县法院在"创新人民法庭职能"的主题下,以提升人民法庭在法院审判工作中的地位,突出人民法庭在社会纠纷

---

① 相关内容参见最高人民法院《关于进一步做好 2009 年人民法庭工作的通知》(2009 年 2 月 17 日)。

处理中的主导作用为基本思路或取向,进行了一系列探索与改革。

(一) 增设人民法庭并调整人民法庭的布局

2009 年前,P 县法院原有的 3 个人民法庭被全部撤销,2009 年恢复设立了两个人民法庭,这两个法庭都位于距县城较远的乡镇。2011 年后,P 县法院又依程序恢复或新设了 3 个法庭,并打破乡镇或街道行政区划的界限,按照东西南北中五个地理方位,对法庭的布局进行了全面调整。在基本方位确定的前提下,5 个法庭的具体位置及其辖区,依据下述几个因素而确定或划分:一是人口密度。根据居住情况,力求保持每个法庭辖区内人口大体相当。除地处城区中心的 P 法庭辖区人口较多外,其他几个法庭辖区内人口在 12 万至 15 万人,从而在一定程度上保证了每个法庭案件受理总量的大体均衡。二是交通状况及地理特征。P 县境内的交通总体上较为便利,但高速公路及河道较多,全线封闭的高速公路及纵横交错的河道则在一定程度上限制着居民出行的方式。因此,在法庭设置及法庭辖区的确定与划分中,充分照顾到这种地理特征,原则上,以“半径 6 至 8 公里、车程 10 至 15 分钟”为测定当事人与人民法庭之间空间距离的基数,相应确定法庭的设置及辖区。三是辖区经济社会特征以及与之相关的常发案件的类型和总量。一方面,根据这一因素测算人民法庭与机关庭(即设于 P 县法院机关内的审判庭,下同)各自受理案件的总量(人民法庭与机关庭之间,主要依案件类型确定各自的案件受理范围),进而确定或调整人民法庭的布局;另一方面,又根据这一因素,明确人民法庭相对的专业特征。比如,在富士康等大型加工企业密集地区设置的 D 法庭,其主要专业特征为劳动争议纠纷的审理与解决;而在以“三农”为主体的区域所设置的人民法庭,则以审理和解决婚姻、家庭及日常生活中的民事纠纷为主要专业特征。基于前述三个因素而确定的人民法庭布局,不仅使司法资源较为均衡地覆盖于县域内各个区域,同时也较好地对应了县域内各类常发案件的分布状态,基本上保证了司法资源的供给与需求之间的平衡。

（二）强化人民法庭审判职能并充实人民法庭审判力量

在确定法庭布局的基础上,P县法院根据审判资源"重心下移"的思路和取向,对法院内各机构的审判职能进行了重新调整,突出强化人民法庭的审判职能。首先,明确将绝大部分民事案件划归人民法庭审理。除工程合同纠纷、涉外和涉港澳台案件等少量类型纠纷案件以及某些重大疑难民事案件由机关民事庭（机关民事庭由原来的民一庭和民二庭合并组成,基于最高人民法院的统一要求,合并后的相关民事庭变为"两块牌子、一班人员"）审理外,其余所有民事纠纷案件均由人民法庭审理。从统计情况看,2010年人民法庭受理民事案件占P县法院受理民事案件的20.1%,而2011年、2012年这一比例分别提升为75.3%、88.63%（如图1）;2010年人民法庭结案数为801件,而2011年、2012年结案数则分别为1693件和2388件,分别增加了111.36%和198.13%（如图2）。其次,人民法庭还承担P县法院各类案件立案、当事人各种文书资料代收或送达以及执行督促等职能。在P县法院,各人民法庭同时也是法院的诉讼服务点。因此,无论案件是否由该人民法庭受理,当事人都可以按其方便,向任何一个人民法庭申请立案或要求其代收相关文书、资料;同样,被执行人所在地或被执行财产所在地的人民法庭,也都负有督促被执行人履行义务或配合执行庭开展其他执行活动的职能。与人民法庭职能强化的要求相适应,P县法院充实了人民法庭的审判力量,每一法庭都配备了3名以上法官、2名书记员及2名法警和1名保安。5个人民法庭总人数达到近40人,占P县法院干警总人数的32%（人民法庭人数占全院民事审判人员的比重由2010年42.9%上升到78.9%）。P县法院还制定了一系列激励制度和交通等后勤保障制度,鼓励和支持审判人员向人民法庭流动,以保证人民法庭审判队伍的稳定。

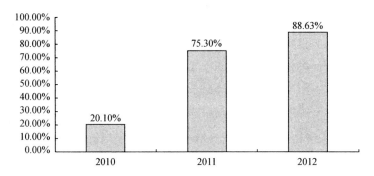

图 1　人民法庭受理民事案件占 P 县法院受理民事案件的比例

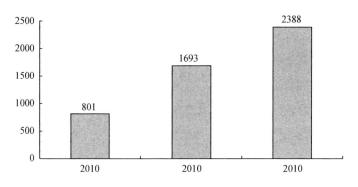

图 2　P 县人民法庭结案数(单位:个)

(三) 以信息技术为支撑,形成"院(机关)、庭(人民法庭)全面联动,审判资源一体化"的格局

与既往人民法庭活动相对孤立的情况所不同,P 县法院借助于信息技术的支撑以及相关的制度性规定,使人民法庭的审判活动与院机关始终保持着联动互通状态,人民法庭在全院审判资源一体化的格局中体现和展示着自身的功能。首先,通过网上办案和网上审判管理这两个平台[①],人民法庭所有案件的办理过程以及案件的相关

[①]　网上办案与网上管理平台是 P 县法院所属的 C 市中级法院审判运行机制构建的基础性设置。我对 C 市中院这项工作进行了较长时期的跟踪研究,主要研究成果参见顾培东:《人民法院内部审判运行机制的构建》,《法学研究》2011 年第 4 期;亦可参见本书第七章的相关论述。

情况(P县法院此前已实现全部纸质档案电子化)都实时地反映在内部网络之上,院机关相关院庭长可以通过审判管理平台,把握各人民法庭的审判活动情况,实施必要的指导、监督和管理;同时,人民法庭也可以就审判活动过程中所遇到的某些问题,主动与相关院庭长或其他人员进行沟通和讨论。其次,人民法庭与机关庭(主要是民事庭)以及各人民法庭之间对所受理的案件,可以根据"两便"(便利当事人诉讼和便利法院审判)原则以及案件的难易度,在相互之间进行调度,由此不仅可以克服和避免人民法庭在某些案件审理中力量薄弱或不够便利的问题,更能够保证全院审判资源的统一调配和综合运用。最后,机关庭以及研究室等机构,负有指导和帮助人民法庭的职责与义务,实时为人民法庭提供相关建议和意见,并提供各种资料、信息等辅助性工作支撑。在此格局下,每一个人民法庭的审判力量已不仅仅局限于人民法庭成员本身,人民法庭在代表法院开展审判活动的同时,也实实在在地体现着整个法院的审判能力和水平。

(四)全面简化诉讼程序,便利当事人诉讼,提高审判实效

事实上,人民法庭与机关庭在审理方式上的重要区别就在于前者具有更大的程序简化的空间,案件处理的方式也更为灵活。因此,大幅度提高人民法庭的受案比重,无疑可以从整体上简化基层法院的诉讼程序,降低当事人的诉讼耗费,缩短诉讼周期。在简化程序、便利诉讼方面,P县人民法庭的具体实践主要有:一是人民法庭审理案件基本适用简易程序以及小额速裁程序,不用或极少使用普通程序;二是如前所述,当事人可以依其方便向任何一个法庭起诉,然后由机关立案庭根据相关因素决定具体审理的法庭;三是在案件立案前,实行诉前分流,在征得当事人同意的前提下,尽可能将纠纷交予调解组织或其他适于处理的机构处理和解决;四是立案后一般都尝试先行调解,尽量减少后续诉程序的发生;五是对常规性案件的裁

判文书作格式化处理,减缩审判工作量,提高审判效率;六是加大巡回审判方式的适用,方便当事人参与诉讼;七是为当事人诉讼提供多方面的指导,保证当事人对诉讼专业性、程序化要求的清晰认知,增强当事人对诉讼行为过程及法律后果的正确识别与合理选择。此外,P县法院还建立了网上起诉立案及申请执行系统,由此进一步加大了当事人诉讼行为的便利度。这些措施收到了明显的成效。2012年,P县人民法庭案件平均审理周期由2010年的52天下降为35.46天,平均审理周期下降了31.81%,高效结案数(即民事简易程序45天结案,普通程序90天结案)由2010年的353件上升到1725件,增长了388.66%;人民法庭法官人均年结案数由2010年的114.43件上升至217.1件,增加了89.72%;人民法庭受理案件的调撤率由2010年63.05%上升至83.01%,诉前调解率由2010年的41%上升至69%;诉前分流后撤诉案件由2010年的22件增加至106件,增长了381.82%(如图3)。

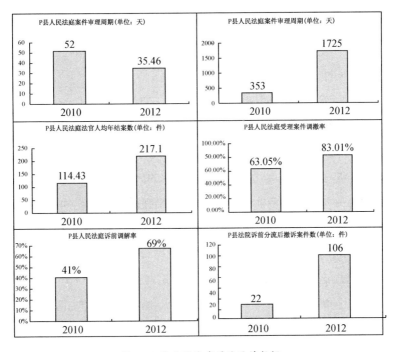

图3　P县人民法庭司法统计数据

二、人民法庭改革与基层司法辖域的相对限缩

P 县法院相关实践让我看到的不只是人民法庭的增设以及功能的强化,在更普遍的意义上说,这一实践预示着我国基层司法辖域相对限缩的实质性变化。根据我国《宪法》及相关法律规定,我国基层司法辖域与县、区(含县级市,下同)行政区划相同,亦即县、区基层法院是我国司法辖域的基础单元。然而,由于我国幅员辽阔,人口众多,因此,以县、区作为司法辖域的基础单元,不免失之过大。由此产生的直接影响是:一方面,基层法院所辖地域空间过大,人口过多,难免带来当事人诉讼与法院审理的双重不便;另一方面,法院与其所处的社会环境之间隔膜较深,同时,司法行为的辐射力也因之而减弱。因此,增设人民法庭和合理调整人民法庭布局,并充实人民法庭的职能,可以在不改变行政区划和基层法院设置,且不改变既有审级规定的情况下,使我国法院的基层司法辖域相对限缩,司法与社会之间有形或无形的距离都被相应拉近。

对于司法辖域相对限缩的意义,我们不妨从其他社会生活常识中体验与感受。比如,在以个体消费者为对象的现代商业活动中,扩大商业(无论是商品零售还是各类服务)行为影响力(同时也是便利消费者)的基本途径就是在控制边际成本的前提下,增加商业网点的设置,并形成合理的商业网点布局(包括增强网点的服务功能),从而使每一商业单元的服务区域与其应有的服务辐射面相吻合。完全可类比的是,司法作为一种"公共产品",同样具有大众消费的某些基本特性,增加这种"公共产品"的供给,满足社会公众对这类"公共产品"使用的需求,提升司法行为的辐射力,也必然要求增加基层法院的"网点"。在此方面,人民法庭事实上扮演着与商业网点相同的角色,也就是说,用"一院(基层法院)、多点(人民法庭及机关庭)"的格

局代替一院独存或一院为主的状态,改变司法资源供给的分布。因此,如果说过去人民法庭的设置主要是被动地解决个别边远地区司法服务不及的问题的话,那么,在P县法院实践以及本书语境中人民法庭的建设或改革,则是主动地调整县、区全境内的司法辖域,通过人民法庭设置、布局以及功能诸方面的调整与改善,使基层法院的司法功能及影响力全面而均衡地覆盖于县、区辖域之内。

在理论层面上看待这种变革的意义,值得我们重视的有两个基本点:

第一,司法辖域相对限缩有利于基层社会公众接近司法并有效利用和分享司法资源。保障社会成员,特别是底层社会公众便利地接近司法,公平地利用和分享司法资源,既是现代各国在推进法治化进程中的重要任务与目标,也是各国追求和实现社会公平、纾缓社会矛盾的重要路径与方式。20 世纪 70 年代,意大利卡佩莱蒂等一批当代法学家,曾有计划地组织了一场"接近司法"运动,[1]力图通过倡导为弱势群体提供法律援助、降低司法门槛、减少诉讼成本等一系列方式,推动社会公众便利地接近司法,有效、便利地运用司法手段实现自己的权益并化解相关纠纷。这场运动潜含着对现代司法资源使用的垄断化、司法程序过于专业化和技术化以及司法消费奢侈化等现象,以及由此而形成的司法与社会公众过度疏离的反叛。虽然这场具体的"接近司法"的运动并未对我国产生实际影响,但这一运动所欲解决的问题在我国却显得更为突出。这不仅是因为我国基层社会处于社会转型与变革过程中,各种矛盾和纠纷大量发生,解决这些矛盾和纠纷成了社会公众对司法的空前需求,同时也在于,在现实中司法资源更多地为强势阶层所利用[2],并且司法因其技术壁垒增加以

---

① 参见〔意〕莫诺·卡佩莱蒂编:《福利国家与接近正义》,刘俊祥等译,法律出版社 2000 年版。
② 我曾在《中国法治进程中的法律资源分享问题》一文中,对此作过较为详细的分析,参见顾培东:《中国法治进程中的法律资源分享问题》,《中国法学》2008 年第 3 期。

及诉讼成本趋高而与社会公众疏离的现象,已成为当下中国社会的突出社会问题。近些年,在司法为民理念的指导下,各级法院在便利当事人诉讼方面进行了多种探索和努力,社会公众"诉讼难"的问题有了一定程度的缓解,但如何在经济文化发展水平较低、社会公众参与诉讼能力较弱,而社会矛盾和纠纷较为突出的社会条件下,便利基层群众接近司法,有效地利用和分享司法资源,仍然是我国司法改革与发展的重大主题,由此也显示出前述人民法庭改革与创新的现实意义。

从 P 县法院实践可以直接观察和感受到的这方面效果是:首先,人民法庭设置的增加和布局的合理化,缩短了基层群众与法院之间的空间距离。尽管"半径 6 至 8 公里、车程 10 至 15 分钟"的标准多少有些形象化色彩,但当事人与法院的空间距离大大减缩却是不争的事实。更为重要的是,由于人民法庭同时具有诉讼服务点的功能,因此,当事人的多种诉讼行为都可以在最近的人民法庭实施,即使案件并不由该人民法庭审理,也不影响当事人依其便利向最近的人民法庭提出某些服务性要求。其次,人民法庭所采用的简便诉讼程序以及较为灵活便利的纠纷解决与处理方式,无疑有利于文化水准较低、诉讼行为能力较弱的当事人参与诉讼。同时,诉前分流、诉中调解等措施还可以明显节省当事人的经济成本及时间耗费,从而使诉讼的实际门槛大大降低。最后,在人民法庭成为"家门口的法院"①的条件下,以及人民法庭较少仪式化的审理方式等因素,很大程度上减少了基层群众参与诉讼的心理障碍,相应消除了基层群众对于"法院""法官""诉讼"等概念的陌生感甚至畏惧感,从而有利于他们从容地走入法院,较为平和地在法庭这一特定空间和场景中表达自己的诉求与主张。总体上说,在人民法庭的司法功能得到充分发挥的条件下,司法的可接近性无疑能够得到很大程度的提升。

---

① 我在 P 县调研时发现,很多人习惯性地把人民法庭称为"家门口的法院"。

第二,司法辖域相对限缩有利于"熟人社会"的司法审判环境与氛围的形成。司法辖域的相对限缩,无疑增强和提升了人民法庭对其辖域内人、事、情境等各个要素的熟悉程度,从而在一定意义上推助了"熟人社会"的司法审判环境和氛围的形成。需要说明的是,这里所说的"熟人社会",主要不是指人民法庭处理的纠纷通常发生于"熟人"之间(这当然也是人民法庭所受理案件的重要特征),而是指人民法庭成员与其辖域内居民处于相同的社区,彼此间有着相当程度的人际认知,同时,人民法庭的司法活动也主要在相同的社群(亦即"熟人"之间)中产生影响。

毫无疑问,"熟人社会"作为一个社会学的概念,本身存在着不少争议。费孝通先生提出并运用这一概念①,主要是对中国乡土社会的性状作出客观概括和描述,揭示中国乡土社会得以存续以及乡土社会自然秩序得以形成的机理。近些年,社会学以及法学理论界对"熟人社会"的争议主要集中于两点:其一,当代中国(即便是农村)还是否存在传统意义上的"熟人社会",或"熟人社会"是否已衍变为"半熟人社会"或"新熟人社会"②;二是"熟人社会"是否会成为中国社会实现现代化,尤其是推行法治的消极性因素③。苏力教授基于对"法治的本土资源"的重视,在其研究成果中不仅包含了对"熟人社会"在当代中国基层普遍存在的充分肯定,同时还充满了对"熟人社会"中自然秩序合理性的论证与辩护,甚至在揭示这种自然秩序与现代法治之间的某些冲突时,苏力教授不惜(不忌)把这种自然秩序的

---

① 费孝通:《乡土中国 生育制度》,北京大学出版社 1998 年版,第 9、11、44 页。
② 相关研究参见贺雪峰:《论半熟人社会——理解村委会选举的一个视角》,《政治学研究》2000 年第 3 期;许娟:《新熟人社会的确认及其对和谐社会的价值——一种基于理想类型的分析》,《贵州社会科学》2010 年第 1 期;宋丽娜:《熟人社会的性质》,《中国农业大学学报》(社会科学版)2009 年第 2 期;陈柏峰:《熟人社会:村庄秩序机制的理想型探究》,《社会》2011 年第 1 期。
③ 相关研究参见李秋生:《告别"熟人社会"》,《思想政治工作研究》2003 年第 2 期;铁锴:《熟人社会及其根治的社会政治学分析》,《河南大学学报》(社会科学版)2009 年第 3 期;张清、王露:《陌生人社会与法治构建论略》,《法商研究》2008 年第 5 期;贺海仁:《无讼的世界——和解理性与新熟人社会》,北京大学出版社 2009 年版。

"合理性"高置于现代法治的某些逻辑之上。①

如前所述,本章中"熟人社会"这一概念主要强调的是司法审判主体与其对象以及司法审判活动与其环境之间的关系,其中不言而喻包含着对"熟人社会"存在的承认(所谓"半熟人社会"或"新熟人社会",仅是表明传统的"熟人社会"在当代中国已发生某些变化,"熟人社会"所涵摄的基本逻辑与机理没有发生根本性改变),但同时也避开了传统意义上的"熟人社会"对于当代中国社会发展与治理的利弊得失的一般性争论。不仅如此,在本书视角下所看到的,非但不是苏力教授笔下现代法治手段在"熟人社会"中运用的某种尴尬,反而是基层司法与"熟人社会"的恰当融合,更具体地说,正是这种"熟人社会"的环境与氛围,强化了人民法庭司法活动的积极效果。首先,人民法庭的法官与当事人之间往往不同程度地彼此熟识,诉讼常常是在"熟人"之间展开的,这就为调解手段的充分运用提供了较好的条件。事实上,发生在"熟人"之间的纠纷,之所以诉诸司法,很多情况下,当事人只是想在共同认同的权威第三者(法官,亦是"熟人")面前讨一个"说法",甚至只是寻求一个体面下台的台阶,因而,这类纠纷比较容易通过调解和说服而得以化解。其次,基于对环境的熟悉和了解,人民法庭法官对纠纷发生的背景与原因、纠纷中所蕴含的情理与事理,以及周围群众对纠纷是非的认识等因素,都比较容易掌握,从而使案件的处理更能贴近于客观事实,更能贴近于周围群众的情感与观念,也更能使各方利益得到平衡(用流行的说法则是"法律效果与社会效果的统一")。再次,"熟人社会"中所实施的司法活动,无疑具有更强的辐射力和十分直接的影响力。这不仅是因为在"熟人社会"中,司法活动影响的传导半径较短,更主要还在于,发生于"熟人"之间的纠纷及其处置结果,从来都是其他"熟人"热衷谈论的话题,这使得司法活动的影响力往往能够在对"张长李短"的

---

① 参见苏力:《法治及其本土资源》(修订版),中国政法大学出版社 2004 年版。

街谈巷议中不经意地得到提升。最后,"熟人社会"有助于强化对法官的伦理约束。"熟人社会"环境下法官的伦理水准往往会引发一种质疑,亦即法官会不会因为与当事人各方熟悉程度的差异而在纠纷的处理中失却其应有的公正? 但在 P 县的调查与考察,却使我更多地看到了"熟人社会"对法官的伦理约束。"熟人社会"所具有的高度透明、"熟人们"对法官角色的期待以及法官对自我威望建立与维护的需求等,都会对法官的行为操守产生无形的约束。在这种"熟人社会"环境中,蕴含于法官与群众之间的,并不完全是法官单向度的权威,同时也有群众对法官的潜在制约。不仅如此,这种"熟人社会"也让我们看到了建立"法官职业尊荣感"的某种可能与作用。在我国法官职业化建设推进过程中,建立"法官职业尊荣感"问题常常被提及①,人们寄希望于通过建立"法官职业尊荣感"以增强法官的自我约束。然而,就总体情况而言,在缺少对法官个体行为具体辨识的制度建构和社会条件下,所谓"法官职业尊荣感",事实上是很难形成的。所不同的是,人民法庭中的法官在相应社区中具有很高的识别度,同时法官的职业优势在基层社会也相对比较明显,因而人民法庭法官对个体威望或"职业尊荣感"的建立不仅可以有想象的空间,而且也有追求的实际可能。笔者在 P 县进行调研的过程中,随时都能感受到群众(并非当事人)与法官彼此之间的那份亲切。有些法官在退休后仍然受到当地群众的高度尊重,成为当地妇孺皆知的"名人"。这种地位的形成,无疑与法官的长期自律相关,也体现出"熟人社会"对法官的伦理约束作用。

---

① 相关研究可参见江必新:《以科学发展观为指导,牢固树立社会主义司法理念》,《人民司法》2006 年第 4 期;钱锋:《法官职业保障与独立审判》,《法律适用》2005 年第 1 期;周玉华:《论法官良知的培育和维系》,《人民司法》2011 年第 3 期;钱锋:《司法廉洁制度的创新完善与路径选择》,《法律适用》2012 年第 2 期;陈立如、张钰炜:《法官非物质利益保障的价值基础与制度建构——以法官角色伦理为视角》,《北京政法职业学院学报》2012 年第 3 期;李霞等:《基层法官职业风险、组织支持对组织承诺的影响作用研究》,《西安交通大学学报》(社会科学版)2013 年第 1 期。

三、人民法庭改革与人民法院发展的主导思路

从人民法院发展的主导思路这一维度审视人民法庭改革问题，一方面自然是把人民法庭改革置于人民法院发展的主导思路中论证其实际意义，但更有意义的是，通过对人民法庭改革实际效应的认识，可以反向说明人民法院应当选择什么样的发展思路。

近几十年中，我国各级法院似乎一直纠结或徘徊在一系列近于悖论的选择之中：在司法理念和取向上，是坚持规则至上，还是奉行能动司法；在审判功能的设定上，是追求法律的严格实施，还是立足于化解矛盾，实现案结事了；在司法与外部社会关系上，是保持审判独立、中立，还是加强司法与社会生活的融合；在处理调解与判决关系上，是坚持"当判则判"，还是坚持"调解优先"；在案件审理方式上，是重视程序化审理，更多地采取坐堂问案方式，还是继承"马锡五审判方式"的传统，强调审判行为的亲民化和便利化；在法院内部审判资源的配置与运用上，是充分发挥法官个体在案件实际处理中的决定作用，还是注重发挥法院内各层级的审核把关作用；如此等等。尽管这些选择本身并不完全或绝对地对立，彼此之间还有一定的相容空间，但在具体实践中的冲突与矛盾，却是无法掩饰的，并由此形成了近些年弥漫于法院系统上下的"无所适从"的感觉和情绪。这种状况直接源于不同时期人民法院所面临的阶段性任务的不同以及与此相关的法院发展的主导思路的差异。

20世纪末和21世纪初这一段时期中，我国法院面临着现代司法审判体系基本构架及基础性制度建立的重要任务，因此，这一时期人民法院的发展与改革，主要是依循着现代化、正规化、规范化的思路进行的。具体体现于：庭审制度的全面建立与实施以及庭审方式的改革（对抗制诉讼模式的引入）；严格证据规则的确立，特别是民事

案件中法院调查收集证据功能的弱化与当事人举证责任的强化;对调解方式运用的相对弱化以及对裁判方式的偏重;对司法中立性、独立性的重视与强调;法官职业化进程的启动与推进;对司法礼仪的重视(尤以法袍、法槌的运用为典型);等等。应该说,这些措施大大提升了我国法院现代化、正规化、规范化的水平,使我国司法审判工作迈上了一个新的台阶,并在某种意义上获得了比肩现代法治国家的理由。然而,此后一段时期中,随着我国社会矛盾的日益复杂以及各种社会纠纷的不断增加,司法审判与社会需求之间不相适应的问题渐趋突出,这不仅体现于司法裁判难以满足各种复杂的社会诉求,同时也显现出审判程序的专业化、正规化与人民群众参与诉讼能力较弱、难以适应诉讼活动基本要求之间的矛盾。在此境况下,人民法院发展的主导思路有了明显的调整,人民法院的审判活动趋向于对便民利民和实效化地解决纠纷的重视,体现于:对法院服从于社会发展大局的强调,特别是能动司法理念的确立;对便民利民司法方式的重视;在案件处理中对"民意"的尊重;对化解纠纷、案结事了的追求,尤其是重树"调解优先"原则;等等。在此过程中,又不可避免地潜含着对规则及程序要求乃至对司法客观规律的某些忽略。

　　基于我对近几十年来我国司法发展状况的研究与思考,我国人民法院必须坚持法院(或审判活动)现代化、正规化、规范化建设与便民利民、实效化发展两方面的恰当结合,或者说必须坚持现代化、正规化、规范化建设与便民利民、实效化发展这两种发展取向和"两条腿"走路的方针。既要在现代化、正规化、规范化建设方面不断有所推进,同时也必须在便民利民、实效化地解决纠纷方面下足功夫。①舍此任何一方面,势必会使人民法院或司法审判工作陷于窘境之中。这一判断的理由十分简单:中国社会二元经济结构以及社会成员之

---

① 刘星教授在《判决书"附带":以中国基层司法"以中国基层司法"法官后语"实践为主线》(载《中国法学》2013 年第 1 期)中,也间接地提出了融合"司法正规化"与"让司法发挥真实有益的作用"的主张。

间经济、文化状况高度分化的现实,既需要有现代化、正规化、规范化的司法审判与之匹配,也需要有简易便利、具有实效性的司法方式与之适应。从二元经济结构的影响看,现代经济的发展与健康运行必须依托于现代化、正规化、规范化的司法审判,同时,现代经济发展又能够为现代化、正规化、规范化的司法活动提供必要的物质前提,但传统农业以及部分传统服务业的存在,所需要或所能适应的则是简单易行、立竿见影的某些司法方式;当代中国经济结构中相对落后的这些经济成分,承载不起多少有些仪式化且日趋专业化的现代司法的那份严肃与庄重。从社会成员的分化这一背景看,在当代中国,社会成员之间在文化与经济条件方面显现出高度分化,这就决定了不同社会成员对司法及司法方式的认知,以及参与诉讼的实际能力存在着重大差异。对于一部分知识水平较高、经济条件较好的社会成员来说,现代化、正规化、规范化的司法程序与活动是他们能够适应甚至乐于接受的纠纷解决方式;而对于更多的社会群体来说,这样的程序与活动是他们的智识和经济条件所难以支撑从而难以自如地融入和参与的。因此,现实而有意义的选择不是在"现代化与本土资源"的宏大叙事结构中讨论孰是孰非,或者长期纠结于这二者之间的悖论与冲突,而是把前述两种司法发展取向共同作为人民法院发展的恰当路径。

前述讨论似乎已溢出了人民法庭地位与功能重构这一主题,但如果没有这样的前提性论证,就难以全面认识人民法庭地位与功能重构的特殊意义。毫无疑问,人民法庭地位的提升和功能的强化,较为集中地体现了人民法院审判活动便民利民、实效化发展的思路与取向,换句话说,人民法庭作用的发挥能够在很大程度上满足基层社会解决传统生活中所产生的多种社会纠纷的需要,使司法审判能够更好地与当代中国基层社会的生态相适应。然而,P县法院的实践表明,仅仅认识到这一点是不够的。事实上,人民法庭地位与功能的重构对于推进法院现代化、正规化、规范化建设也具有不可忽略的作用。这是因为，一方面，在人民法庭承担了基层法院大量的简易案件的审理的同时，一部分体现现代经济关系的案件则分流或集中到了机关庭，由机关庭依照正规化、规范化的司法程序加以审理，这就为机关庭从容地适用各种程序手段审理案件和解决纠纷提供了条件；另一方面，迄今为止，P县法院以及其他很多地方法院人民法庭的运行方式已经完全不同于既往，这种运行方式完全是以现代信息技术为支撑和依托的。尽管纠纷的解决方式是简易的，但从案件受理到审理，人民法庭与机关庭的联系、案件管辖的调度以及审判资源的配置，乃至诉讼文书的格式化等一系列过程和活动，都是在现代信息技术条件的支持下完成的，没有这样的现代信息技术，人民法庭的功能就无法得到正常发挥。因此，人民法庭地位的提升与功能的强化，非但没有延缓人民法院现代化、正规化、规范化建设的进程，反而对这一进程起到了积极的推助作用。由此，完全有理由把人民法庭地位与功能的重构作为当下践行人民法院两种发展取向、融合两种发展思路的重要切入点。

四、人民法庭改革与基层法院审判
工作的基本特性

就P县法院而言，人民法庭改革的直接动因萌生于对基层法院审判工作基本特性的深刻认识；改革的一系列措施体现了该法院在现实制度框架下，从基层法院审判工作的基本特性出发，能动且富有创造性地推进基层法院建设的理性自觉。自然，改革的成果也显示出对基层法院审判工作基本特性的适应与尊重。这也进一步增强了P县法院相关改革的生命力及普遍性意义。

需要指出的是，长期以来，在对人民法院改革与发展的理论讨论中，基层法院很少成为独立的讨论对象，基层法院审判工作的特性总是被遮蔽在对法院问题的一般性叙说之中,甚至在政策或制度制定中,基层法院的固有特性也往往不为人们所重视。然而,事实上,基层法院作为诉讼的初审法院,作为司法审判任务的主要承担者,作为地方社会治理力量的重要组成部分,具有与其他层级法院所不同的一些特性,甚至有自身运作的某些独特规律。美国现实主义法学代表人物弗兰克曾通过解剖初审法院的实际运作而揭示和描述司法审判的真实状况,并借此颠覆人们对司法的虚幻想象,①这也从一个侧面印证了基层法院(初审法院)独特运作状态和机理存在的客观性。

进一步说,人民法庭对基层法院审判工作基本特性的适应,集中体现于下述三个方面:

第一,人民法庭改革更加契合于基层人民法院审判工作的功能定位。一般来说,司法审判的直接功能或使命在于"化解矛盾(了结纠纷)"和"彰显(甚至在一定意义上确立)规则"这两个方面。多数情况下,这两项功能在个案审判中都能得到不同程度的实现,但由于案件的复杂性和司法手段的局限性,实践中既存在着两项功能不能在同一案件中同时得到体现的情况,也存在两项功能在不同个案中有所侧重的现实。这种状况与审判层级相联系,便形成了不同层级法院在功能定位上的差异。不言而喻的是,基层法院作为初审法院,其审判工作的基本功能应主要侧重于化解矛盾,了结纠纷,实现案结事了。尽管审判过程中无法(不应)忽略对规则的尊重,但毕竟有上诉审级的存在,并且基层法院判决的既判力也不是十分突出,因此,相对而言,基层法院审判工作彰显规则的功能应弱化于化解矛盾的功能。从另一角度看,基层法院所受理的案件,通常仍然处于矛盾的"源头"状态,在"源头"上化解矛盾,有助于缩短纠纷和冲突在社会中的滞留期,从而减少由此引起的社会震荡。人民法庭改革在很大

---

① 参见〔美〕杰罗姆·弗兰克:《初审法院——美国司法中的神话与现实》,赵承寿译,中国政法大学出版社2007年版。

程度上契合了基层法院审判工作的这种功能定位。一方面,人民法庭在实践中通常都把平息纠纷、案结事了作为审判工作的主要追求;另一方面,人民法庭对调解手段的充分运用、简单便利的诉讼程序、较为灵活的处置方式以及法官与当事人之间的熟识度等,都有利于矛盾的化解。这一点从前面所提到的 P 县法院人民法庭极高的案件调撤率中可以得到充分证明。还应进一步看到的是,人民法庭和机关庭对案件受理的不同分工,事实上也建构了"人民法庭侧重于化解矛盾",而"机关庭则侧重于彰显规则"这样一种审判格局。因此,人民法庭改革对基层法院审判功能的总体优化无疑也具有积极意义。

第二,人民法庭改革契合于基层法院案件受理的实际状况及审判工作的基本策略。基层法院受理案件的类型具有一定的特征。一方面,根据现行民诉法以及相关司法解释,部分重大疑难案件的初审并不由基层法院受理,并且某些涉外案件,以及某些行政诉讼案件,多数基层法院也不能受理。更为重要的是,虽然最高人民法院规定的民事案件的案由有 10 大部分、43 类、424 个案由,但基层法院日常受理的主要案件仅有不到 10 类、20 多个案由。从 P 县法院 2012 年民事案件审理的情况看,该院全年共审结民事案件 3109 件,而婚姻家庭、合同、所有权、人身权、劳动争议等 9 类案件就达到 2596 件,占总受理案件总量的 83.5%。根据对 P 县法院所隶属的 C 市中级法院 20 个基层法院受理民事案件情况的统计(C 市中级法院作为省会城市中级法院,其统计数据应有一定代表性),2012 年,全市各基层法院共审结民事案件 77749 件,婚姻家庭、合同、所有权、人身权、劳动争议等 9 类案件为 60753 件,占受理案件总量的 78.1%。涉外、涉港澳台、知识产权、建筑物区分所有权、侵犯集体经济组织成员权益等必须通过普通诉讼程序进行审理的特殊类型纠纷,在基层法院受理案件中的比重很低。这种状况在一些经济不发达地区更为突出。这一状况充分说明,基层法院所受理的民事案件,多数是可以通过人民法庭以简易程序加以处理的。① 因此,强化人民法庭的功能,提高人民法庭受理案件的比重,完全符合基层人民法院案件受理的实际状况。另一方面,从基层法院审判工作的基本策略看,近些年,为了适应"案多人少"这一实际情况,基层法院普遍把"难案精办,简案快办"作为开展审判工作的基本策略。所谓"难案",通常指法律关系较为复杂,难以通过简易程序加以处理的案件;而所谓"简案",则是指法律关系较为简单,不需要通过较为复杂的审判过程加以处理的案件。人民法庭与机关庭功能的分设,正是体现了"难案精办,简案快办"的工作策略,通过机关庭办"难案"、人民法庭办"简案"这样一种分工,全面提升了审判力量与案件难易度的对应性,大大提高了审判资源的运用效率。

第三,人民法庭改革有助于恰当实现基层人民法院在地方社会治理中的职能。无论人们如何强调司法审判的独立性,不能回避的是,在我国政治结构中,基层法院总是地方社会治理中不可或缺的重要角色,在地方社会治理中承担着重要职能。事实上,基层法院同地方党政以及其他机构或组织的联系并非学者讨论中经常提到的"人事、财政依赖"那样简单。即便就纠纷解决、案件处理而言,一方面,基层法院的审判工作无法脱离对地方社会治理要求的考虑(这与罔顾法律原则的地方保护主义有本质性区别),特别是当具体案件的处理牵涉地方社会稳定时,法院对案件的处理过程与结果就不能不包含着多种因素的考量与权衡;②另一方面,基层法院所受理的某些纠纷,常常蕴含着法律层面以外的其他社会性因素,这些纠纷的妥善解决,不同程度上需要依托于党政组织或其他社会力量的配合,这就使

---

① 人民法庭受理民商事案件数量的逐渐增加的情况并非 P 县独有,近年来,不少地区的法院都在尝试通过将案件下移至人民法庭审理,实现纠纷的迅速解决。相关介绍可参见孟焕良、余建华:《坚守和谐社会的司法"前哨"——浙江省人民法庭工作巡礼》,《中国审判新闻月刊》2013 年第 3 期。

② 这种情况在西方法治国家中同样存在。卡多佐认为:"对各种社会利益及其相对重要性的分析是律师和法官在解决自己的问题时必须利用的线索之一。"见〔美〕卡多佐:《法律的生长》,苏力译,贵州人民出版社 2003 年版,第 3 页。

基层法院与地方党政组织或其他机构在地方社会治理中形成了常态性交集。并且,越是在基层,这种交集就越为密切。人民法庭改革,尤其是人民法庭设置数量的增加和功能的强化,在很大程度上把基层法院参与地方社会治理的职能分解到了人民法庭,这样既有利于保持机关庭的审判活动相对超脱和独立,又能够更恰当地发挥法院在基层社会治理中的应有作用。从 P 县法院的情况看,人民法庭与所在地党政组织以及派驻检察室、司法所、派出所、民间调解组织等联系十分密切,尽管人民法庭并不承担与审判无关的其他社会事务,但在实现地方社会治理,特别是各类社会矛盾和纠纷的解决过程中,人民法庭与这些组织与机构之间具有很高的相融度,甚至多少有些"一体化"的色彩。[1] 这种状况或许在强调司法独立的理论语境中很难得到肯定性评价,但我相信,在基层稳固日益成为我国社会突出问题的大背景下,这种状况不会也不应发生太大变化,甚至可以认为,由此将升华出地方社会治理以及基层司法运作的一种"中国经验"。

五、余 论

应当说明的是,P 县法院人民法庭改革得益于两个特殊条件:一是地方财政对人民法庭建设的支持。较为充裕的地方财力以及地方政府对人民法庭建设的重视,为人民法庭的设置及布局调整提供了必要的物质条件。二是 C 市中级法院内部审判运行一体化的格局已经制度化地形成,包括 P 县法院在内的 C 市各基层法院的审判活动在信息技术的支持下,已经高度透明,并且形成了资源共享的格局,这也使人民法庭的审判活动能够全面地融入法院整体审判运行之

---

[1] 相关实践的情况可参见周磊:《职能回归:人民法庭参与创新社会管理新模式探寻——以 S 省 P 县法院人民法庭职能转型为微观样本》,《今日中国论坛》2012 年第 10 期;王强、纪新钢:《"所庭联动"一年化解疑难矛盾纠纷 26 起》,《人民公安报》2012 年 3 月 27 日。

中,得到法院其他各种审判资源的支持,或受制于必要的内部管理与监督。这两个条件或许在其他基层法院并不具备,但这并不足以影响 P 县法院这一改革基本方向和主要思路的普遍性借鉴意义。P 县法院相关实践的核心仍然在于如何在新的历史条件下,重视和发挥人民法庭这一"基层法院中的基层法院"的功能与作用;而这一点,对于不同条件的基层法院来说都具有重要的参考与示范作用。

现象上看,P 县法院人民法庭改革实践并不是惊世骇俗的变革,甚至显得有些平淡;相关举措,与其说是一种改革,莫若说是在现行制度框架中所作出的某些调整与改善。然而,由此对基层法院内部结构与功能的影响,对基层法院审判运行格局的改变,对基层法院审判绩效的提升,以及对法院与外部社会关系的调整,却是明显而深刻的。它让我们在认同司法体制改革必须坚持顶层设计这一原则的同时,看到基层自主创新的巨大潜力与特殊作用。在我看来,当下我国司法的发展与改革正处于一个关键时期,这一时期是中国特色司法制度真正的成型期或成熟期,其间贯穿着我国司法在具备现代司法一般形态之后而寻找"中国特色"之魂的过程。因此,对类似人民法庭改革这样贴近中国基层社会运作实际情况的实践,理论界以及决策层应当付以更多的关注和重视。

第三编

司法生态

第九章　司法生态及其改善

2015 年的夏秋时节,对人民法院而言,是不应被轻易忽略的时段。一系列以法院或法官为攻击(抨击)对象的极端性个案在这一时段相继发生或被披露,并在"互联网+"效应下,迅速衍化成具有不同社会影响的公共事件。[①] 毫无疑问,这些事件并非前所未有的特例,类似情形近些年在全国各地时有发生,但密集地发生或披露于一个较短的时段,由此在社会上所造成的震撼以及留给社会各方的感受依然是深刻的。

这些具体事件或许会随着时间的消逝被人们所淡忘,但蕴含于其中的问题仍然遗存。这些问题可以从不同角度提出和追问,比如:这些事件所涉及的司法行为或裁判是否公正? 或者,这些事件的发生与法院、法官的司法行为或裁判不公是否相关?[②] 法律程序是否为当事人或代理人提供了充分表达诉求与主张的手段与方式? 或者,在穷尽法律程序内的手段与方式后,当事人或

[①]　相关案件主要有:(1)浙江宋城集团因不满杭州市中级人民法院终审判决,以舞台剧形式"举报"浙江省高级人民法院院长"失职渎职,干扰司法公正"。(2)北京锋锐律师事务所周世锋等人多次在案件中操纵、组织"恶炒"案件,制造热点案件,并多次以"闹庭"方式干扰审判秩序。(3)湖北某高校法学教授对其所代理的案件裁判结果不满,在法学期刊中发表论文,论文中采用了"法官们的良心逐渐消退""法官位高胆大""巧言令色""荒谬至极"等过激言辞。(4)湖北省十堰市中级人民法院一当事人不满裁判结果,携刀刺伤该院 4 名法官。具体案情分别参见余建华、孟焕良:《宋城集团舞台剧"举报"真相如何》,《人民法院报》2015 年 8 月 18 日;邹伟、黄庆畅:《北京锋锐律师所案追踪》,《人民日报》2015 年 7 月 19 日;林来梵:《批评法官应受何种学术规范约束》,《检察日报》2015 年 8 月 11 日;朱安足:《刀刺十堰四法官的"案前案"》,《东方早报》2015 年 9 月 13 日。此外,同时期发生的还有陕西安康法官在山西执行公务时被围攻、浙江法官被威胁后与当事人发生冲突等,参见任俊兵:《昔阳县就"陕法官遭围攻"作出回应》,《山西晚报》2015 年 8 月 31 日;沈彬:《"法官打人"背后的两种情绪对立》,《东方早报》2015 年 8 月 31 日。

[②]　这也是网民热议的焦点。

代理人能否或怎样以非程序化方式表达其对司法行为或司法裁判的不满？在一般意义上，当事人、代理人以及其他主体质疑、批评或非议法院或法官的限度在哪里？① 还有，这些事件引发法院的思考或者对法院的警示主要有哪些？仅仅是加强法院场所及法官的安保和防护，抑或强化对法官职业的保障？可以提出和追问的问题当然远不止这些。但在我看来，更具根本性、全面性，值得社会各方共同关注与重视的问题是：当代中国司法处于怎样的生存环境之中？回归到学术层面上说，即是当代中国的司法生态问题。虽然几个极端性事件不能成为我们认知和判断当代中国司法生态的依据，但这些事件以及部分网民对这些事件的立场与态度，确实从一个侧面折射出当下司法生存环境的某种窘态，至少显现出司法的权威仍然不时面临着一部分人无所顾忌的挑战或藐视。因此，当下中国司法生态的改善，既有急迫的需求，也有很大的空间。

由一些极端性事件所引发的对当代中国司法生态的观测与思考，其视野必将超出这些事件本身；对相关问题的讨论也势必超越社会层面，而进一步延伸至政治层面和法律职业层面，也就是说，需要全景化地观测和分析司法生存及运行的外部要素。因此，本章更具实质性的意旨在于提供一种认识当代中国司法的一些基本问题，探讨中国特色司法制度建构与完善的不同角度与思路，在全面推进依法治国、深化司法改革的大背景下，冀望引发社会各方在提出"中国需要或者应当有什么样的司法"的同时，真切地关注和思考"中国司法需要或者应当有怎样的外部环境与条件"，进而在双向思维和双向努力中逐步探索并建构当代中国司法与外部要素相融相济、互益共存的路径与基础。

---

① 参见林来梵：《批评法官应受何种学术规范约束》，《检察日报》2015年8月11日。

一、司法生态及其结构

　　"司法生态"问题目前在我国法学理论研究中尚很少涉及,更未见系统化的研究成果,[1]因而对这一概念并没有恰切、约定俗成的定义或阐释。相比之下,我国政治学理论对政治生态的研究早于并多于法学理论对司法生态的研究。[2] 不仅如此,"政治生态"一词在正式的政治文献中已经广泛运用,"构建良好的政治生态"亦成为主导性政治力量一种重要的政治倡导。[3] 但即便如此,政治学理论研究中对"政治生态"的定义和阐释也不尽一致。[4] 事实上,无论是"政治生

---

[1]　涉及司法生态的研究成果主要有:陈发桂:《网络公众参与对我国司法生态的影响探析》,《学术交流》2010年第1期;王颖:《论司法生态平衡与诉讼价值最大化》,《犯罪研究》2005年第4期;张冠楠:《微博直播下的司法生态》,《传媒观察》2012年第10期;孙笑侠:《司法的政治力学——民众、媒体、为政者、当事人与司法官的关系分析》,《中国法学》2011年第2期。这些成果对法院与外部主体的关系进行了不同角度的分析,但其关注点主要集中于"公案",亦即热点案件场景。

[2]　政治学领域中有关"政治生态"的研究成果主要有:史达:《互联网政治生态系统构成及其互动机制研究》,《政治学研究》2010年第3期;桑玉成:《政治发展中的政治生态问题》,《学术月刊》2012年第8期;杨根乔:《当前地方政治生态建设的状况、成因与对策——安徽政治生态建设的调查与思考》,《当代世界与社会主义》2012年第2期;李斌雄、姜向红:《当代中国构建廉洁政治生态的价值、问题和对策》,《广州大学学报》(社会科学版)2015年第1期;夏美武:《当代中国政治生态建设研究》,中国社会科学出版社2014年版;刘京希:《政治生态论》,山东大学出版社2007年版。

[3]　2014年6月,习近平在中共中央政治局第十六次集体学习中明确指出:"加强党的建设,必须营造一个良好从政环境,也就是要有一个好的政治生态。"2015年,习近平又分别在十八届中央纪委五次全会、陕甘宁革命老区脱贫致富座谈会,以及参加十二届全国人大三次会议江西代表团、吉林代表团审议时多次强调了构建良好政治生态的重要性和迫切性。

[4]　李斌熊、姜向红认为:"政治生态是指人与人之间的政治关系以及环境特别是社会环境与人的政治行为之间的相互影响。"李斌雄、姜向红:《当代中国构建廉洁政治生态的价值、问题和对策——学习习近平总书记关于净化政治生态的重要论述》,《广州大学学报》(社会科学版)2015年第1期。刘婵君、李明德认为:"政治生态是指政治系统内部各要素之间以及政治系统与其他社会系统之间相互作用、相互影响、相互制约的内部机理与外部表现。"刘婵君、李明德:《社会化媒体与政治生态研究谱系:内涵诠释、现实表征与关系构想》,《西安交通大学学报》(社会科学版)2015年第1期。杨根乔认为:"政治生态是各种政治要素的关系结构及其运行方式的综合体现,集中反映了一个地方的政治生活状况以及政治发展环境,综合体现了一个地方的党风、政风和社会风气,实质上是一种'软环境'或'软实力'。"杨根乔:《当前地方政治生态建设的状况、成因与对策——安徽政治生态建设的调查与思考》,《当代世界与社会主义》2012年第2期。

态"抑或"司法生态",都是引借于德国博物学家恩斯特·海克尔（Ernst Haeckel）在 1869 年提出的"生态学"概念及基本原理,揭示和分析政治或司法与其外部环境之间的关系。[①] 因此,简单地说,司法生态就是指司法生存与运作所处的外部环境、条件及氛围;而对司法生态的理论研究就是把与司法具有直接联系的各种外部要素视为一种自变量,从司法与这些要素之间的相互关系中分析其对司法的实际影响。自然,基于共生关系原理,在这种研究中,也会涉及司法对外部要素的影响,但重心则在前者。

作为一种社会实践或社会存在,司法与相关外部要素之间的关系自始至终都存在,但传统法治或司法理论对此并没有太多的关注,究其原因,很大程度出于对司法独立原则的坚守与自信。在某些司法独立理论的意蕴中,司法是一种自闭、自洽的活动或过程,任何外部因素都不应或不能构成对司法及其运作的实际影响,[②]自然也不会太多地涉及司法生态问题。而 20 世纪 20 年代以来,司法生态之所以成为实践中的问题,并渐次成为法学理论中直接或间接的论题,一方面是因为现实中的司法独立并没有传统法治理论或司法理论所描述的那样纯洁,不受任何外部影响、绝对独立的司法在现实中从来都不曾出现或存在过;但更重要原因在于,自 20 世纪 20 年代起,在美国等国家中,司法面对的现代社会关系日益复杂,由此而产生的法与外部社会力量的互动也日益频繁并不断加剧。[③] 从司法自身看,现代

---

① 参见桑玉成：《政治发展中的政治生态问题》,《学术月刊》2012 年第 8 期。

② 在传统法学理论中,法条主义与绝对的司法独立是一脉相承的理论。波斯纳在分析"审判的法条主义理论"时指出,"法条主义认为法律是一个自给自足的学科",法条主义假定"司法决定都是由'法律'（the law）确定的,而这个法律被理解为一套在正宗法律……中表述的"。"理想的法条主义决定是一个三段论的产品,其中法律提供了大前提,案件事实提供了小前提,而司法决定就是结论。"这样的司法过程,不太可能受到外部因素的影响。参见〔美〕波斯纳：《法官如何思考》,苏力译,北京大学出版社 2009 年版,第 38—39 页。

③ 波斯纳对这种复杂性的描述是："而当我说一个问题复杂性时,意思是,这个问题的难点在于涉及难以描述的（complicated）互动过程,或者,换言之,涉及一个系统而不是一个单子（monad）。"〔美〕波斯纳：《波斯纳法官司法反思录》,苏力译,北京大学出版社 2014 年版,第 5 页。

社会关系的复杂性同时也增加了社会对司法功能的复杂需求。波斯纳把现代社会关系的复杂性作为解释现代司法发展与变化的根本性原因,认为对司法"最大的挑战还是引发诉讼的哪些活动本身变得日益复杂了"①。在波斯纳看来,这种复杂性不仅强化了司法对社会生活(包括政治生活)的影响力,深化了司法对社会生活的干预,同时也对司法因应现实提出了新的要求,对司法的传统能力提出了新的挑战。达玛什卡有关司法的"政策实施功能"与"纠纷解决功能"双重承载理论②以及诺内特、塞尔兹尼克的"回应型法"③的理论,也都是建基于这样的实践背景之上的。从司法外部看,现代社会关系的复杂性本身就意味着司法生存环境的变化,而司法对社会生活的深度介入又势必引发各种势力对司法施以种种影响,从而使司法环境越发变得复杂,司法生态问题随之而凸显。

在一般意义上研究司法生态,首先需要了解司法生态的结构。所谓司法生态的结构,是指构成司法生态的基本要素及其相互关系。概略地说,司法生态由政治生态、社会生态以及司法职业生态三个方面构成。

(一) 政治生态

相对全社会而言,司法生态是政治生态的重要组成部分,但相对司法而言,政党、行政、立法以及其他政治权力关系的现实状况则成为司法的政治生态。司法与政治的关系从来都是法学理论中的重要论题,④尽管各种理论学说对此持有不同见解与主张,但都无法否认两

---

① 〔美〕波斯纳:《波斯纳法官司法反思录》,苏力译,北京大学出版社 2014 年版,第 12 页。
② 参见〔美〕达玛什卡:《司法和国家权力的多种面孔:比较视野中的法律程序》,郑戈译,中国政法大学出版社 2015 年版,第 114—126 页。
③ 参见〔美〕诺内特、塞尔兹尼克:《转变中的法律与社会:迈向回应型法》,张志铭译,中国政法大学出版社 2004 年版,第 81—128 页。
④ 在法理学中,司法与政治的关系通常是放在法与主权者之间的关系中讨论的。参见〔美〕塔玛纳哈:《论法治——历史、政治和理论》,李桂林译,武汉大学出版社 2010 年版,第 4、5 章。

个基本事实或基本结论：一是司法是政治的创造物，是一种政治装置。西方主流法学理论在论证司法独立的价值和意义时，常常刻意回避和掩饰政治与司法的真实关系，但终究不能回避和掩饰的是，"司法部门归根到底还是国家的一个部门"①，"审判至少是最高统治权的一部分或至少是政治的伴随物"②。特定社会中的司法，只有在符合该社会政治结构的总体设计以及主导性政治力量实现社会统治和社会治理的基本要求的前提下，才有其存在的价值与空间。二是司法一旦形成，即具有一定的独立性，在具体的政治实践或司法实践中保持其相对中立和独立的立场与姿态，并且对政治（尤其是行政）权力的具体操作与实施具有不同程度的制约能力和制约作用，因而司法权与政治权力之间客观上存在着一定的张力和博弈。司法的这种特性与能力不仅是司法这一特定社会实践自身的客观要求，同时也是政治统治所必要的一种制度设计，是一种经验化的政治技术。由司法与政治关系的这两个方面所决定，司法的政治生态体现或决定于四个方面。

第一，司法在政治结构中的定位。在不同的政体或不同的政治制度中，司法的定位并不完全相同，不仅司法与其他政治权力关系的内容不尽相同，同时主导性政治力量赋予司法的功能也会有一定的差异。正如马克斯·韦伯所指出的："包括司法制度在内的法律制度的重要差异可以从权力关系的多样性中得到解释。"③因此，司法的政治生态首先体现于司法在政治结构中的定位。相对说来，在民主制国家中，司法的地位通常高于集权制国家，司法对其他政治权力的制约和影响也强于后者。美国司法的违宪审查权以及司法对于某些

① 〔意〕卡佩莱蒂：《比较法视野中的司法程序》，徐昕、王奕译，清华大学出版社 2005 年版，第 94 页。
② 〔美〕马丁·夏皮罗：《法院：比较法上和政治学上的分析》，张生、李彤译，中国政法大学出版社 2005 年版，第 38—39 页。
③ Max Web, *Economy and Society*, Vol. 1, p. 1059(1968). 转引自〔美〕达玛什卡：《司法和国家权力的多种面孔：比较视野中的法律程序》，郑戈译，中国政法大学出版社 2015 年版，第 12 页。

政治争议的最终裁决权①(在托克维尔看来,"美国的一切政治问题最终都会转化为法律问题"②)即表明了这一点。

第二,政治权力对司法独立性的尊重。尽管司法独立性的原理部分地根源于政治统治的设计,但在政治问题司法化或司法案件涉及政治因素的情形下,政治权力往往具有僭越其权力边界而影响司法的本能和趋向,这就使司法的独立性常常处于政治权力侵蚀的威胁之下。因此,政治权力是否保持对司法独立性的尊重,则成为测度司法政治生态的重要依据。良好的司法生态一方面体现为政治权力尊重司法权依法独立行使,确保司法机关及司法人员在司法案件处理过程及结果上具有充分的自主性与自决能力;另一方面则体现于恰当地限定或设定政治权力对司法权制约和监督的边界与方式,尽可能不因这种制约和监督而损伤司法权行使的独立性。

第三,司法所必要的资源的供给。无论在何种体制下,司法的人才及物质资源通常都是由政治权力机构所提供的。不仅司法员额的增减以及相应人员的任免通常决定于相关政治权力,同时,司法机关的设施、司法运作费用以及司法人员薪酬等所有物质性资源都来源于政治权力机构的供给。③ 由于这种供需关系并不处于绝对的恒定状态,并且政治权力在这种供需关系中处于主导地位,因此,这种资源的供给关系往往能够成为政治力量控制和影响司法的一种手段。即使在高度强调司法独立的美国,地方司法预算对涉及地方政府的

---

① 有关美国司法解决政治纠纷的研究可参见〔美〕波斯纳:《国家事务:对克林顿总统的调查、弹劾与审判》,彭安等译,法律出版社2001年版;〔美〕波斯纳:《法律、实用主义与民主》,凌斌、李国庆译,中国政法大学出版社2005年版,第9章"实用主义审判:布什诉戈尔案"。

② 〔法〕托克维尔:《论美国的民主》,董果良译,商务印书馆1989年版,第310页。

③ 相关研究参见王亚新:《"省级统管"改革与法院经费保障》,《法制与社会发展》2015年第6期;王亚新:《司法成本与司法效率——中国法院的财政保障与法官激励》,《法学家》2010年第4期;左卫民等:《中国基层司法财政变迁实证研究(1949—2008)》,北京大学出版社2015年版;苏永钦:《司法改革的再改革——从人民角度看问题,用社会科学的方法解决问题》,月旦出版社股份有限公司1998年版,第7章"司法预算应如何独立——五种提高司法预算独立性的修宪方案评估"。

案件也或多或少会产生一定的影响。① 而对于司法来说,政治权力机构提供资源的多寡和盈缩也成为影响其政治生态的一个重要因素。在司法角度上提出的需求,不仅在于获得充足的人才及物质资源的供给,保证其有宽裕的运作条件,而且在于在这种供给中不会夹杂着政治权力对司法过程和结果的控制与影响。

第四,对司法权威的倡导和维护。主导性政治力量对司法权威的倡导和维护对司法生态也具有决定性影响。事实表明,司法权威不会自动树立和生成,特定社会中司法权威的形成以及司法公信力的取得,一方面需要司法自身公正行为以及司法人员良好道德修为的逐步累积,另一方面,主导性政治力量对司法权威的倡导和维护也是不可或缺的手段与途径。主导性政治力量对司法的态度以及倡导什么样的司法观念,直接影响到全社会对司法的认识,从而对司法权威的树立以及司法公信力的形成产生重要影响。在此方面,主导性政治力量除了以其自觉遵从司法决定的姿态为社会垂范外,还可通过主流意识形态向社会宣传和倡导尊重司法、服从司法决定的社会风尚,使对司法权威的认同成为普遍的社会共识和社会成员的基本生活观念。

(二) 社会生态

司法的社会生态主要指社会成员对待司法,包括对待司法机关及其成员、司法行为和司法决定的基本态度以及体现这种态度的相应行为。这进一步体现在四个主要方面。

第一,对司法的认知与理解。社会成员对司法的认知与理解是司法与社会成员之间建立社会共识的重要基础。这种认知和理解的内容

---

① 参见张洪松:《美国州法院统一预算体制及其借鉴——以法院预算过程的内部组织为重点》,《环球法律评论》2011 年第 1 期;张洪松:《论美国州初审法院经费保障体制及其借鉴意义》,《四川大学学报》(哲学社会科学版)2010 年第 4 期。

不仅包括有关司法的一般性知识,同时还包括对特定时期国家司法状况的认识评价。社会成员对司法的认知与理解,一方面同社会成员的法律知识、参与或接触司法的经历等个体能力和经验相关,另一方面也与国家法治总体水平、社会治理的历史传统等因素密切关联。更为重要的是,一般社会成员对司法的认知与理解既依据正式的法律制度,也依赖在日常生活中建立的常识、经验乃至情理的判断。因而这种认知与理解同司法的本相既有相合的一面,也有相离甚至相悖的一面。

第二,对司法的期待与要求。社会成员对司法的期待与要求是社会成员基本社会诉求及社会理想的一部分。同对司法的认知与理解相关,社会成员对司法的期待与要求也与司法应有的功能不尽一致。这主要是因为,由于现代社会中司法被普遍赋予公平正义的属性,公平正义作为支撑司法、维系司法权威的意识形态依据,通常会顺理成章地转化为社会成员对司法的现实期待与要求,并且成为评价和判断具体司法行为的基准和理由,因此,社会成员对司法的期待与要求往往都不可避免地超越特定社会中司法的实际水平与能力。不仅如此,社会成员朴素的公平正义观与司法自身对公平正义尺度的把握又存在着一定的专业及技术性差异,因而在任何社会的任何阶段中,社会成员对司法的期待和要求与司法现实之间总会存在不同程度的落差。

第三,对司法的服从与配合。毫无疑问,社会成员对司法的服从与配合是司法社会生态的基础性要素。社会成员对司法的服从与配合不仅关系到具体司法行为的实际效果,更影响着司法权威的形成与维护,因此,对司法服从与配合的状态或程度既决定于全社会法治尤其是守法的水平,也是全社会法治状况的基本表征。在实践层面上,这种服从和配合不仅体现于服从和配合司法机关所作出的各种决定尤其是自觉履行各项司法裁判义务,同时又体现于在司法活动中,服从和配合司法机关及司法人员依法提出的各种要求以及作出的各种安排。

第四,对司法的尊重与支持。司法的实际运行不仅需要当事人及利害关系人的服从与配合,同时还需要社会成员广泛的尊重与支持。这种尊重和支持,一方面体现于社会公众在舆论上或在情感倾向上对司法的配合与支持,特别是在自媒体时代中,理性地表达对司法个案、具体司法行为、司法总体状况以及对司法组织及其成员评价与认识,为司法提供恰当的舆论环境;另一方面也体现于社会成员对司法机关必要的敬畏以及对司法职业特殊社会地位的认同与接受,营造和形成保持司法威严的社会氛围。

(三) 法律职业生态

法律职业生态所体现的是各种非司法性法律职业与司法之间的关系,以及各司法职业相互之间的关系。更恰切地说,法律职业生态是指司法以外的其他法律职业对待司法的态度以及司法机关之间彼此为他方所提供的处境。一般说来,司法在法律职业中处于主导地位且具有相对较高的位势,[①]但律师、法学家以及警察等非司法性法律职业对司法及其运作同样可以产生不同程度的影响,并且各司法职业之间也交互产生影响,[②]这两方面共同成为司法生态的一个要素。首先,法律职业生态首先决定于制度层面上对各法律职业职能的设置。尽管现代各国法律职业的职能逐步趋同,但受政治制度、历史传统等因素的影响,各国法律职业的具体职能并不一致,[③]如我国

① 相较于律师、法学家、警察等,法官、检察官被看作更具声望的法律职业。参见〔美〕史蒂文·瓦戈:《法律与社会》(第9版),梁坤、邢朝国译,中国人民大学出版社2011年版,第288—289、317页;〔美〕波斯纳:《卡多佐:声望的研究》,张海峰译,中国检察出版社2010年版,第4章。
② 相关研究参见邹碧华:《法官与律师的良性互动》,《法制资讯》2014年第12期;刘薇:《法官与律师共同职业伦理的构建——以日本法曹一元制为例》,《甘肃社会科学》2012年第5期;杨立新:《律师和法官的思想交流——读〈法官决策论〉》,《人大法律评论》2009年卷,法律出版社2009年版。
③ 比利时学者R.C.范·卡内冈对欧洲不同法系及不同国家法官、立法者、法学教授的不同角色进行过详细分析。参见〔比〕R.C.范·卡内冈:《法官、立法者与法学教授——欧洲法律史篇》,张敏敏译,北京大学出版社2005年版。

检察机关不仅具有一般检察机关的侦查、控诉职能,同时还具有法律监督职能。显而易见,制度所确定的法律职业格局的不同,为司法所提供的行为空间以及宽松度是不一致的。其次,司法的法律职业生态与非司法性法律职业,如律师、法学家等职业的发展和发达状况也直接相关。这不单纯指这些职业的规模或社会影响大小以及与此相关的职业位势的高低,同时也指律师、法学家等职业发展的成熟状态,因为后者关系到司法在与这些职业的交集或相处中能否受到理性的对待。最后,或许更为重要的是,司法的法律职业生态还决定于特定国家中法律职业共同体的形成和影响。法律职业共同体既是法律人自治的一种观念形式,也是凝聚法律人共识的理性基础,法律职业共同体理念及文化能够为各种不同的法律职业提供相同的价值观念和功利追求,由此创造或生成出合理制约、消除歧见、彼此相容、荣辱与共的氛围与机制。[①] 因此,法律职业共同体形成与否对司法职业环境具有重要影响;在一定意义上,法律职业共同体的形成状态及其相应的理念与文化,直接表征着司法的法律职业生态的状况。

在现实生活中,司法生态结构的前述三个方面相互之间都有一定影响。其中,政治生态对社会生态和法律职业生态的影响较大,由于主导性政治力量对司法的态度通常能够成为社会公众认知和评价司法的参照基准和依据,因而政治生态对社会生态的形成与变化具有引导作用,同时,主导性政治力量也在很大程度上能够决定各种法律职业之间关系的格局,所以,政治生态亦会使法律职业生态对其产生某种趋从性。从另一方面看,社会生态和法律职业生态对政治生态也并非毫无影响。现代国家民主政治都保持着不同程度的开放性,社会成员及相关法律职业群体对司法的认识与态度,在政治生态的形成与变化中也会产生一定的制约或影响作用。正因为这种相互作用的存在,在一个正常的社会中,司法生态的这三个方面具有趋向

①　参见张文显、卢雪英:《法律职业共同体引论》,《法制与社会发展》2002 年第 6 期。

上的一致性,亦即某一方面的改善或恶化,则意味着其他方面也在(也会)改善或恶化。

二、我国司法生态现状分析

总体上说,我国司法生态的基本面是积极、良好的,特别是把我国司法生态置放在同样处于法治化进程中的拉美、苏联、东欧以及亚非一些国家司法所面临的实际境况中比较,有充分理由对我国司法生态的基本面持肯定性结论。[①] 更为重要的是,在当下全面推进依法治国以及深化司法改革的诸多实际举措中,包含或体现着决策层改善司法生态的明确意旨与实际努力。然而,如本章前面所述,我国司法生态中所显现出的某些困窘亦是不应被漠视或避讳的;正视这种困窘及其原因,既是改善司法生态的入口与起点,同时也是正确理解决策层前述举措的必要前提。

(一) 现实中司法生态的困窘

从政治生态看,司法在地方政治权力关系的具体实践中,常常处于依制度所不应有的弱势状态。主要体现在四个方面:其一,尽管"一府两院"是我国制度建构的基本内容之一,但"两院"的地位在现实中却很难达及政府所具有的境界。这使得一些司法机关在处理与其他政治权力机构的关系时,不得不放低姿态,谨小慎微,甚至如履

---

① 有关拉美、苏联、东欧以及亚非部分国家司法面临的困境与问题及其改革情况的描述和研究,可参见〔葡〕博温托·迪·苏萨·桑托斯:《迈向新的法律常识——法律、全球化和解放》,刘坤轮、叶传星译,中国人民大学出版社 2009 年版;〔意〕简玛利亚·阿雅尼、魏磊杰编:《转型时期的法律变革与法律文化——后苏联国家法律移植的审视》,魏磊杰、彭小龙译,清华大学出版社 2011 年版;〔美〕乌戈·马太、〔美〕劳拉·纳德:《西方的掠夺——当法治非法时》,苟海莹译,社会科学文献出版社 2012 年版。

薄冰。一个较典型的现象是:各司法机关不仅设置或安排有与人大、政协组织以及人大代表、政协委员沟通的专门机构或专门人员,而且每逢"两会"召开前夕,司法机关领导一般都会率员登门听取人大代表、政协委员对司法机关工作的意见(相较之下,政府既没有这样的机构或人员设置,通常也没有类似的举措)。从形式上看,这些方式应无可厚非,但毋庸讳言的是,其间或多或少蕴含着司法机关曲意示好、谋求利己评价的动机。少数人大代表、政协委员则往往借此渠道就某些与其有利益关涉的案件向司法机关施压,从而使这种沟通和交流悖离了其应有的意义。其二,在某些与党政组织发生交集的案件的处理过程中,司法往往缺少充分的自主性和足够的话语权。如在涉及地方重大利益或在地方具有重要影响的案件处理中,相关党政组织的意见对司法仍有一定的主导性;又如在纪检委移交司法处理的案件中,纪检委的意见对司法过程和结果亦有较强势的影响。[1]在这些案件的处理中,司法的角色往往不像是一个主导者或自决者,而更类似于一个参与者或"意见表达者"。其三,一些基层党政组织基于地方发展或治理的要求,为司法机关分派并要求其完成司法职能以外的任务,或要求司法机关将司法职能不恰当地用于某些地方发展事务,如为某个项目或某些企业提供特别保护。对这些要求,司法机关即便不愿意,往往也难以拒绝。其四,少数党政领导干部受利益或人情等私利驱使,以批转材料、打招呼等多种方式插手司法个案,甚至对案件处理结果提出明确要求。由于这些领导干部具有特殊身份,司法机关无法分辨其行为是基于工作职责而实施的组织化行为抑或个人行为,并且出于对各种利害关系的考虑,往往难以对之排拒或抵制。近年来,随着中央相关规定的出台和实施以及反腐力

---

[1]　相关研究参见刘忠:《读解双规侦查技术视域内的反贪非正式程序》,《中外法学》2014年第1期;王金贵:《"双规"与自首:合宪性问题研究》,《法学》2005年第8期。

度的加大①，此类现象已大为减少，但并未灭绝，特别是滋生这类现象的根源依然存在，从而仍然是司法生态中无法忽略的因素。

从社会生态看，司法始终处于以人脉关系为基础的情缘诱导以及以自媒体为主要手段的舆论围逼的双重影响之中。一方面，司法生存于浓密的人脉网结之中。我国是十分注重人脉关系的"熟人社会"，以亲戚、朋友、同学、同乡、同事、战友等为纽带的人脉关系深刻地影响着人们的社会生活；"找关系""依靠关系"办事已经固化为人们在一切社会活动中的思维定式和基本的行为方式。② 存在于这样一种社会氛围的司法，也难免受到其影响。与司法人员相联系的各种人脉往往会成为影响司法过程及结果的情感甚至利益传递通道，由此对司法人员形成种种诱导，并可能使司法过程或结果出现变形或产生偏差。另一方面，司法又时常面临网络舆论的围逼。③ 一些网民，尤其是一些"大 V"或网络推手，往往以某些特异性个案或涉及司法的极端性事件的发生为契机，将其推演为公众关注的热点，引致更多网民的围观，并引发大量网民通过自媒体而介入，从而对司法形成舆论围逼的态势。客观地说，在此类网络舆论中，并不乏理性的声音和严肃的思考，但情绪化表达却常常盖过理性的声音。特别是在热点案件涉及基础性社会矛盾时，很多网民往往脱离对案件事实的客观分析，自觉不自觉地将案件置于诸如"官与民""贫与富""弱者与

---

① 参见中共中央办公厅、国务院办公厅《领导干部干预司法活动、插手具体案件处理的记录、通报和责任追究规定》（2015 年 8 月）。

② 相关研究参见贺海仁：《无讼的世界——和解理性与新熟人社会》，北京大学出版社2009 年版；宋丽娜：《熟人社会的性质》，《中国农业大学学报》（社会科学版）2009 年第 2 期；吕普文、田东东：《熟人社会的基本特征及其升级改造》，《重庆社会科学》2011 年第 11 期；李灿金：《熟人社会背景下非正式制度的运行机理探析》，《云南社会科学》2013 年第 6 期。

③ 司法与传媒、舆论之间关系的相关研究参见卞建林：《传媒与司法》，中国人民公安大学出版社 2006 年版；徐迅：《中国媒体与司法关系现状评析》，《法学研究》2001 年第 6 期；胡铭：《转型社会刑事司法中的媒体要素》，《政法论坛》2011 年第 1 期；吴啟铮：《网络时代的舆论与司法——以哈贝马斯的公共领域理论为视角》，《环球法律评论》2011 年第 2 期；王海英：《网络舆论与公正司法的实现》，《法学论坛》2013 年第 2 期；徐阳：《"舆情再审"：司法决策的困境与出路》，《中国法学》2012 年第 2 期。

强者"等对抗性结构之中,然后依据自己所处的社会境况或情感取向而偏执地表达相关评价与意见。不仅如此,由于网络舆论通常披罩着"民意"的虚幻光环,因而这些评价与意见不仅使司法面临着有形或无形的压力,在某些情况下,还可能产生扭曲司法行为的实际后果。近些年,各司法机关都在探索恰当对待和处置网络舆论的方式与路径,并且在此方面也积累了一定的经验,①但距离从容自如地适应,尚需要一定的过程;更重要的是,这样的舆论环境,无论如何都不是司法所欲求的理想的生态。除了这两方面外,与前面提到的极端性事件相类似,对司法人员谩骂、恐吓、威逼甚至殴打以及围堵司法机关、暴力阻止执法等情况在各地都时有发生。

从法律职业生态看,司法与其他法律职业之间呈一定程度的间离状态,彼此缺乏必要的合作与配合精神和态度,法律共同体的意识更为淡薄。律师与司法的关系一直是近些年理论与实践中关注较多的话题,话题的重心主要是如何改善律师在司法中的处境,特别是司法机关如何保障律师的执业权利。应当承认,相比之下,在律师与司法的关系中,律师的境况更为窘迫,并且,问题的主导方确实在于司法而非律师,②但从本章语境及立意出发,律师对待司法的态度和作为也并非不值得反省和审视。姑且不论"死磕"等现象在律师职业中有进一步蔓延的迹象,律师在参与司法活动过程中主动配合司法机关推进诉讼流程、推动和促成矛盾纠纷化解的意识也普遍缺乏。总体上说,律师与司法之间的"合作性博弈"关系尚未全面形成,而潜在的对立情绪依然不同程度地存在,并在一定场合或条件下显现为非

①　参见周强:《主动适应公众参与方式新变化新发展,大力提升新媒体时代的舆论引导能力》,《人民法院报》2013 年 7 月 2 日;徐隽:《最高人民法院院长周强谈司法公开:对舆论不能无动于衷,也不能为其左右》,《人民日报》2014 年 2 月 20 日;孙伟峰:《法院微博:司法效用与规范路径》,《河北法学》2015 年第 2 期;李昊天:《开设法院微博与司法公信力的提升》,《人民司法》2013 年第 5 期;支振锋:《维护司法公信不能坐等舆论反转》,《人民法院报》2015 年 9 月 13 日。
②　参见田文昌、蒋惠岭、陈瑞华:《本是同源生,相济匡公正:化解法官与律师冲突,共筑法律职业共同体》,《中国法律评论》2015 年第 3 期。

理性的对抗。与律师职业有所区别的是,法学人对待司法的态度则多少有些冷漠甚至"轻薄"。一方面,法学理论与司法实践之间长期存在着一定的隔膜,法学理论研究很难把充足的兴趣与热情用于关注司法实践中出现和存在的问题,使得司法不能得到理论资源的应有的润泽和周济;[①]另一方面,在面对司法及司法实践时,不少法学人则往往以"布道者"的口吻和俯视的眼光,对之作出简单化的批评,而缺少建设性、可操作性的意见与建议,从而降低了这些批评的可接受度,也减弱了司法对法学理论的信任。此外,公检法之间,无论是配合抑或制约,都存在着一定的缺失,其中既有配合不畅甚至相互掣肘的问题,亦不乏制约缺位或滥用制约权力的现象。长期以来,地方党委下属的政法委"协调案件"的功能之所以始终无法弱化或废止,很大程度上正缘于这些现象的存在。[②]

(二) 司法生态困窘的主要原因

总体上说,我国司法生态中的前述困窘也主要根源于我国推行法治的时间毕竟不长,社会各方对法治社会生活尚不够熟悉这一现实,但其中有几个因素是需要特别揭示和强调的。

第一,社会各方对司法地位的认知存在一定的偏差。司法受执政党的领导以及受立法机关的监督,这是我国司法工作的基本原则

---

① 在美国,法学理论界的态度对司法具有重要影响。"作为法律职业的一个组成部分,法学院与法律学者对于较高层级法院的法官而言特别具有相关性。在会议、法官对法学院的访问和其他环境中,他们直接同法官发生互动。更重要的是,他们是法官工作的重要评价者。因为法律教授拥有如此大的威望,所以他们对法官的评价有相当的重要性。""法律教授控制着法官满足感的来源,比如在案例教科书中出版意见书,以及在法学院讲课的机会。对一些法官而言,这些构成了重要的奖赏。"〔美〕劳伦斯·鲍姆:《法官的裁判之道》,李国庆译,北京大学出版社 2014 年版,第 113 页。我国司法界对法学理论界的重视程度虽然尚未达到美国这样的状态,但对法学理论的需求仍然是明确的。

② 相关分析和讨论参见曾军、师亮亮:《地方政法委协调处理刑事案件的制度考察及分析》,《西南政法大学学报》2012 年第 2 期;周永坤:《政法委的历史与演变》,《炎黄春秋》2012 年第 9 期;严励:《地方政法委"冤案协调会"的潜规则应该予以废除》,《法学》2010 年第 6 期;侯猛:《"党与政法"关系的展开——以政法委员会为研究中心》,《法学家》2013 年第 2 期。

和基本制度,同时也是我国政治制度和政治运作架构的重要内容。这种基于国情的制度设计无疑是正确的。从理论上说,或者从制度设计的应有之义看,司法机关"受领导""被监督"与司法在具体司法事务上的自主性和自决权之间并不矛盾,"领导"与"监督"有其特定的内容和方式,在任何情况下,都不应影响司法对具体司法事务依法自主地作出决断。然而,现实中,司法这种"受领导""被监督"的地位往往被人们泛化地理解为在具体司法事务中司法自主性和自决权的不确定性。在这种认知逻辑中,既然是"受领导""被监督",那么,领导者、监督者必定能够影响或主导司法机关在具体司法事务中的行为和判断,从而影响或决定司法事务的处理结果。正因如此,一些权力者才会基于不同的动机对司法机关具体案件的处理提出意见甚至发号施令。出于相同的认知,司法案件中的一些当事人或利害关系人,也总是力图寻求能够影响司法过程和结果的政治力量,希望借助这些力量而获得利己的司法结果,或者在司法以外向"管得了司法的权力者"提出诉求,以实现其在司法中得不到满足的主张和愿望。[1] 现实中存在的所谓"权力案"以及困扰各方的"涉法上访"现象正是缘此而生。类似的情况还有,在网络舆论中,舆论的表达对象往往也不直接是司法机关,而更主要指向政治权力机构。这些舆论的内在动机以及作用机理在于:通过舆论引发政治权力机构对相关事件的关注,进而通过政治权力机构影响司法机关,曲折地实现舆论所追求的效果。[2] 这些现象归结到一点,即司法的地位在社会认知进而在实践中被一定程度上矮化。应该说,这种实际矮化司法地位的认识或作为是影响我国司法生态的首要原因。

---

[1] 参见李寿荣、张元鹏:《涉法信访遏制论——以和谐司法权威为视角》,《岭南学刊》2012年第6期;王亚明:《涉法信访的文化成因及现实出路》,《学习论坛》2006年第4期;刘烁玲:《"信访不信法"的现实考量及应对》,《江西社会科学》2011年第4期;魏治勋:《涉诉信访的"问题化"逻辑与治理之道》,《法学论坛》2011年第1期;天津市检察机关联合课题组:《涉诉信访存在的问题与解决路径》,《法学杂志》2009年第2期。
[2] 参见孙笑侠:《司法的政治力学——民众、媒体、为政者、当事人与司法官的关系分析》,《中国法学》2011年第2期。

第二,在突出司法的责任面相的同时,忽略或淡化了对司法尊严面相的重视和强调。基于"人民司法"的属性以及"司法为民"的司法理念,我国司法的政治和社会责任不断被突出强调。与此同时,司法自身也反复强调其服务功能和"亲民近民"的形象或举措,向社会各方作出各种高标准的责任承诺。不仅如此,在我国现实条件下,任何特定社会身份的主体或社会群体都可以从主流意识形态或政治取向中找到其应受特别保护的理由和依据,从而为司法敷设某种政治或社会责任,借以提高或强化其在面对司法时的相对位势。比如,地方党政组织强调司法应"服从和服务大局";国有企业强调司法应保证国有资产不受流失;民营企业强调司法应保护私有财产利益,支持非公有制经济的发展;公民个人则可从"人民司法为人民"的原则中找到向司法提出种种要求的依据或正当性。所有这些,使得司法的责任面相显得更为突出。毋庸置疑,对司法政治和社会责任的强调是必要和必须的,但问题在于,在司法的责任面相被突出的同时,司法尊严的面相却或多或少受到忽略或被淡化。事实上,司法尊严是司法这一现象或实践的重要特性,亦是司法赖以存在的基础。无论是司法对个案的处置,抑或司法行为对社会行为的导向作用,都有赖于司法尊严的确立和支撑。在法治社会中,司法尊严本应作为一种社会信念和抽象存在而得到全社会的认同和维护;认同司法的存在,就必须认同和维护司法的尊严。这种认同和维护甚至不以司法的具体状况为前提,亦即不以司法水平的高下以及司法能力的大小等为前提。司法终局性解决原则的确立以及各种司法礼仪与程序的设置,都是基于对司法尊严的维护。因此,在我国社会中,司法既要有亲民近民、便民利民的一面,以保证司法对于普通智识水准的社会成员的可接近度和可参与性,但司法同时也必须有可敬、可畏,更不可藐视或轻贱的一面。然而,从现实看,如果说前者仍有改进和改善的必要与空间的话,那么后者则尚未引起全社会的普遍性重视,在确立和维护司法尊严方面的用心和有效举措方面更显得不足。这样的偏失,无疑对司法生态形成了重要的不利影响。

　　第三,提交司法处置的案件超出了司法的实际解决能力,司法承受着不能承受之重。众所周知,受社会转型及各种利益关系调整、市场经济快速发展而市场成熟过程较慢以及经济过程透明度与市场主体诚信度较低等多种因素的影响,近几十年来,我国各种社会矛盾纠纷大量出现,体现在司法层面上则是各类司法案件不断上升。① 表面上看,司法机关在案件受理量上具有很大的弹性,被动性受案的制度性特征使司法机关在案件受理量方面呈现出具有无限可能的假象,但实际上,司法对案件的容量是有确定限度的;就特定时期而言,司法机关的人力、物力、财力只能保证相应数量案件的处置。因此,无限制地被动受案以及受案量大幅度上升与有限的司法资源以及司法资源的实际短缺之间便成为我国司法长期所面临的基本矛盾。尽管多数司法机关及司法人员长时期超负荷运作,仍然无助于这一矛盾的缓释。② 作为这一矛盾的必然结果,不仅司法处置案件的周期被拉长,在依普通程序审理的案件中,多数案件都很难严格在法定期限内结案,而且案件处理的质量也会受到一定影响。更为重要的是,由于很多个案纠纷的形成,与近几十年来社会分配不公、社会管理失误、社会建设滞后、社会发展失衡以及政府行为失信等因素相关,在个案纠纷中蕴含着当事人与社会管理者之间的矛盾和冲突,仅仅从司法角度上作出是非判断及权益关系的处理,是难以真正解决纷争或消除对抗的,因而在这些案件中,不仅败诉者不可能认同司法裁判,而

---

①　根据最高人民法院公布的数据,近10年来,法院受理的案件每年均以1.2%至13.7%的幅度递增。2015年,受经济下行和经济结构调整以及立案登记制实行的影响,全国各级法院案件呈爆发式增长态势,许多中心城市法院的案件受理量同比上升近40%。全国法院受理案件数据来源于最高人民法院公布的司法统计数据和历年工作报告,相关数据统计参见顾培东:《当代中国司法公正问题研究》,《中国法律评论》2015年第2期。
②　相关情况及研究参见蒋惠岭:《中国法官的压力管理策略》,《人民法院报》2015年11月18日;范明志、金晓丹:《关于人民法院"案多人少"问题的调研分析》,《中国审判》2012年第1期;江苏省常州市中院人民法院课题组:《解决人民法院案多人少问题的调研报告》,《人民司法(适用)》2009年第11期;姜峰:《法院"案多人少"与国家治道变革——转型时期中国的政治与司法忧思》,《政法论坛》2015年第2期。

且胜诉者也可能对司法心怀不满。司法案件与司法资源、司法能力不够匹配甚至严重失衡所带来的后果之一，自然是社会各方对司法不同程度的抱怨，以及对司法正面性评价的减弱和负面性批评的增加，而当这些弥漫为具有一定普遍性的社会情绪时，司法则难免会陷于某种困窘之中。

第四，司法的功能、特征等客观本相并未被社会充分认知，社会对司法的期待和要求过度地高于司法的实际能力。前面提到，在任何社会中，社会公众对司法的期待和要求通常都会高于司法的实际能力，但这种差异在我国现实中则因为某些特殊因素被进一步放大。首先，我国法治知识的普及与教育仍然处于起步阶段，严格地说，不少社会成员尚未完成法治知识的启蒙，对司法的了解既不充分，亦不全面。更值得重视的是，在某些法治的宣传教育中，传统法治理论所抽象出的司法特征，亦即能够解决包括政治争议在内的一切社会纠纷的司法功能，绝对独立或中立、不受任何影响的司法机关或司法过程，公正无私且聪明睿智的法官，像"售货机"售货一样简单的司法过程等等，被描绘为司法的一般或普遍形态，由此对社会公众认知和了解司法产生了一定的误导，尤其是提高了人们对司法的期望值。[1]　其次，由于我国具有"政审合一"的历史传统，新中国建立后，尽管政、审机构及功能已经明确分开，但"人民政府"与"人民司法"中的"人民"共同属性又在一定程度上模糊了二者之间在认知上的界线。在相当一部分社会公众看来，无论是人民政府还是人民法院或人民检察院，都体现或代表着社会管理者，因此，一切以社会管理者为对象的诉求都可向司法机关提出和表达，而司法则有责任也有能力解决社会管

---

[1]　在发展中国家开启法治道路时，都不同程度地受到自由主义法治理论的经典范式的影响，三权分立、多党轮流执政、自由主义制度、独立的司法和司法职业以及其他法治的基本要素成为法治启蒙的基本知识，这虽然会提升法治对于这些国家人民的吸引力，但同时也使社会对法治及司法的复杂性缺少足够的认识，使相关认识趋于理想化，而最终导致对法治信心的减弱和对司法不同程度的失望。相关分析参见〔英〕阿卜杜勒·帕力瓦拉等：《第三世界国家的法律与危机》，邓宏光等译，法律出版社 2006 年版，第一、二章。

理者所应解决的一切问题,甚至应当承担社会管理者所应承担的一切责任。毫无疑问,这种期待已然超出了司法所可能的作为范围。无论基于何种原因,当司法的功能被不切实际地放大从而使社会成员对司法的期待与要求过度脱离司法的实际能力与条件时,接踵而来或伴之而生的便是对司法现实不同程度的失望,而当这种失望体现为对待司法的一种主动性态度时,司法在社会中的信任或支持度势必会受到影响,这也是造成司法困窘的一个重要原因。

三、我国司法生态改善的三个基础性问题

影响我国司法生态的因素很多,亦很复杂,因而改善我国司法生态所涉及的面也很宽,需要解决的问题也会很多,但我认为,下述三方面问题是基础性的,必须成为认识和实践上的着眼点。

(一) 主导性政治力量如何切实保障司法权依法独立行使?

从我国现实看,司法生态的改善首先需要解决的问题是司法权依法独立行使能够得到保障;而保障司法权依法独立行使的关键又在于主导性政治力量对待司法的态度。众所周知,保障司法权依法独立行使是我国《宪法》规定的一项重要原则。不仅如此,在当下全面推进依法治国、深化司法改革的具体措施中,有诸多内容是围绕这一目标而提出的,如禁止党政领导干部插手或干预司法案件,司法机关人财物省级统管,司法职务单独序列管理,加强司法职业保障,等等。所有这些措施,对保障司法权依法独立行使无疑会起积极作用。然而,司法权依法独立行使牵涉意识形态、政治制度等深层次问题,如果不厘清其中蕴含的机理及相关关系,即便在制度层面有所明确,

仍然难以避免认识上的偏误及实践中的偏失。

在我国法学理论语境乃至在一些社会认知中,司法权依法独立行使与司法独立常常是裹杂在一起的。虽然"司法独立"是西方法治所奉行的一项基本原则,并且是由西方国家所主导的各种国际组织推崇的法治的"标准性要素",[①]但基于国情和传统等因素,我国在制度上和主流意识形态中,既不认同司法独立,也不采用"司法独立"这样的表达。因此,司法独立在非官方话语中的强调与其在官方话语中的禁忌,使得司法独立与司法权依法独立行使这二者之间的关系并未得到透彻的讨论和阐释。[②] 事实上,"司法独立"的语意或内涵是复杂的,[③]仅就司法与外部的关系看,也具有多个层次:一是"三权分立"意义上的司法独立,亦即与立法、行政相分立的司法独立。作为与特定政体建构相联系的一个要素,这种意义上的司法独立,当然不为我国接受和承认。二是与政治尤其与政党政治相隔绝的司法独立。尽管西方主流意识形态刻意强调司法独立的这层含义,但西方国家的长期实践以及揭示和描述这种实践的大量理论著述都表明,这种司法独立并不真实存在,政党通过司法人员任免以及意识形态对司法产生着重要影响,[④]以至于批判法学派认为:"司法

---

① 有关司法独立的国际文件主要有:1982 年 10 月 22 日在印度新德里举行的国际律师协会第十九届年会通过的《司法独立最低标准》,1983 年 6 月 10 日在加拿大魁北克蒙特利尔举行的司法独立第一次世界会议通过的《司法独立世界宣言》,1985 年 8 月至 9 月在意大利米兰举行的第七届联合预防犯罪和罪犯待遇大会通过的《关于司法机关独立的基本原则》,1989 年 5 月 24 日联合国经济及社会理事会通过的《关于司法独立的基本原则:实施程序》,1994 年 1 月 20 日在西班牙马德里举行的国际法学家委员会通过的《关于新闻媒体与司法独立关系的基本原则》,1995 年 8 月 19 日在中国北京举行的第六届亚太地区首席大法官会议通过的《司法机关独立基本原则的声明》等。参见李步云、柳志伟:《司法独立的几个问题》,《法学研究》2002 年第 3 期。

② 2015 年 11 月,中国社会科学院法学研究所召开"司法改革与独立审判研讨会",熊秋红教授对中国语境中的司法独立作了具体分析,应该说是在此方面的一个较好尝试。

③ 参见陈兆恺:《司法独立之实践与方向》,《中国法律评论》2014 年第 1 期。

④ 参见〔美〕波斯纳:《联邦法院:挑战与改革》,苏力译,中国政法大学出版社 2002 年版;〔美〕亨利·J. 亚伯拉罕:《司法的过程:美国、英国和法国法院引介》(第 7 版),泮伟江等译,北京大学出版社 2009 年版;〔美〕P. S. 阿蒂亚、〔美〕R. S. 萨默斯:《英美法中的形式与实质——法律推理、法律理论和法律制度的比较研究》,金敏等译,中国政法大学出版社 2005 年版;〔美〕弗兰克·克罗斯:《美国联邦上诉法院的裁判之道》,曹斐译,北京大学出版社 2011 年版。

就是政治。"①三是司法自主和自决意义上的司法独立,亦即司法机关或司法人员独立行使司法权,不受任何组织和个人的干预或干涉。这一意义上的司法独立,与我国司法权依法独立行使,基本是相同或相通的。由此看来,尽管出于多方面的考量,我国不使用"司法独立"这一概念,但在制度层面和主流意识形态中,对司法权行使的独立性是明确承认并致力于维护的;因而不应因讳忌"司法独立"这一概念而回避或淡漠对这种独立性的强调。

从最直接的意义上说,司法权独立行使的机理建基于三个基本方面:其一,它是一种政治技术。通过司法权独立行使,让司法独立地面对和解决各种社会矛盾,从而在一定程度上切割社会矛盾与主导性政治力量之间的联系,避免社会矛盾中潜含或蓄积的冲突和对抗直接指向主导性政治力量,进而形成对政权或执政者的不满和抱怨。在具有"政审合一"历史传统的我国,这方面的意义尤为突出。其二,它是司法本身的客观和必然要求。司法要取得广泛的社会信任,要具有权威性,并且要保证其公正性,必须有一定的独立性。"社会对司法部门的尊重是涉及司法部门的独立性的主要理由之一。"②司法权如果不能独立地行使,无疑会沦为一种"拉偏架"的纠纷解决方式。其三,它也是一种政治秩序。③司法权与其他各种政治权力的联系很紧密,并且有多方面的交集;不仅如此,由于司法权具有一定的派生性和从属性(如前所述,司法只是一种政治装置),相比之下,其他政治权力往往具有更高的实际位势,因而如果司法权行使的独

---

① 参见〔美〕安德鲁·奥尔特曼:《批判法学——一个自由主义的批评》,信春鹰、杨晓峰译,中国政法大学出版社 2009 年版;〔美〕R. M. 昂格尔:《现代社会中的法律》,吴玉章、周汉华译,译林出版社 2008 年版;唐丰鹤:《政治性的司法——批判法学司法思想研究》,《中南大学学报》(社会科学版)2015 年第 2 期。

② 〔美〕巴里·海格:《法治:决策者的概念指南》,曼斯菲尔德太平洋事务中心译,中国政法大学出版社 2005 年版,第 47 页。

③ 政治秩序在我国现实政治语境中的另一种表达是"政治规矩",参见张英伟:《全面从严治党的重大举措——学习习近平总书记关于严明政治规矩重要论述的体会》,《光明日报》2015 年 3 月 31 日。

立性得不到高度重视和强调,势必会受到其他政治权力的侵蚀或干涉,因此,坚持和保障司法权独立行使,也是对基本政治秩序的坚守和维护。前述三个方面,尽管是近于常识的简单道理,但明确这些,至少可以得出这样的结论:承认并保障司法在特定意义上的独立性,不仅不会损伤政治权力,而且还有利于政治权力的巩固和提升;而认清这一点,对于消除当下人们在意识形态领域中对司法权行使独立性的疑虑和纠结,无疑是必要的。

在实践层面上,保障司法权依法独立行使应着力解决这样几个问题:第一,进一步明确和规范党对司法领导与人大对司法监督的内容以及途径与方式。党的领导集中体现在:(1)政治领导,主要指司法应服从并致力于贯彻实施党的路线、方针、政策;(2)组织领导,主要指司法人员,尤其是司法机关领导干部的选任由党组织把关;(3)思想领导,主要指司法人员应经常不断地接受党组织的主流意识形态的教育。人大的监督则应坚持:(1)组织监督,以组织形式进行监督,而不是人大成员个人对司法实施监督;(2)一般监督,对司法工作整体状况进行监督,而不是对某个司法个案进行监督;(3)事后监督,即便某些案件反映出司法机关的普遍性问题,也应在相关案件司法程序完结后针对普遍性问题进行监督,而不是在司法程序进行过程中针对个案的处置进行监督。① 第二,进一步划清司法权与其他政治权力之间的边界。总体原则是,依法属于司法主管的事务,完全交由司法机关依照司法程序解决;不属于司法职能的事务,不应要求司法机关承担。据此,(1)党政组织对于涉及司法问题的上访,一律交由司法机关处理,并且党政组织不对问题的实体处理提出任何意见,逐步堵死涉法上访的通道,直至这种现象完全绝迹;(2)党政组织不得要求司法机关参与司法职能以外的任何事务的处理,不得

---

① 在此方面,目前尚无系统化的制度性和程序性规定,辽宁等地率先进行了一些探索,出台了相关规定。参见司法公正权威与司法监督的关系课题组:《司法监督制度研究》,法律出版社 2015 年版,第 193 页。

为司法机关设置司法职责以外的责任和义务。① 第三,充分保障司法在司法事务中的自主性和自决权。在我国现实条件下,对于极少数具有重大社会影响的案件,党委政法委参与提出意见的情况事实上仍不可避免,但无论如何,都应尊重司法机关的主导地位,保证和保持司法机关在实体或程序问题处理上的自主性和自决能力。

(二) 全社会应当确立怎样的司法观?

改善司法生态也迫切需要从司法的真实本相出发,适度校正人们对司法的基本认知,在全社会确立正确的司法观。

确立正确的司法观,首要方面自然是倡导全社会尊重司法、信赖司法,认同司法的权威,但当下更为重要或更为现实的问题是,引导全社会对司法这一社会实践的特异性、客观局限性形成恰当的认识,并在下述几个方面建立明确的共识:第一,并不是所有的社会矛盾和社会纠纷都能通过司法手段加以解决。这不仅指司法就其容量而言不能包揽全社会所有矛盾和纠纷,同时也指司法这种手段只适用于某些矛盾和纠纷的解决。庞德较早揭示过法律从而也是司法的这种局限性,指出"法律作为一种社会工具存在着三种重要的限制"②;当代美国法学家考默萨在《法律的限度:法治、权利的供给与需求》中把"人数众多、关系复杂"理解为司法手段运用的实际制约因素。考默萨认为,在人数众多,诉求多样,各种诉求均有合理性、合法性而解决

---

① 在此方面的实践探索如中共利川市委 2015 年 10 月出台的《关于进一步加强司法人员履职保护的意见》,其中明确规定:"司法人员应立足岗位,依法履职尽责。全市党政机关、人大机关、政协机关、人民武装力量、企事业单位及领导干部不得要求司法人员从事法定职责范围之外的事务。司法机关有权拒绝安排司法人员从事法定职责范围之外的事务,并向市委报告有关情况。"
② 这三种限制分别是:"(1) 从实际上说,法律所能处理的是行为,而不能及于其内部;(2) 法律制裁所固有的限制,即以强力对人类意志施加强制的限制;以及 (3) 法律必须依靠某种外部手段来使其机器运转,因为法律规则是不会自动运行的。"〔美〕庞德:《通过法律的社会控制·法律的任务》,沈宗灵、董世忠译,商务印书馆 1984 年版,第 118 页。

方式又不能兼容的情况下,司法手段的尴尬和无奈便不可避免。① 第二,司法有其特定的解决矛盾和纠纷的程序和方式。首先,司法需要把矛盾和纠纷通过证据等方式转换成司法认知与判断的模式,在司法语境中重新还原和叙述矛盾和纠纷的过程。因此,在司法中认定的法律事实与矛盾和纠纷原初的自然事实很可能不一致。也就是说,司法只能力求接近客观事实的真相,而不能完全恢复真相。这也意味着通常所谓"实事求是",在司法中实际上是不可能绝对做到的。其次,司法程序有它的终局性,在经历了所有法定程序后,即便矛盾和纠纷仍未得到恰当处置,亦只能就此终结。因此,严格说来,"有错必纠"也不完全适合于对司法的要求。再次,司法始终只能根据既有的利益范围在当事人之间分配资源,而不能为当事人提供新的资源;对于需要增加资源才能消弭的矛盾和纠纷,司法也只能抱撼以对。因此,所谓"案结事了"也只能是一种良好愿望而已。第三,司法对公平正义的理解和把握有其确定的标准,与非专业人士的社会认知也有一定差异。诸如诉讼时效、程序失权、疑罪从无等司法中常规适用的制度或原则并不能为社会公众普遍理解;依据这些制度或原则而处置的案件,其公正性亦很难得到社会公众的普遍性认同。② 不仅如此,司法永远无法迁就部分社会成员在朴素情感上所形成而与这些制度或原则明显悖离的"公平正义"观念。第四,司法始终受制于立法资源的限制。一方面,对于立法尚没有作出规定的新型社会关系和社会生活中的新领域、新问题,司法难以接纳其中滋生的矛盾和纠纷,或者虽然受理,但由于缺少贴切的法律依据,难以恰当地加以处理;另一方面,由于立法具有一定的滞后性,因而立法中某些条款随

① 参见〔美〕考默萨:《法律的限度:法治、权利的供给与需求》,申卫星、王琦译,商务印书馆 2006 年版,"人数、复杂性及法治"部分。

② 2015 年年底引起舆论和公众广泛关注的"大学生掏鸟窝被判 10 年"案就反映出公众对司法的认知与法律、司法标准之间存在的差异。相关讨论参见郭敬波:《"掏鸟窝"中伤司法非"鸟事"》,《人民法院报》2015 年 12 月 8 日;杨国栋:《"掏鸟被判十年半"是"标题党"在误导》,《人民法院报》2015 年 12 月 8 日。

着情势的变化而可能丧失其合理性或公正性,对此,司法亦很难超越现行立法的规定而调整这种偏差。这也意味着司法往往需要直接承受立法不公或立法缺失的后果。第五,司法是一种成本较高甚至可以说昂贵的矛盾和纠纷解决方式。[①]　就普通诉讼程序而言,任何一个案件的司法处置,在人力、物力、财力方面的耗费都会是很大的,特别是在"案多人少"矛盾极为突出的情况下,司法手段运用的边际成本更高。因此,鼓励一切纠纷都通过司法途径解决,甚至倡导"打一元钱官司"的主张,既是对司法功能的一种误解,也是对"法治观念"或"法治意识"的一种片面认识。第六,司法不可能保证或做到不出现错案甚至冤案或假案。受人的认知能力的局限和有限理性的制约,加之前面所提到的一些因素,司法如同其他社会活动一样,其产品在概率上始终会有不同程度的缺陷。任何社会中,再完善的司法也会产生冤假错案。[②]　"古今中外,冤假错案总是刑事司法领域中难以驱散的幽灵。"[③]"审判可能出现错误,甚至极可能出现错误,不,非常确定错误迟早会出现",在司法领域,"不管我们怎样努力避免错误,错误总是在所难免"[④]。因此,司法需要全社会对之付以必要的包容,尤其不应因极少数冤假错案的存在而对司法工作整体予以否定。

指出司法的前述这些特性绝不意味着要求人们完全消极地接受一个"不完美的司法",更不意味着借这些特性掩饰司法现实中存在的问题,主要还是希望说明,社会各方应当全面、理性地了解和看待司法,在看到司法种种积极功能并据以对其抱有很高期待的同时,也

---

① 参见〔美〕罗伯特·S. 萨默斯:《美国实用工具主义法学》,柯华庆译,中国法制出版社2010年版,第268—282页。

② 参见〔美〕吉姆·佩特罗、〔美〕南希·佩特罗:《冤案何以发生:导致冤假错案的八大司法迷信》,苑宁宁等译,北京大学出版社2012年版;〔美〕布兰登·L. 加勒特:《误判:刑事指控错在哪了》,李奋飞等译,中国政法大学出版社2015年版。

③ 何家弘主编:《迟到的正义:影响中国司法的十大冤案》,中国法制出版社2014年版,第2页。

④ 〔美〕拉里·劳丹:《错案的哲学:刑事诉讼认识论》,李昌盛译,北京大学出版社2015年版,第2页。

能够理解司法领域中这些不以人们主观愿望为转移,甚至与司法自身努力无关的客观局限,在全社会建立共同的对司法的认知基础。唯有如此,司法才会获得宽容的生存空间。

(三) 司法如何体认和践履自己的政治和社会角色?

尽管司法生态所体现的是外部因素对司法的影响,但司法生态的改善则并不完全取决于外部因素的变化。更进一步说,前面所提到的我国司法生态中的某些因素,实际上也是我国的固有国情,难以冀望通过人为努力在短时期中发生根本性改变,因此,改善司法生态的另一基础性问题就不能不反致于司法自身,亦即司法如何体认并践履自己的政治和社会角色,包括如何自如地存在并恰当地适应这种特定的社会条件和社会环境。

概括地说,司法体认并践履自己的政治和社会角色,应参照或依据下述三个基点:

第一,主导性政治力量对司法政治功能的要求与期待。这也是司法为自己建立政治正当性以及找准自己政治定位的基本参照和依据。从这一基点出发,一是把司法职能有机融入主导性政治力量治理国家和发展社会的政治功能之中,特别是通过最高司法机关把主导性政治力量的路线、方针和政策适时地转化为阶段性司法工作的重点、司法政策及司法取向,在司法过程中体现这些路线、方针和政策的要求,亦即达玛什卡所说:"能动主义司法的最终目的在于将国家政策贯彻到法官所审理的案件之中。"①二是妥善处理和解决社会变革过程中出现的各种社会矛盾和纠纷,尤其是防止这些矛盾和纠纷累积并衍变为大规模的社会对抗,进而影响社会稳定和安定,影响政权的稳固。三是在社会全面转型的背景下,通过司法建构和形塑

---

① 〔美〕达玛什卡:《司法和国家权力的多种面孔:比较视野中的法律程序》,郑戈译,中国政法大学出版社 2015 年版,第 113 页。

主导性政治力量所希望的社会结构和社会关系,倡导和维系主导性政治力量所希望的社会秩序,推动社会变迁和社会转型。

第二,对司法权依法独立行使的维护以及对司法自主地位的珍重。不可否认,在司法权依法独立行使方面,司法往往处于弱势地位,且具有一定的被动性,但同样应当看到的是,现实中这方面所存在的问题,与部分司法机关领导思想意识不健康、政绩观不正,为谋取利己评价、"搞好关系"而放弃原则甚至曲意逢迎亦不无联系。因此,司法在体认和践履自身政治和社会角色时,必须建立明确的维护司法权依法独立行使的意识,保持必要的自尊和自重。一是始终坚持在具体司法事务处理上的主导地位,保持对司法程序和司法结果的终极性话语权。二是敢于并善于抵制不同势力以各种不同形式直接或间接对司法权行使过程及结果的干预和影响,特别是要落实党政领导干部过问案件情况登记制度。三是立足司法职能,不向地方党政组织主动承揽任何超越司法职能的事务,也不接受地方党政组织对司法机关提出的类似要求,包括不参与司法程序以外为处理某些事件或纠纷而设立的某些临时机构,始终把自己的行为界域限制在司法职能之内及司法程序之中。四是不接受人大代表、政协委员个人(包括以多人名义)基于非组织化途径而实施的所谓"个案监督",同时应适当淡化对"两院"工作报告通过的"得票率"意识,尤其应避免刻意追求"两院"工作报告高票甚至全票通过。道理十分浅显:"在一定程度上,审议报告的投票多少并不能够客观地反映法院的工作。"①同时,过度追求得票率势必会损伤司法尊严并扭曲司法行为。

第三,保持司法与社会生活恰当融合也是司法体认和践履政治和社会角色所必须考量的一个基点。维护司法权依法独立行使绝不意味着司法机关僵化、机械地适用法律,闭门司法。改善司法生态既

---

① 司法公正权威与司法监督的关系课题组:《司法监督制度研究》,法律出版社 2015 年版,第 190 页。

需要社会各方正确认知司法,同时也需要司法全面了解社会,贴近于社会生活,根植于社会实践。事实上,现代司法发展的一个重要趋势就是司法逐步放弃其自闭、自洽、矜持的特性,而更加富有开放性和包容性。这一方面体现于司法对社会生活的影响渐次深入,另一方面也在于司法与社会生活的相融度不断提升。无论在奉行实用主义进路的美国,抑或在具有保守主义传统的大陆法系国家,当代司法都不同程度地显现出这一趋势。波斯纳批评"法官对真实世界不上心"以及法官普遍存在着法律教义以外的知识缺失的现象,[①]这种批评的背后潜含着对司法更加贴近和融合于现实的社会生活的客观要求。在国情因素较为特殊、社会分层所引起的社会同质化程度较低,以及社会转型过程中社会生活复杂多变的当代中国,司法更应顺应这样的趋势。为此,一是要密切关注社会发展的动态,把及时有效地解决社会生活中的现实性矛盾和问题作为司法的根本任务,尽可能保持司法功能的发挥与社会发展节奏的同步,减少司法的滞后性。正如霍姆斯所说:"对一个坚实法律体系的第一要求是,它应当回应该社区的实际感受和要求,无论其是对还是错。"[②]二是要了解并尊重社会生活的实际过程和基本逻辑,特别是对经济类矛盾和纠纷是非的判断应当在符合法律规范的前提下,保持对经济交往基本习惯的尊重,尽可能寻求"司法之理"与社会生活的逻辑的契合,避免二者格格不入,互相龃龉,以至于出现"司法不解社会之风情"的现象。三是注重常情、常理、常识与法律规范的调适,在人民群众朴素公正平义观与司法对公平正义的把握之间寻求最大公约数,一方面最大限度地承认并包容常情、常理、常识在实际生活中对人们行为的支配和影响作用,另一方面引导社会成员的公平正义观的进化与改善,逐步把一些技术性较强的法律原则和原理转化为社会成员普遍认同的常情、

[①] 〔美〕波斯纳:《波斯纳法官司法反思录》,苏力译,北京大学出版社 2014 年版,第 92—93 页。

[②] 〔美〕波斯纳:《波斯纳法官司法反思录》,苏力译,北京大学出版社 2014 年版,第 181 页。

常理和常识。四是高度重视个案处置的社会效果,综合考量案件所关涉的各种因素,保持对个案司法处置的边际效果和间接影响的恰当预期,努力追求法律效果与社会效果的统一。需要指出的是,我国有学者基于对司法权独立行使的倡导和维护,主张放弃对政治效果、社会效果、法律效果统一的追求,理由是"司法的政治效果、社会效果和法律效果的统一客观上导致政治效果、社会效果超越法律效果"①。这种把司法权独立行使与三个效果统一对立起来的主张和理由不应得到认同。事实上,即便是在高度强调司法独立的美国,司法的政治效果与社会效果也同样受到重视。美国实用主义法学代表人物卡多佐就明确主张:"对各种社会利益及其相对重要性的分析,是律师和法官在解决自己问题时必须利用的线索之一。"②五是恰当把握司法活动和司法方式的正规化、专业化、精英化与大众化、简便化、实效化之间的平衡,适应不同层次社会成员对司法的需求,提高司法对不同社会成员的可接近性和可参与性。

四、余论:建构以司法权威为基础的社会权威体系

当代中国司法生态的改善,最终归结到一个实质性问题:当代中国社会要不要、能否以及怎样构建以司法权威为基础的社会权威体系?在认识和实践层面上,这个问题的关键又在于如何看待并处理好主导性政治力量的政治权威与司法权威之间的关系。在此方面,必须看到的是,主导性政治力量的政治权威是一种"元权威",而司法权威是一种"委派权威"或"授予权威",是处于主导性政治力量政治权威表层的权威。根据查尔斯·林德布洛姆的理论,委派权威或授予权威一旦委派后即获得元权威所具有的权威,但基于"委派"的特

① 陈卫东:《司法机关依法独立行使职权研究》,《中国法学》2014年第2期。
② 〔美〕卡多佐:《法律的成长》,刘培峰等译,贵州人民出版社2004年版,第51页。

性,只会强化元权威而不会削弱元权威的影响。① 因此,无论司法权威被提升至何种境地,在司法与政治事务的边界清晰的前提下,司法权威都不会构成对主导性政治力量的政治权威的威胁或损伤。以此为据,主导性政治力量不仅不应通过贬抑甚至压制司法权威而显示和提升自己的权威,而且应通过树立、维护和尊重司法权威以显示其执政理性,从而获得更大或更有效的政治权威。从另一角度看,随着我国社会成员日常社会生活的政治化色彩逐步淡漠,社会主体与体制之间的联系日益松弛,主导性政治力量的政治权威的直接辐射面也会有所收窄,辐射力亦会有所衰减,在此背景下,维系社会秩序、主持社会正义、引导社会发展的常规任务在很大程度上则需要司法直接承担。不仅如此,由司法而不是党政组织直接面对社会矛盾和纠纷,并通过司法程序化、技术化、中立化、理性化地处置矛盾和纠纷,在很大程度上可以避免和消解不同社会群体与主导性政治力量之间的对抗,从而更有利于执政社会基础的巩固。这一事实更加凸现出树立司法权威的重要性。

明确了主导性政治力量政治权威的"元权威"属性和司法权威作为一种委派权威或授予权威的属性以及恰当界定了二者之间的关系后,构建以司法为基础的社会权威体系便有了确定的前提。当然,在实际建构这一体系的过程中,还存在着司法如何恰当运用国家强制力维护司法权威,特别是如何审慎地平衡维护司法权威与保障其他主体正当权益之间的关系等问题。② 同时,在当下我国

---

① 参见〔美〕查尔斯·林德布洛姆:《政治与市场:世界的政治—经济制度》,王逸舟译,三联书店上海分店 1994 年版,第 19—40 页。
② 《刑法修正案(九)》增设了扰乱法庭秩序罪,集中体现了运用国家强制力维护司法权威的要求。对此,司法人员普遍表示认同,有高级法官还认为,应进一步强化对扰乱法庭秩序行为的抑制和打击力度,建议引入国外直判制度,即对扰乱法庭秩序的行为不经侦查和起诉,直接判处刑罚。参见胡云腾:《胡云腾解读〈刑法修正案(九)〉》,《中国审判》2015 年第 11 期;陈彬:《扰乱法庭秩序犯罪能否引入直判程序》,《人民法院报》2015 年 11 月 23 日。但是,不少律师不仅不赞成引入直判制度,而且对《刑法》第 309 条的实施后果亦表示担忧,担心此罪名会衍化为司法机关限制律师行使职能的公器。

权威要素日益多元化的现实中,亦需要不断探索并逐步明确司法权威与其他社会权威之间的关系,发挥司法权威对其他社会权威的引导作用,共同营造出一种合理的权威格局和权威秩序。总之,维护司法权威,建构以司法权威为基础的社会权威体系,应当成为改善我国司法生态的基本取向和根本路径;只有在司法的社会权威普遍形成之时,司法才可能获得其必要的生存环境与条件。

第十章　公众判意的法理解析

2007 年发生于广州的许霆案①以及由此所引发的各种反响与回应,成为中国法治进程中一个富有意义的事件。构成这种意义的元素当然不仅是此案的特殊情节以及近于戏剧化的处理结果,更主要的是此案推动了社会公众与司法机关(事实上还会涉及立法机构)在个案处置中互动格局与机制的进一步形成,由此将对我国司法理念、司法民主化实践以及司法生态产生不容忽视的影响。

如果把前述事件简单地理解为司法机关对公众呼求的尊重、迁就抑或屈从,甚至将其概括为司法博弈中"平民的胜利",则势必不能透彻地认识这一事件的真正意义,更可能衍生出一些不恰当的结论。因此,对这一事件需要作审慎和理性的解读。不仅如此,如果不否认这一事件是可复制、经常会发生的社会现象,那么,对许霆案的思考也不应终止于许霆案本身的审结。尽管在此前的社会讨论中不乏一些很有见地的观点,尽管讨论中已有了不少法学界人士的参与,但对这一鲜活的实例与标本,法学界应有更为深入、系统的分析与研究,尤其需要将这一事件置于中国司法改革的现实背景下,全面发掘其应有意义。

为便于讨论,姑且把社会公众对于司法个案处置的主流性、主导

---

① 许霆案:2006 年 4 月 21 日晚至 22 日凌晨,许霆利用自动取款机的故障,超额刷卡取走了 17 万 5 千元。2007 年 11 月 20 日,广州市中院认定许霆盗窃金融机构罪成立,判处许霆无期徒刑,剥夺政治权利终身,并处没收个人全部财产。许霆一案在互联网上得以广泛传播,其定性和判决引发了社会各界包括众多法学界人士的激烈争论。后广东省高院以"事实不清证据不足"为由裁定发回重审。2008 年 3 月 31 日,广州市中院重审判决,以盗窃罪判处许霆有期徒刑 5 年,并处罚金、追缴违法所得。广东省高级人民法院终审维持了一审判决。

性意见和意向表述为"公众判意"。这里所指的"公众",包含了司法机关以外,与案件事实无直接关联,而以多种形式和渠道表达意见与意向的各种主体①;而所谓"判意",则是指在纷纭杂陈的公众认识中,居于主流、主导地位的意见与意向。如果不存在表述或定义不当的话,公众判意不仅应成为我国法学理论中的重要范畴,更是实践中司法机关将长期直面并受其影响的生态因素。本章尝试从法理角度对公众判意作初步解析,以求得更为深入的讨论。

一、公众判意的特性

作为社会公意的一种类型,作为公众对特定社会事实的一种评价方式,公众判意具有以下诸方面特征:

(一) 所涉案件的特异性

并非所有的司法个案都能够进入公众视野,并引起公众广泛的关注进而表达其意见。因此,能够形成公众判意的司法个案始终只是极少数。决定个案成为公众评价对象的主要因素在于案件的特异性。既包括案件情节的特异(鲜有发生),也包括案件主体(民事当事人、犯罪嫌疑人、被告人、被害人等)以及主体间关系(如加害人与被害人之间)的特异,还包括案件的司法处置(无论是初始程序中的处置还是最终程序中的处置)的特异。总体上说,案件及其处置方式超越公众惯常生活经验与经历,悖离公众的普遍性思维和观念,抑或不符合公众的一般性认知与理解,都是引发公众关注和参与的事实前提。从实践看,公众判意所涉及的案件往往以刑事案件居多。这主要是因为,刑事犯罪以及

① 广义上的"公众"包含了法学和法律专业人士,但由于这部分人员在专业知识水准方面与其他公众有明显区别,故本章的部分分析可能不适合于对这部分人员的评价。

与之相伴的刑事惩罚对社会公众守持的生存及生活理念的冲击力、震撼力相对较大，由此引起的刺激和反应也较为强烈。具有前述特异因素的刑事案件，很容易引发公众对相关讨论的参与。

（二）主体参与的自发性

公众表达对个案处置的意见，一般都是基于主体的自主决定，且各主体在信息不对称（亦即不知晓也不顾及其他人的参与）的状况下实施意见表达行为。尽管在不少个案讨论中包含着媒体的渲染、诱导等暗示性的动员，甚至不排除部分具有特定身份的人（著名学者、知名人士、当事者的亲属等）在一定范围内的号召与联络，但总体而言，主体的这种参与和表达仍然不失其自发性，不存在制度上或其他方面的外部强制。即便是具有参政议政职责的人大代表或政协委员的参与，也不是基于组织化的要求，在心理动因方面与其他自发参与公众并无实质性差异，只是特定的身份可能使其表达获得组织化的意义与效果。

（三）表达方式的多样性

在现代资讯传递十分发达的条件下，公众判意的表达方式具有充分的多样性。发表文章、接受访谈、开设博客、上网讨论、提交议案、组织研讨等等都是公众判意的表达方式。甚至饭后茶余的闲谈以及邻里同事间的议论也不失为一种表达方式，因为在私人生活空间中闲谈热议，终究会通过其他公开媒介或其他渠道得到更明确的表达。事实上，决定某一公众表达方式的因素有二：一是特定主体所具备的条件及所具有的能力。一般说来，各主体都会以其最方便且能有效表达自己见解的一种或多种方式实施参与。二是对个案的关切程度以及个案中相关因素对自己的冲击力。深度关切和强烈冲击往往会促使主体选择影响最为广泛、最能够宣泄自己情感的表达方式。在此情况下，主体从参与过程中获得的满足与对案件处置结果的期待往往具有相同的意义。

（四）与己间离的有限性

绝大多数表达判意的公众与案件并无直接利害关系。"超脱的地位"既是主体敢于率直地发表自己意见的理由，也因此使其表达的判意获得一定的正当性。然而，事实上，表达判意的公众与案件的间离是有限的。在各自表达的判意中，或多或少、直接或间接地内含着主体自己的某种利益欲求，至少反映着主体的某种社会愿望，或体现着主体所守持与崇奉的某种价值和理念。在许霆案中，吁求对许霆作减轻、从轻处罚以至认定许霆无罪的社会公众，自然与许霆案无任何直接的瓜葛，但对许霆"弱势群体"身份（打工仔）的体认，对银行业长期傲慢自大作风的不满，对人性共有缺陷易诱发性的惧怕等因素，在不同程度上构成了社会公众表达这种判意的实际动因。"唇亡齿寒""惺惺相惜"效应在此类案件的讨论中有较多的体现。概括地说，在社会公众对司法个案的讨论中，既不存在无缘无故的爱，也不存在无缘无故的恨。

（五）意见、意向的简洁性

社会公众所表达的判意都是直接、简明的。如"判对"或"判错"，"判重"或"判轻"，"应重判"或"应轻判"，"构成犯罪"或"不构成犯罪"，"应予支持"或"不应支持"，等等。尽管在表达这种意见与意向时或多或多少会陈述某些理由，但多数公众不会对这些结论作详尽的论证。这不仅是因为普通公众缺少作详尽和具体论证的能力、精力与动力，更重要在于公众意见所依凭的逻辑和依据往往难以清晰表达,更难以诉诸文字。在实际生活层面上应得到尊重的理由,常常并不能成为司法机关处理个案的法律依据。在以法律为主题的讨论中,司法机关更容易占据法律的制高点;而从社会生活中,哪怕是从道德层面上推演出的理由,在很多情况下经不起在法律角度上作出的反诘。公众直接而简明的判意,提供给司法机关的是方向性、概略性的民意参照。

(六) 过程之中的易变性

公众对个案的意见和意向并非一成不变,在讨论过程中往往会出现某些变化。导致这种变化的原因是多方面的。一是主体表达最初的判意,并未经历深思熟虑的过程,往往产生于直觉和直感,缺少很高的可靠度。二是由于传导原因,公众最初得到的个案信息不全面或不恰切。随着对个案相关因素的全面了解,主体对个案形成了新的认知,相应改变其态度。三是在对个案的社会讨论中,不同意见的交锋,尤其是专家、相关司法机关对一些法律机理阐释以及传媒的引导,导致主体放弃先前的意见,而认同其他意见。四是案件当事人或司法机关在案件处置过程中的相关态度、方式和方法引起了公众心理趋向的变化,从而放弃对讨论的参与或改变原先的认识。如许霆在重审中的一些表现曾引起部分公众的反感,虽然未能导致主流意见的变化,但许霆的这种表现无疑减弱了部分公众对其的同情。

二、公众判意出现的社会原因与条件

在我国,社会公众以各种不同方式表达其对司法个案处置的认识与态度,从而对个案处置产生一定的影响,这种现象绝非始于现今,更不始自许霆案。早在 20 世纪 70 年代末,新疆生产建设兵团发生的蒋爱珍案①就具备了这种现象的全部要素。围绕"蒋爱珍为什么会杀人"的全国范围内的民间讨论,以及在讨论中体现出的公众对蒋爱珍的广泛同情,最终导致了司法机关对蒋爱珍的轻判。在此后的不同时期,各地都有一些较为典型的范例。然而,公众判意作为一种常态现象的出现,公众吁求与司法回应之间互动机制的形成,仍然需要借助于一定的社会条件。换句话说,公众判意是在我国社会发展到一定阶段才有其存在基础,并获得其应有意义的。我认为公众判意出现的社会原因与条件主要有以下四个方面:

第一,社会阶层、群体分化,利益主体多极化和价值观念多元化格局的形成,使司法个案蕴含着多重主体复杂的利益冲突,由此形成了社会公众关注和参与个案讨论的动因。

近几十年来,随着我国社会转型和社会发展,社会阶层及群体逐步分化②,与之相联系,利益主体呈多极化状态,社会成员的价值观念也趋于多元化。在此背景下,司法个案已不仅仅是当事者之间或当事者与社会之间的矛盾与冲突。无论是案件主体的境况,还是个案涉及的社会关系,都不同程度地涵盖着当事者以外的其他人的利益。即便不是利益上的关联,亦会涉及价值观念上的认同或冲突。正因为如此,司法个案中当事者的任何一种行为,抑或司法机关的任何一种处置方式,其利弊损益关涉的都不仅仅只是当事者本身。更进一步说,司法个案实际上是阶层、群体以及其他主体之间利益关系或价值观念冲突的极端化表现。任何司法个案都不同程度地折射出当代中国社会中更具普遍意义的社会冲突与矛盾。围绕司法个案所进行

---

① 1978年9月29日,新疆某兵团的女青年蒋爱珍被人造谣诬陷,蒋多次向组织请求处罚侵害者以保护自身名誉未果,在走投无路的情况下,开枪杀死3人。蒋爱珍原审被判处死刑。1979年10月,《人民日报》以《蒋爱珍为什么会杀人》一文长篇报道了此案后,引起全国轰动,编辑部收到人民来信15000多件,从不同角度对蒋爱珍表示同情,希望从轻判处,并要求追究诬陷蒋爱珍的人的法律责任。1985年,新疆维吾尔自治区高级人民法院对蒋爱珍杀人案开庭公审,终审判决蒋爱珍有期徒刑15年。
② 边燕杰主编:《市场转型与社会分层》,生活·读书·新知三联书店2002年版,第1页,"代序言"。

的社会讨论,实际上既是这种矛盾与冲突的进一步延伸与展示,也是这种矛盾在一定程度上得到解决的具体方式。不难想象,如果没有阶层、群体的分化以及利益与观念的差异,类似许霆案这样的讨论就不可能在如此广泛的范围内展开。

第二,社会公众政治关注点以及政治参与方式发生转变,对司法个案处置的讨论逐步成为公众参与政治、参与社会管理的一种方式。

随着我国政治生态的不断改善,主导性政治力量的政治主张逐步趋合于公众的社会理想,同时,随着政治传导体制及机制的变化,公众对国家政治生活的关注点也有所变化,公众参与政治的方式更有异于先前。国家的重大政治事件固然会引发社会公众的关注,但公众情感投入的程度则有所减弱。公众更为关注的是与其生存及生活状态直接相关的那一部分政治活动。司法审判,既是国家政治活动的组成部分,也是国家实施社会管理的重要手段。更重要的是,司法审判活动所关涉的通常是与社会公众日常生活息息相关的内容。司法活动是国家与公众之间的连接点,是政治活动与社会生活相互交织的空间。因此,在社会公众不再热衷于对轰轰烈烈的"广场政治"的参与,同时对缺少直接感验的宏大叙事式的政治话语亦丧失兴趣的情况下,对涉及广泛利益的司法个案的讨论,则成为他们参与政治、参与社会管理的一种实惠且简洁的方式。在这种讨论中他们表达自己的社会愿望与要求,表达对于社会秩序、社会利益分配的期冀与理想。正如诺内特等人所说:"法律舞台成了一种特殊的政治论坛,法律参与具有了政治的一面。换言之,诉讼逐渐成为团体组织可能借以参与公共政策的一种工具。"①在此意义上,我们有理由把公众判意及其表达提升至我国政治民主化进步的层面加以认识。

第三,司法公开化、透明化程度的提高,司法为民理念的确立,为公众对司法个案的评价提供了有利条件。

---

① 〔美〕诺内特、塞尔兹尼克:《转变中的法律与社会:迈向回应型法》,张志铭译,中国政法大学出版社 1994 年版,第 107 页。

近些年来,作为我国司法改革的重要成果,司法公开化、透明化程度逐步提高。这不仅表现在案件公开审理制度的严格实行,案件处理流程趋于透明,同时也体现于司法机关对媒体采取了谦抑姿态。在接受和欢迎舆论监督的主题下,司法与社会的距离正在拉近。这就为公众了解个案(既指已经审结的个案,也包括正在处置过程中的个案)提供了最基本的条件。更为重要的是,与执政为民的总体政治倡导相呼应的"司法为民",被确立为司法审判的基本理念。这一理念更凸现了司法机关对民意、民愿的尊重。虽然在实践中司法机关更倾向于把"司法为民"理解为在司法过程中实施一些便民、利民措施,但这一理念的核心仍然在于强调司法与人民群众总体利益及公众主导性社会愿望的契合。因此,随着司法为民理念的深入贯彻,公众判意能够在很大程度上得到司法机关的回应,公众判意的实际效用不断增强。这又进一步激发了公众参与的热情。

第四,传媒的影响力、辐射力空前加大,尤其是网络的普及与运用,使公众参与司法个案的讨论获得了多种渠道和广泛的空间。

公众判意的出现与传媒的发展具有重要的联系。公众判意的形成在很大程度上依赖于传媒的作用,传媒一方面将司法个案的相关情况传导给社会,从而引发公众的关注;另一方面又为公众参与讨论提供平台,并借此将公众的意见和意向向司法机关以及能够对司法机关产生影响的其他权力机构反映和展示。近些年,我国传媒业得到空前发展,资讯的传播日益发达。特别是网络的普及和运用,不仅使资讯的传播突破了其他任何媒体所不及的界限,同时也为公民自由、直接地向全社会表达自己的认识和见解提供了可能。每当具有公共关注价值的司法个案发生,传媒都能够及时、迅速地把相关情节以及个案的处置过程披露于全社会,并汇集社会各方的反应和意见,使司法个案的处置或多或少地受制于公众意志和社会评价,同时也使个案处置所产生的效应在更广的范围中放大。

需要指出的是,在既往有关司法的社会监督的讨论中,公众判意被隐没于媒体与司法的关系之中,公众的主体位置往往被媒体所取代,公众判意常常被表述为媒体的意志。① 我们认为,在对司法个案的披露和讨论过程中,媒体固然是不容忽略的主体,但媒体的主要功能仍然只是传导公众的观点与意见,过于突出媒体的主体地位容易使公众判意的社会性受到遮掩。更为重要的是,互联网的出现和运用,不仅突破了传统媒体容量、传导方式及辐射力的局限,也大体排除了媒体对公众意见作出筛选、裁截的可能。网络已基本成为纯粹性的传播工具。在此情况下,用媒体监督来概括社会监督的这部分内容已不尽恰切。由此也可以看出,最真实的公众判意的出现和传播是以互联网的普及和运用为条件的。

三、公众判意的实际蕴含

社会公众中任一成员的特定判意的产生,所依据的元素都是复杂的。在看似不受制约的表达中,包含着多重决定性的内容。概略地说,公众判意实际蕴含着以下五个方面内容:

(一) 以既往案例为参照的法律评价

尽管多数公众对司法个案发表意见并不采用法律专业视角,但这并不意味着他们的意见完全脱离法律立场。无论是对个案的思考,还是他们在讨论中作出的表达,都依据和遵循着各自所具有的法律智识。不同的是,公众的法律智识往往并不产生于他们对法条的熟知或对法学理论的掌握,而是形成于既往生活经历中出现的各种案例。形形色色的案例使社会公众积累了一定的法律智识,这种智

---

① 参见王好立等:《“司法与传媒”学术研讨会讨论摘要》,《中国社会科学》1999 年第 5 期。

识成为他们社会知识和社会经验的重要组成部分,并实际指导着他们的社会行为,也成为他们认识和分析其他个案,并提出个案处置意见的参照。与司法机关或法学专家所不同,社会公众以案例为参照的法律评价具有这样一些特征:第一,这种评价是粗犷的,一般都未经过严密的分析;同时,对于技术性、专业性很强的法律问题往往不予顾及。这是因为,社会公众对法律的掌握和了解,通常局限于既往案例中所展示出的同类行为的大体法律后果。他们习惯地把某一行为同某种法律后果之间的关系看成是一种约定俗成,并依此推导出相关个案的应有处置方式。第二,这种评价中所参照的案例,并非特定的、个别性的实例,而是若干案例中所包含的一般性原则和普遍性的结论。并且,这中间还夹杂着各主体对不同案例以及案例中各种要素的理解和取舍。因此,恰切地说,这种评价所依据的是公众对于既往司法(通过若干案例所体现的)立场和态度的主观认知。第三,这种评价中虽使用相同性比较,但更多使用的是相异性比较。司法机关援例判案的思维方式通常是相同性比较,即相同或相近的案例适用相同或相近的处置方式。与之不同的是,公众评价则较多地运用相异性比较,亦即强调相关个案不同于既往案例的特殊性,从而提出不同于既往案例的处置意见。例如,在许霆案中,公众所强调的是许霆行为与其他盗窃金融机构行为的重大差异;在崔英杰案①中,公众所注重的是崔英杰的特殊身份和处境;在廖婷婷案②中,公众主张

----

① 2006年8月11日,河北来京人员崔英杰在北京市海淀区中关村科贸大厦附近卖烤肠,被现场执法的海淀城管大队队员查处,并要当场没收他的三轮车。崔英杰手持切烤肠的小刀刺入海淀城管大队海淀分队副队长李志强的脖子,后李志强因抢救无效死亡。崔英杰案也引起了广泛的关注,公众呼求法院对崔从轻处罚。2007年4月10日,北京市第一中级人民法院以故意杀人罪判处崔英杰死刑,缓期二年执行。
② 2007年8月22日凌晨,四川彭州19岁少女廖婷婷因不堪孪生妹妹廖娟娟长期患精神病给家庭带来的拖累,将其捂死在精神病院,后投案自首。经鉴定,廖婷婷患有抑郁症。2008年2月26日,四川省彭州市法院一审以故意杀人罪从轻判处廖婷婷有期徒刑3年,缓刑5年。此案判决得到了民众支持。但3月7日,彭州市检察院认为法院判决认定事实错误,适用法律不当,量刑畸轻,对此案提出抗诉。7月23日,成都市中级法院作出终审判决,维持一审判决。

对廖婷婷从轻处罚的理由仍然建立于廖婷婷、受害人以及廖家境况的特殊性。相异性比较方式在公众法律评价中的更多运用,主要同本章前面所提到的此类案件的特异性相关。

(二)以主观善恶为标准的是非判断

公众对于某一案件基本的立场和态度,往往决定于他们对于涉案当事人主观善恶状态的认识和判断,法律评价有时只是用于固化和支撑这种认识与判断。善恶是人类伦理的首要且最基本的价值维度。在公众视野中,被认知为司法个案的任何社会事实,都是善与恶的一种展示;而惩恶彰善的人性取向决定了社会公众自觉地以善恶作为判断个案是非的重要依据。这种判断同样有一些需要进一步认识的特征:第一,公众的善恶观并不是统一地受自某种伦理体系,它是公众在多种复杂的文化因素影响下,根据自己的切身感验而形成的民间伦理。没有系统的文字记载,但根植于公众的心灵;公众个体之间存在一定差异,但大体上趋于一致。因此,用以判断个案的公众的善恶观与立法中所守持的善恶观并非完全一致;与主流意识形态倡导的价值观念也具有一定的差异。第二,公众参与对司法个案讨论的过程,同时也是其惩恶向善、固化民间伦理价值的一种实践。因而在此过程中,个案事实中的善与恶都会被全面揭示,且在一定程度上被放大。一些在主流话语中缺少足够正当性或不具有制高点的善恶评价也在这种讨论中得到充分显现。如对许霆案,公众的话语中贯穿着这样一些认识:许霆之恶是人性共有、易生之恶,因而是不深之恶;同时,银行错失,且由此诱导许霆犯罪同样是一种不可忽略之恶;银行从来傲居于消费者之上,因而相对许霆而言,也并非"善者"。正是这样一些认识支撑了公众要求对许霆轻处的判意。第三,公众的善恶观常常转化或体现为助弱抑强的立场和取向。社会生活中善恶与强弱具有天然的联系。对弱者的同情与扶助从来是善行的应有之为;强者对弱者的凌势则被视为一种不义之恶。因此,在个案讨论中,当事者之间位势、实力的强弱在很大程度上影响着公众的处置意见。处于弱势且涉案行为同这种弱势相关的当事者很容易得到公众的支持和同情;反之,依据其强势而作为的当事者,无论是加害人还是受害人,都很难得到公众的支持或同情。

(三) 以生活经验为依据的事实认知

社会生活中形成的常识与经验,是公众认知司法个案并据此表达判意的又一依据。与司法程序中依靠证据认定事实,根据法定要素(如犯罪构成、侵权成立要件等)确定行为性质的方式方法完全不同,公众对案件事实及其属性的认识常常依凭于他们的生活常识和经验。一方面,他们设身处地,把自己置于个案事实之中,并依照自己的生活经验,考量和猜度当事者的心理状态,分析其行为的合理性;另一方面,他们揆情度理,依照生活常识评判案件的是非曲直或轻重大小。同样以许霆案为例,许霆得到公众宽宥和同情的原因之一就在于许霆的行为不同于盗窃金融机构的惯常形态,越出了公众(也包括立法者)对于此类犯罪一般的想象。许霆的行为不是发生在想象中的"月黑风高夜",而是实施于灯火通明、车水马龙的大街;许霆作案不是采用蒙面藏身、撬门溜锁的方式,而是旁若无人、轻盈地触摸和敲击 ATM 机按键;受到立法特别保护的金融机构也不是戒备森严、重兵守候的金库钱柜,而是一台无人看管且根据行为人指令自动吐款的 ATM 机。如此情境、如此氛围、如此行为,无论其怎样合乎盗窃金融机构犯罪的基本构成要件,常识和经验都告诉公众,对许霆不应适用常规的刑罚处罚。这一现象也表明,以生活常识和经验为依据的事实认知,有时比循用法律程序的推定和判断更为恰切,更贴近生活的原生状态和社会行为的应有机理。

（四）以自身境况为基点的情感偏向

如前所述,社会公众在个案讨论中并非完全超脱中立。在公众判意中不同程度地带有表达者的情感偏向,而这种偏向又与表达者自身的境况直接相关。也就是说,公众的身份、地位以及生活状态等各种因素都会对其判意产生或多或少的影响。事实上,公众参与个案讨论的过程同时也是一个自我识别与认同的过程。首先是身份上的识别与认同。社会公众对于身份、地位与自己相同或相近的个案当事者,容易产生更多的亲近感;相同或相近的生存遭遇能够使公众对个案当事者予以更多的理解、宽容和支持。特别是当个案中的冲突隐含着不同身份、地位的阶层和群体之间的矛盾时,这种效应会更为突出。其次是情境的识别与认同。在对个案的讨论中,社会公众常常会自觉或不自觉地把个案中的情境与自己实际面临或可能面临的某种生活经历进行对比,当二者趋于一致、公众自身在假想中成为同类案件当事者的某一角色时,他们会自然地表现出对该当事者的某些偏向,并以其诉求为基点表达相关意见。

（五）以司法个案为寄托的案外诉求

社会公众参与司法个案的讨论,其直接目的与其说是追求司法机关对相关当事者的恰当处置,莫若说是追求这种处置所确定的某种利益格局,追求这种处置所体现的司法对于相关社会矛盾的立场与态度,以及司法对于不同社会诉求的保护倾向。不仅如此,在公众的讨论中,甚至还掺杂着与个案处置完全不相关的社会要求和社会情绪。在某些情况下,司法个案只是公众表达其自身社会要求的一种寄托;对个案讨论的参与则是公众宣泄社会情绪的一种契机。因此,在公众判意中,一定程度上还蕴含着公众施向于社会管理者、与案件处置结果并无直接关联的其他诉求。这种情况增加了公众判意的复杂性,也增加了个案司法处置社会功效的承载。对此问题,本章后一部分将进一步提及。

四、公众判意的合理性与可能存在的偏失

从本章前面的分析中不难看出,公众判意具有其显而易见的合理性,但也存在着难以避免的偏失。因此,恰当认识并正确对待公众判意,需要对这种合理性与偏失作进一步揭示。

(一) 公众判意的合理性

我认为,公众判意的合理性主要体现于以下三个方面:

第一,公众判意有一定的法律基础,通常不会超越现行法律的规定。在近些年涉及的诸多典型案例中,尽管公众之间存在着激烈的争论,其中也不乏一些偏离法律规定的过于激进的意见,但总体上说,公众的主流意见是在相关法律框架内提出的。这种状况不是偶然的。首先,法律是社会公众在讨论中愿意遵从的规则。虽然是民间意义上的自发讨论,但参与讨论的公众依然普遍把现行法律作为认识和评价个案的依据,而不愿使自己的主张脱离法律的限定。在对许霆案的讨论中,尽管有不少讨论者主张许霆的行为不构成犯罪,但这种意见仍然是建立在对"秘密窃取""金融机构"这些概念的不同理解之上的,并不表明主张者对刑法相关规定持否定立场。应该说,法律规定不仅是司法机关同时也是社会公众在讨论中所共同守持之"道"。其次,如前所述,在法治推行几十年的背景下,社会公众有了一定的法律智识的积累,具备了在现行

法律规定的范围内认识和评价个案的能力,对个案性质及大致的法律后果一般都能够作出一种粗略的判断。再次,公众对社会现象及社会事实的一般认知与法律具有天然的吻合性。在统治阶层与人民大众处于非对抗状态的社会结构中,立法与人民大众的价值观、与人民大众的社会要求保持着总体上的一致。法律只不过是普遍性价值观和人民大众普遍性社会要求的规范性表达。用 R. M. 昂格尔的说法:"法律仅仅是反复出现的、个人和群体之间相互作用的模式。同时,这些个人和群体或多或少地明确承认这种模式产生了应当得到满足的相互的行为期待。"①因此,即便不是基于对法律规定的熟知和理解,对具有广泛社会影响的个案,社会公众依凭其社会观念和意识,也可以提出与法律规定大体相符的意见。最后,公众判意是在广泛、充分的社会讨论基础上所形成的主导性意见。这种意见的形成经历了正误辨识和自动筛选的过程。在讨论中出现的一些明显与法律规定不符的意见,一般都不会得到多数人的认同。如果出现公众普遍对个案中涉及的某一法律规定提出非议,那么,需要质疑的已不是公众意见,而是这一规定本身。正如庞德所说:"如果法律是生活经验中发现的东西的真实表达,而不是超越经验去表达某些人的抽象理论,执行是不成问题的。法律规则将在人类的风俗习惯中生根,并在这个基础上安全无恙地存在。不然的话,便是徒劳地作知其不可为而为的事情。""整个问题在于法令的内在正义性,即其对每个公民良知的感召力。"②

第二,在对个案某些问题的认知上,社会公众具有独到的智慧和能力。

实践中,对个案处置的争议通常集中在法律酌定的某些问题上,

① 〔美〕R. M. 昂格尔:《现代社会中的法律》,吴玉章、周汉华译,中国政法大学出版社 1994 年版,第 4 页。

② 〔美〕庞德:《通过法律的社会控制》,沈宗灵等译,商务印书馆 1984 年版,第 13 页。

如对被告人判处死刑或死缓,判处实刑或缓刑,是否从轻或减轻处罚甚至适用特别规定;等等。由于我国立法留给司法机关酌定的空间很大(刑法尤为突出,其他立法亦如此),因而在酌定范围内所作出的个案处置可能会差异甚大。在立法上和司法中,酌定的依据往往被表述为"情节""社会危害性""主观恶性""后果"等法律概念,但无论如何,酌定必然是一个主观化判断,"酌"与"定"都依赖于主体的主观测度。虽然司法机关成员对诸如"情节"等概念有其专业化的理解,但社会公众在此方面的认知却更为独到。首先,无论立法规定如何详尽,也无论司法经验如何丰富,都难以对应社会生活的复杂性和社会事实的多样性。社会公众在认知诸如"情节"等问题时所参照的因素,比立法规定及司法的视点往往更为全面。较之简单依照法律所作出的判断,社会公众的某些直觉或印象或许更为准确,因为后者基于深厚的生活经验积累。这也印证了霍尔姆斯那句著名论断"法律的生命从来就不是逻辑,而是经验"。例如,尽管许霆案原审判决(对许霆判处无期徒刑)完全符合刑法定罪量刑的法定要素(盗窃金融机构且数额特别巨大),但许霆采用的这种特殊盗窃方式却是法定构成所不曾也不可能顾及的,而事实上这种盗窃方式恰恰是社会公众高度关注且从公正角度上看,应当充分考虑的量刑情节。其次,对于法律规定的酌定事由,在广泛讨论基础上形成的公众判意往往比特定司法机关的认识与判断更为可靠。司法行为的正当性和合理性,是制度和学理上的一种假设与假说。实际上,即便不是故意的舞弊和作弄,司法行为的背后也潜隐着很多非理性的内容。卡多佐曾深刻地揭示过法官作出判断的真实过程:"他们将根据自己的生活经验,根据他们对现行的正义和道德准则的理解,根据他对社会科学的研究,最后,有时还要根据他的直觉、他的猜测甚至他的无知或偏见去作出这种评估。"①相比之下,公众判意尽管蕴含着复杂的内容,但

---

① 〔美〕卡多佐:《法律的生长》,刘培峰、刘骁军译,贵州人民出版社2002年版,第48页。

由于它经历过广泛而充分的讨论,集中了众多人的智慧与认识,因而比个别司法机关、少数司法人员的判断有更可信赖的一面。最后,社会公众重视一些不为立法所承认,而依公正要求却应予采纳的情理或事理,公众的"酌定"更符合生活逻辑,也更富有人性化色彩。例如,在廖婷婷案中,被害人作为精神病人,其生命价值在法律上与健康的正常人完全相同,受到同样的法律保护;剥夺精神病人的生命权与剥夺健康人的生命权在法律上应受到的制裁没有任何差异。但从情理或事理看,杀死一个长期患病、生不如死且依其病情及家庭经济条件无望康复的精神病人,其社会危害性比杀死一个健康的正常人显然要小。不仅如此,廖婷婷杀人的动机中既有自己不堪其累的原因,更有对其父母甚至被害人的善意性考虑。这些在立法上不足为虑的因素,正是公众吁求对廖婷婷从轻处罚的重要理由。毫无疑问,对类似廖婷婷案的处理,仅仅守持法理,而忽略案件中的情理和事理,是难以体现法律之公正的。庞德曾引用霍姆斯的话概括法律与情理、事理相违的现象:"法律概念备受嘲笑,一切伦理成分被清除了。"①

第三,公众判意在很大程度上体现了人民群众正当的社会要求。

前已述及,公众判意具有丰富的内蕴,其所寄托的不只是公众对于个案恰当处置的愿望,还承载着公众从个案中引申出的其他社会要求。虽然受制于群体、阶层等因素的局限,但总体上说,公众判意中的这些要求是有一定正当性的。从实践看,公众所支持或付以同情的,往往是社会发展过程中支持不力或顾及不充分的因素;而公众所厌恶或给予否定评价的,则通常是社会发展中需要矫正和消除的负面事实。在许霆案中,许霆的行为固然不为公众所认同,而金融机构的不良作风和不尽恰当的社会姿态同样受到了广泛而尖锐的批评,在此过程中金融机构同样受到一次深刻的教育。与此相同,围绕

---

① 〔美〕庞德:《通过法律的社会控制》,沈宗灵等译,商务印书馆 1984 年版,第 50 页。

崔英杰案的讨论中,公众在吁求对崔英杰从轻处罚的同时,也对城管机构不近情理的执法态度提出了批评,由此引发了全社会对城管部门执法问题的审慎思考与讨论。由于公众判意产生于多重视角,汇聚了多方面的社会要求,因而,公众判意无疑是司法机关个案处置的有利参照,这又进一步为司法活动贴近社会生活,为司法社会效果的提升与增强提供了可能。

(二) 公众判意可能存在的偏失

毋庸讳言,公众判意也可能存在某些偏失,概括地说,这些偏失体现于如下方面:

第一,公众判意中包含着相对落后的法律观。

公众判意与特定时期的社会意识直接相关。因此,社会意识中相对落后的法律观在公众判意中也有明显体现。首先,公众判意往往依然把人治视为司法审判的制度背景。一方面,在其表达的判意中,尽管包含了对立法的尊重,但潜在意识上仍然认为法律是可以变化、变通,可以人为地规避的。公众判意中显现不出足够的法律信念。当公众判意与个案司法处置的结果相一致时,一些公众甚至不认为这是法律在公众影响下得到正确适用,而往往将其理解为法律外的力量所产生的效果,从而使人治的印象进一步加深。另一方面,公众判意的表达对象,往往并不仅是相关的司法机关,而主要指向的是相关党政权力机构,其目的在于使公众对个案的态度成为一种引起党政权力机构所重视的民意,并进而通过党政权力机构对司法机关施加影响。实际上,这仍然是一种人治化的思维方式。其次,由于重刑主义在我国具有长期的影响,特别是死刑的适用在我国相对较为宽泛,因而社会公众具有过度倚重刑事手段、从严从重适用刑罚的主观倾向。特别是对于危害社会治安、官僚渎职以及贪污腐败等关乎群众切身利益、民愤较大的案件,社会公众适用重刑的要求更为强烈。① 长期畸高的"罚值"与某些情绪化的偏向相结合,使公众对这些类型的案件难以形成恰当的认识。对于"少杀""慎杀"的刑罚理性化趋势以及我国刑事实践所无法回避的国际因素的制约,社会公众更缺少足够的理解。这是公众判意最突出的偏失。

第二,公众判意往往缺少对法律上程序性、技术化要求的理解与重视。

社会公众在对司法个案的认识中,所注重和追求的是个案处置的实质性公正。与之不同的是,司法机关对案件的处置尚需考虑诸多的程序性、技术化要求,需要考虑法定的形式要件的完备。因此,诸如举证责任、程序失权、诉讼时效、追诉时效、不告不理、疑罪从无、上诉不加刑等制度设定,很难为普通公众所理解;依照这些规定而形成的司法处置,也不容易得到社会公众的认同。此外,公众对个案处置功能的认识有时也会失之片面。通常的偏向是,重视个案评价的公平与公正,而忽略法律对未来行为的导向作用;重视个案处置在当下的效果,忽略这种处置的长远影响;重视某一种利益的保护,而忽略多方面利益的应有平衡。从法律技术角度看,公众之理与法律之理存在着一定的偏离和差异,公众判意的法律"技术含量"相对较低。

第三,公众判意中可能夹带着某些偏激的社会情绪。

在肯定公众判意蕴含正当的社会要求的同时,也不应忽视公众

---

① 较为典型的案件如张金柱案、刘涌案。张金柱案:1997 年 8 月 24 日,河南省郑州市某区公安分局局长张金柱驾车撞死一人后,将另一名受害人挂在车下逃逸,致其重伤。该案由《焦点访谈》等主流媒体披露后,引发社会强烈反响。1998 年 1 月 12 日,郑州中院以故意伤害罪判处张金柱死刑。二审维持原判。刘涌案:刘涌原为沈阳嘉阳集团董事长,2003 年 4 月,刘涌被辽宁省铁岭市中级人民法院以组织、领导黑社会性质组织罪,故意伤害罪,非法经营罪等多项罪名一审判处死刑。2003 年 8 月 11 日,辽宁省高级人民法院以证据存疑为由改判死刑,缓期二年执行。媒体公布判决结果后,引发舆论浪潮。2003 年 10 月 8 日,最高人民法院决定依照审判监督程序提审此案。12 月 22 日,最高人民法院再审以故意伤害罪判处刘涌死刑。

判意所可能夹带的某些偏激的社会情绪。在我国社会全面转型,社会结构大幅度调整,社会阶层、群体严重分化,社会矛盾高度复杂的情况下,公众判意所直接或间接体现出的诉求也是极为复杂的。尽管对公众诉求的主导方向应予以肯定,但在某些社会矛盾激发下所形成的偏激的社会情绪也容易借此加以表达。在这种情绪的支配下,个案中的某些因素容易被过度放大,由此而得出的结论难免会有一定的偏失。特别是对于涉及社会管理层的案件,公众对社会管理的某种不满往往会衍化为对案件当事者作极端化处置的要求。近年来,社会上反映出的扩大对贪腐行为死刑适用的要求,正是受这种情绪支配而提出的。

五、公众判意的应有地位

无论是否符合人们的愿望,公众判意已成为我国社会生活中客观存在的一种现象;表达判意则成为社会公众参与社会管理、反映社会诉求的一种常规性方式。更为重要的是,在社会进一步变革、法治深入推进的背景下,社会公众对司法个案的关注会越来越多,司法活动也由此受到更为广泛、更为直接的影响与评价。因此,应当赋予公众判意恰当的地位,更有效地发挥其积极功能,减少进而避免其偏失的影响。

(一)公众判意不构成对司法独立性的贬损

对公众判意的肯定与承认,不容回避的问题是,公众判意是否构成对司法独立性的贬损。毫无疑问,公众判意的确是司法活动的外部影响因素。不仅如此,在少数情况下,也不乏强势的民众舆论对司法决定产生扭曲的实例。但我认为,从总体上判断,公众判意不构成对司法独立性的损害。首先,司法独立性的核心含义是司法权与其他权力的界分;基于司法的独立性,司法审判活动不受其他权力的干预。但是,这种独立性并不排除司法机关依据自身的立场和判断去接受、吸纳或认同社会各方的建议和意见。评价司法是否具有独立性的标准,是司法有没有排拒依据法律所应当排拒的(包括公众判意在内的)其他意见和要求的能力。公众判意无论在形式上,还是实质上,都不具有强制司法机关接纳的效力,从而与司法独立不会发生冲突。其次,或许更为重要的是,近几十年来,我们对作为法治重要内涵的司法独立存在着一定程度的误读,司法独立性往往被理解为司法机关自我隔绝于社会,机械、刻板地适用法律处理案件。然而,法治国家所提供给我们的是与此相反的例证。在高度强调司法独立的美国,历来把创造性地、及时地、恰当地回应各种社会要求视为重要的司法理念。埃尔利希指出:"视法律制度为封闭系统的观点,不是别的什么东西,它不过是学院中的纯粹理论教条。"[1]在美国司法史上作出过卓越贡献的霍姆斯、庞德、卡多佐等人,历来把反映社会变化,回应社会现实,寻求法律与社会发展相适应作为毕生的追求。卡多佐更明确地申明:"我将尽自己的绵薄之力,把那些悸动着、喧嚣着渴望得到表达的社会和经济力量引入法律。"[2]美国学者诺内特等在对法律发展阶段和类型作出划分时,把回应型法视作法律的最高境界,认为:"法律机构应该放弃自治型法通过与外在隔绝而获得的安全性,并成为调整和社会变化的更能动工具。"[3]所有这些都表明,司法独立性与司法认知和回应社会要求并不矛盾。正因为如此,作为反映社会要求的一种重要形式,公众判意也不构成对司法独立性的损伤。最后,从

---

① 〔美〕埃尔利希:《法律社会学原理》,第 346 页,转引自卡多佐:《法律的生长》,刘培峰、刘骁军译,贵州人民出版社 2002 年版,第 65 页。

② 〔美〕卡多佐:《演讲录:法律与文学》,董炯、彭冰译,中国法制出版社 2005 年版,第 54 页。

③ 参见〔美〕诺内特、塞尔兹尼克:《转变中的法律与社会:迈向回应型法》,张志铭译,中国政法大学出版社 2004 年版,第 82 页。

我国实践看,真正对司法独立性产生影响的因素并不是公众意见,而是其他权力机构的不当干预。前面所提到的强势舆论造成个别案件司法判决偏失的现象,其间往往包含着其他权力机构的作用。这种结果的出现,与其说是公众力量使然,不如说是司法机关对相关权力的遵从。

(二) 公众判意是司法机关处置个案的重要参考

公众判意的直接功用首先在于它能够为司法机关对相关个案处置提供一种参考。可供参考的有三个层次:一是案件的处理方式与结论;二是缺少充分论证但从民间视角所提出的理由;三是在公众判意中所体现出的偏向与要求,亦即当某种意见具备"民意"的属性时,无论其内容和理由怎样,这种意见就已经获得了需要司法机关加以考虑的理由。[①] 在一定意义上,可以把公众判意的作用类比于英美法系的陪审团制度的功能。陪审团的功能在于,它"可以将普通公民带入法庭的专业世界,他们可以在司法程序的核心领域代表公众发出决定性的声音。这种参与会把对司法制度的信赖感在参加陪审团的人以及一般社会公众中逐渐传递"[②]。虽然公众判意不具有制度上的效力,但与陪审团意见相似,它同样是可以注入法律体系内的"外行酸",能够将社会价值引入个案审判,从而引入法律体系之中。

---

① 在本章写作过程中,媒体报道了最高人民法院时任院长对待死刑的态度。他主张把"社会和人民群众的感觉"作为死刑适用的依据之一。对于最高人民法院负责人的这一观点,我更愿意作广义上理解,也就是司法审判应当充分考虑社会需求和人民群众的立场与态度,而不只是在死刑适用上才有此考虑。基于本章前述分析,我认为,恰恰在死刑适用上,对待"群众的感觉",亦即通常所说的"民愤",应持审慎的态度。
② 〔英〕麦高伟、杰弗里·威尔逊:《英国刑事司法程序》,姚永吉等译,法律出版社 2003 年版,第 347 页。

（三）公众判意是司法公开化、民主化的有益实践

司法公开化、民主化是实现司法公正，矫正司法偏差，尤其是防止司法腐败的重要保证。公众判意的形成无疑为司法公开化、民主化提供了一条新的路径。一方面，公众判意的形成需要司法个案及其审判活动有更高程序的透明，在更大范围内公开；司法信息在很大程度上成为社会公知、共享的信息，由此将使司法同社会之间的隔膜逐步消除。另一方面，比公众旁听庭审等措施更有意义的是，公众判意不仅包含了公众对案情及处置过程的了解，还参与了其间的讨论，对案件处置发表自己的意见和意向；相关司法裁决中，也包含了对公众意见的考虑。这在一定程度上体现了司法民主。再者，社会共同关注下的个案处置，基本消除了司法机关及其成员重大失误甚至营私舞弊的可能，对司法的监督作用在此过程中可以得到更充分的体现。

（四）公众判意是平衡法律资源配置的重要手段

近年来，我国法律资源配置存在着明显的失衡现象，政治权力、物质财富以及其他社会势力在一定程度上主导或影响着法律资源的分配。在政治权力结构不尽完善、物质财富的占有过度分化、社会势力的作用较为复杂的背景下，法律资源的配置也形成了一些不恰当的偏向。这不仅在一定程度上扭曲了法律的应有功能，也使本已失衡的社会权益分配结构得以固化和扩大。公众判意的形成对于矫正这种偏失也具有重要作用。一般来说，公众判意在很大程度上是弱势群体的社会声音，并且，从多数案件的实例看，公众判意所表达的是对社会底层权益的维护。因此，公众判意不仅能够使决策层和司法机关直接感受到这一层面对于司法的实际要求，也在客观上对其

他权力和力量形成一种有益的制衡,从而有助于使法律资源的配置与分享趋于合理。

(五) 公众判意是完善立法的一种动力

如果公众从社会生活角度对个案处置提出的意见与现行立法不尽一致,抑或在现行立法中对相关问题缺少明确规定,这在一定程度上已经构成立法者对现行立法的合理性、完善性予以审视的理由。R.M.昂格尔指出:"如果法律中所承认的道德戒律被确立得与日常行为的动机和模式相距太远,那么,它们不是令人窒息就是空想的东西。"[①]在我国,正是社会公众对孙志刚案[②]的广泛讨论,以及讨论中对收容遣送制度的批评,才导致了《收容遣送办法》的废止[③]。同样,在许霆案中,虽然法院可以变通地适用《刑法》第63条第2款,但更为恰当的方式应当是考虑对《刑法》第264条作出修改,使之能够适用于包括许霆这种盗窃方式在内的多种形式的犯罪行为。因此,公众判意能够为立法的完善提供很多启示,在许多情况下,公众判意甚至能够成为立法修改或司法解释出台的直接动因。

---

① 〔美〕R. M. 昂格尔:《现代社会中的法律》,吴玉章、周汉华译,中国政法大学出版社1994年版,第200页。

② 孙志刚案:2003年3月17日,27岁的大学毕业生孙志刚在广州街头被当作"三无"人员强制收容,18日被送往广州收容遣送中转站,后送往广州收容人员救治站。3月20日不治身亡。尸检结果表明,孙志刚死前72小时曾遭毒打。孙志刚被害激起了社会舆论的强烈反响。

③ 收容遣送制度始于20世纪50年代初,1982年5月国务院发布了《城市流浪乞讨人员收容遣送办法》,正式确立了收容遣送制度。孙志刚一案后,收容遣送制度引起了全国民众的关注和反思,促使立法者加快收容遣送制度的改革。2003年5月16日,3位青年法学博士以普通公民的身份上书全国人大常委会,要求对前述《收容遣送办法》进行"违宪审查"。2003年6月20日,国务院发布第381号令,《城市生活无着的流浪乞讨人员救助管理办法》自2003年8月1日起施行,原《城市流浪乞讨人员收容遣送办法》同时废止。新办法提出了全新的自愿救助的原则,取消了强制手段。

（六）公众判意需要正确辨识、引导与回应

首先，公正判意并不是以统一、确定的形式加以体现的，这就需要认真、审慎地加以辨识。一方面，公众判意应当是大众亦即多数人的意见，而不是小众、少数人的意见。尽管很难通过量化手段加以测定，但在广泛和充分的讨论中，多数与少数、主流与非主流、主导性与非主导性仍然是有识别可能的。另一方面，要辨识在公众意见的背后，有无特定利益主体炒作、操作，或媒体煽情、播弄的因素，防止相关利益主体的不当行为对公共判意形成扭曲。此外，还要对寄寓在公众判意中的其他诉求和情感偏向加以辨识，从社会大局出发，考量并确定对这些诉求和偏向的应有态度。其次，对公众参与社会讨论的过程，要予以适当的引导。德国社会学家曼海姆曾经说过："民主的目的不是利用大众的情绪，而是阻止民众情感的游移不定的反应挫败国家的理性和深思熟虑的意见。"①同样，要减少和避免公众判意的偏失，也应当引导公众理性地认识和对待个案涉及的问题。一方面，应及时、准确、全面地披露相关案情及处理情况，使公众的讨论和判断建立在对事实真相充分认知的基础之上；另一方面，法学界、司法机关以至政府相关部门要通过恰当的方式对如何全面看待个案中的相关问题，表明自己的意见和态度，在多种观点的博弈和碰撞中，共同深化对个案的认识。最后，公众判意的意义绝不仅仅体现于公众单向度地向司法机关提出自己的要求，同时应体现于司法机关对公众判意作出正确回应。这种回应，并不意味着对公众判意部分或完全采纳。不仅如此，对公众判意的回应，也不能简单局限于对公众判意的采纳或否定，更为重要的是，司法机关在相关裁判文书中应当详尽地阐释裁决的理由，直接或间接地回答社会公众在讨论中所

① 〔德〕卡尔·曼海姆：《重建时代的人与社会：现代社会结构的研究》，张旅平译，生活·读书·新知三联书店 2002 年版，第 327 页。

涉及的相关问题。除了裁判文书外,还应通过新闻发布等多种方式,对司法裁决文书予以进一步的解读,让司法裁决所表达的意见在更广泛的基础上成为社会公众的共识。

总之,对公众判意如果不加以正确的辨识、引导和回应,其积极效应就不可能得到恰当的发挥,甚至会产生一些负面影响。因此,对公众判意加以正确辨识、引导和回应是最需要重视的环节。

第十一章　对司法的传媒监督

　　司法与传媒①作为两种独特的社会实践,彼此间有着广泛而密切的联系。从最基本的层面看,司法过程所蕴含或展示的内容以及司法过程本身所显示的刺激性,对于传媒来说具有永恒的吸引力;司法实践所衍生的事实与问题从来都是传媒关注的热点。而传媒的广泛影响以及传媒所体现的公众意识,亦是司法机关所无法漠视的。不仅如此,在现代国家民主与法治体系中,司法与传媒之间始终存在着相互评价的制度性结构与普遍实践;司法与传媒相互关系的恰当构造是现代国家社会统治内部和谐的重要标志。

　　然而,时下中国法学界所关注的并不是司法与传媒的一般性、普遍性联系。司法与传媒的关系在特定的视角中被认识,在特定的语境中被讨论。更直接地说,法学界所关注的是传媒对司法的监督这一特定内容,并以此作为研究主题。当然,这并不意味着司法与传媒之间的其他联系不具有成为法学研究对象的价值,甚至也不表明法学界对司法与传媒的其他联系缺少热情和兴趣,只是因为,传媒对司法的监督在当下中国社会中具有更为急迫的需求,法学界对此问题的研究具有更为现实的功利性考虑。

　　解说前述现象,自然会牵涉提出传媒监督问题的实践背景。总体上说,传媒对司法监督问题是在中国司法改革的大环境中被提出,并且作为司法改革的一项具体措施来认识和讨论的。传媒监督与司法体制改革的这一目标及取向的契合点在于:其一,传媒监督有助于

---

① 本章所指的"传媒",不包括自媒体,但文中的相关分析也大致适用于自媒体这一新业态。

增加司法过程的公开性和透明度,在一定程度上可以起到防止和矫正司法偏差的作用;其二,传媒监督为社会公众评说司法行为,并间接参与司法过程提供了条件,从而降低了司法专横和司法武断的可能性;其三,社会各方对司法现状的批评蕴含了对司法内部监督不足的抱怨,特别是司法内部的监督由于其客观上的内在性和实践上的偏误并未能取得广泛的信任,因而司法体系外部监督便成为司法改革中制度创新的重要关注点。而传媒监督被普遍认为是司法体系外部监督的常规的、基本的形式。

强化传媒监督的要求,得到了其他一些因素的支持,从而使这一要求具有更强的现实性。

首先是传媒与司法之间的实际距离拉大。较长时期以来,中国社会中传媒与司法保持着高度的统一性。传媒所担负的重要使命是直接地传达司法所确定的基调,认同并宣扬司法所作出的一切结论。然而,随着文化多元化趋势的加强,特别是随着传媒话语空间的拓展以及由此形成的独立特征的增加,传媒与司法之间的距离也在一定限度中扩大。这种距离既体现于传媒与司法之间在个案以及局部问题认识上的分歧,也表现为由传媒所反映的公众意识与司法机关自身的职业立场之间的差异。这种距离的存在,不仅使传媒能够以自己特有的视角与方式论说和评价司法权力所辖属的事实与事件,而且还以这种视觉与方式论说和评价司法机关的权力行使过程,表达对这一过程的社会见解。

传媒与司法之间这种距离所派生出来的传媒对司法论说和评价的特性,被法学界及传媒机构技术化、理念化地表述为传媒对司法的监督功能。尽管传媒自身在实际运作过程中通常并未真切、自觉地感受这种社会使命,但法学界从传媒论说与评价司法的客观能力出发,为传媒的这种特性赋予了更为积极的社会意义;同时,传媒也在"监督"意义上为自己对司法过程的影响建立了正当性。

强化传媒监督的要求和主张得到了司法机关内部的积极回应。[①]这首先应当被理解为司法机关(特别是司法机关的最高层)对司法现状中消极现象的正视与反省,但同时也应看到的是,这种回应体现了司法机关的一种政治姿态。以这一姿态为基础,司法机关可以拉近同社会各个层面的距离,更能够有效地缓释以至消弭日益强烈的批评司法现状的社会情绪。对司法机关的这一姿态还可以作另一种解释:司法机关对司法体制改革也有着强烈的内在要求。但是,如同企业改革并不决定于企业自身一样,司法机关自身对司法改革所能够作出的努力也是极为有限的。司法机关改革司法的愿望需要得到广泛的社会支持。对媒体监督的认同以至倡导,不仅可以使司法机关的改革愿望得到更大范围的理解和认同,形成更为广泛的社会基础,而且也可以从传媒监督制度中派生和推演出司法机关自身所希求的某些要求;特别是司法机关能够把传媒监督用作抵制行政或其他干预的一种实用手段。

揭示传媒监督问题提出的背景,一方面自然是为了梳理本章论述的脉络;另一方面也力图说明,传媒监督问题的提出有着急切的功利性原因,因而在强化传媒监督的要求中很容易预设太多的理想化期待。在此情况下,法学理论界建设性的努力不仅在于充分论证传媒监督的积极意义,同时更要从中国现实出发,对传媒监督的运作机制进行实证性分析,对传媒监督的功能作出客观、理性的评价。

一、传媒监督的应有前提

传媒监督的应有前提是指传媒监督作为司法监督的一项常规形式或类型所赖以存在的一般社会条件。对此问题的认识,一方面源

[①] 原最高人民法院院长肖扬多次呼吁加强新闻对法院工作的监督。为此,全国各级人民法院还建立了新闻发言人制度。最高人民检察院提出"检务公开"的要求,也有明确倡导新闻监督的意蕴。

于西方传媒监督的普遍性实践,另一方面则基于对中国传媒监督实际运作过程的客观推断。

(一) 合理张力的形成与保持

传媒与司法之间合理张力的形成与保持,可以被理解为传媒监督的政治前提。传媒对司法监督的最基本依托是政治性的。这不仅是因为这种监督的正当性首先是在政治意义上得到证明的,更在于这种监督需要或只能在适当的政治框架中存在。

在论及传媒监督的政治前提时,理论界容易并且在事实上已经滑入的误区是:把西方社会中传媒与主流政治制度的对抗模式移入对中国现实中传媒与司法关系的分析,特别是从西方思想家对新闻自由的倡扬以及对压抑新闻自由的专制制度的批判中寻找支持传媒监督的理论根据。[①] 孟德斯鸠的权力制约理论、托克维尔等人对出版自由的论证乃至联邦党人的激进民主主张都被用作佐证新闻自由从而论证传媒监督的依据。传媒被当作与主流政治制度相对抗的大众立场的代表者,而司法则是主流政治制度的替身。传媒的自由以及在这种自由上对司法论说和评价的权利,被认为是抗衡主流政治制度的积极因素。应该说,这是对传媒监督的政治基础认识上的重大偏误。

毫无疑问,传媒监督与传媒(新闻)的自由度有着直接关系。但是,这种自由度并不需要传媒"自由"到直接与司法相对抗的地步。在现代社会中,就整体而言,传媒与司法在理论上和事实上都不存在根本上的紧张关系。不仅如此,在现代社会政治结构中,传媒与司法是具有相同使命、共同维系社会统治的两个基本要素。[②] 作为主导意

---

① 在 1999 年于北京大学召开的一次较高层次的司法与传媒的理论讨论会中,不少学者提交的论文都以西方启蒙思想家的理论资源为论证传媒监督正当性的依据的。

② 查尔斯·林德布洛姆把权威、交换和说服归纳为社会统治的三大基本要素。司法与传媒正是"权威"与"说服"的对应实体。参见〔美〕查尔斯·林德布洛姆:《政治与市场:世界的政治—经济制度》,三联书店上海分店 1994 年版,第 1 部分。

识形态传播载体的传媒与作为国家机器的司法都是主流政治制度的工具。因此,对传媒与司法之间的关系不应放在对抗模式中认识,而应从协调社会统治手段的角度加以理解。

在我看来,传媒监督所必要的政治前提仅在于传媒与司法之间能够形成并始终保持合理的张力。这种合理性的概括表述是:在维护社会统治总体目标的前提下,传媒与司法保持各自相对独立的立场;传媒具有依据自身立场论说和评价司法行为及司法过程的权能。在此框架中,传媒的地位既不在于代表某一方面利益对司法持简单的批判态度,也不应完全遵从司法机关的意志,简单地传达司法机关的声音。

相对司法而言,传媒始终是一个独立的论说者和评论者;无论论说和评论某一司法现象的基点是与公众愿望相一致,还是与司法倾向更吻合,传媒的地位都应是独立并相对超脱的。

(二) 相关制度保障的建立

传媒监督的实施不仅需要一定的政治前提,还必须有体现或受制于这种前提的制度性保障。这主要是因为,在实际运作过程中,传媒往往处于一定的弱势,而司法则处于强势地位。司法机关排拒传媒影响的理由和条件相对较为充分。不仅如此,与监督司法的其他形式有所不同,传媒往往受制于司法的反向评价,并且这种评价事实上决定着传媒的行为空间。在此格局下,没有恰当的制度保障,传媒监督充其量也只是一只政治"花瓶"。

从现代西方法治国家的实践看,传媒对司法的监督并没有独立的、专门的制度性安排,也就是说,传媒监督并不具备司法体系内外其他监督方式所具有的制度性条件。这主要体现在,传媒监督并不是司法过程中制度化的一种程序;同时传媒监督在制度上也不能直接产生某种特定的(特别是传媒所希求的)法律后果。传媒监督永远具有"非正式"或"民间化"的性质。

传媒监督的制度保障主要体现于制度上对传媒论说和评价司法行为权能的肯定。具体来说,这种制度保障又主要包括三方面内容:第一,为传媒论说和评价司法行为创设较为广泛的空间。理论上,所有的司法行为以及司法行为的整个过程都应当或可能成为传媒论说和评价的对象,相应地,在制度上为传媒设定的空间也应是较为广泛的。这类制度体现于宪法和法律对传媒在国家政治生活中总体地位的界定;传媒的总体地位和作用愈是受到重视,论说和评价司法行为的空间就愈为广泛。第二,为传媒论说和评价司法行为创造实际条件。这类制度不仅包括要求司法行为公开和透明的相关规则,同时又指司法机关为传媒提供特别条件的有关规定,如司法机关新闻发言制度,接受或允许媒体对司法过程采访报道的制度,等等。第三,保证传媒正当履行职责的行为不受限制或追究。这是从另一个侧面肯定传媒论说和评价司法行为的权能,同时也是针对传媒的弱势地位而提供的特别的制度保护。

(三) 传媒约束机制的有效形成

这一前提关涉到媒体作为监督主体的基本品格。在与司法的对应关系中,传媒虽然有弱势的一面,但这种弱势主要指传媒对司法过程影响的相对被动性;在更广泛的社会范围中,传媒却有其特殊的话语霸权,西方理论把传媒的话语霸权称为"传媒审判"(trial by media)。这种霸权既是传媒监督能够产生实际效果的基础,也是对传媒行为进行必要约束的根据。如果传媒失却必要的约束,如果特定社会中传媒自身的约束机制不能有效形成,传媒也就失去了成为监督主体的基本品格;这样的传媒对于法治社会中的司法将是一种灾难。为此,在各国实践中都不同程度地考虑了对传媒的约束问题。美国斯坦福大学著名大众传播学学者韦尔伯·施拉姆指出:"如同国家发展的其他方面一样,大众传播媒介发展只有在适当的法律和制度范围内才会最合理、最有秩序地进行。"①

　　传媒的约束机制包含可能对传媒产生限制作用的一系列要素。首先是传媒的行业自律。传媒的行业自律是传媒谋求自身政治空间、争取社会广泛认同的必要措施,同时也是传媒维系自身独立品性的保证。在对司法监督问题上,传媒不仅需要从一般性的职业标准出发约束自己的行为,而且基于司法在政治框架和社会生活中的特殊地位,传媒更需要审慎地处理同司法之间的关系,特别是需要在公众社会要求与司法立场之间寻求恰当的平衡点。借用库尔特·勒温的话说,传媒必须通过自律当好信源与受众之间的"守门人"。② 其次是传媒机构的行政性管理。传媒的行政管理是政府依据自己的意志对传媒行为的规制,它所体现的是政治权力对传媒行为的具体要求。政府一般通过传媒机构设立登记和执照制、刊(播)前检查制、惩办制、征税制以及津贴制等方式实施这种管理。③ 在本章所涉及的主题中,传媒的行政管理集中体现于政府对传媒与司法关系的具体把握和协调。政府行政管理的宽严度在很大程度上决定着传媒论说和评价司法行为的能力。在中国现实情况下,政府的这种管理通常是以"管好传媒,善待司法"为基调的。再次是司法评价。传媒论说和评价司法的行为在一定的范围内需要受制于司法的评价。这主要指传媒的相关行为被认为是侵害了司法机关及其成员或涉案当事人的正当权利从而引发传媒机构(或其成员)被追究法律责任的情况。这方面的实例尽管不会有很多,但对传媒行为的影响是很深刻的。除了前述三个要素外,公众对传媒的评价,特别是传媒涉及的相关当事

① 〔美〕韦尔伯·施拉姆:《大众传播媒介与社会发展》,金燕宁译,华夏出版社1990年版,第240页。
② 参见沙莲香主编:《传播学——以人为主体的图象世界之迷》,中国人民大学出版社1990年版,第183页。
③ 沙莲香主编:《传播学——以人为主体的图象世界之迷》,中国人民大学出版社1990年版,第181页及以下。

人对传媒立场和传媒行为的认同或反对,亦构成对传媒行为无形或有形的约束。传媒对每一个具体司法行为的立场和态度,事实上都要受到公众意志的检验,当然更无法回避相关当事人所可能表示的赞同或可能实施的对抗。

　　传媒约束机制的有效形成不仅在于前述约束要素(或更多的其他要素)的存在,更主要还在于:(1)在特定社会中,各个约束要素应形成合理的约束结构。从传媒监督的特性以及民主发展的趋势上看,应突出行业自律约束的作用而逐步淡化行政管理的功能。(2)各个约束要素之间相互协调,而不应有直接和明显的冲突。①(3)无论是何种约束,都不应损伤传媒监督的机理,不应损伤传媒实施这种监督的内在积极性;约束的总体取向应在于着力矫正传媒可能或实际出现的重大偏失,而不应集中于限制传媒的行为空间。

二、传媒监督的运作特征

　　与其他监督方式不同,传媒监督有其个性化特征。全面认识传媒监督的作用,不能不对这些特征作出具体分析。

(一)传媒监督的立场

　　从逻辑上推演,对司法行为进行评价或监督的角度应当是法律化的。然而,事实上传媒监督的基点和视角并不完全出之于法律。传媒的立场实际上是复杂的。这主要是因为,影响和决定传媒立场的潜在因素是多方面的。不难列举的因素有:(1)社会公众的情绪

---

① 由于不同约束主体之间存在着不同的利益立场,实践中这种冲突是很容易发生的。

倾向;(2)主导性政治力量的偏好;(3)现行法律的基本规定;(4)迎合受众(观众、听众、读者等)需要的自身要求(如新闻性、煽情性、刺激性需要);(5)影响甚至左右媒体的相关当事人的意志。所有这些都对传媒的立场产生实际影响。但是,无论在具体行为中主要受制于哪一方面或哪几方面因素的影响,传媒更多是从社会公众的道德情感出发,以社会正义和道德捍卫者的姿态论说和评价司法行为及司法过程。这种形式上的道德立场既可与社会公众的情绪倾向相吻合,同时也能取悦主导政治势力,反映政治权力者的社会统治主张。不仅如此,由于道德立场较之法律立场具有更为广泛的认同基础,因而无论传媒对具体问题的认识是否与现行法律相一致,都能够在道德立场基础上为自己建立正当性,并以此隐蔽暗含于道德化陈述中的媒体自身的特殊利益。

传媒监督的这种立场在实践效果上往往会表现出它的两面性。一方面,它可能延展和强化司法行为的社会效果,通过传媒形成道德与法律的接续,为司法建立更为扎实的社会基础;另一方面,由于道德立场往往使传媒囿于情感性判断,因而较少顾及司法过程中技术化、理性化、程序化的运作方式。一旦道德意义上的结论形成,传媒便尽情地利用道德优势表达自己不容置疑的倾向与要求,甚至以道德标准去责难司法机关依据法律所作出的理性行为,从而把道德与法律的内在矛盾具体展示为公众与司法之间的现实冲突。①

---

① 这方面的典型案例当推"夹江打假案"。1996年,四川省夹江县一个体户经营的印刷厂仿冒制印另一企业的产品包装。四川省某技术监督机构对该厂作出了查封等处罚决定。被查封者(媒体称为"制假者")遂向法院提起行政诉讼,指控技术监督机构无权作出这一处罚。对此,包括中央电视台《焦点访谈》在内的所有媒体均以"制假者将打假者推向被告席"为主题报道了这一事件,并以"恶人先告状"为道德批判模式,对"制假者"的起诉行为予以谴责。面对媒体形成的舆论压力,法院不得不违心地作出不利于"制假者"的裁决。事实上,本案所涉及的仅是"制假者"由谁处罚的问题,而不牵涉"制假者"应不应受处罚的问题。"制假者"对违反程序所作出的处罚的抗辩权、起诉权是应当得到肯定的。

（二）传媒实施监督的内在动因

即便在西方法治国家中，传媒对司法的监督也并不构成媒体的法定义务。这就是说，传媒对司法的监督并不是基于外部的制度化的约束强制，而是基于媒体的内在动因。更进一步看，对司法实施监督，事实上也并不是媒体的自觉意识，传媒的立业宗旨中并不包含法学家们所期待和外设的这一使命。用低调的眼光来看，传媒对司法的监督只是传媒追求自我目标的副产品；传媒实施监督的内在动因包含在传媒对自身利益的追求之中。

如前所述，司法过程中所蕴含或展示的内容及其刺激性，是传媒关注司法的最直接、最表层的原因。司法程序中所涉及的社会事实以及司法程序对这些事实所作出的处置往往构成一种特异的社会现象。这种特异性不仅与传媒需要迎合的受众的猎奇心理相适应，而且也关联到受众在特定时期中的社会情绪。正是这种特异性设定了媒体的传播价值，表达甚至渲染这种特异性成为媒体的追求。在现今任何一个有影响的媒体中，都不可能忽视或缺少司法话题，即使在娱乐或体育版面（栏目）中，媒体着墨较多的也是明星们有意或者无意制造的各种纷争与官司。可以说，司法过程中所演绎出的新闻构成传媒生存的重要支点。传媒关注并论说和评价司法的热情也缘生于此。

对传媒对司法实施监督的动因，或许还应看到更为深层的一面，这就是传媒对其自身在社会结构中地位的注重。在现代社会中，一方面，传媒"是现代社会中各个群体社会组织的模式化社会期待的一个重要来源。也就是说，媒介的内容描述了当代社会生活中所知的各种群体的规范、角色、等级和制约"①；另一方面，传媒在描述各个

---

① 〔美〕柏尔文·德弗勒等：《大众传播学绪论》，新华出版社1990年版，第251页。

群体角色和等级的同时也显示出自身在社会结构中的重要角色和地位。传媒表达的内容之所以能够成为各个群体社会期待的识别标志，表明传媒已经获得了社会认同的话语权力。不仅如此，由于司法在社会结构和社会体系中具有很高的地位，因而传媒论说和评价司法行为及司法过程的能力，则更进一步衬托出传媒的特殊地位。与司法对话是传媒的职业骄傲所在。在"传媒监督"这一富有光泽的称号下，传媒为其"无冕之王"的称号找到了实证性的注脚。尽管把传媒奉为立法、司法、行政之外的"第四权"①不免有拔高耸听之嫌，但监督与被监督者之间一般关系模式确实能够为传媒论说和评价司法提供很大的激励。

从功利角度解释传媒监督司法的内在动因，似乎忽略了传媒在监督司法过程中的正义感。不可否认的是，传媒监督的具体行为往往是媒体受到特定情境和事实的感染，基于伸张和维护正义的动机而作出的。② 然而，如同传媒的具体行为同样可能产生于浅俗的物质利益诱导一样，传媒在具体行为中个别性的动机，与这里所要表达的传媒实施监督的一般性、普遍性动因不属于同一层次的问题，尽管这些个别性的动机同样不应被忽略。

（三）传媒监督司法的实际范围

传媒监督司法的实际范围除了受制于特定社会中制度为传媒所提供的可能外，更决定于传媒自身的运作规律和传媒自身的利益基点。实践表明，传媒对司法监督的实际范围并不决定于司法或其他社会力量的要求；能够进入传媒视野的是制度所允许且传媒自身付诸热情和兴趣的一部分司法行为和司法过程。

---

① "第四种权力"的提法最早于 1787 年出自英国人比尔克；1974 年 11 月 2 日，美国联邦最高法院大法官 P. 斯特瓦特正式提出具有法律意义的"第四种权力理论"。
② 这方面的实例在著名记者敬一丹等人的相关著作，如《声音》等书中均有充分的体现。

　　与传媒的大众化特征相联系,能够进入传媒视野、受制于传媒论说和评价的司法行为及司法过程首先必须具有公众关注的价值,无论这种关注产生于严肃的道德责任,还是某种利益上的激励甚至纯粹的猎奇、"窥阴"心理。因此,受传媒所检视的司法行为与司法过程,或者是涉及普遍性的、与公众实际利益或情感相联系的事件,或者是带有相当特异性的事件。后者通常又包括:(1)司法所受理的事实具有某种特异性;(2)司法审理或处理对象身份、地位或个人经历具有某种特异性;(3)司法行为或司法过程非正常化、非规范化。总之,一般性和常规性、与公众兴奋点不相符的司法行为或过程事实上很难进入传媒论说和评价的范围之中。

　　进一步看,传媒对司法监督的实际又涉及三个层面:一是论说和评价司法过程所审理或处理的事实。传媒监督在此方面的作为在于,与司法机关共同对相关事实作出各自独立的评价,并以此强化或间接地改变司法机关对该事实的认识。二是论说和评价司法机关及其成员的个别行为。传媒的监督作用体现于通过这种言说和评价,影响或矫正个别司法机关及其成员在司法过程中的偏差。从理论上说,这是传媒监督最能够有效发挥作用的空间,也是传媒监督倡导者最为理想的实践形态。然而,传媒在具体实施这类行为时,既需要审慎地考虑与司法机关之间的相互关系,更需要考虑主导性政治力量为维护司法机关形象和司法权威所设定的要求。因此,这一空间,既是传媒乐于进入的兴奋区,也是传媒最为谨慎踏入的雷区。三是论说和评价司法的总体状态。传媒在这方面的努力,主要体现于对特定时期司法保护倾向、司法机关的总体素质、司法体制的运作状态以及司法与社会各个层面的关系作出评论,把主导性政治力量对司法的认识或社会公众对司法状况的感觉在更大范围中展示出来,以此从深层上影响司法行为和司法过程。这虽然是传媒监督所不常涉及的领域,至少不是所有传媒都能够涉及的领域,但却是能够显示传媒监督水平、传媒政治和社会地位的空间。

（四）传媒监督的作用方式

传媒监督的作用方式是颇有吸引力的研究对象。前已述及，传媒监督与其他监督方式完全不同，既无特定的监督程序，亦无能够产生特定法律后果的制度上的手段。在这种意义上说，把传媒论说和评价司法的能力称为"传媒监督"，无疑显得较为牵强，甚至可以说是一种政治上的"虚荣"。但是，无论怎样，传媒确实又能够通过其独特的方式对司法行为及司法过程产生作用，并且这种作用是其他监督手段所无法替代且在合理化的现代社会结构中所不可或缺的。

传媒是通过对三类不同主体产生影响而显示其监督作用的。首先，传媒通过影响社会公众而间接影响司法机关。作为一项社会性很强的实践活动，司法在很大程度上需要社会公众的认同。司法与社会公众相对立的情况只是人类历史上的一种偶然。正是基于司法与社会公众的这种关系，传媒一方面以社会公众代言人的身份表达对司法行为和过程的认识，另一方面又以这种认识去影响和引导社会公众，进而对司法形成一种舆论压力，推动司法向符合这种认识的方向发展，特别是促使司法机关作出与这种认识相一致的决断。其次，传媒以自己的行为直接影响司法机关。即便不是出于对公众意志和情感倾向的考虑，传媒的话语权力和影响力也是司法机关及其成员所无法忽视的。司法机关及其成员对自身社会形象的顾及、对自身社会威望的维护决定了它（他）们对传媒保持着很大程度的依赖。司法机关及其成员不仅怵于传媒对自己不当行为的张扬，而且在某些情况下还会曲意迎合传媒。因此，在实践中，面对传媒所表达的某种认识与见解，司法机关及其成员所重视的不单是自身行为的法律基点和依据，同时也必须注重传媒这种认识与见解所可能产生的社会影响。在此境况下，司法机关及其成员较为妥当也较为常见的做法是,在法律提供的自由斟酌幅度中选择符合或大致符合传媒认识与见解的处置方式,以体现对法律和传媒的双重尊重。最后,或许更为重要的是,传媒通过影响能够制约司法机关的某些权力机构,借助这类机构的制度化手段改变司法行为或过程,以此体现其监督作用。无论在何种体制下,某一司法机关都不会超脱于任何其他权力的制约。即使在将司法独立作为明确政治建构原则的国家中,司法机关亦受制于其他权力机构,至少会受到司法体系内相关机构或其上一级司法机关的制约。这就在事实上为传媒监督提供了一种可能:传媒将这类机构作为自己诉求的对应主体,向这类主体述说其对具体司法行为或过程的主张,潜在地影响和改变这些机构的认识和判断,从而促使这类机构利用制度化的手段或其实质性的影响力,肯定或否定已经形成或将要形成的具体司法行为。在司法独立(不只是形式上独立)特征不够明显的国家和地区中,传媒的这种作用方式运用得更为充分和有效。这不仅是因为这种环境中传媒能够影响的主体更多,同时也在于这种环境中传媒更容易找到与这类机构利益目标相一致,且能借此说服这类机构去改变司法行为和过程的基点。

三、传媒监督的效能评价

当我们使用"传媒监督"这一概念时,事实上已经不自觉地把传媒监督视为一项纯积极的社会实践。因为"监督"一词在语义上与"干扰"的区别,使人们有理由从纯积极、正当的意义上认识它的效能。然而,理论上抽象出来的"传媒监督"与实践中传媒对司法行为和过程的论说及评价并不完全相合。逻辑与经验都证明,传媒的这种论说和评价对于具体的司法行为或过程来说,其作用绝不完全是积极的。"传媒监督"这一提法的存在即便不是出于一种政治性策略,也是以舍去传媒论说和评价的负面效果为前提的。对传媒监督进行科学的、实证化的研究,就不能回避或无视这种效果。

　　传媒的功能始终是大众传播科学研究的重要主题。21世纪科学发展所提供的定量分析程序和科学的逻辑方法为传媒功能的论证提供了便利和条件。尽管研究者从总的结论上肯定了传媒对于社会的积极意义,但在实践层面上传媒的正负双重效果是任何人都不曾否认的。有趣的是,传媒的正面效果所在,往往也正是传媒备受责难的负面影响所在。美国学者德弗勒(Melvin L. Defleur)和鲍尔-洛基奇(Sandra Ball-Rokeach)列举的传媒的积极功能是:"(1)揭露罪孽腐败;(2)担当宝贵的言论自由卫士;(3)给千百万人至少带来一些文化;(4)每日为疲惫的劳动群众提供无害的娱乐;(5)告诉我们世界上发生的事情;(6)通过不懈地催促我们购买和消费各种产品来刺激我们的经济界,使我们的生活水准更加宽裕。"他们所列举的传媒的负面效果有:"(1)降低公众的文化情趣;(2)增加青少年犯罪率;(3)促使世风日下;(4)诱使民众陷入政治肤浅的境地;(5)压制创造力。"①这些列举是否全面当属另一回事,但对于我们认识传媒与司法的关系是有警示作用的。

　　这里仅对传媒监督在实践中所可能引出的问题作出分析,以使我们对传媒监督效能的认识建立在较为理性的基础之上。传媒论说和评价司法的负面性主要产生于两个基本原因:一是同传媒自身的利益基点相关;二是同传媒的技术素质相关。从传媒自身的利益基点来看,传媒本质上亦是公共选择理论意义上的"经济人"。在任何社会、任何情况下,传媒都有自己的特定利益(无论是经济或是政治利益),并依据这种利益基点表达自己的社会见解。纯客观、完全超脱或中立的传媒仅仅是一种道德虚构。在论说和评价司法的过程中,传媒的这种利益基点客观上对传媒的行为选择以及传媒的具体认识和见解产生影响。在一定意义上说,传媒是依自体意志(而不是

---

① 〔美〕柏尔文·德弗勒等:《大众传播学绪论》,新华出版社1990年版,第30页。

法治原则)对司法实施监督的。这与其他监督形式的立足点有着明显区别。就主观状态而言,传媒监督的具体追求与其说是为了法治的完善,莫若说是为了实现传媒自身的利益。不可否认,传媒的这种利益在多数情况下与法治的要求以及主导性政治力量的愿望是一致的,与社会公众的意志与情感倾向也是吻合的,但彼此间出现冲突与龃龉也是必然的。这也意味着在允许传媒对司法进行论说和评价的同时,也给予了传媒为追求自身利益而干预正当司法行为的机会。从传媒的技术素质来看,一方面,如前所述,传媒的话语立场是道德化的,因而传媒很难理解司法机关依据法律,特别是依据法律程序对某些社会事实所作出的与道德情感或公众情绪不尽一致的判定和处置;另一方面,传媒无法恰当地筛选或过滤公众所宣泄的、与法治要求并不一致的社会情绪。此外,相对司法而言,传媒在表述某种认识和见解时,更缺少事实基础,更缺少程序性制约,更缺少技术性证实或证伪手段。

在我国理论界,倡导传媒监督的学者往往同时也是司法独立性的强调者。这大概是因为司法独立性与传媒监督同属于法治与民主的范畴;同时,这两种主张都符合学者们的人文主义激情。但是,如果不能冷静地看待传媒监督的前述缺陷,片面且过分地渲染传媒监督的积极作用,学者们将会跌落到自设的陷阱之中。因为司法独立性在本质上不仅排斥行政或其他干预和干扰,同时也不能容忍传媒自身以及传媒可能引致的其他干预和干扰。把传媒摆到不恰当的位置无疑会破坏司法独立性的外部条件。而这将与学者们倡导传媒监督的初衷相悖。在这方面,丹宁勋爵的一段著名论述能够给予我们以启示:"新闻自由是宪法规定的自由,报纸有——应该有——对公众感兴趣的问题发表公正意见的权利,但是这种权利必须受诽谤法和蔑视法的限制。报纸绝不可发表损害公平审判的意见,如果发表了就会自找麻烦。"①

在最朴素的意义上说,特定社会对传媒监督的选择,不仅是利害

---

① 〔英〕丹宁勋爵:《法律的正当程序》,群众出版社1984年版,第39页。

相权之下作出的一种取舍,更主要是人们对扩展传媒监督的积极功能、抑制传媒监督的负面效应抱有一定信心。相关的制度设计也都是围绕这一目标而展开的。因此,传媒监督的实际效能很大程度上取决于特定社会中制度设计的合理性,特别是相应的制度安排与特定社会的基本条件的适应性。这些条件包括:民主发展为传媒所提供的政治空间,传媒体系的设置及其运作特点,受众的文化素质以及司法体系的实际状况,等等。以此分析为依据,我们可以顺理成章地将话题转入对中国传媒监督的相关现实问题的讨论。

四、实施传媒监督的现实制约

总体上看,现今中国传媒对司法的监督作用尚未能得到很好发挥,传媒监督远未能达到学者们所期望的理想境况。一方面,传媒对自己与司法关系中所处的尴尬地位以及传媒在论说和评价司法方面的有限空间心存不满;另一方面,司法并未普遍地接受传媒监督这一非制度化的监督形式,对传媒的排拒或不配合依然是司法机关处置与传媒的关系时的主导心理倾向。这种状况既是当下中国倡导传媒监督的具体缘由,也是实施传媒监督的现实起点。

应该说,在中国主流意识形态中,传媒监督有着更强的理论支撑。因为中国司法机关的社会目标与传媒所体现的公众意识具有很高的一致性。意识形态中所刻画的中国司法的先进性、优越性,特别是司法机关对人民利益和社会利益的关切,正是传媒监督所需要的支点。这表明,影响传媒监督实施的是其他一些制约因素。

第一,传媒的行为受限较大,传媒与司法之间的合理张力尚未形成。

中国传媒长期被视为主导性政治力量的"喉舌",担负着很强的传播主流意识形态的使命。改革开放以来,情况发生了一些变化。

一方面,民主化进程为媒体提供了较大的自由度;另一方面,意识形态的多元化也使传媒的政治负载得到一定程度的缓释,传媒的发展亦显示出多元化趋势。由此,传媒获得了论说和评价司法的最起码的条件。然而,实践中,在对待司法问题上,传媒的行为所受到的限制仍然是很多的。这首先自然是因为传统观念和制度惯性的影响依然较强。完成观念的根本转变、消解制度惯性不仅需要假以时日,更需要决策层以及司法机关经历相应的阵痛。但或许更为重要的原因是,人员素质难尽人意的司法机关以及粗糙的司法行为尚无法满足社会公众的期待和理想;司法机关及司法行为事实上也经不住以这种期待和理想为基准的评价和挑剔。对司法行为及过程消极状况的适当遮掩有助于维系社会公众对法治及司法机关的信心。在政府推进型①的法治创建模式下,决策者不能不把限制传媒的行为空间作为一种社会策略。没有理由对这种策略作出完全否定的评价,同时又应看到的是,这方面的限制正不断超出维护司法权威的实际需要;逐步放开这种限制、扩大传媒的行为空间应当成为决策者更为有利的选择。

第二,司法过程封闭性过强,司法专横现象导致了对传媒权益的漠视。

尽管存在程序法的规制,实践中司法过程的封闭性仍然很强。这种封闭性不仅体现在应予公开的司法过程在很多情况下未予公开,或达不到法律所要求的公开程度,更体现于法律虽无明确要求,但依照民主原则应当受到社会检视的司法过程未能向社会公开。这在相当大的程度上隔绝了传媒的信息源,限制了传媒对司法的影响能力。不仅如此,基于对传媒的戒备,一些司法机关往往还特别排拒传媒的介入,以技术化的理由挡御传媒对司法过程具体状况的了解。

制约传媒监督的另一重要因素是司法专横现象的存在。从近年

---

① 参见蒋立山:《中国法治道路讨论》,《中外法学》1998年第3、4期。

来反映出的情况看,司法专横与司法腐败已经成为司法机关的痼症。司法专横的集中表现就在于司法机关及其成员不尊重当事人或其他相关主体的法定权利,把法律所提供的特殊职业优势作为其恣意行为的条件。司法专横的心理趋向也导致了司法机关及其成员对媒体知晓权以及采访权等权益的漠视。在与司法机关的交往中,传媒往往被迫将自己置于劣势地位,以求得司法机关某种程度上的配合。中央电视台的《焦点访谈》所具有的那种地位是绝大多数媒体所根本无法企及的。然而,即便是《焦点访谈》,也难以避免被个别司法机关拒之于门外的经历。在此情况下,传媒监督的实际可能是极为有限的。

第三,受众参与民主的政治素质以及相关的文化素质尚待提高,对传媒的开放度相应也受到一定限制。

应当看到,中国现实社会中受众参与民主的素质以及相关的文化素质仍然较为低下,更不具备激进人文主义、自由主义者所预想的水平。受这种素质的局限,在正确地看待并分辨传媒所提供的信息,并且理智地克制由这些信息激发出的情绪方面,受众的能力不容高估。在不能指望传媒自己对信息进行恰当筛选的情况下,相应的对策似乎只能是限制对传媒的开放度。正如柏拉图在《理想国》中设想的那样:"我们将劝告奶妈和母亲只给孩子讲一些我们批准的故事。"①特别是司法过程中所涉及的事实,往往关系到公众的普遍利益,如果传媒涉及这些事实时缺乏正确的引导,很容易导致公众将司法机关作为其宣泄情绪的对象,从而引发更大的社会事件。在稳定高于一切的当今中国社会中,以政府的谨慎代替传媒的谨慎,政府降尊纡贵作为传媒"看门人"的现象,不能说没有其合理的因素。

对产生于受众方面的制约,还应看到的一个事实是:受习惯方式的影响,中国受众素来都有"把报纸(自然也包括电视等媒介)当文

---

① 〔古希腊〕柏拉图:《理想国》,张造勋译,北京大学出版社 2010 年版,第 54 页。

件读"的习惯。这表明传媒对于中国受众具有更强的引导力。受此因素的影响,受众很容易把传媒对某些司法行为的认识与见解误认为政府的认识与见解,至少认为是政府认同的认识与见解;同时也很容易把传媒所述说的个别现象理解为具有一定普遍性的现象。在此格局下,传媒得到的或许是信誉,而失去的必定是一定程度上的自由。

第四,传媒自我约束能力较弱,对传媒的管理难以走出"管则死、放则乱"的窘境。

中国现有传媒机构大体上可分为三类:一是党委和政府直接创办并管理的传媒机构;二是有关行业或部门创办并管理的行业或部门传媒机构;三是社会机构创办和经营的商业性传媒机构。这三类传媒机构的运作方式各有所异,但共同的特点是自我约束能力较弱。就前两类来说,由于这两类媒体机构直接受制于创办者,自身的独立程度很低,因而它们的行为在很大程度上屈从于创办者的政治态度或行业部门的利益追求。这类媒体机构往往既无自我约束的动因,亦无自我约束的实际条件。后一类媒体机构则受制于直接的商业化经营目标,对商业利润的追求常常诱使其放弃自我约束。传媒自我约束能力的弱化,给传媒的管理带来很大困难。经济领域中惯常出现的"管则死、放则乱"的二难窘境在传媒管理中表现得更为充分。在此情况下,管理者对"放则乱"的担忧远甚于对"管则死"的注重,因而,"适度偏紧"始终成为传媒管理机构实施宏观管理的政策取向。这也是实践中传媒监督的行为空间较小、能力较弱的又一原因。

不难看出,实施传媒监督的前述诸种制约因素,有些同某一阶段的社会发展状况,特别是同民主进程直接相关,随着社会发展、特别是民主进程的加快,这些制约因素的影响也会相应消解;但有些制约因素则依附于更深层的社会基础,在较长时期中仍将继续存在。与此同时,某些制约同传统观念和习惯相关,观念和习惯的改变亦会淡化这些因素的作用。但有些制约因素则根源于社会治理的基本体制,因而难以指望其在短期内能够改变。这种现实再次提示我们,对中国社会中传媒监督的实际作用不应付诸过多的期待;富有实际意义的努力在于把这种现实作为传媒监督(乃至新闻体制改革)制度设计的客观背景,在现实所提供的可能和条件上构建具有中国特色的传媒监督机制。

五、对几个具体问题的讨论

本章前面的分析表明,强化传媒监督似应着眼于两个方面:一是从观念上逐步消除排拒传媒监督的认识障碍,在全社会,特别是在决策层和司法机关中建立起尊重和接受传媒监督的广泛共识;另一方面则应设计出相应的制度性措施,推动传媒监督在更大范围和更高层次上具体实施,以支持和适应这场方兴未艾的司法改革,并借此加快中国法治化进程。以近年来的实践感受为基础,这里就传媒监督的几个问题进行讨论。

(一)传媒监督制度设计的基本取向

从中国现实情况出发,我以为,传媒监督制度设计的取向一方面在于拓展传媒的行为空间,给予传媒在更大范围内实施监督的环境与条件;另一方面则在于强化对传媒行为的合理化约束,遏止和减少传媒在实施监督过程中的非规范行为,提高传媒监督的总体水准。在这两方面中,虽然从逻辑上说前一方面更具有基础性,但后一方面的现实需求则更为迫切。因为如果对传媒的合理约束不能有效形成,决策者以至司法机关能够给予传媒的舞台必定是有限的。只有当这种约束机制足以使决策者和司法机关对传媒建立起基本信任后,传媒才可能获得更大的自由度。

（二）传媒监督的主导任务

基于司法运作的现实状况,传媒对司法监督的任务也是多方面的。但是,无论从中国社会的现实要求看,还是从传媒的实际能力看,传媒监督的主导任务应在于揭露社会腐败,以此启动司法机关的惩治程序;同时揭露司法机关及其成员在履行职务过程中违法违纪行为,体现社会力量对这类行为的矫正能力,提高司法的公正性。传媒监督的这一主导任务与我国社会治理体制以及这一体制的运行状态也是吻合的。其机理是:社会腐败或是司法腐败所损及的主要是国家利益,而国家利益的"看守者"失职是较为普遍的现象,由此造成的结果是管理者与被管理者之间的信息不对称,从而弱化了全社会对腐败现象的控制和惩治能力;传媒的作用正在于从一定程度上弥补这种缺失,通过传媒的监督强化管理者对社会腐败和司法腐败行为的监控。可以说,离开传媒的这种作用,包括司法在内的社会机体的健康发展是无法想象的。揭露腐败这一主导任务,不仅应成为传媒机构的自觉意识,而且也应体现为决策机构在传媒监督问题上的指导思想。

（三）传媒监督的主要方式

公开报道与"内参"(或其他类似形式)并存,是中国传媒的重要特色。"内参"是一种典型的现代"奏折"。严格地说,"内参"并不具有传媒的基本特性,即大众性;同时,"内参"从本质上说更适合于"人治"而非"法治"的社会环境。但是,在传媒素质以及受众素质均尚不理想的情况下,在司法机关的行为客观上仍受制于多方面影响的条件下,"内参"的积极意义是不应被否定的。因此,强化"内参"形式的运用仍然是较长时期中传媒监督的重要选择。当然,这并不意味着公开报道因此而显得不重要,对司法问题公开报道显然也必须大大加强。不仅如此,对"内参"的现实运作方式也应作出符合法律程序的调整,特别是应将"批示效应"纳入法律轨道之中。

讨论传媒监督的方式还需要涉及前一时期成为法学界话题的庭审实况的电视实况直播。有趣的是,对电视直播方式持异议的学者正是传媒监督的积极倡导者。否定电视直播方式的主要理由有二:其一,在美国这样的国家中,也不主张电视直播庭审实况;其二,在电视直播庭审实况的情况下,法官与诉讼参加人均有"表演"之嫌。我无法认同这两种理由。一方面是因为,对美国实践的尊重必须以承认美国的文化背景为前提,在不同的文化背景中所作出的选择至少不应是完全相同的,①同时,美国禁止摄像机进入法庭的做法在一些州已发生了改变;②另一方面也在于,以一次直播实践为基础而认定所有直播都可能导致法官或诉讼参加人"表演",在逻辑上、实证上均显得有些欠缺。反对电视直播庭审实况这一形式需要更具说服力的理由。我认为,庭审现场的电视直播有助于强化审判公开的积极效应(特别是目前中国各地旁听公开审判均有一定困难)。同时,电视直播较之媒体的转述或评论具有更强的保真度,更宜于社会公众对司法过程的监督。

---

① 在大众传播方面,由各国的政治、经济、文化背景的差异所形成的传媒规则的差异也是很大的。韦尔伯·施拉姆在对发展中国家的相关实践进行分析后认为:"基本的事实是,在各种法律体系之间存在着一种根本的多样性,这种多样性既是各种思想、文化、经济水平和社会需要的反映,又是其必然后果。在这些不同的体系当中,特别是在像新闻这样一个领域中,政治因素使这些体系的多样性和从属性变得更突出,当传统和文化的多样性又加上了区别大多数发展中国家和高度工业化国家的巨大经济发展差距时,怎样才能找到法规的共同点呢?比如,可以严肃地说,美国或西欧或苏联关于建立和使用大众传播媒介的法律条款可以立即成功地用于保证中非西部艾菲一家或南亚的巴尼一家的信息权利吗?在目前的发展阶段,同时适用于所有国家的标准法规是不可想象的。但有一点可以肯定,即如果不考虑这方面法律因素的特点,就会严重影响目前为改进大众传播媒介和保证它们可以也应该对社会经济发展作出贡献所做的努力。"〔美〕韦尔伯·施拉姆:《大众传播媒介与社会发展》,金燕宁等译,华夏出版社1990年版,第241页。

② 参见〔美〕巴顿·尔特等:《大众传播法概要》,黄列译,中国社会科学出版社1997年版,第132页及以下。

（四）实施传媒监督的制度保障措施

现实地看,实施传媒监督的制度保障应集中于两个方面:首先是传媒管理机构取消对传媒的不恰当限制;[1]再就是司法机关在实际工作中为传媒的工作提供必要条件。在这方面,可行的措施是:(1)凡公开审理的案件均应准予媒体采访报道。(2)司法机关通过新闻发言制度等方式,建立与传媒对话的常规渠道。(3)依法应予公开的法律文书均应允许传媒机构查阅。(4)确立司法机关对其作出的司法裁决以及采取的法律措施的说明和解释责任。(5)对在社会上有重大影响的案件,司法机关应给予媒体某些特殊便利,配合媒体适时报道进展情况。(6)借鉴美国部分州立法的范例,设立某些对记者的庇护性制度。[2]

（五）传媒侵权救济制度的完善

近年来,因传媒侵权而引发的纠纷不断增加,司法机关及其成员与传媒之间的讼争亦相继出现。[3] 毫无疑问,司法机关作为民法意义上的法人,司法机关成员作为民法意义上的个人,其名誉权亦应受到司法保护。然而,司法机关(包括其成员)诉求司法机关裁决其与传媒之间的纷争,这一方式毕竟在观念上和实践上均显得不够妥贴。同时,诉讼固有的周期长、耗费大的缺陷也不利于纷争的低成本解决。因此,对传媒侵权救济制度应有创新性改革。可以设想的方式

---

① 在一些地区,传媒管理机构明确要求:批评司法机关的报道应得到该司法机关的上级机构的同意。这类限制显然应予取消。

② 有关美国新闻记者庇护法的规定,参见参见〔美〕巴顿·尔特等:《大众传播法概要》,黄列译,中国社会科学出版社1997年版,第180页及以下。

③ 例如深圳市福田区法院指控《民主与法制》杂志社侵犯其名誉权而诉至法院。类似的诉讼此前也出现过。

有:(1)建立传媒行业性的惩戒机构,接受包括司法机关及其成员在内的法人或公民的投诉。这类机构性质上为民间性自律组织,依照有关法规和全国性或地方性媒体自设的规则调处相关纠纷。(2)建立政府行政惩戒机构,接受当事人的投诉,并就此作出行政处理决定。不服该机构决定的可向法院提起行政诉讼。(3)鉴于传媒侵权纠纷呈日益增多的趋势,同时处理传媒侵权纠纷具有较强的专业性,可设立专门的传媒纠纷仲裁机构。由仲裁机构对这类纷争进行仲裁。不服仲裁的,可向法院请求民事审判救济。

显然,建议中的这些方式已经超出了传媒对司法监督的范畴,但这些方式确实又是讨论传媒对司法监督所不能不涉及的。由此得到的启示或许是更有意义的:强化传媒对司法的监督不仅需要司法界、法学界的热情,更需要新闻界及其管理机构创新而务实的努力。

第四编

司法判例

第十二章　我国成文法体制下判例运用的功能定位

　　20 世纪 80 年代末,我国法治建设恢复后不久,即有学者提出在我国成文法体制中引入判例运用的设想与建议。[①] 此后近 30 年中,学术界对判例运用不断有所提及,最高人民法院更是通过《人民法院公报》《中国审判指导丛书》《人民司法》等平台,[②]不时推出一些典型案例,[③]隐示其对这些案例裁判规则的肯定,以期为各级法院的审判工作提供示范性引导;2005 年人民法院《二五改革纲要》还将"建立和完善案例指导制度"纳入法院改革的具体举措之中。[④] 但总体上说,这一时期判例运用的关注度、实际进程以及影响力并不突出。随着 2010 年最高人民法院《关于案例指导工作的规定》的正式出台,

---

① 参见潘大松:《借鉴判例制度与更新法律观念》,《比较法研究》1987 年第 3 期;李步云:《关于法系的几个问题——兼谈判例法在中国的运用》,《中国法学》1990 年第 1 期;沈宗灵:《当代中国的判例——一个比较法研究》,《中国法学》1992 年 3 期。

② 《最高人民法院公报》自 1985 年创刊即开始公布典型案例,最高人民法院相关庭室自 2001 年开始编著《中国审判指导丛书》,最高人民法院机关刊物《人民司法》自 2007 年 1 月起改为半月刊,每下半月出版的《人民司法·案例》也公布典型案例。

③ 在我国制度或正式文献中通常将"判例"称为"案例",这多少带有与"判例法"相撇割的意蕴。但并不妨碍在学理研究中运用"判例"这一概念。作为生效裁判的结晶,"判例"较之于"案例",其含义更为明确。本章在相同意义上使用"判例"与"案例"一词。实际上,早在 1950 年 11 月发布的《中央人民政府政务院关于加强人民司法工作的指示》中即已明确使用"判例"这一概念,提出:"不断总结经验,研究判例,以便中央人民政府能够逐渐制订完备的新的法律。"

④ 《二五改革纲要》明确提出:"建立和完善案例指导制度,重视指导性案例在统一法律适用标准、指导下级法院审判工作、丰富和发展法学理论等方面的作用。最高人民法院制定关于案例指导制度的规范性文件,规定指导性案例的编选标准、编选程序、发布方式、指导规则等。"

特别是 2013 年裁判文书公开上网后,[①]判例运用由"印刷术时代"跨越式地进入"互联网时代",经由人工智能、大数据工具的助推,在较短时期内迅速形成前所未有的高潮。迄今为止,法院以及其他各主体基于不同动因、以不同方式在诉讼过程乃至社会生活中了解并运用判例,已成为当代中国法治进程中的一个重要现象;判例运用在我国成文法体制中的嵌入已然是不可逆转的趋势;而判例运用对我国法治运行,尤其是司法运行的深层次影响也日益彰显。

然而,在判例广泛运用的"热潮"的背后,理论界及实务界对我国判例运用的一些基础性问题,认识上尚不够清晰。其中尤为重要的是,我国成文法体制下判例运用的功能究竟如何定位?理论界及实务界对此似乎都有些茫然或虑及不足。近几年,有学者对指导性案例的法源地位进行过一些探讨,[②]但其视野并未及于指导性案例以外的其他判例,且受判例法思维的影响,较多地纠结于判例的"效力"而不是"效用",因而论题的延伸不得不在成文法体制的禁限前停滞;亦有一些研究空泛地把对司法的诸多理想期待及要求负载于判例运用的功能之上,[③]既未能充分显示判例运用与这些期待及要求之间必然的联系,也不利于为判例的具体运用提供明确的目的性识别,从而也很难借此形成对判例运用功能定位的认知。

判例运用在我国成文法体制下的功能定位,不仅牵涉判例运用的方式与效果,关乎判例运用秩序的形成,也决定着判例在我国成文法体制下的终极前景。本章拟从分析我国对判例运用的现实需求入

---

① 2013 年开始,最高人民法院密集出台一系列规范性文件,将裁判文书上网确定为法院系统的刚性要求。相关文件主要有:《关于切实践行司法为民大力加强公正司法不断提高司法公信力的若干意见》(法发〔2013〕9 号)、《关于推进司法公开三大平台建设的若干意见》(法发〔2013〕13 号)、《关于人民法院在互联网公布裁判文书的规定》(法释〔2016〕19 号)。

② 参见张骐:《试论指导性案例的"指导性"》,《法制与社会发展》2007 年第 6 期;雷磊:《指导性案例法源地位再反思》,《中国法学》2015 年第 1 期;章程:《论指导性案例的法源地位与参照方式——从司法权核心功能与法系方法的融合出发》,《交大法学》2018 年第 3 期。

③ 有学者将"提高法官素质""统一司法尺度""规范司法自由裁量""保障司法独立""增强司法认同""提高司法效率""实现司法公正"等均作为指导性案例蕴含的重要价值或功能。参见刘作翔、徐景和:《案例指导制度的理论基础》,《法学研究》2006 年第 3 期。

手,依据判例作为约束性法源、引导性法源以及智识性法源的三种不同属性,对应揭示其在完善我国司法规范体系、统一法律适用以及推动司法经验与智慧的共享这三方面的功能。

需要指出的是,本章以"法源"(法律渊源)作为分析判例运用功能定位的核心概念或认知视角,而"法源"在法理学中是含义不尽确定且具有争议的范畴,至少有狭义和广义两种不同的理解。在狭义上,法源通常被定义为具有法定约束力或拘束力的规范依据。据此,我国有学者主张,指导性案例以外的其他判例即使具有事实上权威或说服性权威,亦"不能归于'法源'范畴。法源并不能穷尽司法裁判之理由的所有形式"①。在广义上,法源则指"那些可以成为法律判决合法性基础的资料等因素"②。博登海默还把法源分为"正式"与"非正式"两种,后者涵括了广泛的规则或理念性要素。③ 为保持分析框架与我国判例运用实际状况相契合,本章立基于对法源的广义理解,并依据判例法源的类型化划分,展示判例运用多方面的功能定位。

一、我国对判例运用的现实需求

我国成文法体制下判例运用功能的定位,从根本上说取决于我国对判例运用的现实需求。有关成文法抑或制定法与判例法各自的利弊及其互补的必要性或必然性,在法学理论中已经得到充分的论证;成文法国家或地区(大陆法系)广泛运用判例,判例法国家或地区(英美法系)普遍适用制定法,亦成为当代世界法治运行中的实际图

---

① 雷磊:《指导性案例法源地位再反思》,《中国法学》2015 年第 1 期。
② 〔美〕博登海默:《法理学:法律哲学与法律方法》,邓正来译,中国政法大学出版社 2017 年版,第 431 页。
③ 〔美〕博登海默:《法理学:法律哲学与法律方法》,邓正来译,中国政法大学出版社 2017 年版,第 429—499 页。

景,并被视为两大法系相互融合的重要表征。① 我国对判例运用的引入无疑同这种法源类型互补原理以及法系融合趋势相关。但仅仅以此为理据,并不足以真切地反映我国判例运用的必要性。为此,需要具体到我国法治运行,尤其是对司法运行的现实需求作进一步分析。

(一) 我国国情因素对判例运用的突出需求

成文法的抽象性、不周延性以及滞后性等固有局限带来了法律规范与社会事实之间的张力,并进一步影响到法律适用的便利性、妥贴性及恰当性。从我国情况看,成文法体制中普遍存在的这些缺失则因为我国的某些国情因素而被进一步放大,由此形成了我国较之其他成文法国家对判例运用更为突出的需求。这些因素主要有:

1. 法域过大。无论从地域还是从人口总量看,我国可谓是世界上法域最大的国家。各国处理法域过大问题的基本方式是通过联邦制以及与之相联的双重立法体制,化解法域过大所带来的法律适应性的矛盾。而我国是单一制国家,虽然我国实行的是国家和地方两级立法体制,②但根据《立法法》规定,地方立法仅能就"为执行法律、行政法规的规定,需要根据本行政区域的实际情况作具体规定的事项",以及"属于地方性事务需要制定地方性法规的事项"进行立法,涉及社会主体主要社会关系以及关乎社会主体基本权利义务的法律只能由国家立法机构统一制定。这也意味着 14 亿人口共同遵循着相同的基本法律。更为重要的是,近几十年来,我国区域间发展很不平衡,阶层及群体间也出现了严重分化,社会同质化程度大大降低,③

---

① 参见〔德〕K.茨威格特、H.克茨:《比较法总论》,潘汉典、米健、高鸿钧、贺卫方译,法律出版社 2003 年版,第 375—400 页。
② 参见朱力宇、叶传星主编:《立法学》,中国人民大学出版社 2015 年版,第 111—119 页。
③ 参见李路路:《社会结构阶层化和利益关系市场化——中国社会管理面临的新挑战》,《社会学研究》2012 年第 2 期。

这进一步凸显了法域过大条件下法律一般性规定与适用中具体事实特异性之间的矛盾。

2. 立法粗疏。在较长时间中，我国都把"宜粗不宜细"作为立法工作的一项重要策略。这一策略体现于两个方面：一方面，立法不苛求精细，追求立法速度，尽可能缩短立法周期，先行解决"无法可依"的主要矛盾。在"聊胜于无"权衡之下所形成的法律体系，其粗疏之处或许在所难免。另一方面，保持法律条文较高程度的抽象性、原则性，以提升法律条文对更多事实、行为或现象的涵括力或容量，同时大量使用"兜底条款"，弥补条文列举的遗缺，尽可能为立法时所未预见的情形保留溯及的可能。这种被学者们称为"简约主义风格"①的立法固然为法律实施提供了较大的回旋余地，但其缺陷则在于降低了法律的确定性，增加了适用中辨识的困难。

3. 社会变化急遽。众所周知，近几十年我国一直经历着前所未有的快速社会变迁。急遽的社会变化无疑突出了法律的相对滞后性，不仅使法律与社会事实的对应性乃至法律适用的合理性有所减损，而且也因为既有法律缺位于对部分社会现象、社会关系、社会行为的规制或调整，不断出现局部性、个别性"无法可依"的困窘。快速的社会变化还挑战着法律的稳定性，缩减了法律的生命周期。以《刑法》为例，《刑法》颁布的 30 多年中，虽已历经十次重大修改，但呼求对某些条文删改或增补的呼声仍不绝于耳。② 在社会急速变化过程中所形成的社会纠纷并不因立法的滞后而迁避于司法过程，立法之"痒"必定会成为司法之"痛"；急遽的社会变化与立法滞后共存的结果便是司法中规范资源供给一定程度的缺失。

---

① 参见张志铭：《转型中国的法律体系建构》，《中国法学》2009 年第 2 期。

② 中国人大网 2020 年 10 月 21 日公布的《刑法修正案（十一）（草案）第二次审议稿》共修改补充 30 条，主要涉及加大对安全生产犯罪的预防惩治、完善惩治食品药品犯罪规定、完善破坏金融秩序犯罪规定、加强企业产权刑法保护、强化公共卫生刑事法治保障以及修改完善生态环境等其他犯罪领域规定等 6 个方面内容，其中尤为值得关注并引起公共舆论广泛讨论的是拟将最低刑事责任年龄降至 12 周岁。

前述因素凸现了我国成文法体制的局限性,从而也突出了通过判例的个殊性、情境性、适配性、及时性等优势纾解成文法规范与复杂社会事实之间张力的意义。然而,有关我国对判例运用的特殊需求,还应提到另一重要因素。在德、法等欧陆成文法国家,尽管判例也得到不同程度的运用,但由于这些国家不仅法律体系相对完整和完善,更重要的是法教义学十分发达和强盛,弥补法律规范在适用中的缺失,往往并不过多依赖于判例的运用,而主要借助于法教义学的贡献,"裁判在欧陆法系国家和教义学一样只是'解释'制定法的材料",法教义学虽然"分散且欠缺公权力基础的努力很难被赋予任何规范性的拘束力,但其精确与逻辑的体系所焕发的客观理性,仍足以填补抽象条文与现实生活之间的差距"[1]。与此不同的是,我国并没有类似的法教义学基础和条件。近些年,虽然部分学者不断呼吁振兴我国法教义学,[2]但一方面,体现为部门法原理、主要源自域外的法教义学仍然较为浅俗和粗疏,未能客观全面地反映我国复杂而具体的社会现实以及庞杂的法律规范体系,尤其是大量的司法解释、司法文件并未进入法教义学的视野;另一方面,倡导法教义学的学者在推进法教义学方面的作为较多地体现于抗衡社科法学的兴起,[3]亦未实际转化为法教义学具体运用的明显突破和进展。法教义学研究无论对于具体司法实践,抑或对司法解释或司法文件的生成,都很难说有显著的影响。这也意味着我国至少在相当长时期内,不可能期待以法教义学替代法律适用对于判例的需求。

---

[1]　苏永钦:《司法造法几样情——从两大法系的法官造法看两岸的司法行政造法》,载《中德私法研究(第 17 卷)·司法造法与法学方法》,北京大学出版社 2018 年版,第 11—12 页。
[2]　参见许德峰:《法教义学的应用》,《中外法学》2013 年第 5 期;张翔:《形式法治与法教义学》,《法学研究》2012 年第 6 期;金可可:《民法实证研究方法与民法教义学》,《法学研究》2012 年第 1 期;陈兴良:《刑法知识的教义学化》,《法学研究》2011 年第 6 期。
[3]　参见谢海定:《法学研究进路的分化与合作——基于社科法学与法教义学的考察》,《法商研究》2014 年第 5 期;宋旭光:《面对社科法学挑战的法教义学——西方经验与中国问题》,《环球法律评论》2015 年第 6 期。

（二）判例运用在司法现实中的迫切性

在说明我国国情因素对判例运用的特别需求的同时,进一步提出的问题是:判例运用缘何在近十年中变得如此迫切? 概略地说,判例运用的迫切性与这一时期中司法现实下述几方面情况相关。

首先,司法实践中疑难案件大量增加。近十年是我国社会转型的关键时期,也是社会纠纷集中爆发的时期。体现在司法层面上,不仅是案件总量逐年呈大幅度上升趋势,而且案件的疑难程度也远异于先前。疑难之"难"体现于:一是某些类型的案件,可适用的法律规范不明确或混乱。即便是在传统法律关系中形成的事实,由于社会生活的复杂性而呈现出各种特异性,以至于难以找到对应的法律规范。不仅如此,不同的司法解释、司法文件之间对某些问题的规定也存在前后不一或彼此矛盾的情况,由此造成法律适用的困难。二是司法中需权衡的因素增多,平衡各种关系的要求增高。基于化解和缓释社会矛盾的需要,司法审判中需要妥善权衡并处理实质正义与形式正义、实体公正与程序公正、法律效果与社会效果、现实公平与未来导向等多方面复杂关系的案件越来越多,且要求越来越高。三是由新型社会交往模式、新型生活方式、高新科技应用等引发的新类型纠纷不断出现,而相关法律尚付阙如;如何评价并处理蕴含这些纠纷中新类型权利①或"法益"(尚未明确体现为法律上的权利)②,以及如何找准并确立司法对于各种新生社会现象的应有立场,亦成为案件处理之难。无论属于哪一种,疑难案件的共同特征是不能简单、直

---

① 参见谢晖:《论新型权利生成的习惯基础》,《法商研究》2015 年第 1 期;刘艳红:《侵犯公民个人信息罪法益:个人法益及新型权利之确证——以〈个人信息保护法(草案)〉为视角之分析》,《中国刑事法杂志》2019 年第 5 期。

② "法益"这一概念分为"实质的法益"和"形式的法益",前者是"基于保障国民自由的观念的前定的概念,它前置于刑事立法或者说直接指向刑事立法者",后者将法益理解为"法所保护的利益"。参见张明楷:《法益保护与比例原则》,《中国社会科学》2017 年第 7 期。

接地在法条与事实中找到对应,更不可能轻易从"三段论"中推导出案件处理的结论。于此情况下,从各种判例中筛选出的富有智慧和理性的裁判规则则成为处理疑难案件的重要参考;借鉴相关判例也成为处理疑难案件的必要路径或方式。

其次,裁判文书上网使矛盾裁判得以充分显露。裁判文书上网的本来意旨在于体现司法公开。然而,作为一种溢出效应,裁判文书上网一方面为判例的广泛运用提供了极大的便利,另一方面则使司法中存在的问题,尤其是矛盾裁判得到较为充分的显露。裁判文书上网前,各种矛盾裁判并非不存在,但由于信息不对称,各方的认知并不充分,即便最高人民法院也无从全面掌握。裁判文书上网后,通过关键词搜索等技术,很容易使同类案件的不同裁判得以显现并处于异同的审视与比较之下。情况表明,各级、各地法院,甚至包括最高人民法院在内的同一法院的不同法庭,对于相同或类似案件所作的裁判往往五花八门,既有部分性差异,亦有截然相反的结论。[1] 这些彼此矛盾的裁判分别秉持并显示出对同一问题的不同规则,形成不同的司法立场。毫无疑问,对于以司法整体性为基本伦理、以统一法律适用为重要司法原则的法院来说,矛盾裁判的大量存在对公信力的损伤是无法低估的,同时对社会成员的是非认知以及社会行为的引导也会带来很多偏误。正因为如此,各级法院近些年都把消除矛盾裁判、统一法律适用作为司法管理或司法改革的重要主题,在此方面的有效作为之一就在于运用判例,亦即通过遴选示范性案例,包括在相互矛盾的裁判中比较出相对恰当的裁判,明确更具合法性及合理性的裁判规则,通过优质裁判去除劣质裁判的影响,进而逐步消除矛盾裁判。

最后,司法责任制实施后裁判决定权分散。司法责任制实施后,取消了院庭长对裁判文书的审核或审批权,决定裁判的权力大部分

---

[1]　有关最高人民法院案例的研究对此多有涉及,参见朱春兰:《法官如何裁判:最高人民法院民事审判要旨与思维》,中国法制出版社 2017 年版。

下移至法官或合议庭。不仅如此,按照司法责任制的要求,院庭长一般情况下无权主动过问独任法官或合议庭的办案过程。但另一方面,司法责任制又要求法院管理层对案件审理实施"全面、全员、全程监督",并且,在以整体为本位的法院建构与运行模式下,法院以及院庭长事实上需要对法官或合议庭的审判行为,尤其是所作出的裁判承担多种责任。[1] 在不能具体介入案件审判过程,更无裁判决定权,却又需要对案件审判过程及结果承担责任的情况下,特别是在无法通过裁判文书审核而统一本院或本庭所作的同类案件裁判的情况下,判例的运用则成为法院管理层实施审判监督管理的重要选择。法院管理层通过认可并向法官或合议庭推荐一些包括本院裁判在内的判例,为其提供裁判思路,并依据这些判例评价裁判行为,借以保证审判质量,提高审判水平,尤其是避免裁判混乱现象,由此也使判例运用成为法院监督管理的一种路径依赖。

(三) 我国对判例运用功能需求的多样性

成文法国家对判例运用功能的需求通常主要体现于通过判例具体解释并展示立法条文的精神,也包括依据立法的基本精神或原则对立法所不及之处予以适当的补充,亦即所谓"法律续造",[2]以此为基础,为后续司法提供有拘束力的先例。我国对判例运用功能的需求并不仅限于此。有关我国判例运用的多种功能,本章后面部分将具体展开论述,这里主要揭示功能需求多样性的原因。

我国台湾学者苏永钦认为,后发法治国家或地区对判例运用的需求,不只是期待一种有约束力的法源,而更主要是通过判例的运

---

[1]　参见本书第六章的相关论述,以及顾培东:《法官个体本位抑或法院整体本位——我国法院建构与运行的基本模式选择》,《法学研究》2019年第1期。

[2]　参见〔德〕卡尔·拉伦茨:《法学方法论》,陈爱娥译,商务印书馆2003年版,第246—305页。

用,"迅速让法治上轨,让初学乍练的司法人员减少错误",进而实现司法行政对司法过程的控制和指导。中国台湾地区曾经经历过的"司法训政"即是此方面的例证,中国大陆的情形亦很类似。① 应该说,苏永钦教授的这一见解是深刻的,揭示了在判例运用方面后发法治国家或地区与欧陆法治成熟国家的重要区别。然而,苏永钦教授对中国大陆判例运用需求的分析仍然是以指导性案例制度为背景的,如果把视野扩及包括指导性案例在内的整个判例,人们将会看到我国对判例运用功能更为多样的需求。这是因为,我国判例整体运用、全面运用的实质或终极性目标是汲取全部判例中所蕴含的司法经验与智慧,通过多种途径使其辐射到司法过程之中,从而提高司法的整体水平,同时也使社会各主体在判例所昭示的司法立场中获得对社会事实、社会行为以及与之相关的法律规范更为具体、更为明确的认知。显然,从这样的实质或目标出发,无论是对判例的功能需求抑或对判例运用所可能产生的效能,都可以有更丰富的想象。

我国判例运用功能需求的多样性与我国判例运用的这样几个特征形成一种互证关系:第一,判例运用中所注重的是判例的效用,而不只是效力。在效力维度上,判例体现的功用仅仅是提供具有拘束力的裁判规则;而在效用维度上,判例能够展示多方面的价值,提供多方面的利用效能。如果说表达"效力"的关键词主要为"约束"或"拘束",那么,"效用"则可囊括"参照""参考""示范""借鉴""启示"等多种意涵。第二,以"效用"需求为导向,所运用的判例就不会仅限于指导性案例,而是泛指一切由法院作出的裁判。不仅如此,这种运用不受审级或地域的影响,尽管上级法院、司法水平较高地区法院的裁判会受到更多的重视,实际运用的概率也会相对较高,但并不排斥相反情况的存在。在"效用"需求逻辑下,司法经验和智慧是决

---

① 参见苏永钦:《司法造法几样情——从两大法系的法官造法看两岸的司法行政造法》,载《中德私法研究(第 17 卷)·司法造法与法学方法》,北京大学出版社 2018 年版,第 39—44 页。

定判例运用的实质性因素。第三,与前相联系,判例运用的对象也不仅是裁判规则,裁判所显示或蕴含的一切有形或无形的要素,包括司法理念、司法方法、司法技艺等,亦都会成为运用对象。这些特征既表明了对判例运用功能需求的多样性,也显示出这种多样性需求实现的可能。

正是基于我国对判例运用需求的突出性、现实迫切性,尤其是运用功能需求的多样性,在本章后面几部分中,我们将依据不同类型的判例(指导性案例、示范性案例以及一般性判例)的不同法源属性,分别探讨我国判例运用的不同层次或不同方面的功能定位。

二、作为约束性法源的指导性案例:
完善司法规范体系

作为约束性法源的判例,主要指的是指导性案例。尽管对指导性案例的约束效力,学界有不同的认识,但无论从制度规定中的"应当参照",[1]还是从学术理论中"规范拘束力"[2]"事实拘束力"[3]"强制约束力"[4]"柔性约束力"[5]"事实上的效力"[6]以及"具有一定制度支撑的说服力"[7]等多种表述来看,指导性案例的约束性是不容否定的。

---

① 　最高人民法院发布的《关于案例指导工作的规定》(法发〔2010〕51 号)第 7 条规定:"最高人民法院发布的指导性案例,各级人民法院审判类似案例时应当参照。"《〈关于案例指导工作的规定〉实施细则》(法〔2015〕130 号)第 9 条进一步规定:"各级人民法院正在审理的案件,在基本案情和法律适用方面,与最高人民法院发布的指导性案例相类似的,应当参照相关指导性案例的裁判要点作出裁判。"

② 　参见李仕春:《案例指导制度的另一条思路——司法能动主义在中国的有限适用》,《法学》2009 年第 6 期。

③ 　参见胡云腾、于同志:《案例指导制度若干重大疑难争议问题研究》,《法学研究》2008 年第 6 期。

④ 　参见郎贵梅:《中国案例指导制度的若干基本理论问题研究》,《上海交通大学学报》(哲学社会科学版)2009 年第 2 期。

⑤ 　参见郜永昌、刘克毅:《论案例指导制度的法律定位》,《法律科学》2008 年第 4 期。

⑥ 　参见冯文生:《审判案例指导中的"参照"问题研究》,《清华法学》2011 年第 3 期。

⑦ 　参见张骐:《再论指导性案例效力的性质与保证》,《法制与社会发展》2013 年第 1 期。

与当下指导性案例数量尚少、涉及领域尚不宽泛相关,学术界以及实务界对指导性案例的意义的评价或功能期待并不很高。然而,如果我们把握住指导性案例作为约束性法源这一属性,并推断其在更长时域中扩展的必然性,将不难看到它对我国司法规范体系完善的深刻影响。更明确地说,对指导性案例意义或功能的认知,不应局限于其在当下的具体运用价值,更应看到的是,它历史性地为我国成文法体制提供了一种新的规范类型,从而丰富了我国司法规范的整体结构,①为我国司法规范体系的完善迈出了重要的一步。

司法规范体系与"规范体系"既有联系,亦有区别。规范体系是近年来我国法学理论关注的重要范畴。依照相关学者的理解,规范体系是"为国家机关、政党、社会组织、公民个人等各类主体的行为创设的规则",包括"法律规范、党内规范、党的政策、国家政策、社会规范"等。② 毫无疑问,司法规范体系是国家规范体系的重要组成部分,但规范体系中的各个要素并非都可以进入司法规范体系,司法规范体系作为国家规范体系的一个子系统,是指具有可司法性且能够直接作为司法依据及理由的各种规范的组合。在指导性案例出现之前,司法规范主要包括法律法规、立法解释、司法解释、司法文件等几类;指导性案例出现后,作为一种新的规范类型进入司法规范体系,成为"后法典"时代通过司法引领法律发展的一种重要路径,并使司法规范体系在结构上臻于完善。

指导性案例在完善司法规范体系方面的功能,集中体现于提升规范供给的充分性、保持规范体系的周延性以及实现规范体系的融通性三个方面(如图4所示)。

---

① 有域外文献将指导性案例称为"中国式普通法"。See Mark Jia, "Chinese Common Law? Guiding Cases and Judicial Reform", *Harvard Law Review*, Vol. 8, 2016, pp. 2213-2234.
② 刘作翔:《当代中国的规范体系:理论与制度结构》,《中国社会科学》2019年第7期。

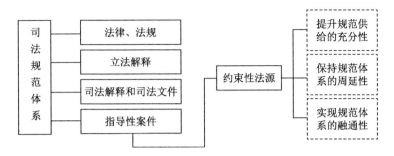

图 4　判例运用对于司法规范体系完善功能示意图

（一）提升司法规范供给的充分性

如前所述,规范资源供给的缺失是我国司法实践所面临的重要问题。虽然我国法律体系已经形成,但法律法规远不能满足司法对规范资源的实际需求。无论从法律法规覆盖的范围抑或从法律法规的具体适用来看,都需要依赖于其他规范的辅助与补充。然而,实际情况表明,承载辅助与补充功能的其他规范也同样存在供给不足的问题。从立法解释看,具有立法解释权的全国人大常委会很少行使立法解释权。据对近 40 年立法解释的统计,全国人大常委会正式作出的立法解释仅有 27 项,且多集中于刑事及宪法领域;对于适用频度最高、法律理解分歧最多的民商事法律,立法解释庶几阙如。① 全国人大作为立法机关的立法解释工作很大程度上是通过全国人大法工委编写"法律释义"来体现的。这种被称为"隐性立法解释"的"法律释义",兼具有权解释和学理解释的部分特征,虽然能够为司法实践中理解法律条文提供一定的规范性指引,但基于全国人大法工委职权的局限,其正当性、权威性及效力等仍受到一定的质疑;②同时,

---

①　对刑法的解释有 15 项,对宪法相关法的解释有 8 项,对刑事诉讼法的解释有 3 项,对民事法律的解释仅有 1 项。

②　参见刘怡达:《隐性立法解释:"法律释义"的功能及其正当性难题》,《政治与法律》2017年第 8 期。

以法律条文为基础的文义解释,其扩展范围十分有限,对事实情境的涵摄也势必较为狭窄。从司法解释看,司法解释在司法实践中发挥着较为重要的作用,很大程度上弥补了立法解释的稀缺,但 2015 年《立法法》修改中新增加的第 104 条①加强了对司法解释的规范与监督,或多或少显示出立法权对司法解释权扩张的一定限制。虽然很难以量化方式评估这一立法对司法解释出台的影响,但不难推测,这一立法会促使最高司法机关在制定司法解释方面保持更为审慎或谦抑的态度。从司法文件看,或许同司法解释权受制于多方面规限相关,近些年,最高司法机关以"意见""通知""规则""会议纪要"甚至"答记者问""领导讲话"等为形式的各种司法文件频繁推出,在指导具体司法过程中扮演着越来越重要的角色。然而,司法文件也面临着多方面的质疑与诟病。一方面,这种游离于立法机关规范与监督的"准司法解释"很容易诱发立法权与司法权之间的紧张关系;另一方面,不少司法文件的出台因缺少刚性程序制约而较为粗糙,某些规定较为随意,各种文件之间缺乏协调一致,彼此效力关系亦模糊含混,从而在不同程度上减损了司法文件的实际效用。故有学者主张司法解释性质的文件应逐步取消,②亦有学者认为司法文件虽不至于因前述缺陷而被"抛弃或摆脱",但对其依赖应逐步降低,其作用亦应受到一定抑制。③

　　指导性案例制度的建立,无疑提升了司法规范资源供给的充分性。虽然目前指导性案例的总量有限,但从规范资源供给的角度看,

---

① 《立法法》第 104 条规定:"最高人民法院、最高人民检察院作出的属于审判、检察工作中具体应用法律的解释,应当主要针对具体的法律条文,并符合立法的目的、原则和原意。遇有本法第四十五条第二款规定情况的,应当向全国人民代表大会常务委员会提出法律解释的要求或者提出制定、修改有关法律的议案。最高人民法院、最高人民检察院作出的属于审判、检察工作中具体应用法律的解释,应当自公布之日起三十日内报全国人民代表大会常务委员会备案。最高人民法院、最高人民检察院以外的审判机关和检察机关,不得作出具体应用法律的解释。"

② 参见彭中礼:《最高人民法院司法解释性质文件的法律地位探究》,《法律科学》2018 年第 3 期。

③ 参见郭松:《司法文件的中国特色与实践考察》,《环球法律评论》2018 年第 4 期。

或许应关注到这样几个方面:其一,案例指导制度在我国具有很强的探索性,其经验积累需要一定的过程。在制度实施的初期(2011年—2013年),案例推出过程相对缓慢,但近几年,发布的速度明显加快(如图5所示)。不难预料,在今后较长时期中,这一快速推出的趋势将会基于适用的刚性需求而得以保持。其二,根据对截至2019年底发布的24批、139个案例的分析,属于填补法律法规漏洞或依据立法精神创制规则的即有92个,约占64.3%;属于具体释明法律条文文意的有39个,约占27.3%;直接适用法律的仅有12个,约占总量的8.4%。① 这些数据较为鲜明地体现出指导性案例对司法规范资源供给的不菲贡献。其三,从指导性案例运用的情况看,虽然在裁判文书中直接运用的情况并不多见,但相关研究表明,实践中存在着大量的隐性运用的情形,② 这也意味着指导性案例的裁判规则在相关领域或相关问题中已经实际地取得了规范裁判行为的地位。最后,更应重视的是,指导性案例相较于司法解释,僭越立法权的敏感度较低,出台的外部掣肘较少;而相较于司法文件,制度上的依据则更为明确,③ 形式性权威更高,同时又有较为丰沛的后续供应渠道(各级法院源源不断地提供),因此在各种司法规范类型中,其产出能力或潜力最大,灵活性最高,对司法规范供给的补充功能也最为充分。

---

① 填补法律法规漏洞或依据立法精神创制规则的有2、4、5、6、7、9、10、12、14、15、16、17、19、20、21、22、23、24、25、26、27、28、29、30、31、33、34、35、36、37、38、39、41、42、43、45、48、49、50、51、52、53、54、56、57、58、59、62、64、65、66、68、69、71、73、76、82、84、86、87、88、90、91、92、95、96、99、100、101、102、103、104、107、109、111、114、115、116、117、118、119、120、121、122、123、124、125、126、129、130、133、134、135、136、137、138、139号案例;具体释明法律条文文意的有3、8、11、13、16、18、32、40、44、46、47、52、60、61、63、70、72、74、75、77、78、79、80、81、83、85、93、94、97、98、105、106、112、115、127、128号案例;直接适用法律的有1、17、55、67、89、97、108、110、113、131、132号案例。

② 参见孙海波:《指导性案例的隐性适用及其矫正》,《环球法律评论》2018年第2期;方乐:《指导性案例司法适用的困境及其破解》,《四川大学学报》(哲学社会科学版)2020年第2期;郭叶、孙姝:《最高人民法院指导性案例司法应用年度比较分析报告——以2011—2018年应用案例为研究对象》,《法治论丛》(上海政法学院学报)2019年第6期。

③ 除了《关于案例指导工作的规定》(法发〔2010〕51号)、《〈关于案例指导工作的规定〉实施细则》(法〔2015〕130号)外,《人民法院组织法》、中央文件(十八届四中全会《决定》)以及"四五"、"五五"人民法院改革纲要,都对制定和运用指导性案例作了明确规定。

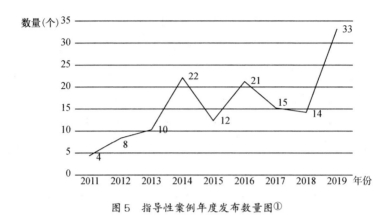

图 5　指导性案例年度发布数量图①

（二）保持司法规范体系的周延性

如果说充分性侧重的是司法规范资源的"量"，周延性关注的则是司法规范资源的"质"。指导性案例对司法规范体系周延性的贡献，主要体现于有效弥补法律法规、立法解释、司法解释、司法文件等规范类型所存在的表意不明确、覆盖情形不全面、边际效应考量不够以及利益平衡不充分等方面的疏缺。

首先，指导性案例的裁判规则更为具体、富有情境性，因而更为明确。一般说来，法律法规的条款都失于抽象、概括，即便是旨在细化法律条文的司法解释或司法文件，由于大多数仍然以条文化方式呈现，因而具体化程度也较为有限，在司法实践中往往需要进一步解释。② 相比之下，指导性案例的裁判规则（裁判要点）则十分具体，不仅内含着

---

① 或许与疫情等因素相关，2020 年指导性案例出台较少。这一现象不影响本章相关结论的成立。

② 诚如拉伦茨所言："法律文字可以这样问题化，因为法律文字是以日常语言或借助日常语言而发展出来的术语写成的，这些用语除了数字、姓名及特定技术性用语外都具有意义的选择空间，因此有多种不同的说明可能。……假使以为，只有在法律文字特别'模糊'、'不明确'或'相互矛盾'时才需要解释，那就是一种误解，全部的法律文字原则上都可以，并且也需要解释。需要解释并不是一种——需要借助尽可能精确的措辞来排除的——'缺陷'，只要法律、法院的判决、决议或契约不能全然以象征性的符号语言来表达，解释就始终必要。"〔德〕卡尔·拉伦茨：《法学方法论》，陈爱娥译，商务印书馆 2003 年版，第 85—86 页。

多个具体、足以辨识的限定性要素,而且有案例事实的具体描述相衬照,从而足以清晰、明确地体现规范条文的实际意旨。例如,指导性案例11号则对《刑法》第382条"利用职务上的便利"作了进一步的界定,不仅指"利用本人职务上主管、管理公共财物的职务便利",还包括"利用职务上有隶属关系的其他国家工作人员的职务便利",由此澄清了司法实践中长期存在的对这一问题理解上的疑惑。与此类似,指导性案例8号对《公司法》第183条将"公司经营管理发生严重困难"作为股东提起解散公司之诉的条件之一也作了进一步细化。[1]由此可见,指导性案例在释明抽象的法律或其他司法规范条文方面,具有无可比拟的优势;指导性案例的裁判规则不仅是这些条文的明细化,更是这些条文的现实化、具体化。

其次,指导性案例能够弥补其他规范条文覆盖情形不全面的缺失。一般性规范条文以概括性表述为主,同时也会采取列举方式从正面或反面规定若干具体情形以提高规范适用的明确性与针对性。然而在实践中,一些疑难复杂案件的争议焦点恰恰在于出现条文列举情形之外的新情况或新问题。一个典型的例子是,在司法实践中,对于"知假买假"者是否属于《消费者权益保护法》所指的"消费者"争议较大。指导性案例23号在裁判要点中则明确强调:"无论其购买时是否明知食品不符合安全标准,人民法院都应予以支持。"从原理上看,对于符合规范条文意旨但在条文中未明确表达的情形,指导性案例也有补缺的潜能,因为相比一般性规范条文,指导性案例能够包含更为多样的"事实模式类型",[2]以较为灵活的方式将新的情形或者未曾解决的问题涵摄其中,从而实现"在法律的缝隙中立法"。[3]

---

[1]　指导性案例8号的原始终审判决作出于2010年10月19日,该案例发布于2012年4月9日。在2013年修正的《公司法》中,这一规定被纳入第142条之中。

[2]　参见〔美〕罗伯特·S.萨默斯:《美国实用工具主义法学》,柯华庆译,中国法制出版社2010年版,第148页。

[3]　参见〔美〕沃尔夫:《司法能动主义:自由的保障还是安全的威胁》,黄金荣译,中国政法大学出版社2004年版,第43页。

再次,指导性案例有助于矫正某些规范条文的负外部性。实践中,某些司法规范往往产生于线性思维下简单因果关系的预判,而忽略了规范边际效应所可能产生的负外部性。比如,最高人民法院有关审理建筑工程纠纷案件的司法解释规定,发包方与施工方所签合同与备案中标合同不一致的,以备案合同作为结算依据。① 这一规定的初衷在于防止过分压低工程价格,保证工程质量以及施工工人工资,但由于备案合同中按定额标准形成的工程价格普遍高于实际市场价,因而发包方与施工方不得不以多种方式规避备案合同的约定,进而引发大量的建筑工程结算纠纷。又如,最高人民法院于 2001 年作出的《关于上海水仙电器股份有限公司股票终止上市后引发的诉讼应否受理等问题的复函》指出:"证监会按照其法定职权针对特定的上市公司作出的退市决定,属于《中华人民共和国行政诉讼法》上规定的可诉的具体行政行为,股东对证监会作出的退市决定提起的诉讼,人民法院应当依法受理。"但该复函对上市公司股票持有的变动性缺乏准确把握,以至于有法院依据复函启动行政审判程序后,原告与第三人不断发生变化,行政诉讼难以进行,最后只能通过民事诉讼方式处理案件。② 这些因规范不周延而导致负向溢出效应的情况在现实中有一定普遍性。对于此类情况,在相关规范未能及时修改的条件下,指导性案例便有了用武之地,能够较好地起到补偏矫错的作用,通过指导性案例调整对待相关问题的司法立场,从而保证司法规范的整体合理性。

最后,指导性案例所形成的裁判规则更能够体现对各种利益的恰当平衡。与一般性司法规范所不同,指导性案例的裁判规则产生于诉讼各方的充分抗辩,在案例及裁判规则形成过程中,抗辩双方的

① 《最高人民法院关于审理建设工程施工合同纠纷案件适用法律问题的解释》(法释〔2004〕14 号)第 21 条规定:"当事人就同一建设工程另行订立的建设工程施工合同与经过备案的中标合同实质性内容不一致的,应当以备案的中标合同作为结算工程价款的根据。"
② 参见蔡小雪:《司法解释中的遗憾》,载《中国法律评论》同名官方微信公众号,2020 年 11 月 3 日。

利益诉求、事实主张、法律依据、价值观念乃至各自的社会身份及处境都得以充分显现,并形成博弈格局,这也意味着指导性案例裁判规则的形成包含着对各种相异甚至对立因素的全面考量。这种"'经论论和辩论考验和筛选'的理性"[1],抑或各方以特殊方式形成的"沟通"或"商谈"理性,在很大程度上能够避免利益平衡上的某种偏失。正如卡多佐所说:"矛盾的调和,对立命题的吸收,相反意见的综合,这些都是法律中的重大问题。人们能够公平地说'规范'是对立物的结晶。"[2]例如,因民间纠纷而导致的故意杀人案是农村地区具有一定高发性的恶性犯罪,依照《刑法》相关规定,故意杀人致人死亡且犯罪手段残忍者,应判处死刑。但简单适用这一规定既不利于消除加害者与被害者家族间的仇恨,又不利于促使加害者及其家属积极赔偿,从而不利于此类社会矛盾的化解。为此,指导性案例12号根据抗辩双方的意见,确立了对此类犯罪人"处以死刑、缓期二年执行,并限制减刑"的规则。[3] 这一规则较好地平衡了被害人、加害人(也包括双方亲属)利益以及社会稳定的需求等各方面的关系,在一定程度上避免了简单适用法律条文所可能造成的偏失。

(三) 实现司法规范体系的融通性

融通性主要体现于保持司法规范对于社会需求的适应性,同时解决司法规范体系内部的冲突或紧张,促进不同类型规范之间衔接与协调,在各种规范类型中形成条文与判例、一般与具体之间的互补,确保裁判活动始终有可供适用的规范资源。与其他几种

---

[1] 〔美〕朱尔斯·科尔曼、斯科特·夏皮罗主编:《牛津法理学与法哲学手册》(下册),杜宴林、朱振、韦洪发等译,上海三联书店2017年版,第660页。

[2] 〔美〕卡多佐:《法律科学的悖论》,劳东燕译,北京大学出版社2016年版,第5页。

[3] 指导性案例12号的裁判要点为:"对于因民间矛盾引发的故意杀人案件,被告人犯罪手段残忍,且系累犯,论罪应当判处死刑,但被告人亲属主动协助公安机关将其抓捕归案,并积极赔偿的,人民法院根据案件具体情节,从尽量化解社会矛盾角度考虑,可以依法判处被告人死刑,缓期二年执行,同时决定限制减刑。"

规范类型相比,指导性案例对于实现规范体系的融通性的作用尤为显著。

一是规范与社会需求的融通。司法规范与社会需求之间始终会存在某种程度的紧张或错位。法国学者布迪厄指出:"可供采用的司法规范至少在形式上看上去是普遍的,而社会需求是多种多样的,甚至是冲突矛盾的,这二者一直处于紧张之中。"[①]与其他规范类型相比,指导性案例的生成过程相对简约,形成与发布所需时间较短,且以全国各级法院源源不断的供给为依托,对社会需求的回应更为及时。这种适时性在一定程度上可以达致"以时间换空间"的效果,缓解规范资源的过度滞后。例如,随着生态文明保护的重要性日益凸显并进入中央决策,最高人民法院及时从全国135件涉生态环境保护的典型案例中遴选出13件具有指导价值的案例作为生态环境保护专题的指导性案例,这些案例在诉讼类型、责任方式、保护对象、审判理念等方面均体现我国生态环境审判的最新发展,回应了生态环境审判实践中的多方面现实需求。[②] 与此相同,针对近年来日益多发的网络犯罪新型案件,最高人民法院发布的第20批、共5件涉及惩治网络犯罪的指导性案例,对相关罪名的构成要件作出更为具体的界定。总体上看,指导性案例的出台都不同程度地具有特定时期社会需求的背景,在法律法规存在疏缺而立法解释、司法解释抑或司法文件的制定条件尚不具备的情况下,通过发布指导性案例适时补充司法规范资源,对主导政治任务及社会发展的需求作出响应,"测度立法权威所确立的价值和现实生活之间的差距,从而找到弥补二者罅隙的方法"[③],无疑可以保持司法与社会现实的贴近,强化司法对

---

① 〔法〕皮埃尔·布迪厄:《法律的力量:迈向司法场域的社会学》,强世功译,《北大法律评论》(1999)第2卷第2辑。
② 最高人民法院:《最高人民法院第22至24批指导性案例新闻发布会》,2020年1月14日,http://www. court. gov. cn/zixun-xiangqing-216731. html。
③ 〔美〕欧文·费斯:《如法所能》,师帅译,中国政法大学出版社2008年版,"序言",第1页。

社会过程的影响,更好地体现司法的社会治理功能。①

二是规范体系内部的融通。在法教义学所构建或期盼的法律规范体系中,法律是具有确定性,概念清晰、表意明确、逻辑一致,不存在认识或理解上的分歧与偏误的规范。② 然而,法律的确定性仅是在有限意义上成立的;再完善的规范体系都会存在矛盾,这种矛盾是各种法律体制下必然面临的问题或客观现象。在我国,不仅司法规范类型较多,同时由于规范制定的主体、制定时间、制定程序、所针对的问题以及出台的背景各有所异,因而规范体系内部矛盾更为突出,当事人往往择其有利者为我所用,由此常常使司法人员陷于无所适从的窘境。由于法律法规、立法解释、司法解释、司法文件等一旦制定即会保持一定的稳定性,即便存在一些矛盾,也很难较快得到修改,尤其是因规范条文表述不清而导致的理解上的矛盾,更难以通过规范修改加以消除。在此情况下,通过指导性案例来消解或缓释规范体系内部的矛盾,或许是最为便捷且可行的路径。与其他规范所不同,指导性案例既是一种规范,同时也是对其他规范,包括存在矛盾或被认知为矛盾的各相关规范的一种恰当理解,也即是在消化规范体系内部矛盾之后所形成的司法产品,因此,由指导性案例所提供的裁判规则相比其他规范而言更具妥帖性和说服力,通过指导性案例消除规范体系内部的矛盾,有助于恢复诉讼主体以及其他社会成员对司法规范体系的信任。

三是规范本体之间的融通。从法律运行过程看,一般性规范条文的疏缺在司法环节会呈现得更为充分、彻底,将判例中发现的问题以及积累的经验传递至规范条文制定环节,能够更好地促进规范资源本体的完善。指导性案例基于审判经验所提炼或创制的规则,对

---

① 从另一侧面看,随着特定时期社会需求发生变化,相应指导性案例的参照效力亦需作出即时性调整。例如,在《民法典》正式实施之际,最高人民法院于 2020 年 12 月 29 日发布《关于部分指导性案例不再参照的通知》(法〔2020〕343 号),决定 9 号、20 号指导性案例不再参照。

② 参见雷磊:《法教义学与法治:法教义学的治理意义》,《法学研究》2018 年第 5 期;白斌:《论法教义学:源流 、特征及其功能》,《环球法律评论》2010 年第 3 期。

于不同规范类型相互吸收和转化能够起到十分明显的作用。例如，2011 年 12 月 20 日发布的指导案例 3 号明确了"国家工作人员明知他人有请托事项而收受其财物，视为承诺'为他人谋取利益'，是否已实际为他人谋取利益或谋取到利益，不影响受贿的认定"。此后，2016 年 4 月 18 日实施的《最高人民法院、最高人民检察院关于办理贪污贿赂刑事案件适用法律若干问题的解释》第 13 条有关"为他人谋取利益"的规定便吸收了以这一指导性案例为代表的司法见解。进一步看，除了将指导性案例上升为司法解释之外，①对法律法规的解释也可以更多地直接借助于指导性案例，而无需频繁制定和颁布司法解释（以及司法文件）。由此，我们可以看到我国司法规范体系中不同规范类型之间的吸收和转化的一种路径依赖，亦即由指导性案例的增加（成熟审判经验的形成），到司法解释及司法文件工作推进（审判经验的初步定型），再到法律法规的完善（对审判经验的充分吸收）。同样，基于这一路径，借助指导性案例，可以推动实现不同规范类型之间的吸收与转化，促进规范本体的融通；特别是最高人民法院可以通过这一路径，游刃有余地选择创制并运用不同的规范类型，从而保持司法规范供给的活力和主动性。

三、作为引导性法源的示范性案例：
促进法律统一适用

判例在我国成文法体制下的另一重要功能在于促进法律的统一适用。从现实情况以及未来发展趋势判断，这一功能主要通过作为引导性法源的示范性案例来实现或体现。"示范性案例"在制度或学理上目前尚没有明确的定义和特定的内涵，在具体使用过程中主要

---

① 有研究表明，指导性案例与抽象司法解释之间存在密切的互动。参见孙跃：《指导性案例与抽象司法解释的互动及其完善》，《法学家》2020 年第 2 期。

是基于"作出某种可供大家学习的典范"①这一"示范"的一般语义而理解的。但随着判例运用的日益广泛,这一表述正逐步通过特定的实践形态而获得相应的内涵,并成为我国判例运用领域一个确定的范畴或概念。② 概括地说,示范性案例是指由各高级法院从各级法院生效裁判中遴选出的具有代表性及典型性、供所辖法院及法官参考、其裁判规则具有一定的事实约束力的案例。范围大致包括最高人民法院公报案例、最高人民法院及各高级法院推出的典型案例、最高人民法院相关部门选编的参考案例,③更主要部分是近几年各高级法院根据自身统一辖区内法律适用的需求,仿照指导性案例而自发组织遴选并据此建立案例库的案例。如果说指导性案例代表了最高人民法院在判例运用方面的努力的话,那么,示范性案例则更多地体现了各高级法院在判例运用方面的积极作为;并且,由于示范性案例具有总量较多、范围较广、适时性及针对性强等特点,因而在统一法律适用方面发挥着更为主要也更具基础性的作用。2020 年底,最高人民法院专文对规范高级法院参考性案例发布提出要求,事实上进一步确立了参考性(示范性)案例的地位。④

---

① 中国社会科学院语言研究所词典编辑室编:《现代汉语词典》(第 7 版),商务印书馆 2017 年版,第 1191 页。

② 例如,成都市中级法院早在 2005 年即已发布《示范性案例评审及公布实施办法》,探索运用"示范性案例"。在许多情况下,示范性案例也被称为"参考性案例"。2010 年 12 月 28 日,最高人民法院发布的《关于规范上下级人民法院审判业务关系的若干意见》(法发〔2010〕61号)第 9 条规定:"高级人民法院通过审理案件、制定审判业务文件、发布参考性案例、召开审判业务会议、组织法官培训等形式,对辖区内各级人民法院和专门人民法院的审判业务工作进行指导。"此后,最高人民法院相关文件均采用"参考性案例"这一表达。由于"参考"一词的含义较为宽泛,"参考性案例"所涉及的范围更具有不确定性,故我们认为,"示范"一词更为恰切。

③ 如最高人民法院刑事审判庭选编的《刑事审判参考》丛书、民一庭编著的《民事审判指导与参考》丛书、行政审判庭编的《行政执法与行政审判》丛书以及最高人民法院应用法学研究所选编的《中国法院类案检索与裁判规则专项研究》丛书、最高人民法院司法案例研究院选编的《中国法院年度案例》丛书。

④ 2020 年 12 月 1 日,最高人民法院发布《关于规范高级人民法院制定审判业务文件编发参考性案例工作的通知》(法〔2020〕311 号),对参考性案例(亦即本章所言示范性案例)的运用效力、编发主体、格式体例、讨论程序、备案方式等作出进一步规范。这一通知意在规范编发参考性案例,而非否定或限制参考性案例的正当性,也反证了高级法院通过参考性案例统一法律适用的积极作用。

（一）示范性案例与司法见解控制机制的重构

法律统一适用在司法层面上的实现,主要体现为司法见解控制机制的形成及其作用的有效发挥。所谓"司法见解控制机制",系指法院系统通过某种或某些方式与途径,引导或管控分散的裁判行为,使得各地、各级法院在裁判中对于相同问题所表达的司法见解趋于统一且恰当,从而为社会提供明确的司法立场的识别。示范性案例的引入,其功能就在于借助这类案例中的裁判规则,显示具有共识基础的司法见解,并依靠其示范引导效应,建构与形塑以示范性案例为基础的司法见解控制机制。

1. 统一法律适用之"痛":同案异判

如前所述,裁判文书上网使同案异判乃至彼此矛盾的裁判得以充分显露。同案异判不仅使社会主体无从认知司法对于特定问题的立场与态度,难以形成确定的行为预期,同时,也会损伤司法公信力。恰如美国学者埃蒙德·卡恩所说:"不管这种个别的处理究竟如何,由恣意而生的不平等无疑会引发一种不正义之感,因为平等地对待那些法庭上所审理的案件情形相似的问题,是法律秩序所隐含的一个深层期待。"①因此,统一法律适用之"痛",集中反映于同案异判之上。

有关同案异判的原因,学术界有过不少分析讨论,②但大多局限于对现象的推理,具体到近些年司法实践看,排除某些主观性因素外,主要有三个方面:一是"因疑而错"。司法中之"疑",既有法律适

---

① 〔美〕理查德·瓦瑟斯特罗姆:《法官如何裁判》,孙海波译,中国法制出版社 2016 年版,第 104 页。
② 参见陈杭平:《论"同案不同判"的产生与识别》,《当代法学》2012 年第 5 期;段文波:《民事程序视角下的同案不同判》,《当代法学》2012 年第 5 期;冯文生、平宏民:《"同案异判"问题研究》,载舒国滢主编:《法学方法论论丛》(第 1 卷),中国法制出版社 2012 年版。

用之疑,亦有事实认定之疑。法律适用之疑既包括适用何种法律规范不确定,也包括法律规范本身不明确或对之理解不清晰、不准确;事实认定之疑,不仅指因事实复杂而无法确定其真实性,也指对相关证据的证明力难以恰当判别。无论哪一种情况,都可能导致裁判出现不同程度的错误,进而导致差异化裁判的产生。二是"因新而惑"。这主要指新型社会运行和交往模式、新的社会现象、新类型的社会行为或活动以及与此相关的新类型社会纠纷,不仅凸显了法律规范的相对滞后,同时也因"外部复杂性"①而放大了司法认知的局限。现实中很多问题或现象,如互联网平台交易、人工智能作品、冷冻胚胎的权属与使用以及金融领域的某些创新性业务等,既无明确法律依据可循,司法亦不具备确定地形成自身见解、找准自身立场的能力与把握。对相关问题的疑惑则成为这类案件同案异判的原因。三是"因难而偏"。某些案件单纯依法条裁判并不困难,但从纠纷妥善处理、矛盾全面化解的要求出发,则需考量多方面因素,尤其需要平衡多种彼此存在损益或冲突关系的诉求。在此情况下,不同裁判者的不同取向以及对不同诉求的偏向则造成相关裁判的明显差异。总之,因疑而错、因新而惑、因难而偏所导致的现象形态都是司法见解控制机制失灵,同案异判的情况大量发生,甚至在一些社会生活中常见的问题上,如担保的效力、损害赔偿责任的认定与分担、违约行为及其后果的认定等,各地、各级法院的裁判亦是差异甚殊、各式各样,由此成为当下司法在法律统一适用方面不能承受之"痛"。

2. 司法见解一致性与司法责任整体性伦理

在法治理论谱系中,统一法律适用或保持司法见解一致性的要

---

① 参见〔美〕波斯纳:《波斯纳法官司法反思录》,苏力译,北京大学出版社 2014 年版,第17—19 页。

求立基于多种理据,如比较正义论①、法律稳定论②、法律可预测论③、信赖利益保护论④、法官权力限制论⑤、司法效率论⑥等等。然而,理解我国法律统一适用或保持司法见解一致性的要求,还有一个特别重要的视角,这就是我国司法责任整体性伦理。

　　与域外司法独立理念基础的支撑以及法官或合议庭独自承担审判责任所不同,我国司法责任具有明确的整体性或连带性,并由此而构成一种司法伦理。这种整体性伦理不仅体现于同一法院的裁判虽由不同法官或合议庭分别作出,但任何裁判都代表着法院整体的意志,裁判的责任由法院统一承担,而且体现于不同法院乃至整个法院系统都对其他法院的裁判承担着某种伦理责任。原因在于,所有的法院都共同分享着"人民法院"的称号,⑦共同载负着"司法公正""司法为民"的社会使命和道义承诺,每一份裁判都盖有铭刻国徽的印

---

① 杰弗里·布兰德(Jeffrey Brand)谈道:"如果某人认为法院对他不如对一个在法律上无差别处境中的其他人友好,他可能会遭受情感痛苦。……他可能会对法律体系、司法机关、政府或他所身处的整个社会失去尊重,或质疑它们的合法性。"〔美〕杰弗里·布兰德:《法治的界限:越法裁判的伦理》,娄曲亢译,中国人民大学出版社 2016 年版,第 255 页。

② 博登海默认为:"通过将统一的裁判标准运用于不特定数量的完全相同或十分相似的情形,我们为社会秩序引入了一种稳定并一致的要素,它们可以确保内部的融洽,并且为一种公平和公正运行的司法奠定基础。"See Bodenheimer, "Law as Order and Justice", *Journal of Public Law*, Vol. 194, (1957), p. 199.

③ 博登海默还指出:"没有这种预见性的要素,人们便无法确定他们的权利、义务和责任,从而也不能确定他们在干什么事时是不用担心受到强制性制裁的。"〔美〕博登海默:《法理学:法律哲学与法律方法》,邓正来译,中国政法大学出版社 2017 年版,第 563 页。

④ 瓦瑟斯特罗姆指出:"在法律体系领域中,当人们根据法院的裁决行动时,他们所信赖的东西是什么? 他们信赖这样一个事实,即法院将会遵守先例。"〔美〕理查德·瓦瑟斯特罗姆:《法官如何裁判》,孙海波译,中国法制出版社 2016 年版,第 103 页。

⑤ 汉密尔顿曾谈道:"为防止法庭武断,必有严格的法典与先例加以限制,以详细规定法官在各种案情中所应采取的判断。"〔美〕汉密尔顿、杰伊、麦迪逊:《联邦党人文集》,程逢如等译,商务印书馆 1980 年版,第 395 页。

⑥ 卡多佐曾言:"如果每个昔日的案件都可以重新开庭,如果一个人不能在前人铺设的进程的坚实基础上为自己的进程添砖加瓦,法官的劳动就会大大增加,以致无法承受。"〔美〕卡多佐:《司法过程的性质》,苏力译,商务印书馆 1997 年版,第 84 页。

⑦ 十多年前,曾有学者在媒体中发表言论,建议将"人民法院"改为"法院",这种主张忽视了"人民法院"称谓所承载的政治想象功能以及其中所蕴含的政治—司法伦理,不仅无法为决策者所接受,也难以为一般社会公众普遍认可。关于这场争论,参见《最高人民法院:反对将"人民法院"去掉"人民"二字》,http://news. cri. cn/gb/3821/2004/12/08/922@384458. html,最后访问日期:2021 年 12 月 8 日。

章,这些均建构着社会公众对司法形象整体性的想象和期待。尽管各社会主体对"同一法院的不同审判主体或不同法院对某一问题都有自己独自的判断(从而不可避免会出现同案不同判)"这一事实保持明确的认知,但仍然有充分的理由从道德制高点上提出如此质问:同一人民法院或同为人民法院,对同一问题(相同或类似案件)为什么会有不同甚至迥异的认识与处理? 实践中,以同一或不同法院的生效裁判作为论证其诉求的依据,"以裁判比裁判""以法院逼法院"已成为当下诉讼主体常规使用的诉讼策略与方式。面对各种同案异判的情况以及诉讼主体据此而提出的诘问,法官不能不处于无法解释与回应的窘境之中。正是基于对司法责任整体性伦理的考量,减少以至消除同案异判,保持司法见解的一致性,在我国获得了更具现实性的另一层意义,并进一步转化为各级法院改革与发展的一个重要内容与任务。

3. 司法见解控制机制的重构

长期以来,我国司法见解控制在宏观层面上主要依靠最高人民法院发布司法解释、出台司法文件,中观层面上主要依靠审级之间的监督,微观层面上则主要依靠院庭长在审核或审批裁判文书过程中把关。由于司法解释、司法文件仍然存在理解方面的问题,同时,审级监督对个案的审查往往也并不过多地着意于司法见解的一致性,因此,从实际情况看,院庭长的审核与审批在本院司法见解的控制以及保持本院裁判与上级法院司法见解的一致方面发挥着重要作用。然而,司法责任制实施后,裁判决策权呈高度分散状态,院庭长通过审核或审批裁判文书方式而控制司法见解的条件与基础几近消失。在此情况下,如何重构司法见解控制机制,尤其是如何在微观运作层面保持司法见解的一致性,则成为统一法律适用所面临的重要现实问题。

示范性案例的推出并制度化、常态化地运用,正是因应司法见解控制机制重构的需求并成为其核心内容的。首先，从控制机制原理看，示范性案例的运用把先前院庭长把关中的"矫正性监督"转变为"示范化引导"，亦即通过提供裁判"范本"，从而使分散、个别化行使的裁判决策权能够统一在范本所展示的司法见解之上，且能够在很大程度上缓释或纾解法官、合议庭的审判权与院庭长的监督管理权之间的紧张关系。其次，从控制机制的保障条件看，示范性案例的运用有案例的遴选与编写、案例库建设、类案强制检索、案例搜索与办案平台以及监督平台一体化等一系列制度或措施予以配套，因而能够常态化地楔入审判运行之中，稳定地发挥其"统法"功能。再次，从各种控制方式的融合看，示范性案例一方面蕴含或体现着对司法解释、司法文件相对恰当的理解，另一方面又可以运用于审级监督的具体过程之中，因此，示范性案例能够有机融合司法见解控制的多种方式，综合体现各种方式的作用。最后，从控制机制的效率或效果看，相对于逐案个别把关而言，一个示范性案例能够排解甚至终结若干相同或类似案件处理过程中的疑惑与争议，①更有利于避免个案把关中可能出现的偏差。所有这些都意味着，运用和发挥示范性案例对分散化、个别性司法行为的引导和统摄作用，既是我国司法见解控制机制重构的必然选择，亦是重构后的司法见解控制机制中具有主导性、基础性地位的手段，自然也是我国司法领域中统一法律适用的重要方式。

（二）示范性案例运用的机理

示范性案例在统一法律适用方面的机理与指导性案例大致相同，但又略有差异。概括地说就是：以省级司法辖域为基础，通过司法行政的组织化力量，汇聚多方资源，围绕审判实践的现实

---

① 参见邵六益：《从效力到效率：案例指导制度研究进路反思》，《东方法学》2015 年第 5 期。

需求,遴选和发布具有代表性、典型性和恰当性的判例,依照同案同判①的基本逻辑,借助于司法体制的内在权威以及判例所蕴含的理性说服力,将具有较强共识的司法见解体现和贯彻在相关个案审判之中,用司法共同体的集体经验与智慧突破和克服单个审判组织能力及水准的局限,从而不仅保证裁判中法律适用的统一性,同时又提升裁判中法律适用的总体水平。

1. 示范性案例的运用以省级司法辖域为基础

前已述及,示范性案例更多地体现了高级(省级)法院在判例运用中的积极作为,与此对应的是,示范性案例运用也是以省级司法辖域为基础。之所以如此,首先是由于省级司法辖域具有较强的主体性。相较于其他行政层级,我国区域性差异主要以省域为基本单元而呈现,省(直辖市、自治区,下同)级有显著的主体性并且成为调节中央与地方关系的"实质性环节"。② 在司法领域,省级法院也同样构成具有相对主体地位的"实质性环节"。较之于最高人民法院,省级法院更易及时了解并准确把握本地审判活动中存在的法律适用问题;同时,各省域之间在经济社会发展、文化习俗观念等方面的差别也使得各省域在法律适用方面呈现出不同程度的区域性差异。正因为如此,省级法院对于本区域内法律适用的统一性具有更高程度的关切,也具有更强的能动意识。其次,省级司法辖域覆盖了绝大多数案件的一审、二审以及再审,并且,绝大多数疑难、复杂或者新型案件的终审裁判也是在省级司法辖域内作出的。特别是随着最高人民法院将其受理的民事诉讼的标的额大幅度提高,③除部分再审案件外,

---

① 学术界对"同案同判"与"类案类判"(类似案件类似裁判)的内涵有争议,本章认为,"同案同判"仅是"类案类判"具有一定修辞意义的约定俗成的表达,二者没有实质性差异。本章在相同意蕴上使用这两种表述。

② 朱光磊:《当代中国政府过程》(修订版),天津人民出版社 2008 年版,第 276 页。

③ 《最高人民法院关于调整高级人民法院和中级人民法院管辖第一审民事案件标准的通知》(法发〔2019〕14 号)规定:"高级人民法院管辖诉讼标的额 50 亿元(人民币)以上(包含本数)或者其他在本辖区有重大影响的第一审民事案件。"

最高人民法院实际审理的案件已经很少,因而省级司法辖域在统一法律适用方面的作用更为突出。最后,省级法院有较为充足的资源动员能力。实践中,一些地方的中级法院也会发布典型案例甚至建立案例库,但总体上看,大多数中级法院的组织资源以及案例研究能力相对薄弱,难以整合动员充足的力量或资源保证高质量案例的遴选与编写,而高级法院在组织体系、人才储备、经费供给等方面的条件较为充实,能够为示范性案例的遴选以及案例库建立提供基本保障。

2. 示范性案例的"标杆原理"

作为一种现象,示范性案例的出现及其运用,既有异于指导性案例的"准判例法"身份,更非立基于"遵循先例"的原则与要求,示范性案例运用实际遵循的是现代管理学中的"标杆原理",[1]亦即在诸多裁判中找出相对恰当的判例,以此作为"标杆",为后续相同或类似案件的裁判提供指引和示范。标杆原理与法律适用的内在特征具有很强的契合性。"法律适用的出发点经常是业被判决的个案","规范经常仅是提供了型板(Schablone),事实上,待决案件的判断标准,是从既有法律判决的实践中产生的"。[2] 示范性案例的引导性法源属性也正体现为"标杆原理"的具体运行及其产生的积极效应。

概括地看,"标杆原理"内含着两方面积极效应:其一,在明确"标杆"性案例后,后续相同或类似案件则可以依据"标杆"所提供的示范裁判,从而在很大程度上可以避免同案异判的情况,特别是对于现实中具有多发性且裁判分歧较大的案件类型,"标杆"的这方面效应尤为突出。其二,或许更值得重视的是,通过同案同判统一法律适

---

[1]　在现代管理学中,"标杆原理"与"企业再造""战略联盟"等并成为 20 世纪 90 年代的"三大管理方法"。就企业管理而言,依循标杆原理实施的管理包括标杆学习者、标杆以及标杆项目三个要素,是"企业将自身与其他组织在某些绩效方面进行比较,从而找出提高自身当前绩效水平的自我改进工具"。参见李联五主编:《标杆管理的原理、流程与实践》,石油工业出版社 2011 年版,第 3—4 页。

[2]　〔德〕阿图尔·考夫曼、温弗里德·哈斯莫尔主编:《当代法哲学和法律理论导论》,郑永流译,法律出版社 2002 年版,第 378 页。

用,其逻辑上的最佳效果也仅仅是"外观正义"①的实现,并不反映法律适用的本质性要求,因为"统一"并不意味着正确或恰当。同时,实践中,真正困扰司法行为的并不是认知上对该不该同判的疑惑,而是在诸种不同的司法见解及诸多相异的判例中,究竟应"同"于什么样的基础,"同"于哪一个判例的困难选择。"标杆原理"是用集体智慧,经过一定程序,在更大范围中遴选和确定出"标杆"判例,亦即示范性案例,一方面明确上级法院(省级法院通常为终审法院)对于不同司法见解或裁判的立场与态度,另一方面用一次性的集体性选择代替多次、反复性的个别化的思考与选择,避免了个别化的试错过程。

3. 示范性案例的权威基础

示范性案例的运用抑或"标杆原理"的实现依赖于一定的权威性基础的支撑。这种权威性基础产生于三个方面:一是集体经验与理性。示范性案例的遴选经由一系列严格的收集、推荐、编写、征求意见以及决定程序,在此过程中经历较为广泛而充分的讨论,最终确定的判例通常能够代表特定司法辖域内法律职业共同体的集体认知和共通见解,其所蕴含的经验与理性已并不限于个案承办法官或合议庭,而是带有明显集体特质的司法智识。这种集体经验与理性是示范性案例权威基础的内核。二是审级关系。上下级法院之间存在以二审、再审为主要内容的审级监督,这种关系隐含着上级法院对下级法院的司法引导和调控,为了避免被发回重审或改判,下级法院法官自然会倾向于遵循为上级法院认可的示范性案例中蕴含的司法立场与态度;如没有很强的理由,下级法院法官一般不会偏离示范性案例而作出裁判。三是司法行政管理权力。我国《宪法》《法院组织法》《法官法》以及相关司法文件赋予上级法院对于下级法院概括性的审

---

① 法的外观正义,亦即法的形式正义,是相对于法的内容正义、实质正义而言,"对应着人们对法的较浅层次的需要和要求"。参见张恒山:《论正义和法律正义》,《法制与社会发展》2002 年第 1 期。

判监督管理权力，①这种权力进一步体现于人事任命、绩效考核、问责惩戒等方面。虽然各审级具有一定的独立性，但上级法院既有权力，亦有责任对下级法院的审判活动予以指导或引导。示范性案例的运用在很大程度上也正是借助于省级法院这种司法行政管理权力的加持。

（三）示范性案例运用面临的实践性问题

从近些年的情况看，示范性案例的运用面临着一系列实践性问题，其中，尤为突出的是以下三个方面：

1. 如何把握"同案"或"类案"的实质含义？

无论是遴选还是运用判例，首先要解决的是如何界定"同案"或"类案"的实质含义。对什么是"同案"或"类案"，学术界有过诸多阐释和讨论，②但尚未形成对实际运用具有很强指导意义的共识。各地法院在示范性案例编选过程中，基于编选和检索的便利，往往以案由为基础进行分类，由此使"类案同（类）判"的内涵由"类似案件相同（类似）裁判"实际衍化成"同类（案由）案件相同裁判"。尽管"同类（案由）案件相同裁判"也体现了"类案同判"的精神，但并不能覆盖"类案同判"的全部蕴涵，因为其间接排除了不同类型（案由）判例之间相互借鉴参照的可能与价值。③

---

① 《宪法》第 132 条、《法院组织法》第 10 条均规定："最高人民法院监督地方各级人民法院和专门人民法院的审判工作，上级人民法院监督下级人民法院的审判工作。"

② 参见雷磊：《如何理解"同案同判"？——误解及其澄清》，《政法论丛》2020 年第 5 期；周少华：《刑事案件"同案同判"的理性审视》，《法商研究》2020 年第 3 期；张骐：《论类似案件的判断》，《中外法学》2014 年第 2 期；刘树德：《刑事司法语境下的"同案同判"》，《中国法学》2011 年第 1 期。

③ 在司法实践中，不同类型案件在某些方面也会有一定的相似性，不同类型案件之间的跨类型借鉴参照亦较为普遍。例如，有研究表明指导性案例的运用存在大量跨类型适用现象。参见孙跃：《指导性案例跨类型适用的限度与进路》，《交大法学》2020 年第 1 期。

最高人民法院 2020 年 7 月颁发的《关于统一法律适用加强类案检索的指导意见(试行)》(下称"类案检索意见")对"类案"作出了专门解释:类案"是指与待决案件在基本事实、争议焦点、法律适用问题等方面具有相似性,且已经人民法院裁判生效的案件"。认真推敲这一看似对"类案"的权威性解释,不难发现,这一解释内蕴着某种逻辑错误。首先,把"争议焦点"与"基本事实""法律适用问题"并列为确定类案的参照维度显然不恰当。这是因为,任何争议焦点都是围绕案件事实或法律适用问题而产生的,"争议焦点作为诉讼中争执的事实问题和法律问题,始终同案件事实与法律规范连接在一起"[1],没有超越案件事实或法律适用问题而独立存在的争议焦点。从逻辑关系看,"争议焦点"与"基本事实""法律适用问题"并不产生于同一根据,就三者联系而言,毋宁说在"基本事实""法律适用问题"上所存在的"争议焦点"相似,更符合"类似案件"的含义。其次,"基本事实"相似并不能完全反映"类案"意蕴中的"事实类似"。在惯常的理解中,案件"基本事实"应指那些反映或体现主要法律关系以及案件性质的事实,如买卖合同中的买卖关系、建筑工程合同中的承揽关系等。然而,实践中,成为争议焦点的"事实"往往并不是与主要法律关系或案件性质相关的"基本事实",而是案件中的某一或某些细微情节,正是这种细微的情节构成了案件的某种特异性,从而决定或影响着裁判的结果。因此,强调"基本事实"相似,很容易把"类案"限缩在同案由案件(同案由案件的"基本事实"才具有相同或相似性)之中,从而仍然在一定程度上悖离"类案同判"的实际意旨。

从判例运用的角度看,类案之"类"或同案之"同",是指待决案件与判例在影响或决定裁判结果的关键节点上的相似或相同,而关键节点既可能是事实认定(真实性认定、事实性认定),亦可能是法律适用问题(程序法律适用、实体法律适用;法律规定适用、法律原则或

---

[1]　孙海波:《重新发现"同案":构建案件相似性的判断标准》,《中国法学》2020 年第 6 期。

理念适用);同时,既可能是案件的基本(主要)事实,也可能是与主要法律关系或案件性质关联不大的细微情节。无论类似或相同点是什么,根本之处在于其整体或部分地决定或影响裁判结果。把握"是否决定或影响裁判结果"这一根本,才能准确把握"类案"或"同案"的实质含义,才能够在判例运用中更准确分辨出"形同而实不同""形异而实同"的各种判例,从而更好地发挥判例,尤其是示范性案例的引导性作用。① 更为现实地看,随着审判监督管理的加强,案件基本事实相同而裁判结果相异的现象将逐步减少,法律适用统一、同案同判方面的压力会相应减轻。换言之,这类案件处理时示范性案例运用的需求并不突出,而恰恰是同类案件中各自相异或不同类型案件中彼此相同的各种复杂多样且决定或影响裁判结果的细微情节,更有可能成为案件裁判的疑点、难点(自然也会成为争议焦点);这些疑点和难点的恰当处置,为示范性案例的运用提出了需求并赋予其特有的实用价值。

2. 如何确定示范性案例的效力?

前面提到,示范性案例具有其特定的权威基础,因而其裁判规则具有事实上的约束力。然而,从常态化运用的要求看,示范性案例的效力仍然是在制度上需要探讨、实践中需要明确的问题。

最高人民法院《类案检索意见》第 4 条规定的类案检索范围和顺位,实际上暗含着对不同案例效力位阶的确定。该规定把省级法院发布的参考性案例(亦即示范性案例)列为第三顺位,这显然与示范性案例的实际地位不符。首先,把示范性案例与省级法院的其他生效裁判案例并列为同一顺位,不足以体现示范性案例形成于筛选、编写、推荐、审定等一系列严格程序,从而在很大程度上反映了司法共识这一特质。其次,就一般性判例而言,无论是最高人民法院抑或省级法院的

---

① 诚如拉伦茨所言:"有关的案件事实既不能相同,也不能绝对不同,它们必须恰好在与法评价有关的重要观点上相互一致。事实是否如此,不能仅凭'一致'及'不一致'等逻辑学上的基本范畴来决定,毋宁必须先澄清:在法定规则中表现出来的评价之决定性观点何在。"〔德〕卡尔·拉伦茨:《法学方法论》,陈爱娥译,商务印书馆 2003 年版,第 258 页。

终审裁判,类似案件的裁判结果或裁判规则都不具有确定的一致性。而示范性案例是在对各种案例进行比较筛选后所确定的范例,因而具有更高的可靠性和更大的参考价值,应赋予其在检索和运用中优于一般裁判的地位。深入地看,《类案检索意见》对案例效力位阶的确定,所遵循的是"择上而从""先上后下",亦即上级法院裁判高于(优于)下级法院裁判的原则。这一原则固然能够在一定程度上保证上下级法院裁判的一致性,但并不能有效保证裁判的合理性。恰当的选择应当是"择上而从"与"择优而从"原则并行,且以"择优而从"为主,"择上而从"辅之。具体地说,指导性案例为第一顺位,示范性案例为第二顺位,其他判例再按"择上而从""先上后下"的原则依次确定其位阶。这也意味着,判例——无论其出于哪一级法院,只要确定为示范性案例,其效力位阶既高于省级法院其他判例,也高于最高人民法院一般性判例。这不仅是对示范性案例具有制度性赋效地位的尊重,亦是对我国各审级审判组织之审判水平复杂性(并非必然上高下低)的承认。

在具体运用过程中,对示范性案例效力应把握这样几点:一是示范性案例虽然不可能获得与指导性案例相同的地位,但应列入"强制检索、应当参考"的范围,无特殊理由或原因,类似案件应借鉴或参照示范性案例裁判。二是是否参照示范性案例裁判,可以成为法院决定内部监督程序的事项。对于参照示范性案例裁判的案件,原则上由独任法官或合议庭径行决定,不再经历内部监督程序;而对于应当参照而未参照的案件,则必须经相应的内部监督程序审查,并依相关程序决定案件的裁判结果。三是对于各诉讼主体在诉讼中提出参照某示范性案例的请求而未予采纳的,应在裁判文书中述明不予采纳的具体理由。总体上说,对示范判例,仍应赋予其一定效力,否则不足以体现其作为引导性法源的属性,也无法显示其依"标杆原理"而统一法律适用的积极效应。①

----

① 已有高级法院尝试赋予示范性判例一定效力。例如,《四川省高级人民法院关于加强参考性案例工作的意见》(川高法〔2015〕92号)第16条规定:"省法院发布的参考性案例,全省各级法院在审理类似案件时应当参照,参照的范围限于参考性案例所确立的裁判规则,可以作为裁判理由在裁判论证说理中引述该裁判规则,但不能在裁判文书中作为法律依据直接援引。"

3. 如何开展示范性案例库的建设?

示范性案例制度化运用的前提是各省级法院示范性案例库的设立。目前各省级法院在此方面的作为和进展参差不齐。一方面是因为尚没有全国性的统一要求和部署,另一方面也在于这项工作整体上仍处于探索之中,相关经验积累不足,更未形成系统化且具有普遍性的方式方法。为此应当明确,首先,省级示范性案例库的建设是我国判例运用的一项基础性工程,是通过判例实现法律统一适用功能的关键性环节。在这类案例库建设方面,无非是两条路径可供选择,一是由最高人民法院统一设立,二是由省级法院设立。务实地看,最高人民法院内部多部门发布和选编案例,自身协调尚且困难,更无法集中力量建立全国性的示范性案例库,同时,全国统一选编示范性案例亦难以反映各地审判的特殊要求及特点;而省级以下法院建库成本过高,重复性建设浪费过大,且不利于一般案件终审层级内法律适用的统一。因此,各省级法院设立示范性案例库,应属恰当之选。其次,示范性案例库与一般的判例库具有重要区别,并不追求在短时期内达致完备,各省级法院可根据本地审判实践的需要,循序渐进地推进建库工作。从四川等地的实践看,[①]入库案例的选择对象为:一是审判事务中争议较大、同案不同判情况较为突出的案件,如法人提供

[①] 《四川省高级人民法院关于加强参考性案例工作的意见》(川高法〔2015〕92 号)第 4 条规定的作为备选参考性案例的主要情形有:"(一) 解决审判实践中的疑难问题和认识分歧,在规范自由裁量权、统一法律适用上有参考指导价值的;(二) 现有法律尚无明确规定,正确运用法律原则和法理作出裁判的;(三) 现有法律规定不够具体、不协调或者相互冲突,能正确适用法律、统一裁判尺度的;(四) 适用新颁布、修改的法律法规或者司法解释作出裁判且具有典型示范意义的;(五) 在司法理念、裁判方法和规则完善等方面具有典型示范意义的;(六) 社会广泛关注、影响重大,对社会有教育、引导、示范意义的;(七) 其他具有参考指导价值的。"《天津市高级人民法院关于在民商事审判中实行判例指导的若干意见(试行)》(津高法民二〔2002〕7 号)第 3 条规定:"确立为判例的案例至少应具备下列条件之一:(1) 适用法律与裁判结果具有普遍适用性,对解决易发、多发、疑难的同类案件有较强指导意义的;(2) 对新类型案件裁判结果公正并取得较好社会效果的;(3) 依据法律规定,缺少具体标准,案件的裁判结果对适用该法律条款有指导意义的;(5) 对于法无明文规定的案件,正确运用法律原则裁判,结果比较妥当的。"

担保案;二是法律规范依据不够明确或较为欠缺的新类型案件,如互联网商务纠纷案;三是受理量大且自由裁量标准掌握偏差较多的案件,如交通事故赔偿案等。总体上说,只要建库的进程能够基本适应审判实践的需求,能够对辖域内审判实务形成有效引导,保持辖域内司法见解的一致性即可,并不要求大而全。最后,逐步建立和完善示范判例库的常规性遴选、推荐、编写以及审定入库或退出机制。[1] 示范性案例库的建设既需要专门的机构及人员负责,亦需要动员一线审判人员以及审判管理人员的普遍参与,尤其是激励法官把创设高水准裁判规则、贡献示范性案例作为审判职责中的重要追求。同时,吸收法学理论研究人员、律师参与示范性案例的遴选、编写以及对示范性案例的讨论评析,把示范性案例库的建设作为法律职业共同体交流的重要平台。

四、作为智识性法源的一般性判例:
推动司法经验与智慧的共享

由于过多着眼于判例的效力,而一般性判例通常被认为并无约束效力,故学术界对于指导性案例、示范性案例以外的一般性判例的运用,并未付以太多的关注。最高法《类案检索意见》虽然赋予了上级法院一般性判例一定的地位,[2]但事实上却又排除了下级法院以及异地法院一般性判例的参考作用。这多少反映出相关方面对一般性判例运用功能认知的偏差。从效用视角看待一般性判例,其功能既

---

[1]　最高人民法院发布的《关于完善统一法律适用标准工作机制的意见》(法发〔2020〕35号)第 8 条要求:"各高级人民法院应当建立办案指导文件、参考性案例长效工作机制,定期组织清理,及时报送最高人民法院备案,切实解决不同地区法律适用、办案标准的不合理差异问题。"

[2]　《类案检索意见》第 4 条将"上一级人民法院及本院裁判生效的案件"纳入类案检索范围。

不在于裁判规则的约束力,也不仅限于保持上下级法院之间裁判的形式上的统一性,而在于将这类判例作为一种认知性法源,通过实践中广泛的借鉴与参考,使蕴含于其中的司法经验与智慧得以传播与辐射,从而推动并实现司法经验与智慧的共享。

(一) 一般性判例的特征

与指导性案例和示范性案例不同,一般性判例具有下述特征:

首先是广泛性。根据裁判文书上网的制度性要求,绝大多数判例都能够在网上查阅。迄今为止,我国各级法院上网裁判文书已经逾亿,且平均每日以数万份的速度增加。仅就数量而言,指导性案例及示范性案例与之已呈牛毛之别。当然,其广泛性不仅体现在数量上,更重要是这些判例的内容涉及各种各样的案件类型,并且基本涵盖了各类案件中复杂、差异化的事实情节和各种法律适用问题及其司法处置方式。概而言之,在当下中国,经由"互联网+"效应的作用,一般性判例已成为一种泛在的、全面反映中国司法现状及司法见解的智识信息,并为社会成员无差异、无壁垒地汲取和运用。

其次是原生态。一般性判例不同于指导性案例或示范性案例的另一特征在于其保持了原生态。一方面,上网的一般性判例,非经人为选择(制度上要求"以上网为原则、不上网为例外",应上网均上网[①]);另一方面,上网的裁判文书未经任何雕饰与修编,完全以原初形态呈现。既有高质量、高水平裁判,亦不乏低质量以至错误裁判;既有同类或类似案件的一致性裁判,亦有彼此相异甚至相互矛盾的裁判。原生态特征对于判例运用的意义在于能够更为全面地了解司

---

① 《最高人民法院关于人民法院在互联网公布裁判文书的规定》(法释〔2016〕19 号)第 4 条规定:"人民法院作出的裁判文书有下列情形之一的,不在互联网公布:(一)涉及国家秘密的;(二)未成年人犯罪的;(三)以调解方式结案或者确认人民调解协议效力的,但为保护国家利益、社会公共利益、他人合法权益确有必要公开的除外;(四)离婚诉讼或者涉及未成年子女抚养、监护的;(五)人民法院认为不宜在互联网公布的其他情形。"

法的真实状况,尤其是了解司法对某一问题的普遍性立场和态度;即使是不同水平或彼此矛盾的裁判,也能够提供可比较的样本或范例,启迪并拓展认知者的思路。

最后是全息化。正是得益于广泛性和原生态,从一般性判例之中,不仅能够看到不同案件及其裁判规则,同时也能大致了解个案处理的主要过程,甚至感知案件处理中所蕴含的司法理念和司法方法、司法技巧等。不仅如此,通过一般性判例的多个样本(类案、群案),借助于统计工具或大数据工具,能够分析出司法案件变化的总体趋势、司法的基本取向、司法质量与成效,以及司法与社会之间互动的状况与规律,并且还可以从一般性判例中折射出社会发展和社会生活的丰富面相。

(二) 一般性判例作为智识性法源

一般性判例虽然并不具有指导性案例的约束性,也不具备示范性案例的引导性,但所蕴含的司法经验与智慧能够从不同角度为不同主体提供参考,即便是其中一些"尚未在正式法律文件中得到权威性的或至少是明文的阐述与体现"的材料,也会成为"具有法律意义的资料和值得考虑的材料"[1]或者是"认知法律的材料"[2],从而构成审判或诉讼活动的智识性法源。智识性法源包含的内容十分丰富,一般性判例中凡有助于支持裁判结论、增强裁判结论可接受性,能够提供各种启示的一切因素,都可以成为智识性法源。概括地说,包括下述几个方面:

首先是对法理的理解。任何裁判中都包含着裁判者对法律的理

---

① 〔美〕博登海默:《法理学:法律哲学与法律方法》,邓正来译,中国政法大学出版社2017年版,第431页。
② 苏永钦:《司法造法几样情——从两大法系的法官造法看两岸的司法行政造法》,载《中德私法研究(第17卷)·司法造法与法学方法》,北京大学出版社2018年版,第6页。

解,"法官的判决是否具有正当性,取决于理性的法律论证的可能性"①,这种理解或论证构成了"活的法律"或"真实的法律"。其要素又体现为三个层次:一是基于不同认知而形成的对法律规范的不同选择,亦即在众多的法律规范中认定哪一个规范更适于相应的案件;二是对规范文本意涵的把握,不同的裁判者对相同的规范文字表达可能有不同的理解;三是法律规范所设定的情境与案件事实的契合度。② 判例中所体现的对法理的理解,不仅仅包括实体法法理,也包括程序法法理,对不同程序的运用以及对程序性争议的处置,也同样显示出判例中裁判者对法理的理解。

其次是对事理的尊重。好的裁判,必定建立于对事理的尊重之上。所谓"事理",亦即案件之本来面目及前因后果,关涉的是社会生活的客观状态及要求。法理通常是事理的高度概括和提炼,但又不可能细及社会生活中事理的每一部分,从而需要裁判者对案件所关涉的事理进行具体考量。有些裁判从法理上看或许无可厚非,但却脱离了社会生活的实际状况,悖离了社会生活的基本逻辑,从而形成"司法不解社会风情"之窘况,既难以契合社会成员基本的公平正义观念,又不利于有效地规范和引导社会生活。在海量存在的一般性判例中,不乏众多裁判者富有智慧地把各种事理与法理恰当融合于裁判之中的实例,这些实例所提供的启示是一般性判例作为认知性法源的重要依据及价值。

再次是对情理的揆度。除了法理、事理外,一般性判例的另一方面参考意义在于裁判对情理的揆度。在司法裁判中所说的"情理",不仅指人际之间的"人情"之维,也包括国家与社会治理的"国情"之维;所谓"大局意识"即是对"国情"之维所产生的"情理"的强调。高

---

① 〔德〕罗伯特·阿列克西:《法律论证理论》,舒国滢译,中国法制出版社 2002 年版,德文版序,第 1 页。
② 正如卢埃林所说:"单凭法律规则,你们所能预测的细节是多么有限。为了预测的目的,你们必须在多大程度上求助于法官对案件事实及其周围生活的反应。"〔美〕卡尔·卢埃林:《荆棘丛:我们的法律与文学》,王绍喜译,中国民主法制出版社 2020 年版,第 126 页。

水平的裁判,并不避讳法理与情理之间所可能存在的某些冲突或某种张力,而是审慎揆度法理和情理的各自立场,寻求其相互包容的可能与限度,并通过充分的论证增加裁判的可接受度。近些年,一些案涉人伦关系、裁判者兼用法理和情理解析与论证的裁判文书在网络上广泛流传,成为"网红裁判",①正表明了社会公众对情理与法理兼容的认同。至于"大局要求"与"依法"关系处理得当的裁判,更是为社会各方所推崇,成为相关"重大、疑难、复杂案件"处置的重要借鉴。

最后是对文理的阐发。裁判文书是判例的载体。无论是法理还是事理、情理,都需要通过裁判文书中的文理加以阐发。虽然裁判文书有其一定的格式,但并不妨碍裁判者根据自己对案件的理解以多种不同的风格表达自己的裁判意旨,反映"法律主观领域的'内部世界'"。② 近些年最高人民法院不断强调强化裁判文书的说理,③各级法院还建立了不同形式的优秀裁判文书评选制度,更为法官充分发挥自己的文本表达才能提供了空间及激励,文理风格新颖的裁判文书不断出现。④ 出自十多万法官之手的上亿份裁判文书,在事实叙述、论证理路、逻辑推理、文字表达甚至文书结构等方面提供了多种可资借鉴的参照,从而使文理阐发也成为一般性判例运用所不可忽略的价值。特别是在同类或类似案件中,优秀裁判文书的文理阐发,具有更强的参考借鉴意义。

前述几方面构成了一般性判例智识性法源的基本要素,这些要

① 参见《"众里寻他千百度"泰州诗意判决书走红》,《现代快报》2016 年 12 月 16 日;《不准离婚判决书为何走红朋友圈》,《人民法院报》2017 年 12 月 18 日;《这里有一个"网红判决工坊"》,2019 年 10 月 1 日,https://www. sohu. com/a/344597883_682387。

② 美国"法律与文学"运动的重要倡导者理查德·威斯伯格(R. Weisberg)认为:"判决意见中所使用的语言和修辞比判决结论更加重要,因为它们决定着所要得出的结论的对错,为了理解法律正义,我们必须考察隐藏在语言和修辞之中的法律主观领域的'内部世界'。"朱景文主编:《当代西方后现代法学》,法律出版社 2002 年版,第 287 页。

③ 参见《关于加强和规范裁判文书释法说理的指导意见》(法发〔2018〕10 号)、《关于加强民事裁判文书制作工作的通知》(法发〔2006〕145 号)。

④ 参见刘星:《判决书"附带":以中国基层司法"法官后语"实践为主线》,《中国法学》2013 年第 1 期;王聪:《我国司法判决说理修辞风格的塑造及其限度——基于相关裁判文书的经验分析》,《法制与社会发展》2019 年第 3 期。

素同时也是对一般性判例所蕴含的司法经验与智慧的类型化概括，亦成为从一般性判例中寻求司法经验与智慧的基本向度。

（三）一般性判例的运用机理

虽然缺少全面性的制度规范，但我国一般性判例运用的现实同样显现出其特有的某些机理，把握这些机理，亦可深化对一般性判例运用的认识。

第一，一般性判例的运用主要缘于主体的自利动机，带有很强的自发性。如前所述，《类案检索意见》对参考上级法院案例作出了制度性要求，但这并不能反映一般性判例运用的主要动因。在更广泛的层面上，包括法官在内的各诉讼主体对一般性判例的关注与借鉴，还是把一般性判例作为一种智识资源对待，借此提高裁判水平或诉讼成效。具体地说，从海量的裁判中，选择出相关判例，为寻找相关法条、设计审理或诉讼思路、建构裁判或诉讼理由、了解相关问题的普遍性司法见解以及预测或评估待决案件的裁判结果提供帮助，以拓展对案件认知的视野，从而在审判或诉讼中取得更为主动的地位。对于法官来说，即便没有强制检索制度的要求，在某些疑难案件的审理中，也会自觉地从众多的判例中寻求启示；对于其他诉讼主体来说，判例更是其追求胜诉结果的重要选择，动因的自利性以及行为的自发性都十分明显。

第二，一般性判例的运用效应在于通过司法经验与智慧的共享，促进法院以及法官之间审判水平的平衡提升。毋庸讳言，受制于多种因素的影响，不同审级、不同地区法院以及不同法官的审判水平存在着较为明显的差异。近几十年，虽然各级法院通过多种措施力图缩小法院及法官之间的这种差距，但效果并不显著。一般性判例的广泛运用则不经意地为缩小这种差距、促进审判水平的均衡提升提供了重要路径。一般性判例的参考借鉴性运用，突破了审级、区域以及不同审判组织的界限,消弭了司法智识信息的流动壁垒,汇聚"共同的"或"共有的"司法理性,[①]使得司法产品(判例)所蕴含的经验与智慧能够整体性、全域性广泛传播,并且在"因需而取""择优而从"机制的作用下,使更具价值的司法智识得以浮现并贴切地运用到相应的审判实践之中。这也是说,通过对标优质司法产品(判例)而使其所蕴含的司法经验与智慧渗入审判水平相对较低的裁判者的司法过程,从而带动司法理性的不断趋优与整体提升。这种结果(优质判例)导向的方式,较之其他提升主体水平的措施更为直接,效果也更为明显。

第三,一般性判例的可接受性产生于主体的理性化趋从,其实质是不同主体对相关判例中司法经验与智慧的共同认可。从制度上要求检索上级法院裁判,以保持上下级法院类案裁判的一致性,固然是(上级法院)一般性判例被接受的原因,但更能解释一般性判例的可接受性,或者说一般性判例更具正当性的理由在于各相关主体的理性化趋从。这种趋从体现于三个层次:一是较好的判例更能契合各主体理性化的诉求或主张,或者能够启示各主体理性化认知的形成,进而转化为对待决案处置的共识。二是即便是具有差异性甚至彼此矛盾的一般性判例,在主体相互争辩中也能够显现出差异及矛盾是什么、形成差异与矛盾的原因何在以及哪一个判例更具有合理性,最终,合理性相对较高的判例的裁判更易被接受。三是各主体在一般性判例的运用中,自然也会考虑到不同审级裁判的权威性,并且还会考虑到不同判例中多数判例所持有的司法见解。通常更高审级的裁判、多数判例的裁判规则所具有的借鉴参考价值也会更大,这同样也体现出主体的理性趋从。各主体在一般性判例运用中之所以能够形

---

① 杰拉德·J.波斯特玛在论及普通法的理性时认为,这是共同的(common)或共有的(shared),"该人为理性的目标是汇聚关于共同解决方案的判断,并因此获得有效的实际指导"。参见〔美〕朱尔斯·科尔曼、斯科特·夏皮罗主编:《牛津法理学与法哲学手册》(下册),杜宴林、朱振、韦洪发等译,上海三联书店 2017 年版,第 661 页。

成理性化趋从,外部条件在于各自所拥有的资源(判例)完全相同,信息高度对称,并且彼此博弈的正当性一致,换句话说,各主体在判例运用方面的"竞争"具有充分性;而实质性原因则在于相关判例中所蕴含的司法经验与智慧能够成为统一各主体认识、推动共识形成的基础。这也表明,在我国成文法体制下,一般性判例的地位不是(或不应)源于外部赋效,而是(应)产生于其自身的合理性及其派生的"说服性权威"。[①]

(四)一般性判例运用的保障性条件

随着一般性判例运用兴起,司法经验与智慧的传播和共享已呈蔚然之势。然而,与一般性判例的运用前景相比,现有保障条件还存在诸多疏缺,制约了司法经验与智慧传播和共享的广度和深度。基于对一般性判例运用规律的把握,可以从如下五个方面强化保障性条件:

一是提升裁判文书上网的比率与及时性。尽管裁判文书上网已成为制度性要求,但各地、各级法院仍不同程度地存在着裁判文书"选择性公开"现象,相当数量不属于法定不公开情形的文书并未上网公开,且未按制度要求上传不公开文书案号、审理法院、裁判日期等基本信息,对不公开理由的说明较为简略粗疏,许多社会热点案件、指导性案例所涉裁判文书也未实现完全上网。此外,大量裁判文书没有在法定的合理时间内及时上传,年末或季末集中上传现象较为突出。[②] 为此,既要从制度规范层面形成有效的约束和激励机制,

---

① 美国宪法学者格哈特(Michael J. Gerhardt)认为:"一个司法先例就可能构成说服性权威,取决于其他的参与者发现他们处于类似但并不相同的状况的程度","司法裁决只有在它们的推理强有力到足以说服反对者该裁决是正确的情况下,才能取得政治合法性"。参见〔美〕迈克尔·J. 格哈特:《先例的力量》,杨飞等译,杨飞校,中国法制出版社 2013 年版,第 215—216 页。

② 参见杨金晶、覃慧、何海波:《裁判文书上网公开的中国实践——进展、问题与完善》,《中国法律评论》2019 年第 6 期。

提升裁判文书上网数量和公开比例,也要注重改进技术手段,开发高效智能的文书处理系统,实现对文书常见错误以及应当隐匿信息的自动化识别和处理,减轻裁判文书写作和上传负担,进而提升文书公开的广泛性和及时性。

二是增加裁判文书的构成要素。现有裁判文书的内容并不能完全反映司法过程,相当多的程序性事项在裁判文书中无从反映。为此,应当相应增加裁判文书的构成要素,如将对案件的收结案时间、案件中止过程、采取的保全措施、管辖异议及其处置等重要程序性活动列入裁判文书之中,从而使司法过程中的信息亦能够得以展示与传播,丰富判例中司法经验与智慧的内涵。

三是提高裁判文书叙述质量及类案检索准确度。要从判例运用的需求出发改革裁判文书的结构、体例及叙述方式,为类案检索提供优质且标准化的数据基础。具体可以从两个方面展开:一方面,在裁判文书模板设定中,应考虑检索平台对文书拆解的便利性,以利于系统准确识别和提取案件名称、案由、案号、法院名称及层级、案件类型、审判程序、当事人、审判人员、律师、裁判日期、法律依据等信息;另一方面,要提升裁判文书中案件审理过程、原告诉称、被告辩称、法院认定事实、法院说理、裁判依据、判决结果等表述的规范性,降低语言表述的模糊性和多样性,尤其是在案件事实、争议焦点、法律适用、判决结果等较为复杂的情况下,充分注意语言表述的完整性、层次性和逻辑性,以便系统能够对关键词或语义相似性进行高效识别、筛选并建立关联。

四是通过判例检索平台建设增强一般性判例运用的智能化。首先是形成不同判例检索平台的功能互补格局。中国裁判文书网主要定位于裁判文书的权威发布平台,为诉讼主体及社会公众免费提供便捷、高效的判例检索;商业性判例检索平台以按市场规律提供判例运用多样化服务为主要定位,汇聚律师、商业主体、科研机构、社会公众以及普通法官参与深度加工和研发判例数据资源与专业性咨询报告。其次是借助大数据、人工智能、区块链等新兴信息技术，形成开放性、去中心化、交互式的判例运用模式，将判例检索平台发展为判例智识库，促使检索平台中的知识与技术赋能更多业务和应用领域。① 同样重要的是，应当将判例检索植入法院办案平台和审判管理平台，依托判例运用实现办案主体与管理主体之间可视化、自动化、静默化、精准化的集约高效互动，从而促进构建可以更好汇聚司法经验与智慧的审判运行机制。

五是建立优质判例生成的激励机制。优质判例的普遍生成需要改进激励机制，提升法官的内在创制动力。一方面，激励机制的建立应遵循一般性判例运用规律，通过在自发性运用中自然生成的识别和评判标准，促使优质判例得以"浮现"并成为评价法官以及其他诉讼主体（譬如检察官、律师）职业成就和职业尊荣感的重要标尺，使得优质判例的生成成为法律职业群体重要的职业追求，从而形塑并激发相关主体参与生成优质判例的内在驱动；另一方面，各级法院尤应重视构建和完善优质判例评选制度，将评选结果与法官业绩及晋升建立一定的关联度，从而调适并优化法官的激励考核机制和标准，形成良好的导向和评价氛围。

五、结　语

本章从判例运用角度，将判例划分为三种类型，并分别依据其不同的法源属性，揭示了判例运用在我国成文法体制下的三种不同功能定位。需要指出的是，这三种不同功能定位分别体现的是三种类型判例所具效能的主要面相，并不意味着某一特定类型的判例不具有其他方面的功能。实际上，指导性案例无疑还具有示范性案例以

---

① 参见李鑫：《从信息化呈现到体系性构建：判例运用视角下判例检索系统的建设与发展》，《四川大学学报》（哲学社会科学版）2020 年第 2 期。

及一般性判例所具有的功能,示范性案例也在很大程度上体现着司
法经验与智慧,而一般性判例亦具有提供裁判规则参考、引导规范裁
判行为以及统一法律适用的作用。因此,在认知每一种类型判例的
功能定位时,还应看到其另外方面的功能或效用。三种判例的三种
不同功能定位,既是对我国判例运用实然状况的一种概括和描述,也
包含着对我国判例运用应然秩序的理想构设。由此而显现的我国成
文法体制下判例运用的图景,不仅不同于英美判例法制度与实践,亦
与法、德等欧陆成文法国家具有重要差异。有意义的是,这样一种判
例运用格局、状态是在建构与自发的双重作用下渐进地甚至隐性地
形成和存在的。因此,从理论层面上予以揭示使之显形化,有助于包
括决策层在内的社会各方对此建立更为明确的认知,并进一步助推
判例多方面功能的恰当且充分发挥,进而形成具有中国特色的判例
运用秩序。

第十三章 判例自发性运用现象的生成 与效应

2010 年 11 月最高人民法院《关于案例指导工作的规定》的出台,标志着案例对司法审判的指导作用在我国制度层面上得以正式确立。案例指导制度实施几年来,尽管理论界及实务界对这一制度中涉及的法理基础、案例类型、发布数量、选案程序、所选案例的恰当性以及案例指导的效力等问题存在某些争议,①但客观地看,这一制度仍然局部性地体现了"总结审判经验,统一法律适用,提高审判质量,维护司法公正"②的初衷。

然而,当理论界关注的目光尚在不断向案例指导制度移游聚集之时,由裁判文书上网这一举措所引发的法官、检察官、律师,乃至当事人等诉讼主体,在追逐诉讼利益最大化(或最佳审判效果)这只"看不见的手"的作用下,自发、主动运用判例认知和评估待诉、待决案件,设计诉讼或审理思路,论证诉讼或裁判主张,强化与充实诉讼或裁判理由,以及评价和衡量裁判结果的现象正悄然兴起,并日益成为我国司法活动中的常态和普遍性实践。③ 为便于表述,本章将这种

---

① 相关理论成果参见宋晓:《判例生成与中国案例指导制度》,《法学研究》2011 年第 4 期;张志铭:《司法判例制度构建的法理基础》,《清华法学》2013 年第 6 期;陈兴良:《案例指导制度的规范考察》,《法学评论》2012 年第 3 期;泮伟江:《论指导性案例的效力》,《清华法学》2016 年第 1 期;秦宗文:《案例指导制度的特色、难题与前景》,《法制与社会发展》2012 年第 1 期。案例指导制度正式施行前期的主要文献包括胡云腾、于同志:《案例指导制度若干重大疑难争议问题研究》,《法学研究》2008 年第 6 期;孙谦:《建立刑事司法案例指导制度的探讨》,《中国法学》2010 年第 5 期等。
② 《最高人民法院关于案例指导工作的规定》(法发〔2010〕51 号)。
③ 根据 2017 年 8 月 23 日的数据统计,中国裁判文书网累计总访问量已突破 100 亿次。

现象称为"判例自发性运用",借以区别于案例指导制度下对案例的制度化运用。本章后述论证将表明,判例自发性运用对我国司法已经并将进一步产生深刻影响,其积极意义不仅远远溢出了裁判文书上网作为司法公开之举措的预期效应,而且也突破了依建构主义方式所形成的案例指导制度的某些局限,更为有效地集中并运用全国各级法院的司法经验与智慧去随机解决各种疑难、复杂以及新类型案件,并使裁判尺度统一在高水准的司法经验与智慧之上,借此推动法律适用水平的全面提升,同时也为人民法院的整体发展提供一条新的路径。不仅如此,判例自发性运用对我国法律规范体系及其形成机制的改善以及法学理论研究的转型与深化也将产生重要影响。在此意义上,把经由裁判文书上网到判例自发性运用现象的生发与普及,再到各种积极效应的发生这一过程,概括为一场"悄悄的革命"并不为过。揭示这一过程并分析其中的相关机理,应是学术理论研究的功能与职责所在。正如哈耶克所主张的:"社会理论的整个任务,乃在于这样一种努力,即重构'存在于社会世界中的各种自生自发的秩序'。"[1]

一、判例自发性运用的基本特征

由于判例[2]自发性运用现象尚未受到理论界的普遍关注,其主要过程及内容亦未被系统揭示与描述,因此,有必要以案例指导制度的比较为视角,对这一现象的基本特征进行必要的提炼和分析。需要说明的是,在"判例自发性运用"这一语境中所指的"判例",自然也

---

[1]　〔英〕弗里德里希·冯·哈耶克:《法律、立法与自由》,邓正来等译,中国大百科全书出版社 2000 年版,第 7 页。

[2]　本章中运用"判例"一词而非"案例"。判例与案例的重要区别在于,前者只能是经法院裁判后形成的"案例",其意涵重在"判"。而"案例"的范围则宽泛得多,侦查、起诉环节办理的案件都可称为"案例"。最高人民法院使用"案例指导制度"而不是"判例指导制度",推测是为了避讳于英美法系判例制度。我认为,"判例"一词更贴近于表达对象的本质,这方面的避讳完全没有必要。

包括在案例指导制度下所发布的指导性案例,但当这部分案例被实际运用时,其运用方式、效力等已不适于此处的相关分析,故本节对判例自发性运用特征的描述,应不包括前述指导性案例。

(一) 自发性运用的判例之范围

案例指导制度中所指案例是经特定程序筛选并经权威发布的五种类型案件。[①] 至 2017 年 11 月 15 日,最高人民法院发布了 17 批、共 92 件指导性案例。理论界以及实务界对指导性案例制度的批评或讨论,不仅在于对某些案例所显示的裁判规则的合理性提出了探讨性意见[②],更主要集中于对指导性案例数量稀少、应用性不强、类型不够全面、[③]遴选程序不尽妥当等缺失的批评[④]。与之完全不同的是,诉讼主体自发性运用的判例涵括了人民法院既往作出裁判的一切案例,亦即以人民法院裁判文书为载体的所有案例都可以纳入诉

[①] 《最高人民法院关于案例指导工作的规定》(法发〔2010〕51 号)第 2 条:"本规定所称指导性案例,是指裁判已经发生法律效力,并符合以下条件的案例:(一) 社会广泛关注的;(二) 法律规定比较原则的;(三) 具有典型性的;(四) 疑难复杂或者新类型的;(五) 其他具有指导作用的案例。"有学者以此为基础将指导性案例归纳为影响性案例、细则性案例、典型性案例、疑难性案例和新类型案例五种,参见陈兴良:《案例指导制度的规范考察》,《法学评论》2012 年第 3 期。

[②] 例如,有学者对 7 号指导性案例所援引规范程序依据提出质疑,参见郑金玉:《7 号指导性案例规范依据和裁判理由评析》,《法制与社会发展》2014 年第 5 期。对 18 号指导性案例中的"末位淘汰"的探讨参见孙光宁:《"末位淘汰"的司法应对——以指导性案例 18 号为分析对象》,《法学家》2014 年第 4 期;王天凡:《"不能胜任工作"与"末位淘汰"规则的规范分析——指导性案例第 18 号评析》,《清华法学》2016 年第 4 期。对 24 号指导性案例中的"蛋壳脑袋"规则的反思参见孙鹏:《"蛋壳脑袋"规则之反思与解构》,《中国法学》2017 年第 1 期;程啸:《受害人特殊体质与损害赔偿责任的减轻——最高人民法院第 24 号指导性案例评析》,《法学研究》2018 年第 1 期。对 67 号指导性案例的质疑参见钱玉林:《分期付款股权转让合同的司法裁判——指导案例 67 号裁判规则质疑》,《环球法律评论》2017 年第 4 期。

[③] 参见赵晓海 郭叶:《最高人民法院民商事指导性案例的司法应用研究》,《法律适用》2017 年第 1 期;向力:《从鲜见参照到常规参照——基于指导性案例参照情况的实证分析》,《法商研究》2016 年第 5 期;周翠:《民事指导案例:质与量的考察》,《清华法学》2016 年第 4 期。

[④] 参见宋晓:《判例生成与中国案例指导制度》,《法学研究》2011 年第 4 期;郑智航:《中国指导性案例生成的行政化逻辑——以最高人民法院发布的指导性案例为分析对象》,《当代法学》2015 年第 4 期。

讼主体的运用范围。首先,这些判例没有任何人为的程序化的遴选与认定,一经人民法院作出并公布,即可成为各类主体运用的对象。其次,作为运用的对象,这些判例既没有法院区域上的差异,也没有法院级别上的差异,亦没有本院与其他法院的差异,甚至没有初审与终审的差异。尽管发达地区法院、上级法院(尤其是最高人民法院)、本院以及终审裁判所形成的判例往往更容易受到诉讼主体的重视,从而被更多地运用,但其他判例同样也会为不同主体根据其实际需要而运用。再次,案例指导制度下发布的案例,为使其中的裁判规则具有更大的适用度和更强的参照性,往往对原有案例的某些事实或情节作不同程度的增改或删减,[①]而与之不同,诉讼主体自发性运用的判例则未经任何雕琢和修饰,完全以原初形态及内容呈现(涉及隐私作技术处理的情形除外)。最后,由于这些判例对后续裁判并不当然产生法定的约束效力,因而也不以"典型性"作为其固有属性,任何在特定时期被视为极具个殊化的裁判,亦不失其作为"判例"的一般意义,在诉讼主体认为需要时,都可作为"判例"使用。

判例范围不同,不仅使指导性案例与自发运用的判例在总量上显现出一粟与沧海之殊(与已发布的 92 件指导性案例相比,同时期中国裁判文书网上公布的判例为 3800 余万件),更重要的是,这种总量上的差异,尤其是人为筛选并经过剪裁的案例与纯粹以自然形态呈现的判例在实际影响力以及影响力的性质方面是难以相提并论的;同时,在判例范围、形态不同及数量差异背后,潜隐着判例的自发性影响与判例制度建构作用这二者性质上的分野。

(二)自发性运用中判例影响力形成或产生的机理

对判例自发性运用现象的讨论,无法绕过的问题是:在既没有判

---

① 参见唐文平:《论指导性案例之文本剪辑——尤以指导案例 1 号为例》,《法制与社会发展》2013 年第 2 期;朱芒:《论指导性案例的内容构成》,《中国社会科学》2017 年第 4 期。

例法制度下"遵循先例"或"不违先例"原则约束,又不具有案例指导制度中"应当参照"效力的情况下,自发性运用中判例的影响力缘何形成或产生? 其中的机理何在? 毫无疑问,保持法律适用的统一性、统一裁判尺度以及坚持"同案同判"这一朴素原则,依然是贯穿于判例自发性运用过程之中的正当性理据;此外,上级法院对下级法院的权威性,也是判例发生作用的实际原因。然而,这些仍然不足以充分、全面地说明判例在自发性运用中影响力的形成或产生的深层机理。在此方面,需要揭示的主要有下述两点:

第一,从形式上看,既往判例喻示着司法对于某种社会事实或某一问题的立场和态度。尽管人们保持着对不同审级、不同区域法院司法裁判效力上差异的明确认知,但意识形态以及制度上所赋予司法的某种神圣性、权威性、公正性、严肃性往往不仅会转化或衍生为不同主体对于一切司法裁判正确性、合法性、恰当性的要求,同时还会将这种正确性、合法性、恰当性固化为对既有裁判的一种前提性推断。也就是说,尽管现实社会中司法的实际权威性、公信力并不十分理想,但丝毫不妨碍人们把带有国徽印章的裁判文书视为一种具有正当性的司法立场、司法认知或司法意志。不仅如此,许多情况下,律师或当事人往往还会把既往判例与待决事项构设为同一或不同法院在面对同一事实或同一问题时可能的矛盾和冲突,从而使个案的处理上升为更宏阔、更具普遍性,并且更具挑战意味的主题。这就使既有判例(无论其出自哪一级法院)成为法院在处理待决案件时所无法回避而必须面对的,至少是不可轻易忽略的一个重要事实。①

第二,从内容上看,既往判例所蕴含的经验、理性对后续裁判具

---

① 有学者认为,法院对过往裁判的遵照是基于"对司法传统的尊重"。这种认识实际上是依据普通法系实践所形成的判断,不一定能够反映我国司法的实际情况。我国司法裁判的形式影响力仍然产生于它作为对某种事实或行为的司法认知或司法立场。参见陈景辉:《同案同判:法律义务还是道德要求》,《中国法学》2013 年第 3 期。

有不言而喻的启示和参考作用。既往判例除了其形式性意义外，对后续裁判更具影响力的是蕴含于其中的经验和理性。虽然律师、法官等各类或各个主体在诉讼中往往具有不同的利益①或认识立场，但在探求待决事项的合理、公正解决方面仍然具有很强的趋同性。因此，对于相同或类似问题，既往判例无论是在认定事实、适用法律还是在分析与论证裁判理由以至最终裁决方式中所蕴含或体现出的经验、理性，都能够为诉讼各主体提供一定的启示或参照。特别是在复杂、疑难案件的处理中，这种启示与参照作用更为突出。当然，实践中，常常会出现不同诉讼主体运用彼此矛盾的判例以支持不同诉求或主张的情况，但即便如此，更富有经验与理性的判例仍然会显示出其相对的优势，更易成为待决事项认知和处理的示范。

前述两点共同表明，判例自发性运用的作用机理或许产生于这样一种态势：判例——无论其出自哪一级、哪一个法院，当待决事项与其具有相同或类似的可比性时，会自然成为认知和处理待决事项的重要参照；如果需要作出或主张与其所不同的处置方式或相异的观点，相关主体必须持有更具说服力的理由，并且，这种理由不应简单出自制度上的效力性依据。正是这种态势所形成的效应，赋予了判例的实际影响力。在判例法理论中，这一机理被称为"法律比较正义"，亦即"法官们对既定法律案件类型的每一个个例给予相同的处理"，在个案处理结果的比较中彰显出法律的正义。②

---

①　通常认为法官在诉讼中是利益无涉者，但事实上，法官在每一个诉讼中也有自己基于职业角色而产生的特定利益。相关论述参见〔美〕李·爱泼斯坦、〔美〕威廉·M.兰德斯、〔美〕波斯纳：《法官如何行为——理性选择的理论和经验研究》，黄韬译，法律出版社2017年版，第5—13、266—283、353—399页。该书采取现实主义进路，将法官看成是劳动力市场的参与者，探讨其受到的成本和收益的激励和约束，例如联邦各级法院法官在是否发表不同意见、如何获得晋升、如何减少工作量以享受闲暇时光等方面的利益考量会影响其在案件审理中采取的行动。

②　〔美〕杰弗里·布兰德：《法治的界限：超越裁判的伦理》，娄曲亢译，中国人民大学出版社2016年版，第256页。

（三）诉讼主体自发性运用判例的动因

如果说案例指导制度下诉讼主体，尤其是法官对案例的运用主要出于刚性的制度要求，那么，诉讼主体自发性运用判例的动因则在于对诉讼利益最大化（或最佳审判效果）的内在、自觉追求。在这种诉讼或审判目标追求过程中，无论何种主体，判例的作用都集中体现为两个方面：一方面，对己而言，判例是一种认知和思考的参照；另一方面，对其他主体而言，判例又是一种论证（证明）或排斥（辩驳）的理据。

从参照作用来看。近些年，伴随着社会生活的日益复杂，提交给法院的社会纠纷或其他案件也愈趋复杂，而在另一方面，大量的法律、法规及立法、司法解释不断推出，由此使得诉讼或审判对各主体的知识、经验或智慧需求越来越高，无论是律师还是法官或检察官，个体能力的局限性也越来越明显和突出。在此情况下，从既往判例中寻找相同或类似问题的认知视角、借鉴其诉讼或审理思路，甚至仿照其解决纠纷、裁判案件的具体方式，便成为诉讼主体追求和实现诉讼目标的一条便捷之径，甚至是一种不得不为的选择。无论如何，相较于在复杂的事实情境与浩瀚的法律规范之间建构一种恰当联系来说，借助检索工具寻找已经形成的同类裁判，借鉴既往纠纷解决或案件处理方式，要简易得多。即便没有先例可循，或者各种判例提供的结论并不十分明确（甚至彼此矛盾），至少能够了解到司法实践对于待决案件中相关问题的认识状态——没有共识同样也是一种认识状态。

从理据作用来看。如前所述，判例在形式上代表着一种司法立场和态度，在内容上可以显示其某种经验和理性，因而，各类诉讼主体都可以把判例作为其论证自己诉求和主张，或者排斥（辩驳）他人诉求和主张的重要理据。在运用判例作为理据时，陈述者的语态常常是"司法实践中普遍认为"或"司法实践中的做法是"等等,借以把判例从个别性司法实践上升为普遍性司法认知,从而增强判例运用的证明力或说服力。有所不同的是,律师或当事人往往会直接援引具体判例,而法官或检察官即便其主张或观点缘于判例的启发,或参考了某个或某些判例,但基于对成文法制度下形式效力的尊重,亦不直接以具体判例为形式理据,而是把理据蕴含在相关论证或裁判之中。

(四)自发性运用中判例参照的内容

无论是追求"同案同判"的效果,还是实现"统一法律适用"的目标,案例指导制度的功能主要体现于法律适用之中,亦即以指导性案例显示在相同或类似的案件中适用什么样的法律(包括司法解释),以及怎样适用法律(当然更主要是如何理解法律),从而为后续司法审判提供参照。

相对于指导性案件可参照的内容而言,在自发运用过程中,判例为诉讼主体所提供的参照无疑要宽泛得多。一方面,从供给角度看,如前所述,这些判例是自然生成的,未经过人为加工或修饰,能够更为真实和全面地展示诉讼或审判的主要过程以及案件处理的具体方式,因而可供诉讼主体参考的内容十分丰满;另一方面,从需求角度看,实践中,诉讼主体希望从判例中得到的不仅是法律适用的方式,还包括诉求的选择和确定、诉讼思路的设计、诉讼基点的确立、争议焦点的分析与归纳、证据规则的运用、诉讼或裁判理由的叙述、论证或逻辑推理的方式乃至裁判文书的风格与文字表述技巧等方面。当然,其中最重要的仍然是纠纷解决方式或案件处理结果。概括地说,在判例自发性运用过程中,判例中一切能够为诉讼主体所用的因素都可以成为各主体的参照,判例中的一切"亮点"或"关键点"往往都能为诉讼主体所捕捉并运用。

（五）判例自发性运用的性质

对判例自发性运用特征的分析，或许更应该提到的是它的性质。如果说案例指导制度体现着一种建构理性主义的努力，使指导性案例逐步成为学者们所期待的我国法律渊源中除法律（法规）、法律解释（立法解释和司法解释）以外的"第三种规则"[①]，那么，判例自发性运用则显示着法律在我国现实社会条件下的自然成长。

自然成长体现在三个方面：首先，这种运用不是源于制度化的要求或组织化的倡导，而是基于诉讼主体追求诉讼或审判效果的自利化动机；甚至在这种现象大规模发生和存在的情况下，亦未能引起各方的应有关注，因而也可以说，这样一种普遍性实践很大程度上产生于集体无意识的过程，具有很强的自发性。其次，由于这种运用过程中内含着诉讼主体之间的博弈和竞争，因而会自然形成一种优胜劣汰效应，亦即富有经验、理性，或更具说服力、妥贴性的判例不仅会得到更多的运用，而且对诉讼或审判的实际效果也会更具有影响力。在此格局下，判例自发性运用必然伴随着司法经验与理性的自然进化。最后，虽然没有制度上的安排，但基于诉讼主体相互竞争与博弈的作用，在具体实践中，这种运用的过程以及不同判例的实际参照作用等方面，仍然会形成一种自然秩序，并逐步发展成为一种司法惯习。正如波斯纳、罗伯特·库特（Robert Cooter）和托马斯·尤伦（Thomas Ulen）等所描述的那样：不同诉讼主体基于判例的持续互动会使得有效规则得以"浮现"。[②] 总体上说，判例自发性运用较为充分地体现着诉讼主体追求诉讼利益或

[①] 参见陈兴良：《案例指导制度的规范考察》，《法学评论》2012 年第 3 期。
[②] 参见〔美〕兰迪·T. 西蒙斯：《政府为什么会失败》，张媛译，新华出版社 2017 年版，第189—190 页。

审判效果最大化这只"看不见的手"的作用,并由此显示并推动着我国法律自然成长的过程。

判例自发性运用与案例指导制度及其运作的进一步比较如表2所示:

表2　判例自发性运用与案例指导制度比较

比较事项	判例自发性运用	案例指导制度
性质	法律自然成长的途径	建构理性主义进路
判例(案例)正当性来源	司法裁判的形式权威性以及诉讼主体对司法理性、经验及智慧的认同	最高人民法院选择并发布的权威性
判例(案例)的呈现形态	未经删减剪辑,保持裁判文书原初形态和内容	对原裁判文书适当增删剪辑,新文本由裁判要点等部分组成
判例(案例)的生成方式	各级人民法院作出并公开	最高人民法院制度化遴选、审核并发布
判例(案例)的运用动因	诉讼主体自觉追求诉讼利益最大化或最佳审判效果	主要依靠最高人民法院运用制度化方式推动
判例(案例)的参照内容	全面参考,个别取舍	主要参照法律适用
判例(案例)的效力	事实上的参考	制度规定其应当参照
判例(案例)的公布途径	中国裁判文书网以及其他商业性案例数据库	《最高人民法院公报》《人民法院报》和最高人民法院网站
判例(案例)的直接作用	启发诉讼主体,为其提供启示性参考或论证理据	在相关案件中统一法律适用标准,规范自由裁量权
判例(案例)的数量(截至2018年1月)	中国裁判文书网上公布3800余万件	92件

二、判例自发性运用现象生成的
外部杠杆——"互联网+"

作为一种以理性思维为基础的社会实践,运用先前判例考量、评价抑或比附待诉或待决案件的现象,早在案例指导制度实施之前就已存在。案例指导制度的确立,进一步将这种现象纳入了制度化的轨道,从而为我国成文法体制下援例办案(诉讼或审判)的常态化奠定了基础。然而,引发判例自发性运用在较短时间中悄无声息地蔓延为一种普遍性实践的最重要的事实因素,还在于最高人民法院有关裁判文书上网这一举措。换句话说,正是裁判文书上网这一举措"互联网+"效应为判例自发性运用提供了外部杠杆。

(一) 作为司法公开举措的裁判文书上网

司法公开是我国司法着力追求的目标。随着互联网运用的普及,最高人民法院逐步把通过裁判文书上网作为司法公开的一项重要举措或一个重要方式。但从实际情况看,裁判文书上网经历了一个由有限认同、谨慎试行到刚性要求、强力推进的变化过程。

2009年最高人民法院《关于司法公开的六项规定》中明确:"除涉及国家秘密、未成年人犯罪、个人隐私以及其他不适宜公开的案件和调解结案的案件外,人民法院可以在互联网上公开发布。"这一规定虽然从制度上对裁判文书上网作出肯定,但限于当时的主客观条件,所持的立场仍然是有所保留的。该规定不仅以"可以"这一语词赋予各级法院对于裁判文书上网或不上网的选择权(实质意蕴仅在于"允许上网"),同时又以但书方式规定,对"当事人提出异议并有正当理由的"情况,"人民法院可以决定不在互联网上公布"。在具体工作层面,这项措施也主要是在最高人民法院先后确定的 200 个"司法公开示范法院"中实施,①并未在法院系统全面展开。

2013 年后,司法公开力度空前加大,裁判文书上网也成为法院系统刚性要求、强力推进的一项工作。2013 年至 2016 年间,最高人民法院密集出台了一系列规范性文件,②对裁判文书上网及其实际操作作出了具体规定,核心内容有:(1) 建立中国裁判文书网,作为全国法院公布裁判文书的统一平台,集中发布全国各级法院的裁判文书;(2) 将过去"可以上网"改为"应当上网",把裁判文书上网由法院选择性权利变成对法院工作的刚性要求;(3) 确立了"以上网公布为原则、不上网公布为例外"的规则,与此相应,将过去的"上网需经审批"改为"不上网需经审批";(4) 强调当事人实名公开,对部分可能涉及当事人隐私的裁判文书作必要技术性处理,从而尽可能减少裁判文书不上网公布的范围;(5) 上网裁判文书以原初形态呈现,与原本保持一致,原则上不得修改、更换和撤回。在这些制度出台的同时,最高人民法院通过多种措施推动这些制度的落实。截至 2015 年 6 月,裁判文书上网工作已实现了全国法院全覆盖、案件类型全覆盖和办案法官全覆盖。③

---

① 2010 年 10 月 15 日,最高人民法院发布《关于确定司法公开示范法院的决定》(法〔2010〕383 号),决定北京市第一中级人民法院等 100 个法院为"司法公开示范法院"。2012 年年底扩大示范法院的范围,决定北京市东城区人民法院等 100 个法院为全国第二批"司法公开示范法院"。《司法公开示范法院标准》中对裁判文书上网公开予以明确规定。
② 相关规范性文件主要包括《最高人民法院关于切实践行司法为民大力加强公正司法不断提高司法公信力的若干意见》(法发〔2013〕9 号)、《关于推进司法公开三大平台建设的若干意见》(法发〔2013〕13 号)、《最高人民法院关于人民法院在互联网公布裁判文书的规定》(法释〔2013〕26 号)(法释〔2016〕19 号)、2015 年和 2017 年先后公布的两份《中国法院的司法公开》(白皮书)。
③ 在 2016 年 8 月 30 日的一次最高人民法院新闻发布会上,最高人民法院审判委员会副部级专职委员刘学文如是表述。见胡永平:《中国裁判文书网已经成为全球最大裁判文书公开平台》,2016 年 8 月 30 日,http://www.china.com.cn/legal/2016-08/30/content_39200412.htm。

（二）"互联网+"作用下裁判文书上网的溢出效应

如前所述,裁判文书上网是在司法公开的总体框架下作为司法公开的一项重要举措而推出的,因而其本意和初衷主要是"为贯彻落实审判公开原则,……促进司法公正,提升司法公信力"①。就此而言,对这项举措并不具有十分明确的案例参照或示范功能的期待(承载这一功能的是案例指导制度)。然而,在"互联网+"的作用之下,由裁判文书上网所引发的诉讼主体对判例的自发性运用,远远超出了这一举措设计的预期,形成了难以估量的溢出效应。

首先,裁判文书上网使得裁判文书由某种司法决定转化为一种公知、共知讯息,进而成为一种全社会共享的智识资源。裁判文书最富本质性的内涵是法院对某个案件、某个事项或某一问题的司法决定,其约束力或利益关联方主要是诉讼主体,关注者也大多局限于诉讼主体。然而,裁判文书一旦上网,文书中所直接或间接包含的一切内容都成为一种全社会公知、共知讯息,进而成为全社会共享的一种智识资源,尤其是成为社会各主体在诉讼(甚至在非诉讼事务)中运用的主要工具,也就是说,"互联网+"的共享效用由于裁判文书的上网而在司法裁判领域得到充分发挥和展示。一方面,"互联网+"把个别性司法决定客观上转化为社会普遍认知的规则。上网后的裁判文书所体现的不再仅仅是法院针对特定主体的事实或行为而作出的具体的司法处置,而是向全社会昭示人民法院对待某一社会事实或相关问题的司法立场、司法认知和司法态度,由此也成为社会成员对于人民法院司法意旨了解和辨识的依据。特别是网络传播过程中的自然筛选与过滤,能够将个案处理的方式凸显为相对明确、简要的司法规则,并逐渐成为普遍性的社会认知。另一方面,"互联网+"创造

---

① 《最高人民法院关于人民法院在互联网公布裁判文书的规定》(法释〔2016〕19号)。

了平等享用资源的条件。裁判文书上网后,包括法院在内的各社会主体都可以根据自身的实际需要,无限制地利用裁判文书中一切能够利用的资源。这种运用穿透了不同地区、不同级别法院以及不同主体社会身份差异的壁垒,赋予了各主体平等、均衡享有和运用裁判信息资源的条件。这在裁判文书上网前是根本无法实现的。

其次,裁判文书上网为诉讼主体寻找可参照、可比较的相关判例创造了极大的便利。裁判文书上网前,虽然也有诸如《最高人民法院公报》以及其他一些案例汇编提供的示范性案例,但数量极为有限。在此情况下,纵然诉讼主体有援例比附、借鉴参照既往裁判的愿望,但各主体占有判例非常有限,即便是最高人民法院,对司法裁判信息的占有也同样不充分;不仅如此,要在全国各地海量裁判中找到相同或类似的判例,更是十分困难,因而判例的参照作用很难得到有效发挥。裁判文书上网以及互联网搜索技术的运用,从根本上解决了判例运用的这一困境,不仅各级法院的裁判文书几乎全部可以在网上查阅,一切既往形成的判例都可成为参照的对象,更为重要的是,通过搜索引擎输入关键词,可以很轻松地找到类似或相同判例,并且这种智能化的识别较之人工的辨识具有更强的可靠性。此外,大数据技术的运用还能为判例细化分析提供有效的方式和手段,借此能够对司法裁判的总体状况形成较为精确的判断,从而为判例的恰当运用提供更好的条件与基础。

从法院公布个案裁判结果到裁判文书成为社会共享资源,从法院单向度向社会展示其司法过程及结果到裁判文书被社会主体与法院双向利用,从向社会寻求对司法行为的监督和评判到裁判文书成为对后续司法行为的反制性约束,所有这些都是"互联网+"作用下裁判文书上网作为司法公开举措的溢出效应。如果说英国判例法制度的实质性发展得益于印刷术的发明及广泛运用的话,[①]那么,判例

---

① See Benjamin Liebman and Tim Wu, "China's Network Justice", *Chicago Journal of International Law*, No. 8, 2007, p. 8.

在当下中国的广泛运用则得益于裁判文书上网,得益于"互联网+"这个时髦术语的巨大魅力。

(三) 商业模式对判例自发性运用的推助

有关"互联网+"对判例自发性运用的杠杆作用,还需进一步提到商业模式在其中的助推功能。在裁判文书上网前,就有北大法宝等商业机构(产品)通过收集最高人民法院以及其他一些地方法院的判例,把这些判例作为一种智识资源,连同法律、法规资讯一起,有偿提供给社会使用。但彼时由于缺乏充足、稳定的资源供给,这些机构能够提供的判例相对于实际存在的判例来说,只是九牛一毛。一方面,裁判文书上网全面打开了判例供给的渠道,为商业机构的利用提供了充分的可能,但另一方面,判例也不再是稀缺资源,单纯依靠原始判例已无法获得商业利益。在此情况下,国内外一些商业机构便通过设计不同的判例利用方式,以迎合和满足消费者的各种需求。

从目前活跃于市场的天同码(无讼)、威科先行法律信息库、北大法宝案例与裁判文书数据库、北大法意裁判文书库等商业化判例资源供给平台看,尽管各自的赢利模式、系统优势与劣势、适用对象以及市场影响有所不同,但主要功能集中于这样几方面:一是提高使用的便捷性。一方面,通过设置简明、全面、多样的检索项为使用者提供便捷的检索服务,从而更便捷地查找到相应判例;另一方面,通过提炼裁判规则或裁判要旨,帮助使用者理解裁判的主要精神,同时也便于使用者快速了解和阅读,减少和缩短了使用者阅读裁判文书的过程。二是增加运用的智能化。通过设置多向联想,将判例与法律、法规、司法解释、案例分析、法学理论相关研究成果互相链接,既可以通过判例查找相关法律、法规、司法解释及法学原理,又可以通过法律、法规或司法解释查找到相关判例,从而方便使用者对相关知识的系统了解。三是提升运用的综合性。以判例的推介、了解及运用为中心,聚合多重资源,把线上与线下、网络载体与纸质版本、知识供给与律师的法律服务①结合在一起,充分发挥互联网的连接与扩展效应,使判例资源得到更充分、更全面的运用。

可以肯定的是,随着前述领域中互联网商业机构的不断增多以及新的商业运营模式的不断涌现,消费者需求与市场供给机制全面进入这一领域之中,商业机构的逐利动机与旺盛不衰的商业创新能力将会使判例应用系统的功能更为完善,使用也会更为便捷。在此意义上,对商业机构及商业模式对判例运用的推助作用,我们可以有更多的期待。

三、判例自发性运用的主要效应

对判例自发性运用的效应的认识,在原理上始终应把握四个基本点:其一,如前所述,自发运用的判例是各级人民法院公布的全部判例,因而资源极为广泛,判例与待决案件之间情境的匹配概率很高;其二,判例自发性运用源自诉讼主体追求诉讼(审判)利益最大化(最佳审判效果)这只"看不见的手"的作用,因而具有极强的动力激励;其三,判例运用过程中内含着各主体的充分竞争与博弈,而在资源相同、信息对称的条件下,这种竞争与博弈又会推动着判例依照"优胜劣汰"的规则而被恰当运用;其四,尽管诉讼主体会基于自利性动机而运用判例,并且也存在着不少对相同问题作出不同裁判的判例,但各诉讼主体对案件的合理处理仍然有较大的趋从性,因而富有理性和经验的判例具有更强的参照优势。这四个基本点决定了判例自发性运用的效应,既不同于判例法体制下判例运用的效果,也不同

---

① 例如,案例检索平台"无讼"将裁判文书与"律师名片"相连接,通过裁判文书可以找到相应律师,一方面便于消费者选择有经验的律师,另一方面也为相关律师开拓业务提供方便。

于指导性案例制度下判例运用的实际作用。正是缘于这样判断,因而,无论判例自发性运用现象在当下已经形成的影响如何,从逻辑上推断,随着这种现象在我国司法实践中进一步普及,必将引发我国司法审判领域的深刻变化,由此推动和实现我国司法审判的革命性进步。

第一,推助我国司法审判中法律适用水平的全面提升。

司法的基本功能是把法律适用到具体案件之中,因此,法律适用水平在很大程度上体现着司法的实际成效。最近 10 余年来,我国司法实践中强调得较多的是保持法律适用的统一性。"统一裁判尺度""规范自由裁量权"以及实现"同案同判"或"类案同判"等,都是基于法律适用统一性要求而提出的。然而,从实际情况看,一方面,在实现统一性方面的效果尚不尽如人意,"同案异判"以至彼此矛盾的判决不仅大量出现于地方各级法院,即便在最高人民法院的裁判中,也屡见不鲜。① 客观地说,在各法院裁判信息资源并不互通的情况下,裁判尺度的统一始终是一种难以实现的愿望。另一方面,深入地看,"统一"并不是我国法律适用问题的全部,甚至不是法律适用中实质性问题所在。对于我国这样一个地区发展差异较大、社会成员同质化程度较低的国度而言,法律适用形式上、表面上的"统一",可能会带来实际上的不平等和不公正②,因此,法律适用除了应保持其基本的统一性外,还应强调适用的准确性(亦即与立法的真实意旨保持一致)以及实效性(亦即能够更好地解决纠纷或处置案件)。所以,在

---

① 参见朱兰春:《法官如何裁判:最高人民法院民事审判要旨与思维》,中国法制出版社 2017 年版。该书在各个部分列举、分析了大量最高人民法院公报案例之间自相矛盾的情形。

② 对同案同判这一原则,理论上争议较大。相关文献,参见泮伟江:《论指导性案例的效力》,《清华法学》2016 年第 1 期;陈景辉:《同案同判:法律义务还是道德要求》,《中国法学》2013 年第 3 期;白建军:《同案同判的宪政意义及其实证研究》,《中国法学》2003 年第 3 期;陈杭平:《论"同案不同判"的产生与识别》,《当代法学》2012 年第 5 期。实际上,学者们争论的核心仍然在于什么是"同案"之"同"。很多在法律要素或法定情节上的"同",并不等于真实的"同",因为很多影响案件处理公正性的因素或情节常常并不包含在法律条文乃至法条解释之中,同时,相同事实或情节在不同情境中可能产生的后果并不相同。

我国更应重视和强调的是法律适用的恰当性,"恰当性"一词或许更能表达我国司法审判中法律适用的理想境况,更能体现我国司法中法律适用的最好水平。

相较于法条而言,判例最大的特点及优势在于它富有情境性,[①]更恰切地说,判例展示了法律条文在具体情境的实际运用,由此而成为"活的法律""真实的法律"。判例的情境性特征对于增强法律适用恰当性的意义在于:首先,判例所显示的法律适用的"统一",抑或判例约束下所形成的法律适用的"统一",更可能是真实的统一。由于判例中"锚定"了诸多具体情节或事实等,因而法律适用中可参照因素更多,同类或相同案件在法律适用上的同一程度更容易得到辨识,因此,对判例的运用在很大程度上能够消除法律适用中"形式上统一而实质上不统一"的问题。其次,准确适用法律的前提是对法律条文的准确理解,每一个判例都代表了不同法院对于法律条文的具体理解,当某一或某些判例显示出的某种理解更具有普遍性,更能代表司法乃至社会共识时,这种理解也有理由被认定为更贴近立法的意旨。最后,判例不仅分别提供了解决某一问题的相同或不同的方案,同时还具体展示了在适用同一法律的过程中不同方案所考量的多方面因素[②],从而为待决案件中法律的实效化适用提供了选择性参照。

需要说明的是,判例自发性运用的这些效用在案例指导制度中

[①]　对情境的理解至少包括以下三个层次:第一,情境是指具体案件中的事实和细节;第二,情境是指某种更具一般性的情境类型;第三,情境经由抽象而成为裁判依据甚至法律规则,换言之,规则依然具有情境性。从判例中总结出情境类型是有意义的,既可以剥离冗余的细节,又可以避免由于太过抽象而将规则架空的情形。另外,除了从客观角度理解情境,还可以将其界定为一种情境感。拓展开来,依托判例还可以研究动态的情境,即法官、律师、检察官、当事人等行动者经由互动形塑的情境。有关情境的理解及理论分析,参见〔美〕卡尔·N. 卢埃林:《普通法的传统》,陈绪纲等译,中国政法大学出版社 2002 年版,第 142—147、312—318 页;〔英〕安东尼·吉登斯:《社会的构成》,李康等译,生活·读书·新知三联书店 1998 年版,第 205—232 页。

[②]　山东省高院处理的于欢防卫过当案,就体现了对案涉各种因素的全面、综合考量,该判例也为此类案件提供了很好的样板和示范。详见山东省高级人民法院《于欢故意伤害罪一案二审刑事判决书》(〔2017〕鲁刑 151 号)。

同样存在。然而,不同的是,一方面,指导性案例数量较少,情境的匹配度也相应较低,这就决定了其示范参照的范围及影响十分有限;另一方面,更重要的是,指导性案例在获得确定的效力的同时,也丧失了运用过程中竞争性的比较和筛选,失却了各主体选择性运用的空间,因而,相比之下,判例的自发性运用对法律适用恰当性的总体贡献更大。

第二,汇聚并有效运用人民法院整体经验与智慧。

判例自发性运用的最直接效应还在于它使人民法院整体经验与智慧得以汇聚并有效运用。如前所述,当判例成为一种共享资源时,判例中所蕴含的各地及各级法院经验与智慧则成为后续解决纠纷和处理案件的重要参照或依据。

在自发性运用过程中,判例所蕴含的经验与智慧,其参照和借鉴意义体现在三个层面:一是"优者示范效应"。就一般情况而言,适用法律恰当、事实认定方式可靠、论证推理严谨、说理充分的优秀判例往往更有可能为诉讼主体,尤其是法官所重视和选择,对同类或相似的待决案件的处理更有可能产生较好的示范作用。二是"先行者示范效应"。对于某些新类型案件,甚至某些传统类型案件(如破产案件),一些法院过去不曾处理过,缺少审理经验,而这些案件在其他法院已有过审理经历,其他法院积累了经验。对此类情况,先行者的相应判例无疑也具有很强的示范效应。三是"区域性示范效应"。某些案件的发生与特定地区的特定因素相关,因而相应地区的法院对这些类型案件的处理有较为成熟的经验,由此形成的判例能够为偶发同类案件的地区的相关诉讼或审理提供好的示范。

对判例自发性运用现象在汇聚并运用人民法院经验与智慧的效应,或许更应看到这样两点:一是可借鉴和运用的经验与智慧的整体性。由于自发性运用不受判例范围的限制,全国各地、各级法院的判例都可作为审理或诉讼的实际参照,即使是基层法院创造的判例,对上级法院乃至最高人民法院也可能具有启示作用,因而在既往判例中所蕴积的人民法院的整体经验与智慧都能够被吸收和利用。二是借鉴和运用的适当性。自发运用过程中诉讼主体的利己性动机以及各主体之间的充分博弈，如同市场在资源配置过程中的作用一样，能够把相应的审判经验与智慧从既往判例中发掘出来并恰如其分地运用到相关案件的处理之中，特别是主体之间的博弈有助于从判例中筛选出最有利于案件解决或处理案件最为合理的适当方式，因而较之制度化的刚性参照要求来说，自发性运用过程中的博弈竞争更有利于人民法院经验与智慧的恰当运用。

第三，改变并改善诉讼主体的思维和行为方式及诉讼运行的轨迹。

毫无疑问，以某种先在的案件处理方式为示范或引导，与通过认知事实、寻找法律理据，并依此建构一种案件处理方式，这二者的思维及实践逻辑是有重要区别的。① 正因为如此，当判例的运用嵌入诉讼中后，包括法官在内的各诉讼主体的诉讼（审理）思维和行为方式以及诉讼运行的轨迹也会发生实际变化，这种变化能够带来诉讼成本的降低及诉讼效益的增加。

首先，在判例被广泛运用的条件下，诉讼主体可以把判例作为认知案件的参照。判例是对既往同类或相同案件处理的样本，裁判文书通常都能够把先前案件（无论其多么复杂）结构化、条理化、清晰化地展示出来，从而能够有效引导诉讼主体从待决案件纷乱的事实中把握实质性要素，从诸多可能涉及的法条中找到最贴近的依据，从多种可能的解决方案中找到相对合理的选择。这不仅为诉讼主体把握案件的实质、了解各方当事人（或控辩双方）可能争议的焦点、明确案件所涉及的法律规定以及对其的不同理解提供了认知参照，而且对案件处理的走向也能形成初步或基本的判断，进而为设计诉讼或审理思路的形成提供了重要借鉴。也就是说，在待决案件能够从相关

---

① 通常认为，成文法的适用所运用的是归纳式思维，而判例法的适用所运用的是演绎式思维。这种区别在判例自发性运用中也会有明显体现。

判例中获得参照的情况下,诉讼主体的思维会自觉地依照判例所提供的各种信息而形成对待决案件较为全面或清晰的认知。无论既往判例的处理结果对诉讼主体来说是否有利,或是否符合诉讼主体,特别是法官的认识,但通过既往裁判文书的指引而认识待决案件,无疑会减少由待决案件复杂性所带来的诉讼主体在认知或理解上的困难,缩短认知和理解的过程。

其次,判例的运用在一定程度上改变诉讼运行轨迹。在判例广泛运用的情况下,不仅诉讼主体会把参与诉讼的精力投向查找、分析和比对判例之上,而且也会把以判例证明自己的诉求或辩驳对方主张的方式贯彻在整个诉讼过程之中,这就不能不使判例的参照性或判例中所显示的裁判规则对待决案件的适用性成为诉讼或审理的焦点,至少成为审理中难以回避的问题,在"讲事实""讲法律"的同时,增加了"讲判例"的因素或环节。在此过程中,既包含着对判例形式效力的争辩及审理,也包含对判例与待决案件相同或相似性的争辩及审理,还包含着对判例中某些裁判规则合法性、合理性的争议或审理。虽然判例的适用性尚不足以成为诉讼或审理的运行所围绕的轴心,但判例运用的嵌入必定会使诉讼或审理运行的轨迹发生一定程度的变化。

最后,判例的运用对纠纷解决或处理案件的方式也有不言而喻的影响。对于法官来说,判例提供了示范性方案,法官的思维可以更多地集中于判例中裁判结果的合理性以及待决案件与判例事实之间的异同比较,在判例中裁判结果的合理性以及案件事实的相同度得到肯定后,法官可以直接借用(虽然不一定明确援引)判例中的裁判结果及理由;此外,法官还可以援引判例劝说相关诉讼主体当事人撤诉或者据以调解。对当事人或其他诉讼主体来说,由于判例能够为其恰当评估诉讼结果提供参照,因而可以根据判例调整诉讼预期。即使在多个判例提供的裁判结果不相一致的情况下,诉讼主体也能够在不同判例中进行比较,并据此权衡自己的诉求与主张,进而恰当、理性地选择自己的诉讼行为;不仅如此,判例对引导当事人自觉服判亦会起到重要作用。

总之,判例运用的嵌入,对诉讼主体的思维与方式,对诉讼或审理的主要环节,特别是庭审过程及内容,都会带来或多或少的变化。并且,总体上看,这些影响能够起到推动诉讼主体共识的形成,减少诉讼成本,提高诉讼实效的作用。

第四,与司法改革后新的审判运行机制形成了重要契合。

司法改革后的审判运行机制,强化了独任法官、合议庭的权力,相应取消了院庭长对案件(或裁判文书)的审核或审批环节。从落实审判责任制的角度看,这些改革举措是必需的;但从另一角度看,这些举措也在一定程度上减少了单个案件办案过程审判资源的投入,无论是对一线法官办案的有效监督、对裁判质量的必要把关(特别是统一本院的裁判尺度),还是对一线办案法官的指导帮助,都成为新的审判运行机制下面临的现实问题,以至于对一线法官"放权"与"限权"始终成为司改措施落实过程中难以真正摆脱的"怪圈"。然而,这些在"放权"与"限权"的悖论中难以解决的问题,通过判例的广泛运用则能够在较大程度上得到化解。

首先,判例的广泛运用所带来的"反制"效应能够对独任法官或合议庭形成有效的约束。在判例广泛运用的条件下,自然会形成"以法院(裁判)约束法院(裁判)"的反制效应。这种反制性约束体现于三个方面:其一,如前所述,既往判例所形成的裁判规则成为独任法官或合议庭处理待决案件无法忽略的因素,即便法官不予考虑,相关诉讼主体也会突出强调。其二,在判例被广泛关注、评价并可能被具体运用的情况下,裁判对于个案处理的结果固然重要,而由裁判所体现出的裁判规则则显得更为突出。于此境况,任何法官都不能不审慎地对待自己将要作出的裁判,不能不审视自己的裁判行为向全社会显示什么样的司法立场,释放什么样的司法信号。也就是说,在"拿判例说事"成为司法实践中的一种常态实践时,法官将会受制于一种无形的压力和约束;由裁判文书公开所创设的社会监督也会由一般性公共监督进一步生成诉讼主体在利益动机趋动下的特殊监督,而后者的监督力度无疑更强。其三,通过判例的检索还可以直接实现统一本院裁判尺度的效果。《最高人民法院司法责任制实施意见(试行)》中明确要求"承办法官在审理案件时,应当依托办案平台、档案系统、中国裁判文书网、法信、法智等,对最高人民法院已经审结或正在审理的类案与关联案进行全面检索,制作检索报告",并根据不同情况作相应处置。在此制度的约束下,完全能够达到统一本院裁判尺度的效果。前述这三方面共同表明,判例广泛运用所带来的对一线办案法官的反制性约束,可以在很大程度上弥补因取消院庭长审核或审批裁判文书、进行把关所带来的某些缺失。

其次,判例的广泛运用能够为一线办案法官提供较好的资源性支撑。在新的审判权运行机制下,一线办案法官虽然或多或少失去了院庭长对办案的具体指导与帮助,但判例的广泛运用则提供了另一种资源性支撑。更进一步说,判例辅助审判的工作方式与司法责任制下的审判权力配置及运行具有很高的匹配度。其一,对于独任法官或合议庭来说,办理绝大多数案件,如果需要,都可以从判例中找到参照;基于判例资源的丰富性,全国各级法院的判例中所蕴含的经验与智慧能够为一线法官提供业务上的支持。也就是说,在失去院庭长指导与帮助的情况下,判例给予独任法官或合议庭的引导和启示作用并不逊色于过去院庭长给予的指导和帮助。其二,对于无判例可循或其他难以借鉴既往判例的复杂、疑难、新类型案件,根据司法责任制的相关规定,合议庭可将案件提交专业法官会议或审委会讨论,借助于集体的智慧解决相应问题①。这表明,在判例示范作用缺失的情况下,仍然有其他补救机制。其三,法官助理的配置则为承办法官查找可参照和借鉴的判例提供了条件。这三个方面的匹配

---

① 参见《最高人民法院关于完善人民法院司法责任制的若干意见》(法发〔2015〕13号)。

基本能够消除一线法官独立办案过程中业务上失助的现象。

由上可以看出，无论是判例的反制性约束作用，抑或是判例所提供的资源支撑作用，都为新的审判运行机制提供了有利的条件，使得司法责任制借助这些条件而得以实行或落实，同时也使判例的广泛运用与改革后的新的司法运行机制形成了一种契合。表面上看，这种契合具有一定程度的偶然性，但实际上二者具有深层联系，共同体现着近些年我国司法改革的重要成果，也共同反映出我国司法发展的某种必然趋势。

第五，为人民法院整体发展开辟新的路径。

在更大范围上说，司法审判中对判例作用的重视，将会为人民法院的整体发展开辟出一条新的路径。

首先，判例的广泛运用有助于缩小法院之间司法水平的差距。与我国社会发展不平衡相关或相同，法院之间，尤其是不同地区法院之间的司法水平也存在着不同程度的差距。近些年缩小这种差距的现实努力主要集中在加大对不发达地区法院人财物的投入，但由于这种差距的形成根源于多种主客观因素，并非有限的人财物投入所能够短期内消除或明显缩小。然而，判例的广泛运用则为这种差距的缩小提供了一条捷径。其原理在于，法院之间水平的差距并不在于一般案件的处理，而主要体现在疑难、复杂或新类型案件处理之上，而判例的示范作用也主要显示于此；判例作为司法的最终产品，凝结着司法过程的全部努力，体现着司法的实际水准，因此，重视判例的作用则意味着通过优质化的最终产品的示范和引导，从而相应弥补部分法院在某些类型案件司法产品生成能力及水平上的缺失，以最终产品质量的相同或近似，弥补法院间实际司法水平和能力上的差距，由此不仅可以提升人民法院司法产品的整体质量，同时也能带动发展相对落后地区的法院司法水平的快速提升。

其次，判例的广泛运用能够造就法院之间、法官之间良性竞争的格局与态势。判例的广泛运用，意味着全国各地及各级法院在裁判文书这一媒介的联结下形成前所未有的交集,从而一方面为法院及法官个体在法院系统内的识别提供了更多的可能,另一方面也增加了法院或法官创造优质判例的动力。无论是基于法律适用的恰当性,还是基于事实认定的准确性,抑或论证说理的充分性,乃至裁判文书表述的清晰度及流畅性,高质量的裁判文书势必会在不同区域,甚至在全国范围内得到推崇并被广泛参照和运用;而低质量,特别是裁判规则存在重大偏误的案例则会受到更多的负面评价,这也意味着判例中的一切优缺点都会在运用过程中被揭示并且在传播过程中被进一步放大。在此情况下,创造优质判例,尤其是避免自己作出的裁判为同行所鄙弃或贬责,则成为各个法院及法官个体的自觉追求,由此自然会造就法院或法官之间潜在的竞争格局和态势。不难想象的是,随着判例更为广泛的运用,将会不断生成一批知名度较高的优质裁判文书以及能够不断推出优质裁判文书的明星法院或明星法官[①],从而使法院系统内部的竞争活力得以激发。

再次,判例的广泛运用可以促进司法审判与社会生活的进一步融合。司法审判与社会生活的融合,不仅是提升司法社会贡献度的必要保证,也是维护司法公信力的重要基础。毫无疑问,在判例广泛运用的情况下,法院或法官无论是对判例参照作用的重视,还是对自身裁判示范作用的考量,都会有助于促进这种融合。这是因为,相对于简单适用法条来说,运用判例更注重这样几个因素:一是案件形成的社会背景以及相关的社会性因素;二是案件所直接关联的实体社会关系(尤其是实体经济关系)以及这种关系在现实社会生活中的状态、实践逻辑与机理;三是社会公众对于相关现象、行为或问题的一般性认识,亦即常情、常识与常理;四是特定时期社会发展的总体要

① 通常认为,英美法系的法官个体会受到更多重视,大陆法系法官则不具备这样的优势,原因在于在英美法系判例法制度下,法官个体有更强的辨识度。但随着判例在我国司法实践中的广泛运用,法官个体的识别度也会有所提高。参见〔美〕约翰·亨利·梅利曼:《大陆法系》,顾培东、禄正平译,法律出版社2004年版,第34—38页。

求以及普遍性社会思潮。这些因素通常在法律条文中并没有明确表达,但对于案件处理的恰当性,特别是对于人们的司法认知与认同具有重要影响。更深刻地看,对判例作用的重视与发挥,有助于理性的实用主义司法取向和司法进路的形成,而理性的实用主义必定会成为司法审判与社会生活融合的观念性保障。

最后还应指出,判例的广泛运用,必将倒逼各级人民法院对发展与建设的思路和重心作出适当调校。主要包括:(1)适应并把握判例广泛运用的现实态势与发展趋势,在思想意识上高度重视判例对审判实践的影响,加强对判例运用的规律、特征的研究,正视并全面适应审判实践中判例广泛运用这一现实,特别是正确应对并利用好律师、当事人等通过运用判例所造就的"以法院(裁判)逼法院(裁判)"的反制机制。(2)加强对各类型判例裁判规则或裁判要点的提炼归纳工作,更好地发挥判例的正确引导作用。(3)适时把一些好的判例转换为指导性案例,同时,针对实践中存在较多矛盾的判例,及时发布恰当的指导性案例以消除相关矛盾。(4)培养并强化司法审判人员的判例思维。确立重视判例的意识,学会寻找判例、分析研制判例并参照和运用判例的方式方法,形成借助判例办案的基本习惯,把运用判例思维和能力的培养作为提升司法审判人员业务素质的重要途径。(5)围绕判例运用和利用的要求加强法院的智能化建设。一方面,根据法院审判工作的特点与需求,开发判例运用软件系统,并以判例资源为基础,探索开发智能化的办案辅助系统;另一方面,运用大数据分析工具与方法,不间断地对各地、各级法院判例进行分析,全面了解和掌握司法审判的总体趋向和动态,掌握不同地区、不同级别法院以及不同性质或类型案件的审判实践的真实状况。(6)在深入总结各地经验的基础上,针对判例自发性运用常态化、普遍化的现实,制定必要的判例运用规则,防止或避免自发运用过程中出现某种偏失。但应当强调的是,相关规则的总体取向应在于鼓励和支持判例的竞争性运用,而不应窒息判例运用的活力,保持自发性运用、自利化竞争、自然形成影响力这样一些特征。

第六,推动法学理论研究的转型与深入。

在过去较长时期中,我国法学理论对判例的研究缺少应有的重视。而众所周知,判例研究不仅在英美法系国家长盛不衰,在大陆法系国家以及在我国台湾地区亦极为流行,以至于台湾著名法学家王泽鉴先生感叹:"不读判例,我不知道我还能读什么。"①判例研究在我国法学理论界未能形成气候,一方面与我国法学理论研究的阶段性特征相关②,另一方面当然也与裁判文书上网前,研究者所掌握的判例资源有限、判例的作用不受重视,以及判例运用不广泛的状况直接相关。裁判文书上网以及与之相伴的判例的自发性运用,不仅从根本上改善了法学理论界判例研究的条件,同时也进一步增强了司法实践对判例研究的实际需求,从而构成了对我国法学理论研究转型与深入的有力推助。

近几年我国法学理论界对判例的研究除了集中于对案例指导制度的讨论外,③主要体现为运用大数据工具对裁判文书进行某些类型性分析④以及对某些个案裁判规则的合理性进行分析。但从这一领域研究的现实条件与需求看,研究的内容或对象应有更大的拓展。

---

① 王泽鉴先生关于判例的认识和运用体现于其一系列书著当中,参见王泽鉴:《法律思维与民法实例:请求权基础理论体系》,中国政法大学出版社 2001 年版。

② 由于过去几十年我国法治处于创建阶段,法学理论研究的主要任务仍然在于传播和普及法律的基本原理。有关法学理论研究转型的进一步论述,参见顾培东:《法学研究中问题意识的问题化思考》,《探索与争鸣》2017 年第 3 期。

③ 通过对案例指导制度正式建立后的 2011 年到 2017 年 6 月这段时间发表在 CLSCI(中国法学核心科研评价来源期刊)15 种期刊上的关于判例制度研究的统计显示,研究判例制度的文章共有 42 篇,其中直接研究案例指导制度的文章有 34 篇,其余 8 篇文章中间接探讨案例指导制度的有 6 篇。

④ 参见易延友:《非法证据排除规则的中国范式——基于 1459 个刑事案例的分析》,《中国社会科学》2016 年第 1 期;陈思融:《论行政诉讼补救判决的适用——基于 104 份行政裁判文书的统计分析》,《中国法学》2015 年第 2 期;王天玉:《劳动者集体行动治理的司法逻辑——基于 2008—2014 年已公开的 308 件罢工案件判决》,《法制与社会发展》2015 年第 2 期;黄启辉:《行政诉讼一审判状况研究——基于对 40 家法院 2767 份裁判文书的统计分析》,《清华法学》2013 年第 4 期;朱春华:《行政诉讼二审审判状况分析——基于对 8 家法院 3980 份裁判文书的统计分析》,《清华法学》2013 年第 4 期。

一是从对个别裁判规则合理性的研究进一步拓展到司法审判中法律适用总体水平的研究;二是从对司法裁判内容的研究进一步深入对司法行为、司法审判规律的研究;三是从对案件及裁判的研究进一步延伸到对案件生成机制及相关社会背景的研究;四是从对司法中法律规则适用特点的研究进一步扩大到对我国法律规范结构及其完善的研究;五是从对个案裁判考量因素的研究上升到对司法与社会互动关系的研究;六是从对裁判文书的纸面上的分析细化到对不同地区、不同法院、不同法官司法水平、风格、特征的研究;七是从对判例本身的研究扩展到对判例运用的规律特征、效果的研究。总之,判例的广泛运用,为法学理论开辟了广阔的空间,无论是法理学、司法理论抑或各部门法学,都可以在判例研究这一新的理论领域中找到自己的研究对象,从而把法学理论的重心从一般性理论阐释与传播切实地转入对中国法治具体实践的分析与研究之上。与此相应,法学理论研究的各种方法也由此获得充分运用的空间,不仅实证研究或社科法学研究方法的运用有了前所未有的条件与基础,而且法教义学方法或法解释学方法也能在判例研究中获取新的活力与生机。

第七,改善我国法律规范结构及其生成机制。

如前所述,案例指导制度的实施,事实上已经把判例引入我国法律规范结构之中。判例的自发性运用,使得判例在我国法律规范结构中的地位进一步强化。虽然指导性案例以外的判例并不具有强制参照适用的效力,但其在广泛运用过程中所具有的实际作用,或者说诉讼主体自发参照与比附判例所产生的客观效果,在很大程度上影响甚至支配着司法活动以及相关的司法决定,从而使我们有足够的理由认为,判例已经现实地成为继法律法规、法律解释等成文法律规范以外司法适用中的一种规范;并且,由于判例运用的功能主要体现于强化成文法律规范的适用效果,提高成文法律规范适用的恰当性以及弥补成文法律规范的缺漏或疏失,因而判例的自发性运用对我国司法适用中的法律规范结构无疑具有重要的改善作用。

进一步看,判例自发性运用对我国法律规范的生成机制也会形成影响。通过自发性运用过程,能够不断筛选出一批又一批经典、优质的判例,这些判例为指导性案例提供了可靠的供给渠道,可以大大加快指导性案例的发布进程,不仅快速拓展指导性案例的数量与范围,而且也在一定程度上避免了依靠少数人遴选所可能造成的偏失。与此同时,由于指导性案例中相当一部分成熟的裁判规则可以充实或调校司法解释的内容,因此,指导性案例的扩充,又将为司法解释工作创造良好的基础。而所有这些,对我国立法,特别是法律法规的完善都会是有力的推助和促进。由之,我们能够看到我国法律规范结构一种新的生成机制或一条新的生成路径:判例自发性运用—指导性案例增加—司法解释工作推进—法律法规的完善。这种路径也必将成为当代中国法治的一个重要特色。

四、结　语

自英国 12 世纪创造了普通法,走上与欧洲大陆不同的道路以来,[①]以"法官造法"为基础的判例法体制与以立法机构立法为基础的成文法体制二者孰优孰劣就一直是各方争论的话题,但在争论的同时,实行判例法的国家从来不缺成文法,而实行成文法的国家也逐步引入判例制度。美国学者约翰·亨利·梅利曼在总结大陆法系与英美法系相汇交融的趋势时,把判例和成文法在不同法系国家中彼此吸收和运用视为相汇与交融的主要内容及表征。[②] 从当代各国实际情况看,大陆法系国家引入判例制度的现象更为明显,这主要与庞

---

① 参见〔比〕R. C. 范·卡内冈:《英国普通法的诞生》,李红海译,商务印书馆 2017 年版,第135—169 页。

② 参见〔美〕约翰·亨利·梅利曼:《大陆法系》,顾培东、禄正平译,法律出版社 2004 年版,第 158—165 页。

德当年为普通法辩护时所揭示的原因相关："法律（指成文法——引者注）是为司法审判承认和执行的一般规则。但是，法律是建立在抽象思维和忽视在事态中各种次要因素基础上的一般规则，这一事实使得它们在实施中变得机械。机械主义受制于性质上的束缚呆板行事，而不能根据具体情况需要作出变通。"[①]就此而言，成文法国家对判例运用具有不可避免的刚性需求。

然而，本章所刻意强调的是，当下中国判例自发性运用现象与判例制度的简单引入具有重要区别。一方面，这种运用并不具有判例制度下判例的拘束力，自然也不意味着"法官造法""遵循先例"等判例法体制中的原则因此而得到承认；但另一方面，它对诉讼各主体的诉讼或审判行为乃至审判结果又能产生不同程度的实际影响，特别是在判例的范围和效力（影响力）不尽确定的情况下，各主体利己性动机的激励、竞争性选用以及对案件处理合理性的趋从，能够把判例资源恰当地配置到不同案件的处理过程以及处理案件的不同环节之中，最终使得判例得到最广泛、最合理的运用。毫无疑问，判例的这种运用方式及效应是互联网技术以及司法（裁判文书）公开二者结合的时代产物。虽然限于掌握资料的欠缺，我们对英美判例法国家及法、德等大陆法系国家在互联网条件下判例的实际影响力尚缺少足够的了解，但可以肯定的是，互联网条件下判例的运用，无论对于成文法制度还是对于判例法制度来说，都是一个重大的挑战与创新机遇。博登海默曾经指出："只有那些以某种具体的和妥切的方式将刚性与灵活性完美结合在一起的法律制度，才是真正伟大的法律制度。"[②]在此意义上说，互联网条件下判例的自发性运用或许正是我们朝着理想法律制度目标迈进的一种"具体和妥切的方式"。

---

① 〔美〕庞德：《普通法的精神》，唐前宏等译，法律出版社 2010 年版，第 11 页。
② 〔美〕博登海默：《法理学：法律哲学与法律方法》，邓正来译，中国政法大学出版社 2004年版，第 423 页。

图书在版编目 (CIP) 数据

当代中国司法研究 / 顾培东著 . — 北京 : 商务印
书馆 , 2022
　ISBN 978-7-100-20908-3

　Ⅰ . ①当… Ⅱ . ①顾… Ⅲ . ①司法制度—研究—中国
Ⅳ . ① D926

中国版本图书馆 CIP 数据核字（2022）第 043482 号

权利保留，侵权必究。

当代中国司法研究

顾培东　著

商　务　印　书　馆　出　版
（北京王府井大街 36 号　邮政编码 100710）
商　务　印　书　馆　发　行
南 京 新 洲 印 刷 有 限 公 司 印 刷
ISBN　978-7-100-20908-3

2022 年 10 月第 1 版　　　　开本 710×1000　1/16
2022 年 10 月第 1 次印刷　　印张 29½

定价：138.00 元